JN449171

1ST EDITION

조직행동과 조직설계 SE

ORGANIZATIONAL BEHAVIOR AND ORGANIZATION DESIGN

경영학박사 최중락 저

상경사
www.SKBOOKS.co.kr

최중락(崔中洛)

나무경영아카데미 경영학 전임강사
공단기 경영학 전임강사

[학력]
서울대학교 경영대학 경영학과 (경영학사, B.B.A.)
서울대학교 대학원 경영학과 (경영학석사, M.S.)
서울대학교 대학원 경영학과 (경영학박사, Ph.D.)

[경력]
서울대학교 노사관계연구소 연구원
현대경제연구원 컨설팅본부 연구원
합격의 법학원 경영학 전임강사
베리타스법학원 경영학 전임강사
삼성그룹 인사관리론 강사
LG인화원 경영학개론, 인사관리론, 경영조직론 강사
SK텔레콤 인사관리론, 경영조직론 강사
롯데그룹 경영학개론, 인사관리론 강사
삼성물산, 한화생명 등 다수 기업체 특강

[저서]
- 인사조직 들어가기 (상경사)
- 재미있는 경영학 1,2,3 (상경사)
- 재미있는 경영학개론 (상경사)
- 경영학 워크북 (상경사)
- 인사조직 워크북 (상경사)
- 공기업 경영학 워크북 (상경사)
- 파이널특강 경영학 (상경사)
- 국가시험 경영학 최종정리 (상경사)
- 조직행동과 조직설계 (상경사)
- 인사관리와 고용관계 (상경사)
- 조직행동과 조직설계 SE (상경사)
- 인사관리와 고용관계 SE (상경사)
- 동차경영조직 (상경사)
- 동차인사관리 (상경사)
- 고용노사관계론 (상경사)
- 재미있는 재무관리 (상경사)
- CPA 객관식 경영학 (샘앤북스)
- 인사관리연습 (샘앤북스)
- 경영조직연습 (샘앤북스)
- 경영조직에센스 (샘앤북스)
- 인사관리에센스 (샘앤북스)
- 경영학 기출실록 (북포레)
- 국가시험 객관식 경영학 (북포레)

조직행동과 조직설계 SE

지은이 최중락

2025년 4월 12일 1판 1쇄 펴냄

펴낸곳 상경사
펴낸이 김희철
영업·마케팅 김병훈·김희은
편집·북디자인 성진우·배정영·이은정·임경순
경영지원 배정민

등록일 1988년 6월 27일
등록번호 제 1-753 호

06784 서울특별시 서초구 동산로12길 13-8 B01,02 (양재동,담덕궁)
전화 02-577-3835, 팩스 02-573-2240, https://www.skbooks.co.kr

COPYRIGHT © 2025 by 최중락
이 책은 저작권법에 따라 보호받는 저작물이며, 저작권자의 서면 허락 없이는 내용의 일부 혹은 전부를 사용할 수 없습니다.

- ISBN 979-11-6137-400-0 93320

- 저자와의 협의에 의해 인지를 생략합니다.
- 값은 표지 뒷면에 있습니다.
- 파본은 구입하신 서점에서 교환해드립니다.

1ST EDITION

조직행동과 조직설계 SE

ORGANIZATIONAL BEHAVIOR AND ORGANIZATION DESIGN

경영학박사 최중락 저

상경사
www.SKBOOKS.co.kr

PREFACE

이 책은 기존에 출간한 기본서『조직행동과 조직설계』(10판)를 절반 분량으로 압축한 요약서입니다. 그래서 제목에도 Silm Edition(동시에 Special Edition)의 준말인 SE를 붙였습니다. 기본서에서 문장 간의 논리적 연결을 위한 부연설명, 예시의 소개, 역사적 배경과 함의의 보충설명 등에 해당하는 내용은 제거하고 문장을 어색하지 않게 다듬었으며, 필요시 표와 그래프를 적극적으로 활용해서 꼭 숙지해야 하는 주요 키워드를 부각시켰습니다. 학부와 MBA 과정 수준의 경영조직론 수강생 및 공인노무사 · 경영지도사 2차 시험을 준비하시는 분들의 시험대비에 반드시 필요한 내용만을 담아 제공하고자 하였는데, 집필 의도가 얼마나 잘 구현되었는지 궁금합니다. 아무쪼록 독자 여러분께 조금이나마 도움이 되기를 기대합니다.

당연한 이야기지만 이 책은 요약서의 특성상 '정리용'으로 기획된 도서입니다. 풍부한 이해를 목적으로 하는 기본서는 아닙니다. 따라서 스스로 책을 읽고 이해하거나 강의에서 다루는 다양한 내용들을 접하고자 하시는 분들, 대학과 대학원의 경영학과에서 개설되는 <조직행동론>과 <조직설계론(거시조직론)> 과목의 학습에 구체적인 도움을 얻고자 하는 분들, 인사 및 경영관리부서의 초급실무자들께서는 이 책의 본서라 할 수 있는『조직행동과 조직설계』를 활용하실 것을 추천드립니다.

오랫동안 고민만 해 오던 새로운 컨셉의 책을 내는 과정에서 절대적인 도움을 주신 상경사의 김희철 사장님, 김병훈 · 배정영 · 성진우 부장님께 깊이 감사드립니다. 항상 부족함이 많은 제 강의를 사랑해 주시고, 두껍고 어려운 기본서를 독해하기 위해 고군분투하셨던 독자 여러분들께 이 책을 바칩니다. 여러분의 목표가 성취되시기를 진심으로 소망합니다.

2025년 봄의 길목에서
가족의 사랑을 생각하며
경영학박사 최중락

CONTENTS

ORGANIZATIONAL BEHAVIOR AND ORGANIZATION DESIGN

PART Ⅱ 개인

PART Ⅲ 집단

PART Ⅳ 조직

PART Ⅰ 서론

CHAPTER 1
조직과 인간

단원개요

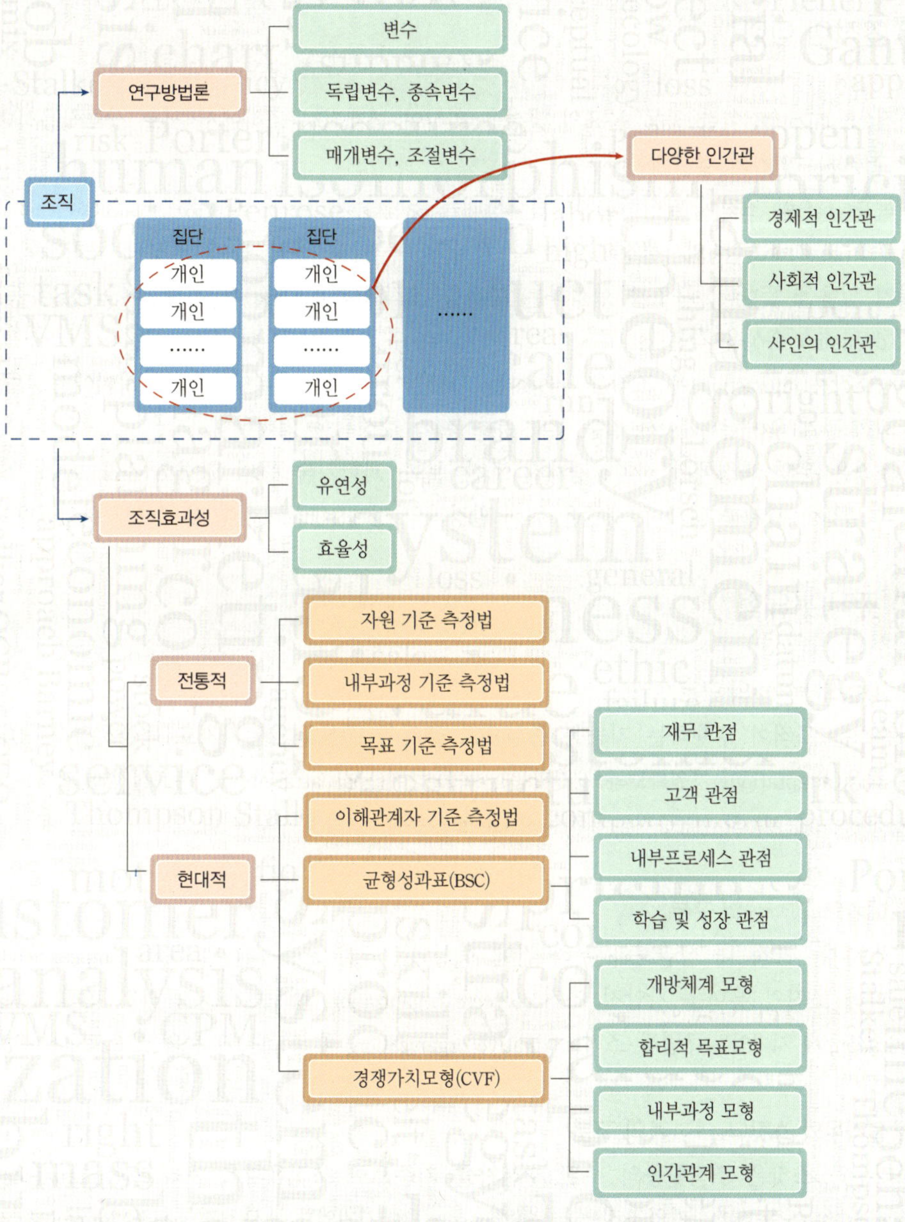

조직
연구방법론
변수
독립변수, 종속변수
매개변수, 조절변수
집단
개인
개인
……
개인
집단
개인
개인
……
개인
……
다양한 인간관
경제적 인간관
사회적 인간관
샤인의 인간관
조직효과성
유연성
효율성
전통적
자원 기준 측정법
내부과정 기준 측정법
목표 기준 측정법
현대적
이해관계자 기준 측정법
균형성과표(BSC)
재무 관점
고객 관점
내부프로세스 관점
학습 및 성장 관점
경쟁가치모형(CVF)
개방체계 모형
합리적 목표모형
내부과정 모형
인간관계 모형

제1절 조직의 의의와 연구방법

ORGANIZATIONAL BEHAVIOR AND ORGANIZATION DESIGN

| 1 | 조직의 의의와 연구범위

1) 조직의 의의[1)]

조직(organization)이란 공동 목표의 달성을 위하여 체계적 구조하에서 서로 상호작용하며 환경과 교류하는 인간의 결합체이다.

- 목표(goal)란 조직이 달성하고자 하는 상태를 뜻한다.
- 구조(structure)란 의사결정의 권한과 각자의 역할 및 책임 등이 일정한 규칙하에 정해져 있음을 뜻한다. 구조를 형성하는 과정을 조직화(organizing)라 하며, 이 과정은 동적인(dynamic) 속성을 갖는다.
- 상호작용(interaction)은 조직을 구성하는 사람들 간 또는 외부 환경과의 사이에서 각종 사회적 관계(예 커뮤니케이션, 갈등, 협력, 동조 등)가 형성됨을 의미한다.
- 조직은 운영 과정에서 정치 · 경제적 조건, 문화, 과학기술 등의 환경(environment) 요인들과 밀접한 관계를 맺으며, 생존을 위해 환경과의 경계(boundary)를 유연하게 관리한다.

2) 조직의 유형[2)]

① 파슨스(Parsons)의 구분

파슨스는 조직이 수행하는 기능을 중심으로 조직의 종류를 네 가지로 구분하였다. 4대 기능은 적응(adaptation, 자원확보와 생산활동), 목표성취(goal attainment, 목표설정과 집행), 통합(integration, 갈등해소와 협동증진), 체제유지(latency, 문화 · 가치의 전수)이다.

② 에치오니(Etzioni)의 구분

에치오니는 조직 내 상급자와 부하 간에 형성되는 권한(authority)과 복종(compliance)의 유형에 따라 조직의 유형을 강압적 조직(coercive organization, 예 교도소), 공리적 조직(utilitarian organization, 예 사기업), 규범적 조직(normative organization, 예 종교단체) 등의 셋으로 나누었다.

③ 블라우와 스캇(Blau & Scott)의 구분

블라우와 스캇은 조직활동의 주된 수혜자를 기준으로 조직유형을 호혜조직(mutual-benefit association, 예 노동조합), 기업조직(business concern, 예 사기업), 봉사조직(service organization, 예

학교), 공익조직(commonweal organization, 예 군대)의 넷으로 구분하였다.

3) 조직의 등장배경[3)]

당초 인류는 지극히 이기적인 존재였으나, 효율성을 달성하기 위하여 조직을 만들게 되었다. 효율 증진의 두 가지 논리는 '분업'과 '거래비용'으로 나뉜다.

① 노동의 분업(division of labor)

분업은 숙련도를 높이고 작업속도를 빠르게 한다. 또한 동일 업무의 반복숙달을 통해 기술혁신을 촉진할 뿐만 아니라 인적자원의 적재적소 배치도 가능해진다.

② 거래비용(transaction cost)**의 감소**

개인들이 시장(market)에서 거래하는 경우에는 인간의 기회주의적 성향과 제한된 합리성(bounded rationality, 정보처리능력의 한계) 등으로 인한 각종 비효율, 즉 거래비용이 발생한다. 이를 획기적으로 줄이기 위하여 '보이는 손', 즉 위계(hierarchy)로 대표되는 조직을 만들게 된다.

4) 조직론의 연구범위와 목표[4)]

① 연구범위

기업의 경영활동은 전략이나 조직구조 등 가시적 측면으로 드러나는 것이지만, 그 이면에는 태도나 규범 및 갈등과 같은 비가시적 측면이 숨어 있다. 이들을 개인차원, 집단차원, 조직차원에서 고루 살펴봄으로써 조직현상에 대한 균형 잡힌 시각을 획득하는 것이 조직론의 주요 내용이다.

② 조직연구의 기본 관점과 관련한 용어들[5)]

a. 존재에 대한 관점 : 조직은 실체가 아니라 구성원인 개인의 단순한 합계라는 관점을 명목론(nominalism)이라 한다. 반면에 개인과는 구별되는 조직만의 특성과 운영논리가 있다는 관점을 실재론(realism)이라 한다.

b. 인간본성에 대한 관점 : 인간의 본성과 행동이 외부 환경(상황)에 의해 지배되고 통제된다는 관점을 결정론(determinism)이라 하며, 반대로 인간의 자유 의지(free-will)에 따라 환경(상황)을 개척할 수 있다는 관점을 임의론(voluntarism)이라 한다.

c. 연구방법에 대한 관점 : 사회현상을 관찰하고 탐구하여 그 결과를 있는 그대로 드러내는 연구방법을 기술적(descriptive) 방법이라 한다. 반대로 사회현상의 관찰을 토대로 바람직한 행동방향이나 운영원리를 도출하는 연구방법을 규범적(normative) 방법이라 한다.

③ 경영조직론의 목표[6)]

경영조직론의 목표는 조직구성원들의 행동을 기술(describe, 현상에 대한 지식획득)하고 설명(explain, 현상의 원인을 파악)하며 예측(predict, 미래의 결과를 미리 밝힘)하고 통제(control, 구성원의 행동을 바람직한 방향으로 유도)하는 것이다.

④ 경영조직론의 통합모형[7)]

콜킷(Colquitt)과 로빈스(Robbins)의 조직론 교과서를 기준으로 하고 국내외 주요 저서의 이론 모형을 접목시켜 이 책의 각 주제를 통합한 모형은 다음과 같다.

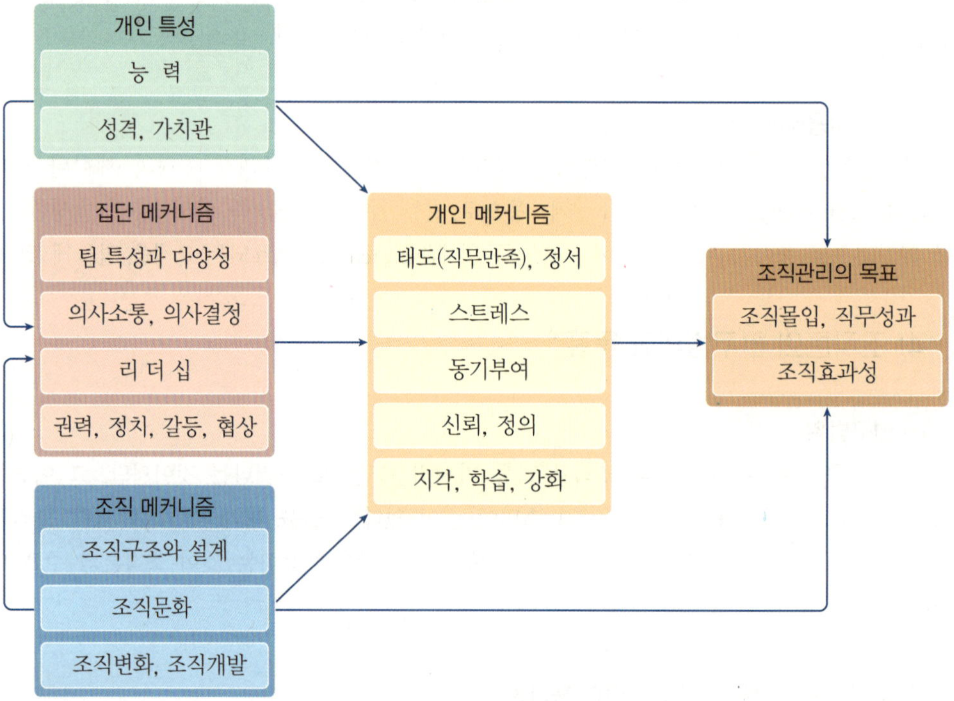

| 2 | 조직연구의 주요 용어

1) 연구모형(research model)

연구자가 수행하려는 연구 과제의 내용을 반영한 사고의 틀로서, 도표나 그림으로 나타낸다.

2) 변수(variables)

변수는 연구모형을 구성하는 기본단위로서, 측정가능하고 연구자의 의도에 따라 조작(manipulate)적으로 정의되는 구성개념(construct)으로 이루어진다.

① 종속변수(dependent variable)

연구모형에서 궁극적으로 설명 또는 예측하고자 하는 핵심요인으로서 결과변수(result variable)라고도 한다.

② 독립변수(independent variable)

종속변수를 변화시킬 수 있는 영향요인으로서 원인변수라고도 부른다.

③ 조절변수(moderating variable)

독립변수와 종속변수 간에 존재하는 각종 관계양상에 영향을 줄 수 있는 요인들을 뜻한다.

④ 매개변수(mediating variable)

연구모형 내 각종 변수 간의 인과관계가 논리적인 흐름을 갖도록 이어주는 각종 요인이다.

[조절변수와 매개변수]

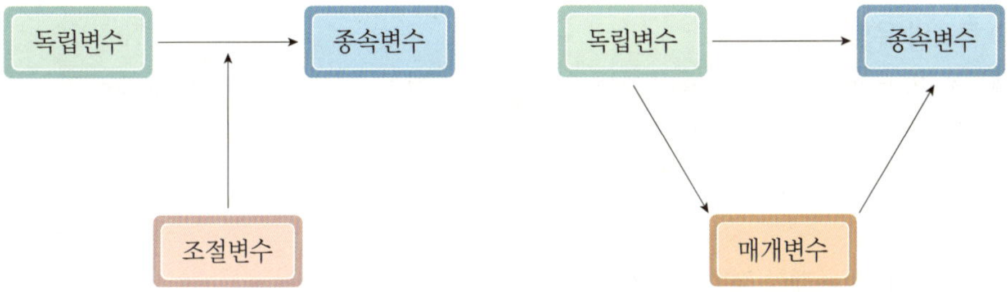

3) 가설(hypothesis)

여러 변수들 간의 관계를 잠정적으로 설명 · 기술한 것이다. 가설이 검증되고 여러 학자들의 공인을 받으면 가설은 이론(theory)으로 격상된다.

4) 인과관계(causal relationship)

원인과 결과의 관계이다. 일반적으로 두 변수 간에 세 조건(두 변수 간 유의미한 상관성 존재, 두 변수 간 시간적 선후관계 존재, 변수들 간의 해석을 방해하는 오염변수의 부재)이 충족되면 인과관계가 성립한다.

제2절 조직의 목표 : 조직효과성

ORGANIZATIONAL BEHAVIOR AND ORGANIZATION DESIGN

(2006년) 제15회 공인노무사시험
조직효과성(organizational effectiveness)의 개념을 설명하고, 이를 측정하는 다양한 지표를 기술하시오. (25점)

|1| 조직의 목표와 조직효과성

1) 조직의 목표

① 목표의 의의와 기능[8)]

[의의] 조직의 목표(goal)란 조직이 달성하고자 하는 미래의 상태를 뜻한다.

[기능] 목표가 수행하는 기능은 합법성과 정당성의 제공, 조직구성원의 동기부여, 행동과 의사결정 지침 제공, 불확실성의 완화, 조직효과성의 평가기준 제공 등이다.

② 목표의 유형[9)]

페로우(Perrow)에 따르면 목표에는 조직이 존재하는 이유이자 사명(mission)인 공식목표(official goals)와 조직이 실제로 달성하고자 하는 구체적이고 측정 가능한 최종성과인 운영목표(operative goals)가 있다.

③ 여러 목표가 존재할 경우의 관리방법[10)]

a. 극대화의 원리 : 주된 목표를 집중적으로 달성하고 나머지 목표들은 부차적으로 관리한다.
b. 순차적 관심의 원리 : 일정 기간 동안 주요 목표의 달성에만 매진하고, 그 이후 다른 목표를 달성한다
c. 만족의 원리 : 여러 가지 목표를 만족할 만한 수준에서 동시에 달성한다.
d. 목표변경의 원리 : 상황에 따라 목표달성의 우선순위를 계속 바꾸어 나간다.

2) 조직효과성의 개념[11)]

① 의미

조직효과성(organizational effectiveness, 조직유효성)은 조직이 그 목표(즉 공식목표와 운영목표)를

달성하는 정도를 뜻한다. 드러커(Drucker)는 효과성을 "Doing the right things", 즉 '제대로 된 일을 하라'는 의미로 표현한 바 있다.

② 효과성의 하위개념으로서의 효율성

효과성 측정의 핵심은 목표달성의 정도를 판단하는 것이며, 그 기준에는 투입된 자원의 양에 대비하여 조직이 산출해 내는 결과물의 비율인 효율성(efficiency)과 외부의 환경 변화에 능동적이고 적극적으로 대응하는 혁신의 정도인 유연성(flexibility)이 있다. 즉 효율성은 효과성의 하위개념이라 할 수 있으며 수식으로는 다음과 같이 표현할 수 있다.

$$\text{효율성} = \frac{\text{산출}}{\text{투입}}$$

드러커는 효율성을 "Doing things right"로 표현하였는데, 이 말은 직역하면 '일을 제대로 하라'는 의미이다.

| 2 | 조직효과성의 측정

1) 전통적 측정지표 : 시스템적 관점(systemic perspective)[12)]

전통적으로는 시스템(system)의 구성요소인 투입(input)－과정(process)－산출(output)의 각 측면에 초점을 두어 조직효과성을 판단해 왔다.

① 투입(input) 중심 : 자원기준 접근법

a. 의미

조직의 입장에서 가치있고(valuable) 희소하며(rare) 모방이 힘들고(inimitable) 대체가 불가능해서(unsubstituted) 지속적인 경쟁력을 창출하는 우수한 자원을 얼마나 성공적으로 획득하여 관리할 수 있는지에 따라 조직운영의 효과성을 평가하는 것이다.

b. 측정지표

자원기준 접근법의 조직효과성은 이해관계자들과의 협상지위, 조직자원의 관리능력, 외부환경에 대한 변화대응능력 등으로 측정 · 평가된다.

c. 장점

다른 조직과 조직효과성을 명확하게 비교할 수 있는 기준을 제공하며, 결과목표(end-goals, 성과)를 측정하기 힘든 조직(예 비영리조직)에서도 수단목표(means-goals, 자원)를 이용하여 조직효과성을 측정할 수 있다.

d. 단점

자원획득 자체가 조직성과를 대변하는 것은 아니고, 어떤 자원을 어느 정도로 획득해야 하는지 그 기준이 모호하다.

② 과정(process) 중심 : 내부과정 접근법

a. 의미

조직의 업무수행과정이 얼마나 원활하게 진행되는지에 따라 조직운영의 효과성을 평가하는 것이다.

b. 측정지표

내부과정 접근법의 조직효과성은 기업문화, 운영과정의 효율성, 구성원들 간의 원활한 의사소통, 종업원의 성장과 개발 등으로 측정된다.

c. 장점

투입이나 산출 요소가 각각 다른 조직의 경우에도 여러 조직에 공통적으로 사용 가능한 기준을 활용하여 평가를 수행할 수 있다.

d. 단점

내부운영의 효율이 조직 전체의 효과성을 대변하지 못할 수 있고, 조직구성원 간의 상호작용은 평가자나 평가요소에 따라 그 결과가 달라질 수도 있다.

③ 산출(output) 중심 : 목표 접근법

a. 의미

공식적인 조직목표나 운영과정상의 각종 목표의 달성 정도로 조직효과성을 측정하는 방법이다.

b. 측정지표

목표중심 접근법의 조직효과성은 수익성이나 시장점유율(market share) 및 성장률 등으로 측정된다.

c. 장점

조직효과성의 개념정의에 충실한 측정방법이므로 가장 논리성이 뛰어나다.

d. 단점

조직이 대외적으로 천명하는 목표(공식목표)와 실제로 달성하려는 목표(운영목표) 간 괴리가 발생할 경우 효과성 판단이 어렵고, 여러 목표 간 불일치가 발생할 때 측정의 애로가 있으며, 조직목표가 변화할 경우 평가기준이 모호해진다.

2) 현대적 측정지표 : 통합적 관점(integrative perspective)[13)]

최근에는 조직 전반의 활동을 검토하는 통합적 관점이 등장하였다.

① 이해관계자 접근법(constituency approach)

a. 의미

조직과 직·간접적인 관계를 맺고 있는 여러 이해관계자(constituency, stakeholder)들의 다양한 요구에 얼마나 균형적으로 잘 대응하는지에 따라 조직효과성을 평가한다.

b. 측정지표

이해관계자 접근법의 조직효과성은 배당수익률(주주 입장), 높은 임금과 복지수준(노조 입장), 우수한 제품과 서비스(고객 입장) 등의 지표를 함께 활용한다.

c. 절차

ⅰ) 조직에의 영향요인을 파악하고, ⅱ) 각 요인에 대한 조직의 의존도를 평가한 다음, ⅲ) 요인들이 조직에 갖는 기대치를 파악하여, ⅳ) 공통기대와 대립기대를 구분하고, ⅴ) 상대적 중요도순으로 우선순위를 결정한다.

d. 장점

조직효과성의 다차원적 측면을 측정할 수 있는 방법으로서 가장 널리 사용되는 관점이며, 여러 환경요인의 요구(압력)를 반영함으로써 조직운영의 현실을 잘 설명한다.

e. 단점

조직에 영향을 미치는 여러 영향요인을 파악하고 이들 간의 중요도나 우선순위를 판별해 내는 과정이 쉽지 않으며, 조직 내 의사결정을 주도하는 집단(지배연합, dominant coalition)에 따라 이해관계자의 요구를 다르게 해석할 수 있다.

② 균형성과표와 조직효과성[14)]

a. 기원과 의의

카플란과 노튼(Kaplan & Norton)에 의해 개발된 균형성과표(BSC, Balanced Scorecard)는 전통

적인 재무지표와 기업의 핵심성공요인(KSF or CSF, key success factor or critical success factor)과 관련한 제반 운영상의 지표들을 의미 있게 결합하여 조직의 효과성을 측정할 수 있도록 만든 표이다.

b. BSC의 네 가지 관점과 측정지표

[균형성과표의 구성항목]

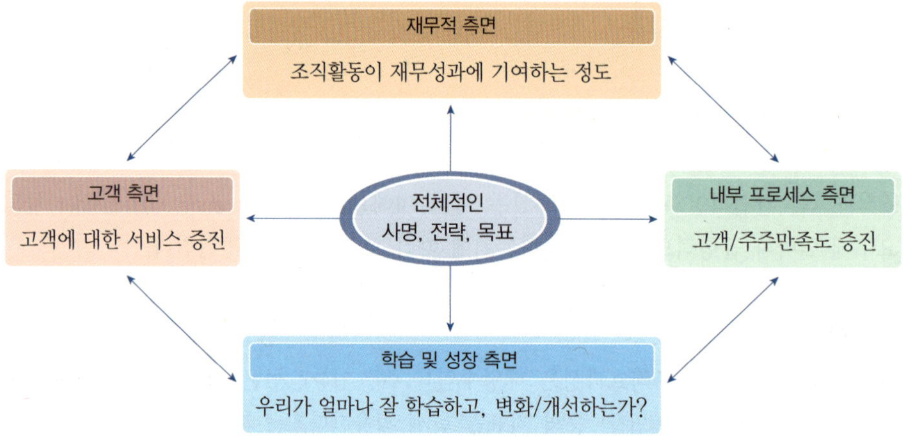

ⅰ. 재무적 측면 : 기업의 주요 이해관계자들에게 재무적인 지표를 통해 조직의 성과를 보여주는 관점으로써, 주로 이익이나 매출액, 또는 투자수익률(return on Investment, ROI) 등의 회계학적 측정치들을 사용한다.

ⅱ. 고객 측면 : 기업 가치의 근원이 되는 고객의 시각에서 이들을 만족시키기 위한 성과측정으로서, 주로 고객만족도나 재구매율, 고객충성도 등의 척도를 사용한다.

ⅲ. 내부 프로세스 측면 : 성과극대화를 위한 기업의 핵심 프로세스 및 핵심 역량을 규명하는 과정에 대한 관점으로서, 투입요소를 제품과 서비스 등의 산출요소로 변화시키는 과업이나 활동들의 집합이다. 주로 주문 이행률이나 주문당 비용, 리드 타임(lead time) 등으로 평가한다.

ⅳ. 학습 및 성장 측면 : 조직구성원의 학습과 성장능력을 어떻게 유지시켜 나갈 것인가에 관한 관점으로서, 주로 이직률, 직무만족도, 조직몰입도 등으로 평가한다.

c. BSC 평가의 기대효과[15]

ⅰ. 전략실행에 대한 모니터링 : 전략이 기업의 각 부문에서 실질적으로 실행에 옮겨지고 있는지를 확인하는 도구로서의 역할을 한다.

ⅱ. 사업 포트폴리오 최적화 : 기업이 보유한 여러 사업부의 성과를 전사적으로 조망할 수 있으므로 신속한 의사결정(투자나 철수 등)을 행할 수 있다.

iii. 조직운영체계의 혁신 : 조직 내 업무의 중복을 제거하고 일관성 있는 조직 운영체계로의 혁신이 가능하다.

iv. 사업단위에 대한 목표할당 : 각 사업부(SBU, strategic business unit)에 재무 · 비재무적 성과에 대한 평가기준을 제시한다.

v. 전사적 자원관리 : 조직 내의 한정된 자원을 각 부서에서 전략적으로 할당 · 활용할 수 있는 기준을 제시한다.

vi. 협력적 조직문화의 활성화 : 전사적 전략목표가 조직의 하부 단위까지 캐스케이딩(cascading)되도록 부문 간 협력을 촉진한다.

d. 한계[16)]

i. 균형성과표는 궁극적인 성과(long-term outcome)의 달성과정을 논리적으로 설명하지는 않는다. 이를 보완하기 위해 등장한 논리모형(logic model)은 최종 목표와 그 목표를 달성하는 논리적인 과정을 모두 조직성과에 포함시키는 것이다.

ii. 균형성과표에서 사용되는 측정지표의 가짓수가 너무 많아서 종업원의 관심사가 분산되며, 종종 하위 지표 간에 논리적 충돌이 일어나기도 한다.

③ 경쟁가치모형과 조직효과성[17)]

a. 등장배경

퀸과 로바우(Quinn & Rohrbaugh)에 의해 제시된 경쟁가치모형(CVF, competing value framework)은 조직의 효과성을 평가하는 데 있어 유일 최선의 기준이 존재하지 않으며 서로 경쟁하는 관점들이 존재한다는 가정에 기초하여, 조직효과성에 대한 여러 연구모형에서 제시되었던 핵심변수를 종합하여 효과성에 대한 통합적인 분석 틀을 제시하고 있다.

b. 경쟁(경합)가치의 내용

경쟁가치모형에서는 조직효과성의 수많은 기준들을 서로 경쟁(충돌 내지는 경합)하는 다음의 세 차원으로 분류한다.

i. 유연성(flexibility)–통제(control) 차원 : '유연성'은 조직이 혁신 · 적응성 · 변화에, '통제'는 조직이 안정 · 질서 · 예측성에 관리의 초점을 둔다는 관점이다.

ii. 내부(internal)–외부(external) 차원 : 내부 차원은 조직이 구성원의 감정 · 복지 · 욕구 · 만족에, 외부차원은 조직이 생산성이나 과업목표 달성 등에 중점을 둔다는 관점이다.

iii. 수단(means)–목적(ends) 차원 : '수단'은 과정으로서의 하위목표에, '목적'은 결과로서의 상위목표에 관리의 초점을 둔다는 관점이다.

c. 조직효과성 평가 모형

세 차원 중에서 두 가지를 조합하여 다음의 네 가지 조직효과성 평가 모형이 도출된다. 각

평가 모형은 조직수명주기와 관련이 있다.

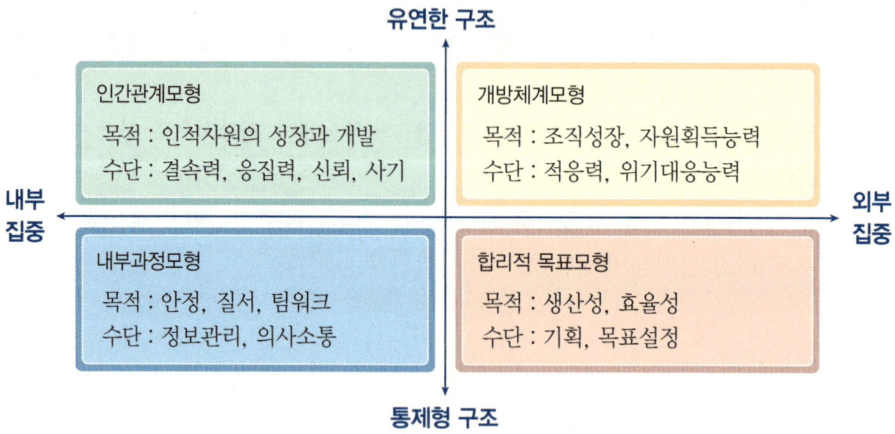

i. **개방체계모형**(open-system model) **: 창업 · 정교화 단계의 조직**

조직 내부(구성원)보다는 조직 외부(성과)의 측면에서 통제보다 유연성을 강조하는 모형으로서, 여기서의 조직효과성은 주로 수단(하위목표)으로서의 위기대응능력과 목적(상위목표)으로서의 조직성장에 의해 평가된다.

ii. **인간관계모형**(human-relations model) **: 집단 공동체 단계의 조직**

조직 외부(성과)보다는 조직 내부(구성원)의 측면에서 통제보다 유연성을 강조하는 모형으로서, 여기서의 조직효과성은 수단(하위목표)으로서의 응집력 · 신뢰와 목적(상위목표)으로서 인적자원의 성장과 개발에 의하여 평가된다.

iii. **내부과정모형**(internal-process model) **: 공식화 단계의 조직**

조직 외부(성과)보다는 조직 내부(구성원)의 측면에서 유연성보다 통제를 강조하는 모형으로서, 여기서의 조직효과성은 수단(하위목표)으로서의 의사소통과 목적(상위목표)으로서의 안정 · 질서에 의해 평가된다.

iv. **합리적 목표모형**(rational-goal model) **: 공식화 단계의 조직**

조직 내부(구성원)보다는 조직 외부(성과)의 측면에서 유연성보다 통제를 강조하는 모형으로서, 여기서의 조직효과성은 주로 수단(하위목표)으로서의 기획(planning)과 목적(상위목표)으로서의 효율성에 의해 평가된다.

d. 의의

조직 내에서 서로 경합하는 다양한 조직효과성의 통합적인 측정기준을 제시하였으며, 이들이 어떤 상황에 적합하게 사용될 수 있는지 설명했다.

e. 한계

각 상황별로 조직효과성의 측정지표로 제안된 다양한 경쟁가치들의 적합도에 관해서는 더 많은 연구를 통한 검증작업이 필요하다.

④ 이해관계자 접근법과 경쟁가치모형의 공통점과 차이점[18)]

a. 공통점

ⅰ. 조직 전반에 걸친 사항들을 조직효과성 평가에 반영하였다.

ⅱ. 조직효과성을 측정하는 유일 최선의 기준이 존재하지 않는다는 점을 인정하고 있다.

b. 차이점

ⅰ. 동시에 여러 요구를 충족할 수 있는가에 관한 관점에 차이가 있다. 전략적 이해관계자 접근법에 따르면 기업은 여러 이해관계자의 요구에 균형적인 대응을 하는 반면, 경쟁가치 모형에서는 서로 상반되고 경합(내지 경쟁)하는 가치들 중 일부를 선택해서 이를 충족하기 위해 노력하는 것이다.

ⅱ. 의사결정자의 역할범위에 대한 관점 차이가 있다. 전략적 이해관계자 접근법에서는 주요 이해관계자의 판별역할을 경영자가 수행한다(Pfeffer & Salancik, 1978). 반면 경쟁가치 모형에서는 경영자가 조직의 수명주기에 맞는 여러 효과성 평가기준 중 무엇을 선택해야 하는지 현시점에서 판별하기 어렵다.

제3절 인간행동을 설명하는 관점[19)]

ORGANIZATIONAL BEHAVIOR AND ORGANIZATION DESIGN

| 1 | 경제적 인간관

1) 의의 및 기본관점

경제적 인간관 또는 경제인(economic man) 관점은 인간의 효용극대화에 초점을 두어, 이익을 추구하는 동시에 비용을 줄여 나가려는 동기로 사람이 행동한다고 보는 인간관이다. 집단이나 사회조직은 모두 그 소속 구성원의 합과 같다고 보기에 사회명목론 내지는 방법론적 개인주의로 불리기도 한다.

2) 인간에 대한 가정

① 인간은 외적으로 주어지는 경제적 유인(incentive)에 의해서(만) 동기부여되며, 최대의 경제적 이익을 얻을 수 있는 방향으로 행동한다.
② 감정은 인간의 합리적 선택에 방해가 되므로 조직 차원에서는 이러한 개인적 요소들이 개입되지 않도록 통제가 필요하다.

3) 관련이론

경제적 인간관에 입각한 조직이론으로는 고전조직이론(테일러의 과학적 관리론과 페이욜의 일반관리론 등)과 거래비용이론 및 대리인이론 등이 있다.

4) 비판

① 인간의 사회적 관계들 가운데 경제적 이해관계에만 지나치게 집중하여 단순화시켰다.
② 인간의 협력행동을 설명하지 못한다.

|2| 사회적 인간관

1) 의의 및 기본관점

사회적 인간관 또는 사회인(social man) 관점은 인간의 행동이 그를 둘러싸고 있는 주변 환경 및 타인들과의 상호작용에 의해 많은 영향을 받는다고 보는 관점이다. 집단이나 조직이 단순한 개인의 합(合) 이상이라는 사회실재론과 관련이 깊다.[20]

2) 인간에 대한 가정

① 인간은 기본적으로 사회적인 욕구와 타인과의 일체감을 통해서 동기부여된다.
② 관리자는 개인적 유인보다 소속감이나 일체감 등 집단적 유인의 방법을 활용할 때 더 큰 동기부여효과를 기대할 수 있다.

3) 관련이론

사회적 인간관에 입각한 조직이론으로는 인간관계론(호손실험으로부터 창시), 제도화 이론, 네트워크 이론(사회연결망 이론) 등이 있다.

4) 비판

개인만의 고유한 속성이 조직현상에 영향을 줄 수 있다는 점을 간과할 수 있다.

| 3 | 샤인의 인간관

샤인(Schein)은 구성원의 조직활동 동기에 따라 경제인, 사회인, 복합인[경제적 니즈(needs)와 사회적 욕구를 모두 가지는 존재], 자아실현인(고차욕구 충족에 집중)의 네 가지로 인간 유형을 분류하였다.

1) 유필화 · 황규대 · 강금식 · 정홍주 · 장시영(2014), 『글로벌 시대의 경영학』(제3판), 서울 : 박영사
이창원 · 최창현 · 최천근(2012), 『새 조직론』(전정3판), 서울 : 대영문화사, pp.26~31.
Daft, L. R. (2021). *Organization theory and design* (13th ed.). Mason, OH : South-Western Cengage Learning.

2) 오석홍(2018), 『조직이론』(제9판), 서울 : 박영사, pp.72~77.

3) 임창희(2010), 『조직론』, 서울 : 학현사, pp.5~17.

4) 박경규(2014), 『조직행동』, 서울 : 홍문사 ; Robbins, S. P., DeCenzo, D. A., & Coulter, M. (2014). *Fundamentals of Management* (9th ed.), Pearson.

5) 박오수(2015), 『조직행동』, 서울 : 경문사, pp.4~0. ; 이준구 · 이창용(2015), 『경제학원론』(제5판), 고양 : 문우사, pp.38~39. ; Burrell, G., & Morgan, G. (1979). *Sociological paradigm and organizational analysis*, London : Heinemann, pp.1~35.

6) 박경규, 전게서, 1장

7) Colquitt, J. A., LePine, J. A., & Wesson, M. J. (2014). *Organizational behavior : Improving performance and commitment in the workplace* (4th ed.). McGraw-Hill ; Robbins & Judge, *Op Cit*.

8) 이창순(2009), 『조직』(제2개정판), 서울 : 박영사 ; 이창원 등, 전게서, pp.332~334.

9) 임창희, 전게서, pp.105~106. ; Perrow, C. (1961). The analysis of goals in complex organizations, *American Sociological Review*, 26(6), 854~866.

10) 이창원 등, 전게서, pp.340~341. ; Cyert, R., & March, J. (1963). *A behavioral theory of the firm*. Englewood Cliffs, NJ : Prentice-Hall.

11) Thompson, J. D. (1967). *Organizations in action*. New York, NY : McGraw-Hill.
Drucker, P. F. (2006). *The Effective Executive : The Definitive Guide to Getting the Right Things Done*. Netherlands : HarperCollins.

12) 이창원 등, 전게서, pp.364~368. ; Daft, L. R. (2015). *Organization theory and design* (12th ed.). Mason, OH : South-Western Cengage Learning.

13) 김인수(2007), 『거시조직이론』(제4판), 서울 : 무역경영사 ; 이창원 등, 전게서, pp.368~373 ; 임창희, 전게서, pp.126~130. ; Daft, *Op Cit*.

14) Kaplan, R. S., & Norton, D. P. (1996). *The balanced scorecard : translating strategy into action*. Boston, MA : Harvard Business School Press.
Kaplan, R. S., & Norton, D. P. (2004). *Strategy maps : Converting intangible assets into tangible outcomes*. Boston, MA : Harvard Business School Press.

15) 성은숙(2009), 『전략 BSC 성과혁신』, 서울 : 시그마인사이트

16) 이창길(2016), 『인적자원행정론』(제2판), 파주 : 법문사

17) Quinn, R., & Rohrbaugh, J. (1983). A spatial model of effectiveness criteria : Towards a competing values approach to organizational analysis. *Management Science*, 29, 363~377.
Robbins, S. P. (1990). *Organization theory : Structure, design, and application* (3rd ed.). Upper Saddle River, NJ : Prentice Hall.

18) Daft, *Op Cit.* ; 이창원 등, 전게서.

19) 유종해(2000), 『현대조직관리』(제5전정판), 서울 : 박영사

20) Granovetter, M. (1983). The strength of weak ties : A network theory revisited. *Sociological Theory*, 1, 201~233.

CHAPTER 2
조직이론

단원개요

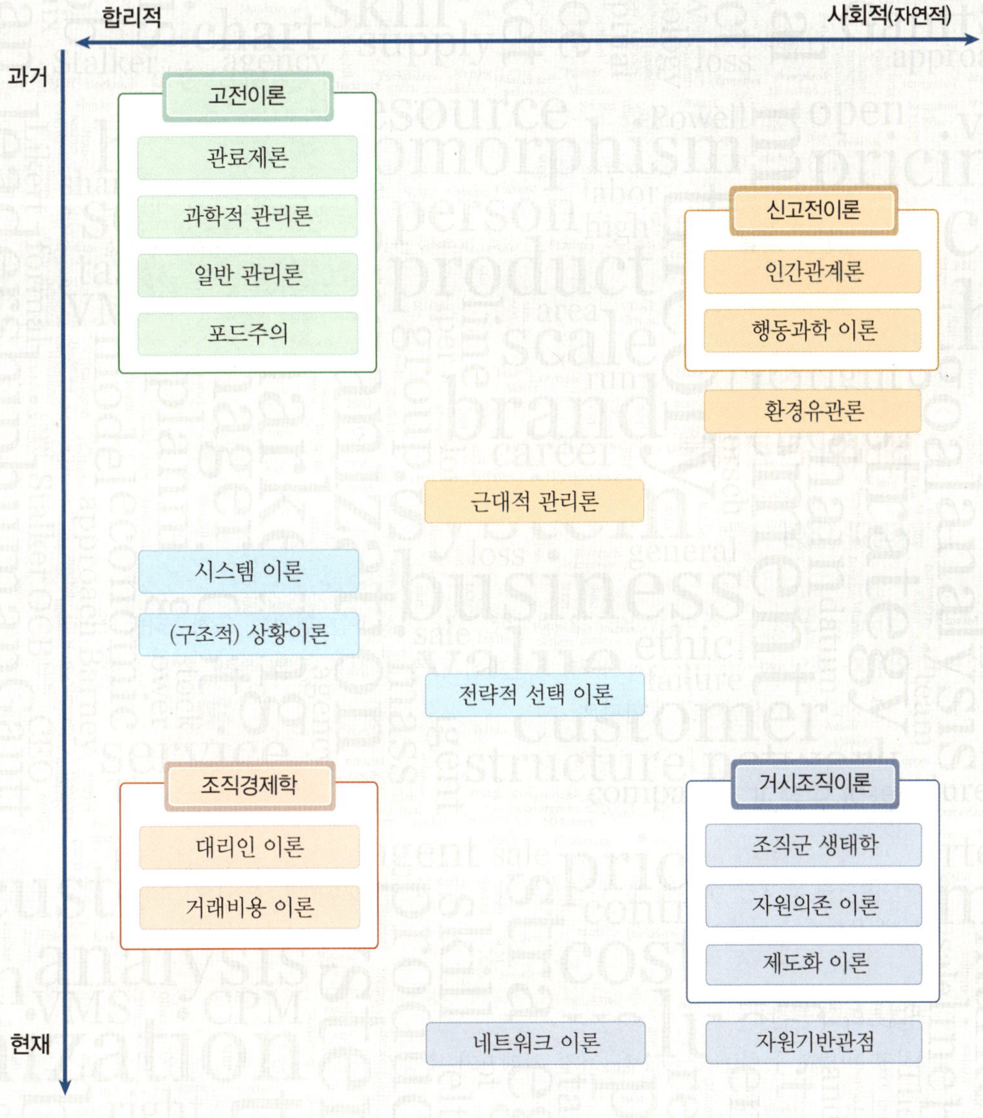
합리적
사회적(자연적)
과거
현재
고전이론
관료제론
과학적 관리론
일반 관리론
포드주의
신고전이론
인간관계론
행동과학 이론
환경유관론
근대적 관리론
시스템 이론
(구조적) 상황이론
전략적 선택 이론
조직경제학
대리인 이론
거래비용 이론
거시조직이론
조직군 생태학
자원의존 이론
제도화 이론
네트워크 이론
자원기반관점

제1절 조직이론의 태동과 발전

ORGANIZATIONAL BEHAVIOR AND ORGANIZATION DESIGN

(1991년) 제3회 공인노무사시험
경영조직의 발전과정을 과학적 관리론, 인간관계론, 근대적 조직론(조직행동론) 중심으로 비교 논술하라. (50점)

(2012년) 제21회 공인노무사시험
조직구조에 관한 이론적 출발은 베버(Weber)의 이상적 관료제라고 할 수 있다. 이상적 관료제의 특징을 설명하고, 현대 기업 관점에서 이를 비판하시오. (25점)

(2018년) 제27회 공인노무사시험
과학적 관리론이 직무설계, 선발과 훈련, 보상, 일선감독직무에 기여한 바를 논하고, 인간관계론을 과학적 관리론과 비교하여 호손실험(Hawthorne Study) 중심으로 논하시오. (50점)

|1| 베버의 관료제론

1) 배경과 의의

관료제(bureaucracy)는 베버(Weber)가 생각한 가장 이상적인 형태의 조직관리방식으로서 잘 정의된 권한과 책임, 공식화된 기록 유지, 표준화된 규정의 적용 등을 통해 운영의 합리성이 유지되도록 설계되는 조직형태를 뜻한다.[1)]

2) 권한의 유형과 그 진화 과정[2)]

베버는 조직의 운영과 구성원 통제의 수단이 되는 권한(authority, 권위)을 역사적 발전 순서에 따라 세 유형으로 나누어 분석하였다.

① 카리스마적 권한

신성하고 비범한 능력(charisma)을 가진 지배자가 추종자(follower)로부터 개인적인 헌신과 충성을 이끌어내는 권한이다.

② 전통적 권한

신분제와 같은 전통(tradition)의 범위 내에서 지배자가 행사하는 권한으로서, 지배자의 통치 행위에 대해 피지배자는 역사적 관습에 따라 복종을 하게 된다.

③ 합리적 · 법적 권한

합리적이고 합법적인 방식으로 제정된 조직운영의 규범으로부터 비롯되는 권한을 말한다. 구성원들은 어느 개인의 위력이나 관습이 아닌 정당한 규칙과 법규에 의해 복종한다. 베버는 조직이 합리적 · 법적 권한을 기초로 한 관료제에 입각하여 운영될 때 가장 효율적이라고 주장하였다.

3) 관료제의 특징[3)]

① 상명하복(上命下服 : 상사가 명령하면 부하는 복종함)의 위계서열(hierarchy)이 중시된다.
② 책임과 권한이 구체화되는 전문화(specialization)의 원리, 즉 시스템적 분업이 강조된다.
③ 모든 업무수행과정에서 문서화된 규칙과 절차가 강조된다. 따라서 사람이 바뀌어도 업무는 연속적으로 이루어질 수 있으며 이를 비개인성(impersonality, 公私의 분리)이라 한다.
④ 혈연보다는 능력이 중시되므로 자격요건(specification) 중심의 선발이 이루어진다.

4) 관료제의 한계[4)]

① 변화가 필요한 상황에서 관료들의 내부적 저항과 조직 차원에서의 적응 위험이 따른다.
② 조직효과성의 실현 그 자체보다는 그 수단에 지나치게 집중하는 목적전도현상(goal displacement)이 발생할 가능성이 있다.
③ 표준화된 규칙의 추구로 인한 구성원들의 개성이 상실되고, 선례와 상사 지시에 대한 맹목적 복종으로 인한 무사안일주의가 팽배해진다.
④ 지나친 전문화를 추구함으로써 다른 분야에 대한 몰이해로 인한 무능이 발생한다.

| 2 | 고전관리론 : 과학적 관리론과 일반관리론

1) 과학적 관리론[5)]

① 의의

테일러(Taylor)에 의해 주창된 과학적 관리론(scientific management)은 그의 개인적 경험과 통찰에 의하여 고안된 생산성 및 작업능률 향상의 방법론이며, 경제적 인간관(economic man)에 입각하고 있다.

② 등장 배경

19세기 말과 20세기 초의 미국 공장에서는 조직관리의 기초적인 몇몇 원칙(예 근로시간, 성과 측정방법 등)조차 확립되지 않은 비과학적 관리 내지는 표류관리(drift management)가 횡행하였다. 테일러는 이를 비판하며 조직의 운영효율성을 높일 수 있는 몇 가지 원칙들을 노동의 분업(division of labor)에 입각한 직무전문화(job specialization)를 통해서 찾고자 하였다.

③ 과학적 관리의 원칙(principles of scientific management)

테일러는 근로자들의 동작, 작업순서, 작업시간에 관심을 둔 동작연구(motion study)와 시간연구(time study)를 수행하였으며, 그 결과 다음의 원리들을 도출하였다.[6]

a. 과업관리와 직무설계

과학적 관리법에 따르면 관리자는 시간과 동작연구(time & motion study)를 통하여 근로자의 직무를 설계(design)함과 동시에 최적의 직무수행방식(one best method)을 설정해 주는 직무연구(job study)의 책임을 져야 한다.

b. 과학적 선발과 훈련

이는 주어진 직무를 만족스럽게 수행할 수 있는 자격요건(specification)에 따라서 근로자들을 선발하며, 직무조건에 맞추어 훈련을 시켜야 한다는 원리이다.

c. 차등성과급제

과학적 관리법의 중요한 공헌 중 하나는 생산량에 비례하여 임금을 지불하는 성과급제(piece-rate payment)를 처음으로 적용하였다는 데 있다. 특히 테일러는 생산량에 정비례하여 임금을 지급하는 단순성과급제(straight piece-rate payment)와는 달리, 일정한 표준량까지는 단순성과급이 적용되지만 이를 초과하는 부분에 대해서는 더 높은 임금률을 적용하는 차등성과급제(differential piece-rate payment)를 창안하였다. 그 결과 고임금 · 저인건비(paradox of high wages and low costs), 즉 소수의 열심히 일하는 사람에게 많은 임금을 줌으로써 그들의 성과 향상을 토대로 전체 인건비를 감축하는 것이 가능해진다.

[테일러식 차등성과급제의 도식화]

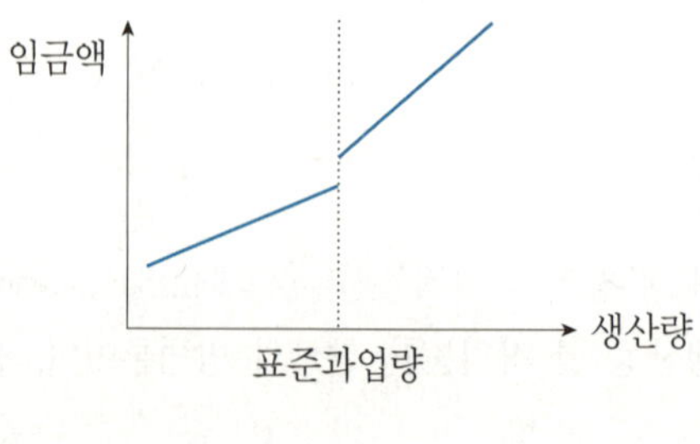

d. 기능적 감독자제도

테일러는 일선감독자(first-line foreman)에게 주어진 업무가 너무 많으면 생산성이 저하되므로, 일선감독자는 부하 근로자들의 생산을 감독에만 집중하게 하고, 생산계획 · 품질점검 · 교육훈련 등의 업무는 이를 전문적으로 취급할 수 있는 감독자를 따로 채용하는 기능적 감독자제도(functional foremanship)를 제안하였다.

④ 평가 및 한계

a. 현대 경영에의 영향

과학적 관리론을 통해 많은 조직은 생산성과 효율성을 높일 수 있었고, 테일러가 주창한 성과급이나 합리적 선발방식, 작업배치방식 등은 현대 조직관리에도 상당한 영향을 미쳤다.

b. 한계

분업을 지나치게 강조하여 조직구성원들이 일하는 재미를 잃게 된 점(인간 없는 조직, organization without people), 인간을 경제적 인센티브에만 매달리는 존재로 가정한 점, 현실의 대립을 무시하고 노사 간 협력관계를 지나치게 강조하였다는 점[노사관계에 대한 일원론(unitarism)적 가정], 각 조직이 처한 상황을 무시한 점(보편론적 함정) 등으로 인하여 비판을 받기도 한다.

2) 일반관리론[7)]

① 의의

일반관리론 또는 행정관리론이라 불리는 이 이론은 페이욜(Fayol), 귤릭(Gulick), 어윅(Urwick) 등에 의해 체계화되었다. 이들의 연구는 경제적 인간관에 기초하여 조직의 관리자층이 맡아야 할 조직관리의 원칙들을 체계화하였다.

② 관리활동과 관리원칙

페이욜은 최고관리자의 관점에서 필수적으로 수행되어야 하는 관리활동을 여섯 가지로 설정하고(6대 관리활동 : 기술, 상업, 재무, 보호, 회계, 관리), 그중 관리 영역을 다시 세분화하여 계획(planning), 조직화(organizing), 명령(또는 지휘, leading), 조정(coordination), 통제(control)로 대별하였으며, 이상의 관리활동을 수행하기 위한 지침으로서 제시된 것이 14대 일반관리원칙이다.

③ 평가 및 한계

a. 현대 경영에의 영향

과학적 관리론에 비해 일반관리론은 조직 전반의 관리를 본격적으로 다루는 거시적 접근법이며, 페이욜의 관리원칙은 오늘날까지도 조직의 운영과 설계에 필수적인 각종 기준을 제시해주고 있다.

b. 한계

하지만 일반관리론에서는 대부분 과학적으로 검증되지 않은 원리들을 제시하여 이론 적용의 보편성과 일관성이 떨어진다. 또한 과학적 관리론과 마찬가지로 보편론의 함정에 빠졌으며, 인간소외와 기계적 조직설계를 야기하였다는 비판을 받는다.

|3| 인간관계론과 호손실험

1) 기본 전제

인간관계론(human relation theory)에서는 인간의 행위가 외적 요소(예 임금, 작업환경 등)보다 내적 요소(예 태도, 감정, 심리상태 등)에 의해 결정된다고 본다. 하지만 조직 내의 여러 관계를 형성하는 방식에 유일 최선의 방법이 있다고 보는 점에서는 과학적 관리론과 유사한 측면이 있다.

2) 호손실험(The Hawthorne Study)[8)]

20세기 초 기업들이 종업원의 기계화를 촉진하면서 종업원들의 불만이 가중되고 노조의 강경화가 진행됨에 따라 새로운 관리방식이 요청되었다. 이러한 시대적 배경하에서, 하버드 대학교의 메이요(Mayo)와 뢰슬리스버거(Roethlisberger)는 미국 서부전기회사의 호손(Hawthorne)공장 종업원을 상대로 성과급이나 작업환경, 임률 등이 작업능률에 미치는 영향을 파악하기 위한 8년간의 연구를 실시하였으며, 이 실험은 인간관계론의 등장에 획기적인 이정표가 된다.

① 제1단계 : 조명실험(1924년 11월~1927년 4월)

밝기 변화와 생산성의 관계를 살펴본 연구이며, 실험집단뿐만 아니라 통제집단에서조차 작업성과가 향상되는 결과가 나왔다.

② 제2단계 : 계전기실험(1927년 4월~1929년 6월)

조립공들을 6인 1조의 비공식집단으로 편성하여 특정 작업조건(예 휴식시간 제공, 간식의 제공, 작업시간 단축 등)과 성과향상 간 관계를 검증하였으며, 작업조건의 변화에 불구하고 생산성에는 큰 차이가 없음이 발견되었다.

③ 제3단계 : 면접실험(1928년 9월~1930년 9월)

공장 전체 근로자들을 대상으로 면접을 실시하였으며, 작업의욕이 근로자가 속한 집단의 사회적 조건(분위기, 칭찬, 자부심, 책임감 등)에 따라서도 크게 달라질 수 있음이 밝혀졌다.

④ **제4단계 : 배전기실험**(1931년 11월~1932년 5월)

14명의 남성 노동자 사이에 형성된 비공식집단을 관찰하였으며, 암묵적으로 합의된 집단규범이 작업능률과 상관관계가 크다는 것을 발견했다.

3) 인간관계론적 접근의 특징과 기여

① 직무관리의 측면에서 전문화와 분업의 역기능에 주목하였다.
② 인간의 행동은 사회적 · 비합리적 측면에 의해서도 영향을 받는다.
③ 비공식조직의 중요성을 강조함으로써 집단역학(group dynamics)의 제반 현상(예 집단귀속의식, 순응, 동조 등) 이해에 큰 도움이 된다.
④ 인간 행동을 종합적으로 설명하려 했던 행동과학(behavioral science) 분야의 발전에 기여하였다.

4) 한계

인간관계론은 조직의 사회적 · 심리적인 측면에만 집중한 조직 없는 인간(people without organization)이라는 관점에서 비판을 받는다. 또한 근로자들의 만족을 중시하면서도 그 궁극적인 목표를, 만족을 통한 경영성과의 개선에 둠으로써 사람을 목적이 아닌 수단으로 다루었다는 점(소위 '사탕발림 인사관리')에서도 비판을 받는다.

| 4 | 행동과학 이론

1) 등장배경

과학적 관리론(경제적 인간관)의 시대와 인간관계론(사회적 인간관)의 시대를 거치면서 조직연구자들은 보다 정교하고 과학적인 조직관리의 지식체계가 필요하다는 점에 대한 인식을 공유한다. 그 결과 인간과 조직을 연구하는 여러 학문 분야들의 방대한 지식을 원용하여 인간행동(behavior)에 대한 과학적 지식을 축적하고자 하는 소위 행동과학(behavioral science)이 등장하게 되었다.

2) 특징

행동과학은 인간에 대한 학제적(interdisciplinary), 간학문(間學問)적, 종합과학적인 성격을 띤 인간에 대한 연구이다.

3) 맥그리거의 X-Y형 인간관 이론

수많은 동기부여 및 리더십 연구자들 가운데 행동과학 시대를 대표하는 학자인 맥그리거(McGregor)는 그의 저서『The Human Side of Enterprise』에서 기존의 조직이론과 접근방법들을 인간의 자발성에 대한 기본 가정에 따라 크게 두 가지로 분류하였다.

① X이론의 가정과 동기부여 방법

a. 인간에 대한 가정

X이론(theory X)에 의하면 인간은 일하기를 싫어하며, 이기적이고, 창의력이 부족한 동시에 저차욕구(생리적 욕구나 안전욕구)에 의해서 동기부여된다.

b. 관리자의 동기부여 방법

X론적 관리자는 종업원의 업무를 구조화하고 철저히 감독하는 데 집중한다.

② Y이론의 가정과 동기부여 방법

a. 인간에 대한 가정

Y이론(theory Y)에 의하면 인간은 자율적으로 일하고, 책임을 질 줄 알며, 문제해결에 필요한 창의력을 가지고 있고, 고차욕구(존경욕구 및 자아실현욕구)에 의해서도 동기부여된다.

b. 관리자의 동기부여 방법

Y론적 관리자는 인간의 자율성에 입각하여 자아실현에 초점을 둔 관리에 집중한다. 한국 국제인사관리의 대표제도인 삼성의 지역전문가제도가 Y론적 관점의 사례이다.

③ 이론의 의의

a. 한계

복잡한 인간형을 지나치게 단순화하였기에 이론적인 엄밀함은 부족하다.

b. 시사점

종래의 규율과 통제 중심의 관리관행에서 벗어나 인간의 내면적 동기와 욕구에 관심을 가진 경영이론이다.

| 5 | 환경유관론 : 초기 제도화 이론[9)]

1) 이론의 의의

환경유관론은 시기상으로 인간관계론 이후에 나타난 이론이며, 셀즈닉(Selznick)에 의해 정립되었다. 조직은 환경에 적응하는 유기적 존재이므로 조직 내의 합리적 계획이 구성원의 특성이나 외부요인의 제약에 의해 영향을 받을 수 있다.

2) 이론의 특징

셀즈닉은 조직운영 방식이나 관행 및 절차가 구성원들에게 지속적으로 전수되고 공유되는 과정을 제도화(institutionalization)라 명명하였으며, 생존을 위해 조직 외부의 여러 위협요인이나 이해관계자들을 조직 내로 흡수하는 일종의 방어기제를 코압테이션(호선, cooptation)이라 불렀다.

| 6 | 근대적 관리론

1) 등장 배경과 특징

근대적 관리론은 과학적 관리론을 계승하는 한편 그 단점을 극복하려는 과정에서 인간관계론의 시각을 반영하여 탄생된 조직이론의 한 분야이다. 이는 곧 인간과 조직의 공존, 즉 인간 있는 조직(organization with people)을 추구하는 전인적(全人的) 관점이다.

2) 버나드의 협동체계론[10)]

① 의의

버나드(Barnard)는 조직목표와 개인목표 간의 상호 균형을 추구하는 소위 협동체계론을 주창하였다.

② 조직의 기본 구성요소

a. 협동의지(willingness to cooperate)

조직목적의 달성을 위해 구성원 각자가 노력하고자 하는 마음의 상태로서, 개인의 공헌(contribution)과 이에 대한 대가(compensation)가 상응할 때 형성된다.

b. **공통의 조직목적**(common purpose)

구성원은 자신과 조직의 공동이익과 관련한 목적을 인식할 때 비로소 협력한다.

c. **커뮤니케이션**(communication)

이는 앞의 둘, 즉 협동의지와 공통의 조직목적을 연결시켜주는 매개체로서, 구성원들이 조직의 목적을 이해하는 동시에 공헌과 보상 간의 관계를 인식하게 한다.

③ **조직의 존속이론 : 조직균형론**

조직의 안정적 존속을 위해서는 대내적 균형과 대외적 균형의 유지가 필요하다.

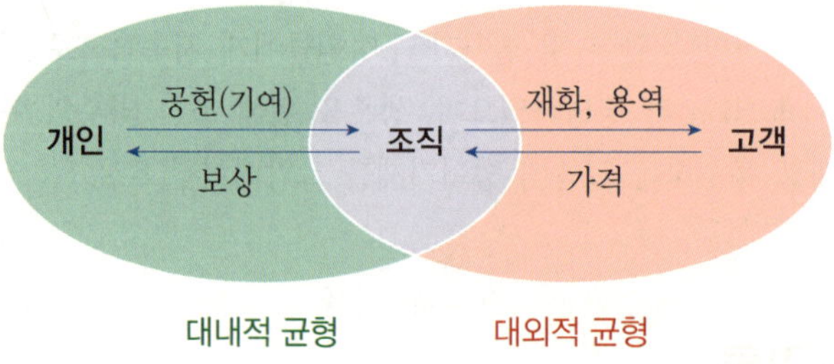

a. **대내적 균형**

조직과 구성원 개인 간의 관계에서 구성원의 공헌의지와 조직의 보상의지가 서로 균형을 이루는 것이다. 통상 공헌의 양과 비슷하거나 조금 더 많은 수준의 보상이 주어져야 한다.

b. **대외적 균형**

조직과 외부환경(주로 고객) 간의 관계에서 조직이 제공하는 제품(재화)과 서비스(용역)의 가치와 그로 인해 획득하는 매출이나 이익이 서로 균형을 이루는 것이다.

④ **권한수용설**

버나드에 따르면 권한(Authority)의 근원이 상급자의 지위가 아니라 종업원들의 자발적 수용의사에 있다고 한다.

3) 사이먼과 마치의 의사결정론[11]

사이먼과 마치(Simon & March)는 버나드의 이론을 계승하였으며, 인간의 조직행동을 설명하기 위해서 의사결정과정에 초점을 두었다. 의사결정론에서 바라보는 인간은 경제인도 사회인도 아닌 관리인(administrative man)이며, 그들은 정보의 불완전성과 인지적 한계로 대변되는 제한된 합리성(bounded rationality) 속에서 최적(optimal)보다는 적당히 만족스러운(satisfactory) 의사결정을 하게 된다.

제2절 조직과 환경

ORGANIZATIONAL BEHAVIOR AND ORGANIZATION DESIGN

(1987년) 제1회 공인노무사시험
조직이론에 있어서 컨틴전시 이론(Contingency theory) 배경 및 그 대표적인 학설과 특징을 논하라. (50점)

(1995년) 제5회 공인노무사시험
폐쇄시스템과 개방시스템을 비교 설명한 후 조직과 환경과의 관련하에서 폐쇄시스템에서 개방시스템으로의 이행과정에서의 중요한 이슈에 관하여 논하라. (50점)

(2015년) 제24회 공인노무사시험
거시조직이론 중 조직군생태학이론, 전략적 선택이론, 제도화이론의 개념을 각각 설명하고, 이들 세 가지 이론의 차이점을 환경과의 대응관점(임의론 대 결정론)과 조직의 분석수준에서 각각 논하시오. (50점)

|1| 시스템 이론

1) 등장 배경과 의의[12)]

시스템 이론은 생물학과 물리학을 연구하였던 버틀란피(Bertelanffy)에 의해 창안되었으며, "전체의 목적을 위한 부분들의 구성체계"인 시스템(system)으로서의 조직에 초점을 두고, 그 생존과 번영을 위한 외부 환경과의 지속적 상호작용을 탐구한다.

2) 시스템의 유형

① **폐쇄시스템**(closed system)

독자적 논리에 따라 자족적(self-contained)으로 움직이는 체계로서, 외부환경과의 상호작용을 상정하지 않기에 무질서의 정도인 엔트로피(entropy)가 지속적으로 증가하게 된다. (예 프로그램화된 신호체계, 영구기관 등)

② **개방시스템**(open system)

외부환경과의 상호작용을 필요로 하는 의존적(environment dependent) 체계로서, 외부에서 투입물(input)을 받아들이고 변환(transforming process)시켜 다시 외부에 산출물(output)을 내어놓는 과정에서 엔트로피를 감소시키고 조직을 안정화할 수 있다. 일반적으로 시스템이라 하면 개방시스템을 의미한다. (예 생명체, 기업조직 등)

[개방시스템의 구조]

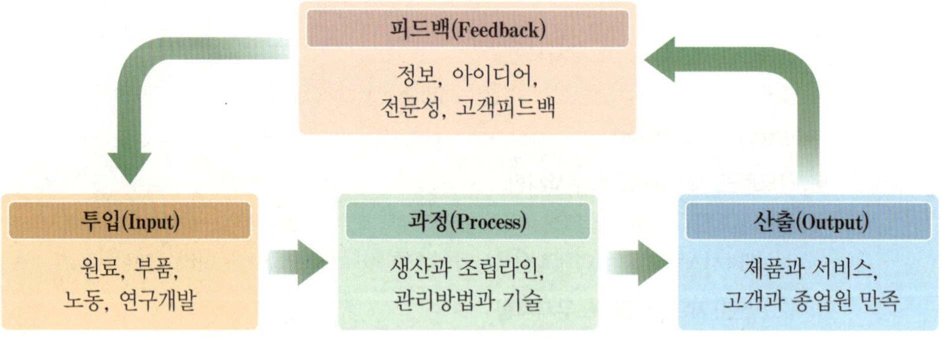

3) 개방시스템의 특징[13)]

① 하위시스템 간의 상호의존성(interdependence)과 조화

시스템은 하위시스템(subsystem)끼리 서로 연결되고 조화되면서 조직 전체의 목표 달성을 위해 움직인다.

② 분화에 따른 전문성의 증가

환경에 적절히 대응하기 위하여 필요한 기능(function) 영역별로 조직의 부문이 나누어진다.

③ 이인동과성(異因同果性, equifinality) (= 등종국성, 동일귀착성)

방법과 수단이 서로 다르더라도 그 결과가 모두 동일하다는 의미로서, 개방시스템은 목표에 이르는 수단을 여럿 가지고 있음을 뜻한다.

④ 환경의식(environmental awareness) : 경계의 강조

환경은 조직생존에 결정적 영향을 미치므로, 조직은 환경에 적절히 반응하기 위해 조직과 환경 사이의 경계(boundary)를 항상 의식한다.

⑤ 부정적 엔트로피(negative entropy, negentropy)

엔트로피(entropy)란 "무질서의 정도"를 뜻하는 용어로서, 개방시스템은 쇠퇴의 조짐이 보이면 더 많은 자원을 확보하여 자체 수정함으로써 시스템의 붕괴를 막고 성장, 발전시킨다.

⑥ 항상성(homeostasis)

개방시스템은 소멸에 저항하고 자기 상태를 계속 유지하려는 활동을 활발하게 전개하여 지속적으로 확장하고 성장한다.

4) 경영학적 시사점

① 경영현상을 전체 시스템과 하위시스템(재무, 마케팅, 인사, 생산 등)으로 나눔으로써 경영현상의 체계적이고 분석적인 설명이 가능해진다.
② 결론보다는 전환과정(process)에 큰 비중을 두어 분석한다는 점에서 경제학과 경영학의 차이를 드러낼 수 있다.
③ 경영성과를 종속변수로 두어 조직과 환경 간의 적합관계(fit)를 실증적으로 연구할 수 있다.

|2| 상황이론

1) 이론사적 의의

상황이론(contingency theory, 狀況理論, 구조적 상황이론)은 모든 조직에 보편타당하게 적용되는 원리나 설계기법을 찾기보다는 각 조직이 처한 상황에 맞는 조직구성의 방법이 있다고 보는 관점이다. 이는 시스템이론의 연장선상에서 조직구조에 영향을 미치는 각종 상황변수(전략, 환경, 기술, 규모)의 역할에 주목하는 것이다.

2) 기본 관점

상황이론은 조직효과성(즉 성과나 능률 또는 유연성), 상황변수, 조직특성변수의 세 가지 항목에 초점을 둔다. 즉, 조직효과성에 영향을 미치는 요인을 상황변수와 조직특성변수로 보며, 이들 간의 적합성(fit)이 조직효과성을 결정한다고 주장한다.

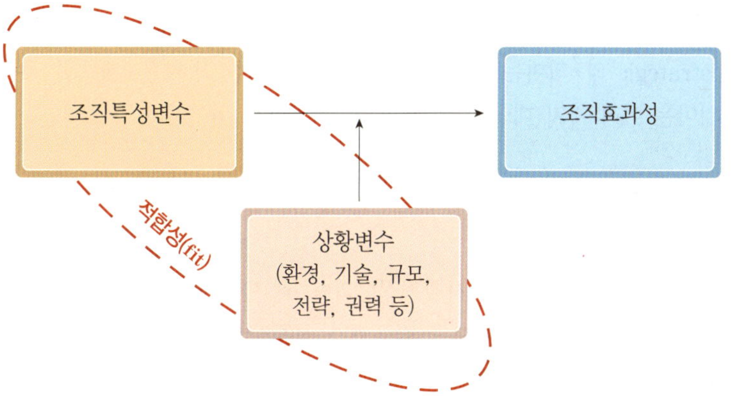

3) 이론의 특징과 한계

① 조직의 환경 적응 능력 강조 : 결정론(determinism)적 관점

상황적 조건(환경의 요구)에 따라 최적 조직구조가 달라지므로 (환경)결정론적 관점을 취한다.

② 적합성(fit) 중시

조직특성변수와 상황요인이 적합관계에 있으면 높은 조직성과로 이어지고 부적합관계에 있으면 조직성과가 감소한다.

③ 조직 단위의 분석 : 중범위(meso) 이론

상황이론은 개인이나 집단 등의 미시(micro)적 수준과 조직군(organization population) 차원의 거시적(macro) 분석수준의 중간에 위치한 개별조직차원의 이론이다.

④ 이론의 보편성에 대한 의문

상황마다 조직관리의 방식이 달라진다는 관점에서 예외를 지나치게 인정하여 이론으로서 보편타당성(universality)이 떨어진다.

| 3 | 전략적 선택 이론[14)]

1) 이론의 등장 배경과 의의

전략(strategy)이란 목적을 달성하기 위하여 조직을 하나로 이끄는 계획과 방침을 총칭한다. 챈들러(Chandler)가 정립한 일반명제인 '구조는 전략을 따른다(Structure follows strategy)'를 계승한 차일드(Child)는 조직의 객관적 상황변수(환경, 기술, 규모)를 제약조건(constraints)으로 둔 상태에서 의사결정집단(dominant coalition)이 이를 고려하여 전략을 만들고 이에 따라 조직구조가 형성된다는 전략적 선택 이론(strategic choice theory)을 제시하였다.

여기서 'strategic'의 의미는 조직이 자신에게 유리한 방향을 채택할 수 있다는 뜻이며, 'choice'의 의미는 여러 가지 대안 중에서 고를 수 있다는 의미이다.

2) 전략과 조직구조의 관계

환경－구조 간의 관계 사이에 의사결정집단과 (그에 의해 형성된) 전략이 매개된 환경－의사결정집단－전략－구조의 관계 사이에서 조직구조가 최종적으로 결정된다.

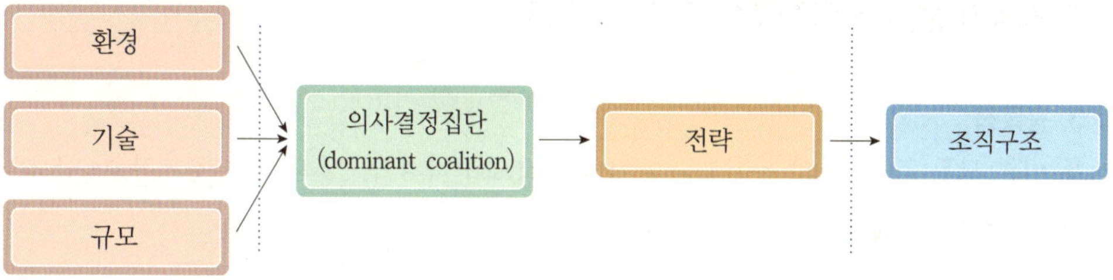

3) 전략적 선택이론의 핵심적 주장

① 대안의 선택

일반적으로 조직 관리자들이 취할 수 있는 재량의 폭은 생각보다 넓다. 이는 환경에 적응하는 방법이 단 한 가지만 존재하는 것이 아니라는 뜻이다.

② 환경의 조작과 통제

조직은 환경의 지배만 받는 것이 아니라 때로는 자신의 구미에 맞도록 환경을 조작 · 변형 · 조절할 수도 있다. 시장수요가 없더라도 자신들이 잘 만들 수 있는 제품이나 서비스를 내놓고 광고와 홍보로써 유행을 창조할 수도 있고(예 Apple 社의 iPad), 인적 네트워크를 활용하여 자사에 유리한 여건을 조성할 수도 있다(로비 등).

③ 주관적 환경 지각

객관적 환경과 경영자가 지각하는 환경 사이에는 격차가 존재하며, 환경 자체보다도 경영자의 환경인식, 즉 창조된(의도된) 환경(enacted environment)이 보다 더 중요하다.

4) 이론의 비판점

전략적 선택이론은 조직이 선택가능한 대안이 많다고 보는 관점이므로, 이 이론에 대한 비판은 여러 대안의 선택이 쉽지 않다는 점에 초점을 맞춘다.

① 대내적 제약

회사의 규모가 커지고 인원이 늘어나면서 규정 및 관습의 고착화로 인하여 관리자가 자의적으로 조직을 조종할 수 없는 경우가 생긴다.

② 대외적 제약

기존 업체들과의 경쟁에서 밀린다거나 정치 · 사회적 권력단체와 연계가 잘 되어 있는 다른 업체들 때문에 의도한 대로 환경의 영향력을 조정하는 것이 어려울 수 있다.

5) 상황이론과 전략적 선택이론의 비교

① 공통점

두 이론 모두 조직차원의 분석수준(level of analysis) 하의 연구들이며, 환경 · 기술 · 규모와 같은 상황변수의 중요성을 인정하고 있다.

② 차이점

a. 조직에 대한 관점

상황이론은 결정론적 관점, 전략적 선택 이론은 임의론적 관점을 가진다.

b. 상황요인과 조직구조 간의 관계

상황이론은 상황이 구조에 직접적으로 영향을 미친다는 관점인 반면, 전략적 선택 이론은 상황과 구조 사이에 인간이 매개변수로 작용한다는 관점을 취한다.

제3절 조직과 조직 간의 관계

ORGANIZATIONAL BEHAVIOR AND ORGANIZATION DESIGN

(2010년) 제19회 공인노무사시험

조직 간 관계(interorganizational relationship)를 보는 자원의존관점(resource dependence perspective)에 관하여 설명하고, 조직이 외부 자원 통제를 위해 사용하는 전략들을 논하라. (50점)

(2014년) 제23회 공인노무사시험

조직환경을 환경의 불확실성과 자원의존 측면에서 각각 설명하고, 조직의 환경 불확실성에 대한 대응방안과 자원통제를 위한 전략에 대해 각각 논하시오. (50점)

(2015년) 제24회 공인노무사시험

거시조직이론 중 조직군생태학이론, 전략적 선택이론, 제도화 이론의 개념을 각각 설명하고, 이들 세 가지 이론의 차이점을 환경과의 대응관점(임의론 대 결정론)과 조직의 분석수준에서 각각 논하시오. (50점)

(2018년) 제27회 공인노무사시험

스코트(R. Scott)는 기존의 조직이론을 체계적으로 정리하여 조직과 인간에 대한 관점으로 조직이론의 유형을 분류하고 있다. 다음 물음에 답하시오. (50점)

물음 1) 스코트의 4가지 조직이론 유형을 설명하시오. (20점)

물음 2) 각 유형별로 이론의 가정(assumption), 강·약점, 공헌분야 및 대표적 이론을 논술하시오. (30점)

본 절에서는 대프트(Daft)의 저서에 소개되어 있는 나라심한(Narasimhan)의 분석 틀을 따라 조직 간 관계(interorganizational relationship)에 초점을 둔 조직군 생태학 이론, 자원의존이론, 제도화 이론, 네트워크 이론에 대하여 살펴본다.[15] 조직 간의 관계는 조직들이 서로 유사한가 아니면 그렇지 않은가, 그리고 협력적인가 아니면 경쟁적인가 하는 두 가지 차원을 기준으로 구분할 수 있다.

[대프트와 나라심한의 조직이론 분류]

조직관계 \ 조직유형	상이	유사
경쟁적	자원 의존 이론	조직군 생태학 이론
협력적	네트워크 이론	제도화 이론

|1| 조직군 생태학 이론(유사, 경쟁적 관계)

1) 의의
2) 이론의 특징
   ① 조직군 수준의 연구
   : 분석단위의 확장
   ② 환경결정론적 관점
   : 적자생존 및 자연선택설에 입각
   ③ 종단분석을 통한 연구
3) 기본가정
4) 환경의 선택 과정 : 변이, 선택, 보전
   ① 변이 : 새로운 구조나 운영방식의 출현
   ② 선택 : 적자생존
   ③ 보존
5) 생태론적 관점의 조직생존전략
6) 평가(문제점 및 기여)

1) 의의[16)]

생물 등의 유기체(organism)와 그를 둘러싼 환경(environment)의 관계를 연구하는 학문을 생태학(ecology)이라 하며, 여기서의 주요 발견 내용을 조직에 적용한 것이 한난과 프리만(Hannan & Freeman)에 의해 정립된 조직군 생태학(population ecology)이다. 이는 생태학의 주요 개념인 변이, 선택, 보존을 고려하여 조직들의 생성(탄생)과 사멸의 이유를 설명하는 이론이다.

2) 이론의 특징[17)]

① 조직군 수준의 연구 : 분석단위의 확장

조직군 생태학에서는 그 분석 및 연구단위를 조직의 집합인 조직군과 그를 둘러싼 환경에 둔다.

② 환경결정론적 관점 : 적자생존 및 자연선택설에 입각

조직군 생태학은 다윈(Darwin)의 『종의 기원(The Origin of Species)』(1859)에서 유래한 생물의 변이(variation), 적자생존(survival of the fittest), 자연도태 혹은 자연선택(natural selection) 이론을 조직군과 환경과의 관계를 설명하는 데 활용한다. 이는 조직의 주체적 의지나 전략보다 환경의 영향력을 극단적으로 강조하는 환경결정론적 관점이다.

③ 종단분석을 통한 연구

자연선택의 과정은 여러 시점에 걸친 추적연구, 즉 종단분석(longitudinal analysis)을 통해서만 검증할 수 있다.

3) 기본가정

조직이 시장경쟁력을 갖추고 고객의 선택을 받기 위한 노력의 과정에서 구조적 관성이 발생하며(이하 목차 ①의 내용), 역설적으로 이 관성 때문에 조직은 환경에 자발적으로 적응하기 쉽지 않다(이하 목차 ②의 내용).

① 조직의 경쟁력에 관한 가정[18)]

조직이 지속적으로 생존하여 경쟁력을 갖추려면 다음의 두 조건을 갖추어야 한다.

a. 자원의 안정적 공급

조직은 환경으로부터 투입요소인 자원을 안정적으로 공급받을 수 있을 때 생존할 수 있다. 안정적 자원공급을 위해서는 제품과 서비스의 지속적 생산의지가 필수적이다.

b. 고객 신뢰의 확보

조직은 고객으로부터 신뢰를 얻을 때 조직은 생존할 수 있다. 고객의 신뢰는 일정한 품질의 제품이나 서비스를 꾸준히 공급하는 과정에서 획득된다.

② 환경 적응능력에 관한 회의적 시각

상황이론(contingency theory)과는 달리, 조직군 생태학에서 환경적응이 어려운 것은 크게 다음 두 가지의 이유 때문이다.

a. 조직 내·외부의 구조적 관성(structural inertia)

일반적으로 조직은 기존의 조직구조나 운영방식을 유지하려는 구조적 관성으로 인하여 환경적응에 어려움을 겪는다. 관성을 유발하는 조직 내적 요인으로는 매몰비용, 정보의 한계, 조직의 역사 등이, 조직 외적 요인으로는 법적·경제적 제약, 사회적 정당성의 고려 등이 있다.

b. 다른 조직과의 상대적 경쟁관계[19]

조직의 생존과 영속은 해당 조직군 내 다른 조직과의 상대적 경쟁관계 속에서 결정된다. 설령 어느 한 조직 A가 환경 변화에 신속히 적응했다 하더라도 다른 조직 B가 더 잘 적응해 버리면 결과적으로 A는 경쟁에서 뒤쳐질 수 있다. 그래서 환경에의 적응이 쉽지 않은 것이다. 이를 루이스 캐럴(Lewis Carroll)의 소설 『거울 나라의 엘리스(Through the looking glass)』의 한 일화에서 착안하여 '붉은 여왕의 가설(Red Queen's hypothesis)'이라 부르기도 한다.

4) 환경의 선택 과정 : 변이, 선택, 보전[20]

조직군 생태학에 따르면 개별조직의 성공은 조직의 합리적인 조직설계와 노력에 달려 있는 것이 아니라, 조직이 어떠한 환경에 속하고 이 환경이 어떠한 선택을 하는가에 달려 있다고 본다.

① 변이(variation) : 새로운 조직구조나 운영방식의 출현

환경변화에도 불구하고 관성 때문에 적응이 어려운 기존 조직이 대응하지 못하는 틈새(niche, 적소)를 활용하여 새로운 형태나 운영방식을 가지는 조직이 등장하는 과정이다.

② 선택(selection, 도태) : 적자생존(survival of the fittest)

수많은 변이 중에서 특정한 조직형태나 운영방식이 환경에 적합한 것으로 받아들여져 생존하는 것을 선택이라 하며, 그 반대를 도태라 한다. 여기서 선택과 도태의 여부를 결정하는 것은 조직의 노력이 아니라 적소의 크기(niche width, 시장 규모나 자원의 양)와 조직군의 밀집도(density, 적소 내 경쟁자의 수)이다.

③ **보존**(retention)

선택된 조직은 환경의 요구에 부응하기 위해서 구조나 운영형태를 유지하고 보존해야 한다. 보존 메커니즘의 예로는 공식화된 표준업무 절차(SOP, standard operating procedure), 업무 매뉴얼, 직무기술서, 관료제 등이 있다.

5) 생태론적 관점의 조직생존전략[21)]

① **일반전략과 특수전략**

생태계에서 살아남는 방식을 크게 일반전략과 특수전략으로 나누어 살펴볼 수 있다.

a. **일반전략**(generalist)**의 의미와 특징**

ⅰ. 의미

대중적이고 평균적인 자원과 역량을 토대로 여러 제품과 서비스를 다양한 고객층을 대상으로 제공하는 방식이다.

ⅱ. 장점

환경이 변해도 자원을 재배치하여 사멸을 막을 수 있다.

ⅲ. 단점

한 분야에서의 전문성을 획득하기 어렵고 여러 조직들과 경쟁해야 한다.

b. **특수전략**(specialist)**의 의미와 특징**

ⅰ. 의미

특수한 생산방식과 자원을 토대로 특정한 제품과 서비스를 특정한 고객층을 대상으로 제공하는 일종의 다걸기(all-in) 전략이다.

ⅱ. 장점

일반전략을 사용할 때보다 우수한 제품과 서비스의 제공이 가능하고 실력을 갖춘 경쟁자가 적다.

ⅲ. 단점

환경 변화시 자원의 재배치가 어렵다.

② **조직의 생존과 조직연령 및 규모 간의 관계**

한 조직의 소멸과 도태는 조직군의 밀집도 외에도 조직의 연령과 규모에 의한 영향을 받을 수 있다.

a. **대규모 장수조직의 이점**

오래된 대규모의 조직은 자원의 안정적 확보 및 고객으로부터의 신뢰 형성 등에서 이점이 있어 생존의 가능성이 높다. 따라서 지속적으로 반복하여 혁신이나 변화를 수행하는 경우에는 그때마다 새로이 출발하는 상황이 되므로 오히려 생존에 해가 될 수도 있다. 이를 스틴치콤(Stinchcombe)은 신생기업의 불리함(liability of newness)이라 지칭하였다.[22]

b. 소규모 신생기업의 이점

환경변화에 부응해야 함에도 불구하고 대규모 기업이 구조적 관성에 의해 변화에 실패할 수도 있다. 이때는 적소에 걸맞은 새로운 조직이 출현하여 환경의 선택을 받을 수 있다(오래된 기업의 불리함, liability of oldness).

6) 평가[23]

① 문제점

a. 극단적 환경결정론에 입각함에 따라 조직이 가지고 있는 의지의 문제를 무시하고 있다.

b. 용어의 정의에 있어 엄밀함이 부족하다. 조직군의 정의 방식, 조직의 소멸이나 해체를 규정하는 방식 등에 의문이 있다.

c. 이론의 검증을 위한 종단자료의 수집에 제약이 크다.

② 기여

a. 세상 속에 왜 이렇게 많은 조직이 존재하고 또 이들이 어떻게 변화하는가 하는 문제에 대한 답을 제공한다.

b. 우연에 의해서 일어나는 변화를 잘 설명해 준다.

c. 조직의 분석 수준을 조직군 차원으로 확장하였다.

|2| 자원의존이론(상이, 경쟁적 관계)[24]

1) 의의

페퍼와 샐린식(Pfeffer & Salancik)의 저서 『The External Control of Organizations』를 통해 정립된 자원의존이론(resource dependent theory)은 조직과 환경과의 합리적 측면에 초점을 맞추기보다는 환경에 대한 비합리적·정치적·권력적 측면을 주된 관심사로 연구하는 접근법으로, 조직이 환경에 적응한다는 관점에서 탈피하여 환경을 변화시켜 환경의 통제를 극복하고자 하는 조직의 주체적 노력을 강조하는 접근법이다.

2) 기본가정

① 조직의 궁극적 목표는 과업수행에서의 높은 성과가 아니라 생존(survival)이다.
② 조직은 환경과 끊임없이 상호작용하는 교환관계를 가지는 개방체계(open system)이다.
③ 조직은 이해관계자들 간에 형성되는 연합체(coalition)로서, 이해관계자 간의 힘의 균형을 면밀히 관찰하여 가장 중요한 이해관계자(들)가 요구하는 바를 우선적으로 실현한다.
④ 환경을 독립적이고 객관적 요소로 간주하는 대부분의 전략과 조직 연구문헌과는 달리, 자원의존이론에서는 환경인식에 있어 주체적이고 주관적인 관점을 중시한다.
⑤ 조직은 생존에 필요한 자원획득을 보다 확실히 하기 위해 다양한 노력을 경주하며, 이 과정에서 경영자의 주체적 · 재량적 역할이 매우 중요하다.

3) 자원의존성의 결정요인[25)]

자원의존성의 크기는 자원공급의 불확실성과 큰 관련이 있다. 즉 자원공급이 불명확할수록 그 자원에 대한 의존도가 높아진다.

① 자원의 집중도와 대체가능성

조직이 필요로 하는 자원이 한 사람이나 집단에 집중되어 있거나 다른 자원으로의 대체가 어렵다면 조직은 그에게 의존할 수밖에 없다.

② 자원의 희소성

조직이 획득해야 하는 자원이 충분하지 못하다면 그 희소자원 공급자의 영향력이 커진다.

③ 자원의 상호의존성

조직이 필요로 하는 복수의 자원 간 상호의존성이 크다면, 즉 서로 얽혀 있다면 조직의 환경의존성이 커지게 된다.

④ 조직의 환경인식 능력

조직이 환경 속의 자원 상태를 정확히 파악할 수 있다면 환경의존도를 줄일 수 있다.

4) 자원의존의 해결 : 능동적 대안의 모색[26)]

① 리더의 역할

경영자나 리더는 환경으로부터의 압력이 감지되면 이에 대응하는 방향과 전략을 수립하고(반응적 역할), 이해관계자들의 욕구 크기와 종류를 조직의 능력에 맞게 조정할 수 있어야 한다(재량적 역할).

② 자원의존성 약화[27]

a. 소극적 전략 : 환경에 순응하는 방법

ⅰ. 인수합병(M & A)

서로 다른 두 기업이 하나의 회사로 합쳐지는 것이다.

ⅱ. 합작투자(joint venture)

혁신적 제품을 개발하거나 신사업 분야에 진출하는 과정에서 서로 자본을 투입하여 새로운 조직을 만드는 것이다.

ⅲ. 전략적 제휴(strategic alliance)

각자의 독립성은 인정하면서 공동의 목표를 위해 자원을 함께 투자하는 방법이다.

ⅳ. 공급계약

필요한 자원과 역량을 공급해줄 수 있는 업체들과 맺는 계약이다.

ⅴ. 인적 접근

한 사람이 여러 기업에서 임원의 지위를 겸하는 임원겸임이다.

ⅵ. 광고와 홍보

소비자나 대중으로부터 관심을 끌고 사회적 정당성을 확보하는 수단이다.

b. 적극적 전략 : 환경을 조직에 맞게 변형하는 방법

ⅰ. 활동범위의 변경

환경이 불확실성을 극복하기 위해 사업영역을 축소하거나 시장철수 및 다각화 등을 시도할 수 있다.

ⅱ. 로비

법률이나 규제 등의 제약조건을 타개하기 위하여 추진하는 다양한 활동들이다.

ⅲ. 연합 형성

조직은 환경통제력을 키우기 위해 유사한 타 조직과 연계(coalition을 형성)하여 산업단체나 직능조합을 결성할 수 있다.

③ 차별화와 다원화 전략

환경이 조직에 미치는 충격을 미연에 방지하기 위하여 부서 간 차별화(differentiation)를 실시하거나 생산품목 및 거래처를 다원화(diversification)하는 방법을 사용할 수 있다.

5) 시사점

① 기존에 모호하고 추상적으로 개념화되었던 조직의 환경 이슈를 조직 간의 문제(interorganizational perspective)로 명확하게 구체화하였다.

② 조직이론에 권력관계라는 정치적 관점을 체계적으로 도입하였다.

③ 조직 간 문제(환경이슈)를 측정할 수 있는 지표(예 자원의존도 측정방법)를 제공함으로써 현대 조직이론 발전에 기여하였다.

6) 한계[28)]

① 조직 간 자원의존 관계는 권력관계의 원인이자 결과라는 점에서, 자원의존 관계의 본질적이고 궁극적인 발생 원인에 대해서는 명확하게 설명하지 못한다.

② 다양한 자원의존 해소 정책들 간의 일관성 있고 체계적인 기준을 제시하지 못한다.

|3| 제도화 이론(유사, 협력적 관계)

1) 의의와 핵심 용어[29)]

① 의의

메이어와 로완(Meyer & Rowan)에 의해 주창된 제도화 이론(institutionalization theory)은 환경으로부터 조직의 존재가 정당하다고 인정될 때 비로소 조직이 성공할 수 있다고 주장한다.

② 핵심 용어

a. 제도(institution)

인간의 행동에 영향을 미치는 사회적 측면의 제반 요인으로서, 경제적 논리로 설명되지 않는 규범, 윤리, 감정 등이 이에 해당한다.

b. 제도화(institutionalization)

조직의 활동방식이나 운영원리가 사회적 법칙으로서의 자격을 획득하는 것이다.

c. 정당성(legitimacy)

조직의 활동이 바람직하고 적절하다는 사회 전반의 판단을 의미한다.

2) 기본 가정[30)]

① 사람들이 확실하고 예측 가능한 상황을 선호한다고 가정한다.

② 조직이 효율성을 추구하기보다는 생존에 더욱 큰 관심을 가진다고 가정한다. 이는 곧 과업 환경을 강조한 전통이론과는 달리 제도적 환경의 중요성을 특히 강조하는 것이다.

③ 현재의 제도는 새로이 창조되는 것이 아니라 과거의 선택 및 기존 경로(관행, 관습)의 제약을 받지 않을 수 없다는 점에서 경로의존성(path dependence)을 강조한다.

3) 제도적 동형화[31)]

디마지오와 포웰(DiMaggio & Powell)에 따르면 유사한 제도적 환경에서 활동하는 조직들은 동일한 구조적 형태를 띠게 되는데, 이를 제도적 동형화(institutional isomorphism)라고 한다.

① 강압적 동형화(coercive isomorphism)

a. 의미

정부 규제나 법적 제약조건, 사회 전반적으로 공유되고 있는 문화적 기대 등과 같은 강압적 압력에 일어나는 제도적 동형화이다.

b. 원인

강압적 동형화의 원인은 조직이 다른 조직이나 집단으로부터 갖는 외부 환경 의존성에 있다.

c. 사례

대형 소매업체와 제조업체가 여러 납품업체들에 대해서 특정한 정책과 절차 및 기법을 지키도록 강요하는 것이 대표적인 예가 된다.

② 모방적 동형화(mimetic isomorphism)

a. 의미

성공을 거둔 타 조직들을 그들의 모델로 삼아 모방하는 방식이다.

b. 원인

모방적 동형화의 원인은 환경의 불확실성에 있다. 명확한 방법이 없는 고도의 불확실성하에서 성공을 거둔 기업이 존재한다면 경영자들은 그 혁신을 모방하려는 욕구를 갖는다.

c. 사례

2010년대 초반 Wi-Fi 무선랜 설치가 카페, 호텔, 공항 등 공공장소로 급속히 확산된 것은 미국 Starbucks가 처음으로 매장 내에서 Wi-Fi 기지국을 설치한 것에서 유래한다.

③ 규범적 동형화(normative isomorphism)

a. 의미

전문가 집단에서 가장 효과적이고 최선의 방법이라고 규정한 전문적 기준을 수용하는 방식이다.

b. 원인

정보기술(IT), 회계 기준, 마케팅 기법 등의 분야에서 규범적 동형화가 일어나고 있는 이유는 전문지식과 기술에 입각한 판단기준을 따르는 것이 바람직하다는 의무감 때문이다.

c. 사례

경영대학원에서 어떤 기법이 다른 기법보다 나은 것이라 교육받은 전문가들은 외부에 이들 기법을 컨설팅 방식을 통해 전파한다.

4) 제도화가 조직설계에 미치는 영향[32)]

① 공식구조의 변화 : 합리화된 신화와 느슨한 결합

a. 합리화된 신화

제도적 정당성을 확보한 조직운영논리인 합리화된 신화(rationalized myth)를 받아들여 공식구조를 설계함으로써 조직은 스스로 조직활동이 적절하다는 근거를 만들 수 있다.

b. 느슨한 결합(또는 분리)[33)]

모든 조직은 합리성의 논리가 적용되는 과업환경(기술적 환경)과 문화와 규범의 논리가 적용되는 제도적 환경의 이질적인 요구를 잘 조화시키고 통합시켜야 한다. 이 과정에서 조직은 제도적 환경의 압력으로 인한 마찰과 갈등을 감소시키기 위해 조직의 각 요소들을 느슨하게 결합시키는(loosely coupling) 전략을 구사한다. 이는 조직이 공식적으로는 제도적 압력과 일치한 모습을 따라가면서 동시에 실제 조직활동에는 근본적인 변화를 시도하지 않는 전략으로서, 분리(decoupling, 상징적 동조화)로 불리기도 한다.

② 외부적 평가기준의 채택

조직들은 제도적 환경으로부터의 사회적 지지를 얻고 생존하기 위해서 외부의 가치기준에 민감하게 반응한다.

③ 안정성 획득

조직이 제도적 환경에 순응할 경우, 조직의 생존은 성과에 관계없이 사회적으로 보장된다.

5) 경영에의 시사점

① 조직은 정당성을 확보하는 과정에서 이해관계자가 타당하다고 판단하는 구조나 활동을 전개한다.
② 조직은 대외적인 평판(reputation)관리에 힘쓴다.
③ 조직이 생존과 성공을 위하여 취하는 다양한 관리관행 원인의 유사성을 효과적으로 설명한다.

6) 한계

① 제도화 이론의 초창기 연구대상이 주로 공조직이었다는 점에서 비판을 받는다. (물론 현재는 사기업 현상에도 제도화 이론을 적용한 연구가 많다.)
② 조직 간의 유사성에 초점을 두었기에 새로운 아이디어의 창출이나 혁신에 대한 설명력이 떨어진다.
③ 조직 자체의 효과성이나 조직목표를 달성하기 위한 효율성에 대해서는 무관심하다.
④ 동일한 동형화 과정을 겪은 조직들 간의 생존과 사멸의 차이를 설명하지 못하고 있다.

| 4 | 네트워크 이론(상이, 협력적 관계)[34)]

1) 의의

네트워크 이론 또는 사회 연결망 이론(social network theory)은 경쟁적 관점의 자원의존이론에 대한 대안으로 제시되고 있는데, 그 내용은 희소한 자원의 공유와 경쟁력 강화를 위하여 상이한 유형의 기업 간 협력이 가능하다는 것이다.

2) 등장 배경

① 신고전경제학과 사회학적 관점의 한계 극복

사회현상을 설명할 때 과소사회화된(under-socialized) 행위자만을 강조하거나(신고전경제학) 사회구조만을 강조하는 과잉사회화된(over-socialized) 관점(사회학)과는 달리 연결망 이론은 미시현상과 거시현상을 통합하고 연결하는 이론적 틀을 제공한다. 즉, 개인이나 조직의 개별적 속성(attribute)에서 관계성(relation property)으로 설명의 중심을 옮긴 이론이라고 말할 수 있다.

② 경쟁지향적 조직관계 관점의 한계 극복

a. 기존의 관점 : 기업 간 관계를 바라보는 경쟁적 시각

기존에 기업 간 관계를 분석하는 주된 관점은 소위 '경쟁(competition)'에 초점을 두고 있었다. 이러한 관점을 대표하는 이론인 자원의존이론(resource dependent theory)에서는 조직의 성공이란 그들의 권력(power)을 최대화하는 것을 의미하고 조직의 궁극적 목표는 과업수행에서의 높은 성과가 아니라 생존(survival)이라는 점을 강조한다. 공급자나 고객사는 협력의 대상이라기보다는 극복과 투쟁의 경쟁대상이 된다.

이 관점에 따르면 타사와의 협력은 우리의 정보를 노출하는 것이므로 기피되고, 그 결과 교류의 부족으로 기업 간에 법적 갈등도 불사하는 경우가 잦아진다.

b. 대안적 관점 : 기업 간 관계를 바라보는 협력적 시각

오늘날에는 기업 간 상호의존성이 커지는 추세이므로 공동의 이익을 추구하는 신뢰기반 관계를 유지할 필요가 있다. 정보통신기술(ICT)의 발전에 힘입어 각자의 정보와 자원을 공유할 수 있고, 해외의 신규시장 진입에 대한 위험을 줄일 수 있으며, 특정 산업이나 기술에 대한 조직의 역량을 제고할 수 있다(예 삼성과 Apple의 관계). 이렇게 동일 생산시스템 안에 있는 다른 (경쟁적) 조직과 협력하여 새로운 사업기회를 창출하는 관계를 경제적 공진화(coevolution) 내지는 코피티션(coopetition), 또는 프레너미(Frenemies)라 한다.

이 관점에 따르면 장기적 거래관계를 통한 성과 창출이 가능해진다. 갈등 발생을 최소화하기 위해 노력하며, 만약 갈등이 발생한다 하여도 긴밀한 상호 조정(coordination)으로 해소한다.

3) 연결망 이론의 주요 연구 내용

세 이론의 공통점은 네트워크상에서의 상대적 위치와 교류가 해당 조직이나 개인의 이익에 영향을 미친다는 점이지만, 세부적인 논리에는 차이가 있다.

① 콜맨(Coleman)의 폐쇄이론(closure theory)

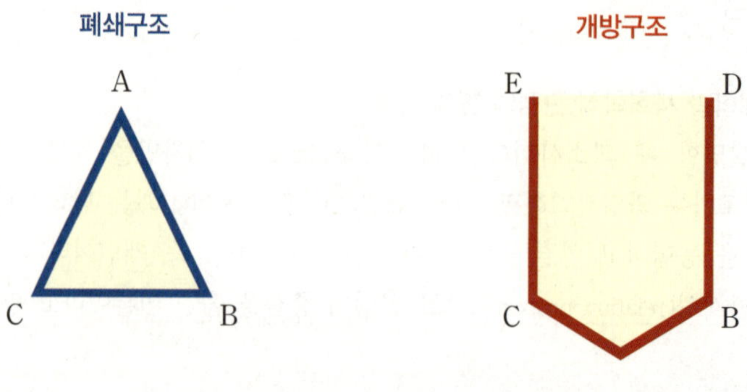

여기서는 사회 연결망을 개방구조와 폐쇄구조로 구분한다. 개방구조는 모든 구성원 간에 연결망이 형성되어 있지는 않은 구조를 말하며, 폐쇄구조는 모든 구성원을 서로 연결하는 관계망이 형성되어 있는 구조이다. 콜맨은 개인의 부정행위나 기회주의적 행동을 통제하기 위해서는 촘촘히 형성된 관계망과 신뢰관계에 입각한 폐쇄구조가 개방구조보다 더 낫다고 주장하였다.

② **그라노베터**(Granovetter)**의 약한 유대관계 이론**(weak ties theory)

이는 우리의 상식과는 달리 강한 유대관계보다 오히려 약한 유대관계가 더욱더 큰 이익을 가져다줄 수 있다는 것이다. 그 이유는 공동체 구성원 간에 존재하는 간극(clique)이 연결망을 구성하는 각자의 강한 유대관계(strong ties)로는 메워질 수 없으며, 배타적 사회공동체 간에 가교 역할을 해 줄 수 있는 약한 유대관계(weak ties)에서 획득가능한 독특한 자원과 정보를 통해 추가적인 성과나 이익을 얻을 수 있기 때문이다.

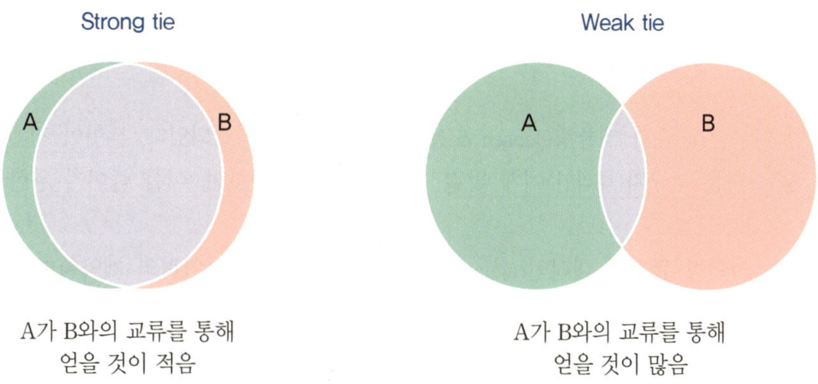

③ **버트**(Burt)**의 구조적 여백 이론**(structural hole theory)

구조적 여백(structural hole)은 동일한 네트워크상에 있지만 서로 연결되지 않은 정보 흐름상의 갭(gap)을 의미한다. 폐쇄구조에서는 네트워크의 구성원 모두가 서로 연결되어 있기에 구조적 여백이 발생하지 않으므로, 구조적 여백은 개방구조에서 발생하게 된다. 버트는 개방형 구조에서 구조적 여백에 있는 행위자는 정보와 자원의 중개자(broker) 역할을 하게 되어 협상의 이점을 누리게 된다고 주장하였다.

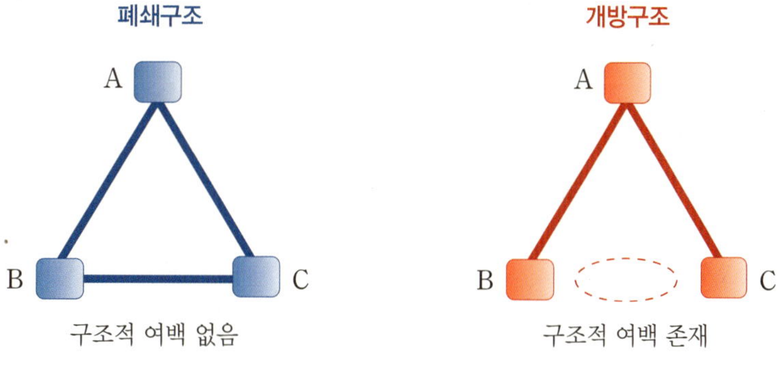

제4절 조직경제학

조직경제학(organizational economics)은 경제학의 개념과 원리를 조직현상의 설명에 활용한 이론으로서, 조직론의 이론체계상 환경의 구조적 제약을 강조하는 결정론적 관점인 동시에, 조직군 차원의 분석수준을 취한다.

|1| 대리인 이론[35)]

1) 의의와 기본가정[36)]

대리인 이론은 젠슨과 멕클링(Jensen & Meckling)에 의해 정립되었다. 본인이 직접 업무를 수행하지 않고 다른 누군가(대리인)에게 맡길 경우 비용이 발생하며, 이를 줄이기 위한 장치가 필요하다.

대부분의 사회적 관계는 대리인(agent)과 본인(principal) 간의 일련의 계약이며, 계약 당사자 간 목표와 전문영역에 차이가 존재하기에 본인과 대리인 간에는 이해관계의 충돌로 인한 대리인 문제(agency problem)와 도덕적 해이(moral hazard)가 발생할 수 있다.

2) 대리인 비용의 개념과 구성항목

대리인 비용(agency cost)은 본인과 대리인 간의 이해대립(conflict of interests)과 정보의 비대칭(information asymmetry)으로 인해 발생하는 비용을 뜻한다.

① 감시비용(monitoring expenditure)

본인이 대리인의 행동을 감시하는 과정에서 발생하는 비용이며, 기업들이 종업원에게 지급하는 '성과급'이 그 대표적 사례이다.

② 확증비용(bonding expenditure)

자신의 행동이 본인의 이익에 도움이 됨을 확신시키기 위한 대리인 측의 비용이며, 대리인(경영자)이 주주나 채권자 등의 이해에 상반되지 않게 행동하고 있음을 증명하기 위해 회계감사를 받는 비용 등을 포함한다.

③ **잔여비용**(residual expenditure)

감시 · 확증비용의 지출에도 불구하고 대리인이 본인을 위한 최적의사결정에 실패하여 발생하는 재산적 손실을 의미한다. 본인-대리인 간 갈등으로 인한 성과 저하 등이 대표적이다.

3) 대리인 비용의 발생 원인과 대책

대리인 비용의 궁극적 원인은 i) 본인이 직접 일을 하지 않고 대리인에게 맡기는 것과 ii) 대리인과 본인의 이해관계가 다르다는 점이다. 따라서 대리인 비용을 줄이기 위해서는 본인이 가급적 직접 일을 하거나, 대리인-본인 간 이해관계를 일치시킬 필요가 있다. 전자는 당연히 현대 산업사회에서 가능한 대안이 아니므로 대리인 문제의 궁극적 해결은 결국 본인과 대리인 간의 이해관계가 일치되게끔 보상시스템을 설계하는 것이다.

4) 도덕적 해이

① **개념**

도덕적 해이(moral hazard)는 윤리적으로나 법적으로 규정된 원래의 목표달성 행위에 최선을 다하지 않고 자신의 이익을 위해 고의로 책임을 다하지 않는 것이다. 계약의 불이행 내지는 불성실 이행을 포함한다.

② **결과**

a. 도덕적 해이는 거래관계에 있는 상대방이나 이해관계자, 나아가 제3자에게 피해를 준다.
b. 거래주체 간에 위험부담을 줄이기 위해 거래 자체를 줄이기도 한다. 이는 시장의 축소와 경제활동의 위축으로 이어진다.

③ **극복 방안**

도덕적 해이를 극복하는 동시에 대리인 비용을 최소화할 수 있는 방법은 다음과 같다.

a. 법적 · 강제적 극복

정부의 개입이나 법률적 규제로 도덕적 해이의 원인이 되는 애매모호하고 불완전한 계약관계를 보완함으로써 거래의 신뢰에 위협이 되는 각종 행동을 제한할 수 있다.

b. 시장원리에 의한 극복

사외이사제도나 다양한 감독 장치를 만들어 시장원리에 의한 제약이 가능하도록 할 수 있다. 구체적으로는 경영자와 주주의 이익이 일치할 수 있는 보상시스템(예 stock option)을 설계해야 한다.

c. 사회규범을 통한 극복

명시적 제도가 아닌 평판(reputation)이나 신뢰(trust) 등의 사회규범을 통한 도덕적 해이의 통제도 가능하다. 후쿠야마(Fukuyama)는 일찍이 그의 저서 『Trust』에서 고신뢰사회에서 도덕적 해이가 극복되어 경제적 효율성이 증가한다고 주장했다.[37)]

| 2 | 거래비용 이론 : 시장과 위계 이론[38)]

1) 의의

거래비용 이론은 조직의 등장과 그 경계(규모)의 형성 과정을 설명하는 이론이다. 이 이론은 코즈(Coase)로부터 출발하여 윌리암슨(Williamson)에 의해 체계화되었다. 윌리암슨 연구의 핵심은 위계적(hierarchical) 성격을 가지는 조직이 시장(market)으로부터 형성되는 이유를 밝힌 것으로써, 일정한 범위의 거래가 기업 조직 경계 안의 내부적 거래로 이루어지는 것이 시장에서 이루어지는 경우보다 상대적으로 비용이 적게 들어 효율적인 경우에 조직이 형성된다.

2) 핵심 개념

① 거래비용(transaction cost)

시장 메커니즘 하에서 생산할 때 발생하는 생산비(시장가격) 이외의 비용으로서, 적절한 가격을 발견하는 탐색비용(준비비용, preparation cost), 계약 · 협상에 수반되는 합의비용(agreement cost), 거래조건을 준수하고 비밀을 지키는데 드는 통제비용(control cost), 계약기간 중 여러 제약조건의 변동에 따르는 적응비용(adaptation cost) 등의 합이다.

② 시장실패

윌리암슨(Williamson)은 이상의 거래비용 때문에 최적의 거래가 이루어지지 못하는 시장실패(market failure)가 발생하여 비효율이 야기된다고 보았으며, 이를 토대로 기업조직이 시장으로부터 형성되는 이유를 논증하였다. 구체적으로 거래비용과 시장실패를 야기하는 원인을 살펴보면 크게 인간적 요인, 환경적 요인, 그리고 분위기로 설명할 수 있다.

a. 인간적 요인(human factors)

i . 제한된 합리성(bounded rationality)

인간은 지식, 예측력, 기술(skills), 시간 및 능력에 한계가 있다.

ⅱ. 기회주의(opportunism)

불리한 조건을 숨기려는 인간의 이기적 성향은 거래비용을 증가시키는 원인이다.

b. 환경적 요인(environmental factors)

ⅰ. 환경의 복잡성(complexity)과 불확실성(uncertainty)

이로 인해 일관된 예측을 할 수 없다.

ⅱ. 소수자들(small numbers)과의 거래

기회주의와 소수거래가 결합되어 독과점적 거래가 발생할 경우 시장실패가 나타난다.

ⅲ. 정보밀집성(information impactedness)

거래 관련 정보들이 일부에게만 알려져 다른 사람들이 정보를 알려면 많은 비용을 지불해야 하는 상황이다.

ⅳ. 자산특유성(asset specificity)

특정 거래시에만 독점적으로 사용되는 자산의 비율로서, 이 값이 높을수록 거래상대의 기회주의적 행동이 발생한다.

ⅴ. 거래빈도(frequency)

거래빈도가 잦을수록 거래비용이 증가한다.

c. 분위기(atmosphere)

거래의 형태와 내용에 영향을 미치는 정서적 환경요인으로서, 시장 거래에 참여하는 개인은 감정의 논리에 따라 행동하는 경우가 많다.

③ 조직실패

'거래비용'이 발생하는 시장실패(market failure) 현상으로 인해 모든 거래가 조직으로 흡수되는 것은 아니다. 왜냐하면 조직 내에서도 '조직화 비용'으로 인하여 효율적 자원배분이 이루어지지 못하는 조직실패(organizational failure) 현상이 발생하기 때문이다.

④ 최적 조직규모의 결정

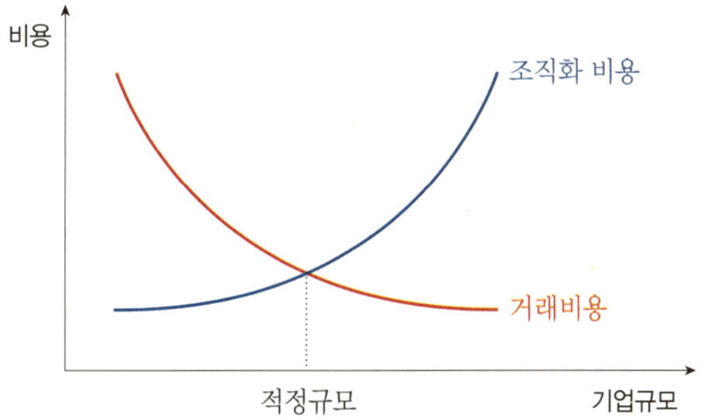

기업 내부에서 업무를 수행하는 비용(=조직화 비용)과 시장에서 외부업체와 거래하는 비용(=거래비용)이 같아지는 지점에서 적정한 조직규모가 결정된다. 결론적으로 기업은 '생산과 구매(make-or-buy)'의 경계선을 거래비용과 조직화비용의 합이 최소화되는 지점에서 결정한다.

3) 평가

① 시사점

기업의 고용 관계, 수직적 통합(vertical integration), 사업부제 조직(M-form organization), 다각화, 다국적 기업 등의 다양한 현상들을 논리적으로 설명하는 데 도움을 준다.

② 비판

a. 기업의 결합이나 네트워크의 형성으로 거래비용 자체를 완전히 없앨 수는 없다.

b. 거래비용 이론은 적어도 한 조직 안에서는 모두 이기적 기회주의자가 아니라는 것을 전제로 하지만 현실에서는 조직 내 이기주의도 심각한 수준인 경우가 많다.

심화학습

CHAPTER 02 | 조직이론

다음 글을 읽고 본 장에서 배운 조직이론들을 여러 학자들의 견해를 활용하여 분류해 보자.

1. 애스틀리와 반데벤의 분류[39)]

1) 의의 및 구분 기준

애스틀리와 반데벤(Astley & Van de Ven)은 인간과 조직의 본성(결정론 vs. 임의론)과 조직연구의 분석 수준(개별조직 vs. 조직군)이라는 두 축을 사용하여 조직이론들을 분류하였다.

인간 본성

분석의 수준	결정론	임의론
조직군	**자연적 선택 관점** • 조직군 생태학 • 거래비용론	**집합적 행동 관점** • 공동체 생태학 이론
개별조직	**시스템-구조적 관점** • 구조적 상황이론	**전략적 선택 관점** • 전략적 선택이론 • 자원의존이론

2) 각 영역별 특징

① **결정론적 관점**(determinism)

결정론적 관점에서는 조직이 외부적 요인에 의하여 그 모습, 구조나 운영방식이 정해진다고 본다.

결정론적 관점 중에서도 개별 조직의 구조에 초점을 두는 이론이 바로 (구조적) 상황이론(contingency theory)이고, 조직군 수준에서의 역학관계에 초점을 두는 이론이 바로 조직군 생태학(population ecology)과 거래비용 이론(transaction cost theory)이다.

② 임의론적 관점(voluntarism)

임의론적 관점에서는 조직이 내부 구성원들의 의지나 역량에 따라 그 모습이나 구조 및 운영 방식이 정해진다고 본다.

임의론적 관점 중에서도 개별 조직의 구조에 초점을 두는 이론이 전략적 선택이론(strategic choice theory)이며, 개별 조직의 운영에 초점을 두는 이론이 자원의존이론(resource dependence theory)이다. 반면에 임의론적 관점 중에서 조직군 수준을 분석하는 이론을 공동체 생태학 이론(community ecology theory)이라 하는데 이는 다수의 조직 간 공동체들이 서로 연합하여 취하는 전략적 행동을 통하여 조직의 생존과 진화의 문제를 다루는 이론으로서, 많은 조직들이 서로 호혜적 관계를 형성함으로써 급변하는 환경에 공동으로 대처하기 위해 노력하고 있는 최근의 경향을 잘 설명해 준다.

2. 스캇의 분류[40]

스캇(Scott)은 조직연구에 있어 조직환경의 고려 여부(폐쇄시스템 vs. 개방시스템)와 인간과 조직에 대한 관점(합리적 인간관 vs. 사회적 인간관)을 기준으로 조직이론을 네 가지로 분류하였다.

환경과 조직 \ 인간과 조직	합리적	사회적
폐쇄적	1900~1930 과학적 관리론(Taylor) 관료제론(Weber) 일반관리론(Fayol)	1930~1960 인간관계론(Mayo) 환경유관론(Selznick) X-Y이론(McGregor)
개방적	1960~1970 시스템이론, 상황이론(Chandler Lawrence & Lorsch Thompson) 조직경제론(Williamson)	1970~ 자원의존이론(Pfeffer & Salancik) 조직군 생태학(Hannan & Freeman) 제도화 이론(DiMagio & Powell) 조직화 이론(Weick) 학습조직론(Senge)

1) Daft, L. R. (2015). *Organization theory and design* (12th ed.). Mason, OH : South-Western Cengage Learning.

2) 이창원 · 최창현(2012). 『새 조직론』(전정3판), 서울 : 대영문화사, pp.53~56.
임창희(2010), 『조직론』, 서울 : 학현사, p.68.

3) Daft, *Op cit* ; 임창희, 전게서, p.69.

4) 이창원 등, 전게서, pp.55~56.

5) Taylor, F. W. (1911). *The principles of scientific management*, New York, NY : Harper & Brothers.
박경규(2014), 『조직행동』, 서울 : 홍문사

6) 이학종 · 양혁승(2012), 『전략적 인적자원관리』(제2판), 서울 : 오래, pp.22~24.

7) 박경규, 전게서, pp.16~18.

8) 최종태, 전게서, pp.696~699.

9) Selznick, P. (1948). Foundations of the theory of organization. *American Sociological Review*, 13, 25~35.
이창순(1994), 『조직이론 : 사회조직의 제 관점』, 서울 : 박영사, pp.107~122.

10) Barnard, C. I. (1938). *The Functions of the Executive*. Cambridge, MA : Harvard University Press ; 박경규, 전게서, pp.21~25.

11) Daft, *Op cit.* ; 박경규, 전게서 ; 임창희, 전게서.

12) Bertalanffy, L. V. (1976). *General system theory* : *Foundation*, *development*, *application*. (revised ed.).
NY : George Braziller.

13) 임창희, 전게서, pp.79~83.

14) Child, J. (1972). Organizational structure, environment, and performance : The role of strategic choice. *Sociology*, 6(1), 1~22 ; 임창희, 전게서, pp.306~312.

15) Daft, *Op cit*.

16) 윤재풍(2014), 『조직론』, 서울 : 대영문화사, p.139.

17) 윤재풍, 전게서 ; 이창원 등, 전게서, p.492.

18) Hannan, M. T., & Freeman, J. H. (1977). The population ecology of organization.
American Journal of Sociology, 83, 929~984.

19) 임창희(2010), 『조직론』, 서울 : 학현사, p.321.

20) Daft, *Op cit.* ; Aldrich, H. E. (1979). *Organizations and environment*. NJ : McGraw-Hill.

21) 임창희, 전게서 ; 신동엽 · 이상묵(2007), "거시조직이론의 필드 구조 : 현대 거시조직이론의 네 가지 패러다임", 「연세경영연구」, 44(2), pp.367~389 ; Daft, *Op cit*.

22) Stinchcombe, A. L. (1965), Social structure and organizations, in March, J. (Ed), *Handbook of Organizations*, IL : Rand McNally, pp.142~193.

23) 윤재풍, 전게서 ; 임창희, 전게서 ; Daft, *Op cit*.

24) Pfeffer, J., & Salancik, G. R. (1978). *The external control of organizations*. NY : Harper and Row.

25) 임창희, 전게서 ; Daft, *Op cit*.

26) 임창희, 전게서 ; Daft, *Op cit*.

27) Daft, *Op cit.*

28) 신동엽 · 이상묵, 전게논문.

29) Daft, *Op cit.*; Meyer, J. W. and Rowan, B. (1977). Institutionalized organizations : Formal structure as myth and ceremony, *American Journal of Sociology*, 83, 340~363.

30) 이창원 등, 전게서 ; 임창희, 전게서 ; Daft, *Op cit.*

31) DiMaggio, P. J., & Powell, W. (1983). The iron cage revisited : Institutional isomorphism and collective rationality in organizational fields. *American Sociological Review*, 48, 147~160.
Scott, W. E. (1995). *Institutions and organizations*. Thousand Oaks, CA : Sage.

32) 임창희, 전게서, pp.302~303.

33) 임창희, 전게서.

34) Daft, *Op cit.*
Pfeffer, J. (1997). New Directions for Organization Theory : Problems and Prospects, New York : Oxford University Press.
배종석(2012), 『사람기반 경쟁우위를 위한 인적자원론』(제2판), 서울 : 홍문사

35) Jensen, M. C., & Meckling, W. H. (1976). Theory of the firm : Managerial behavior, agency costs and ownership structure, *Journal of Financial Economics*, 3(4), 305~360.
Eisenhardt, K. M. (1989). Agency theory : an assessment and review. *Academy of Management Review*, 14, 57~74.
Eisenhardt, K. M. (1988). Agency and institutional theory explanations : the case of retail sales compensation. *Academy of Management Journal*, 31, 488~511.

36) 이창원 등, 전게서, p.485.

37) Fukuyama, F. (1995). *Trust*. New York : The Free Press.

38) Williamson, O. E. (1975). *Markets and Hierarchies : Analysis and antitrust implications*. NY : Free Press.
Walker, G., & Weber, B. (1984). A transaction cost approach to make or buy decisions. *Administrative Science Quarterly*, 29, 373~391.

39) Astley, W., & Van de Van, A. (1983). Central perspectives and debates in organization theory. *Administrative Science Quarterly*, 30, pp.224~241. ; 이창원 등, 전게서, pp.481~483.

40) Scott, W. R. (2003). *Organizations : Rational, natural, and open systems*. New Jersey : Prentice-Hall
정동섭(2012), 『경영조직론』, 서울 : 탑북스, pp.42~47.

PART Ⅱ 개인

CHAPTER 3
동기부여

단원개요

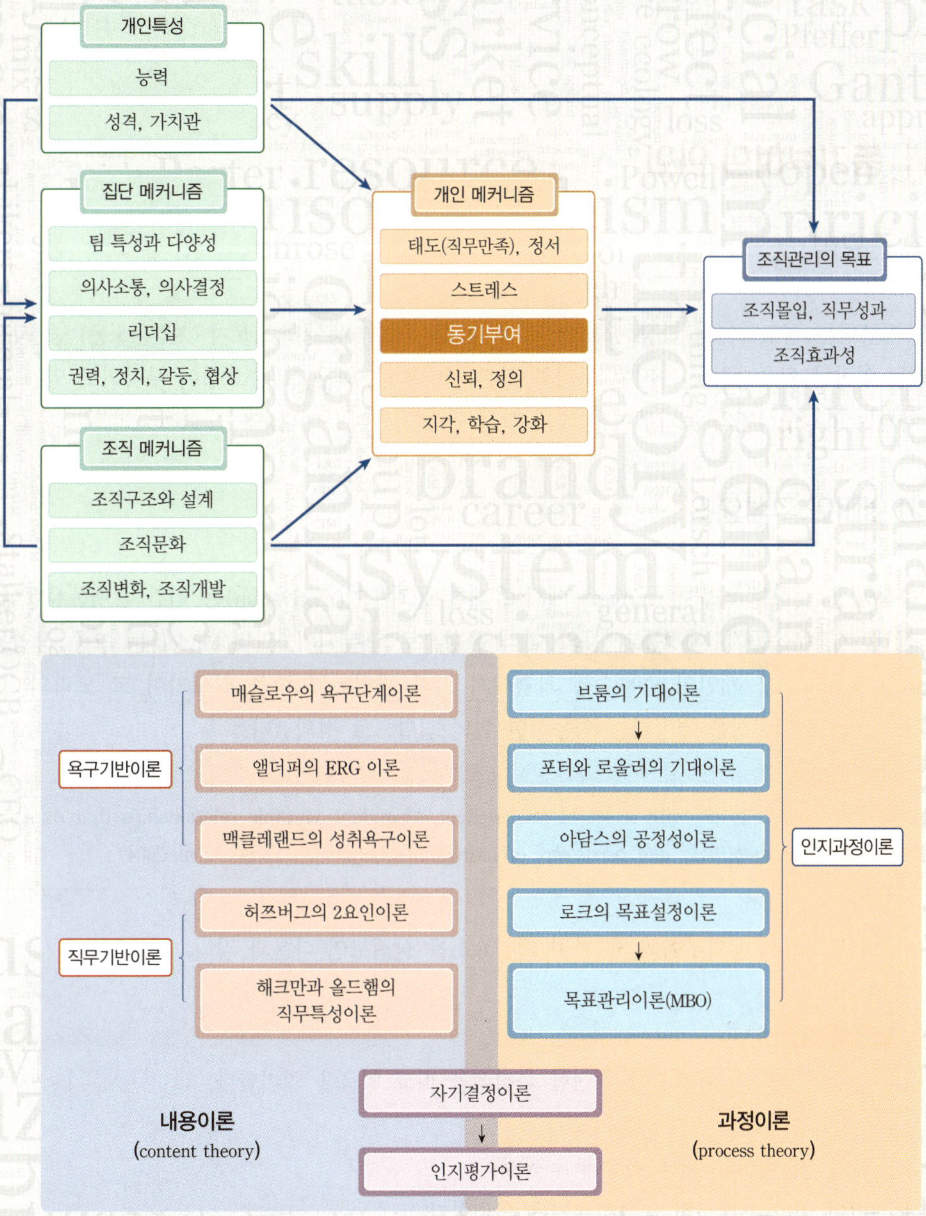

개인특성
능력
성격, 가치관
집단 메커니즘
팀 특성과 다양성
의사소통, 의사결정
리더십
권력, 정치, 갈등, 협상
조직 메커니즘
조직구조와 설계
조직문화
조직변화, 조직개발
개인 메커니즘
태도(직무만족), 정서
스트레스
동기부여
신뢰, 정의
지각, 학습, 강화
조직관리의 목표
조직몰입, 직무성과
조직효과성
욕구기반이론
매슬로우의 욕구단계이론
앨더퍼의 ERG 이론
맥클레랜드의 성취욕구이론
직무기반이론
허즈버그의 2요인이론
해크만과 올드햄의
직무특성이론
브룸의 기대이론
포터와 로울러의 기대이론
아담스의 공정성이론
로크의 목표설정이론
목표관리이론(MBO)
인지과정이론
자기결정이론
인지평가이론
내용이론
(content theory)
과정이론
(process theory)

제1절 동기부여의 의의와 이론적 전개 과정

ORGANIZATIONAL BEHAVIOR AND ORGANIZATION DESIGN

(1999년) 제8회 공인노무사시험
동기부여 이론을 서술하시오. (50점)

|1| 동기부여의 의의[1)]

1) 중요성

동기부여는 경영학에서 가장 중요한 개념 중 하나이다. 생산요소(토지 · 자본 · 노동) 중 시장가치라는 일정한 활용가치를 가지는 토지와 자본과는 달리, 최근 그 중요성이 부각되고 있는 노동의 가치는 조직구성원의 동기부여 상태에 따라 달라지기 때문이다.

2) 의미와 구성요소

'움직임'을 뜻하는 라틴어 'movere'에서 유래한 동기부여(motivation)는 인간의 행동유형에 따라 작업동기, 운동동기, 애정동기 등의 여러 유형으로 구분되며, 핀더(Pinder)는 그중 작업동기(work motivation)를 개인의 업무수행 과정에서 일과 관련된 노력을 일으키며 그 노력의 방향, 집중력, 그리고 지속성을 결정하는 역동적인 힘의 집합으로 정의했다.[2)]

> Motivation has to do with a set of independent/dependent variable relationships that explain the *direction, amplitude, and persistence* of individual's behavior. (Steers et al, 2004)

이상의 정의에서 동기부여의 세 가지 핵심요소를 살펴보면 다음과 같다.

① **노력의 방향**(direction or channel)
개인이 취하는 노력의 초점이 특정한 목적성을 띠고 있음을 의미한다.

② **노력의 집중력**(강도, intensity, amplitude or energy)
한 개인이 얼마나 열심히 노력하는지를 의미한다.

③ **노력의 지속성**(persistence or sustainability)

한 개인이 얼마나 오랫동안 특정 행동을 하는가와 관련된 개념이다.

| 2 | 동기부여의 접근법[3)]

일반적으로 동기부여는 크게 '무엇이 동기를 형성하는가'에 초점을 둔 내용이론과 '어떻게 동기가 형성되는가'에 초점을 둔 과정이론으로 대별하여 살펴볼 수 있다.

- 내용이론 : 매슬로우의 욕구단계이론, 앨더퍼의 ERG 이론, 맥클랜드의 성취욕구이론, 맥그리거의 X-Y 이론, 허쯔버그의 2요인이론, 해크만과 올드햄의 직무특성이론
- 과정이론 : 브룸의 기대이론, 포터와 로울러의 수정기대이론, 아담스의 공정성이론, 로크의 목표설정이론, 목표관리론(MBO), 자기결정이론(인지평가이론), 학습과 강화이론

조직심리학에서는 이들을 보다 세분화하여 욕구기반이론(need-based theory, 매슬로우, 앨더퍼, 맥클랜드의 이론), 인지과정이론(cognitive process theory, 공정성이론, 기대이론, 목표설정이론), 행동주의이론(behavioral approach, 강화이론, 조직행동수정 이론), 자기결정이론(self-determination theory, 인지평가이론), 직무기반이론(job-based theory, 2요인이론, 직무특성이론)으로 구분하고 있다.

제2절 욕구기반이론

ORGANIZATIONAL BEHAVIOR AND ORGANIZATION DESIGN

(1993년) 제4회 공인노무사시험
동기이론 중 앨더퍼(Alderfer)의 ERG이론, 허쯔버그(Herzberg)의 2요인 이론, 아담스의 공정성 이론의 특징과 동기부여에의 기여를 설명하라. (50점)

| 1 | 매슬로우의 욕구단계이론[4)]

1) 기본 가정

매슬로우(Maslow)는 인간의 다양하고도 복잡한 욕구(needs)가 사람의 행동을 이끄는(drive)

주된 원동력이라고 보았다. 이러한 욕구에는 위계(hierarchy)가 있으며, 하위 단계의 욕구가 충분히 채워지면 그보다 높은 수준의 욕구가 인간의 행동을 유발한다고 보았다.

2) 5대 욕구[5)]

매슬로우는 인간이 공통적으로 지니고 있는 다섯 가지 욕구를 크게 저차(low-order) 욕구와 고차(high-order) 욕구로 나누었다. 전자는 생리적 욕구와 안전 욕구를, 후자는 사회적 욕구, 존경 욕구, 자아실현 욕구를 포함한다.

[매슬로우의 욕구단계]

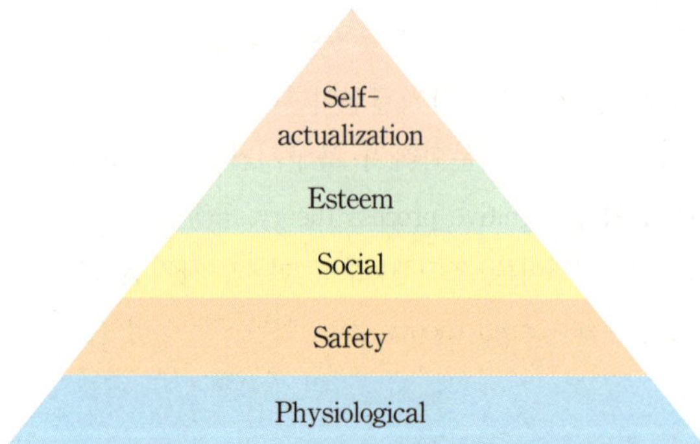

출처 : Maslow(1970), Motivation and *Personality*

① 생리적(physiological) 욕구

이는 식욕, 성욕, 수면욕, 배설욕 등 인간의 본능에 해당하는 욕구를 의미한다. 조직에서는 냉난방시설, 임금, 식당, 작업조건 등과 관련이 있다.

② 안전(safety) 욕구

이는 신체적 위협이나 정서적 위해로부터 스스로를 보호하고 안전한 상태를 원하는 욕구를 의미한다. 조직에서는 복리후생이나 고용 안정 등과 관련이 있다.

③ 사회적(social) 욕구

이는 타인과의 원활한 상호작용과 집단에의 소속감으로서 다른 사람으로부터 동료로 받아들여지는 것(acceptance)과 관련이 있다. 조직에서는 멘토－멘티 간의 관계, 집단 구성원 간의 단합과 응집성 등과 관련이 있다.

④ 존경(esteem) 욕구

이는 자존심을 유지하고 주위로부터 인정을 받으며, 목표를 달성했을 때 개인적으로 느끼는 성취욕구를 의미한다. 조직에서는 높은 자리로의 승진, 동료나 상사로부터의 인정(recognition) 등과 관련이 있다.

⑤ 자아실현(self-actualization) 욕구

이는 개인적 성장과 잠재력의 실현을 추구하는 것으로서, 진정으로 원하는 바를 이룰 수 있게끔 추동(drive)하는 욕구를 의미한다. 조직에서는 쉽지 않은 업무의 달성이 주는 성취감, 오랫동안 꿈꾸었던 목표의 달성 등과 관련이 있다.

3) 욕구 간의 관계

① 결핍－지배의 원리

일반적으로 욕구들은 이를 가지지 못할 경우(결핍 時) 인간의 행동을 지배하게 된다.

② 충족－출현의 원리

5대 욕구들은 한꺼번에 나타나는 것이 아니라 아래 단계의 욕구가 충족되는 시점에 다음 단계의 욕구가 순차적으로 발생하여 인간의 행동을 지배하게 된다.

4) 시사점과 한계[6)]

① 시사점

a. 매슬로우의 이론은 인간의 욕구에 대한 체계적 인식을 갖게 한 최초의 이론으로서, 구성원의 동기부여를 위해서는 욕구의 개인차를 고려할 필요가 있다. (예 카페테리아식 복리후생 제도)

b. 구성원을 지속적으로 동기부여 시키기 위해서는 상위욕구를 충족시켜 줄 수 있는 여건의 조성이 중요하다는 점을 환기시켰다.

② 한계

a. 낮은 계층의 욕구가 충족되면 이 욕구가 더 이상 행동을 동기화하지 않는다는 주장은 적절하지 않다.[7)]

b. 다섯 단계의 욕구계층이 미국이 아닌 타 문화권에서는 다른 형태로 나타날 수 있다.[8)]

c. 욕구계층을 다섯 가지로 나눌 수 있는지에 관해서 많은 의문이 제기되고 있다.[9)]

|2| 앨더퍼의 ERG이론[10)]

1) 기본가정

매슬로우의 이론을 보다 발전 · 심화시킨 앨더퍼(Alderfer)는 매슬로우와 마찬가지로 인간 욕구의 단계성을 인정하였지만, 그 단계의 내용이나 욕구 간의 관계 설정에 있어서는 매슬로우의 이론과 차이를 보인다. 앨더퍼는 설문조사 결과를 토대로 인간의 욕구를 크게 존재욕구, 관계욕구, 성장욕구의 세 유형으로 구분하였다.

2) 3대 욕구

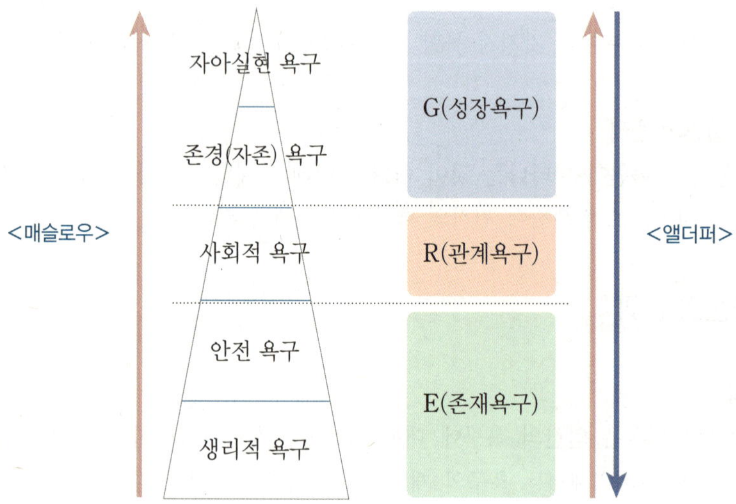

① **존재욕구**(E, existence needs)

매슬로우의 생리적 욕구와 안전 욕구의 일부를 통합한 개념으로서, 생존을 위해 필요한 것들에 대한 욕구이다.

② **관계욕구**(R, relatedness needs)

매슬로우의 사회적 욕구를 중심으로 안전 욕구와 존경 욕구의 일부를 통합한 개념으로서, 타인과의 관계를 원만히 유지하며 특정 집단에 소속되고자 하는 욕구를 의미한다.

③ **성장욕구**(G, growth needs)

매슬로우의 존경 욕구와 자아실현 욕구의 일부를 통합한 개념으로서, 개인의 잠재력과 능력의 성장 및 업무에 대한 성취감 등과 관련된 욕구이다.

3) 욕구 간의 관계[11)]

앨더퍼에 따르면 하위 단계의 욕구가 만족(satisfaction)되면 상위 단계의 욕구로 진행하며(충족-진행 원리) 상위 단계 욕구가 제대로 충족되지 않을 경우(frustration) 하위 단계에 대한 욕구가 더 커진다(좌절-퇴행 원리).

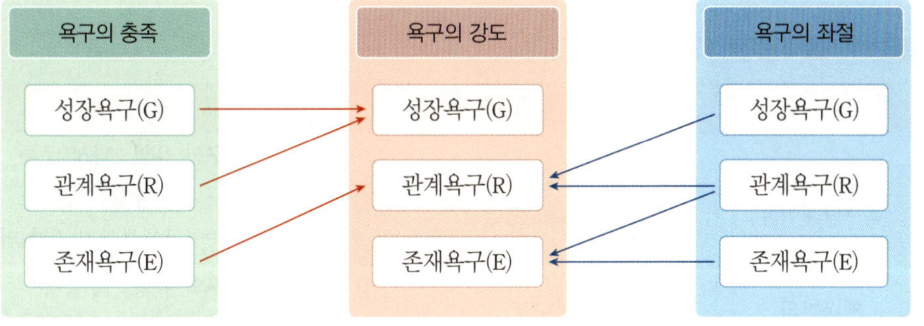

① '충족-진행 원리'의 세부 내용

a. 존재욕구가 충족된다면 다음 단계의 관계욕구로 진행(progress)한다.

b. 관계욕구가 충족된다면 다음의 상위욕구인 성장욕구로 진행한다.

c. 성장욕구가 충족될 경우 인간은 이러한 성장욕구가 앞으로도 지속적으로 충족될 수 있게끔 노력하게 된다.

② '좌절-퇴행 원리'의 세부 내용

a. 성장욕구의 충족에 실패하면 욕구좌절로 인한 내면의 긴장해소를 위해 하위욕구인 관계욕구를 추구하며, 이를 퇴행(regression)이라 한다.

b. 관계욕구의 충족이 좌절될 경우 사람은 일차적으로 이 욕구(관계욕구) 자체의 충족을 위해 노력한다.

c. 그러나 관계욕구의 충족이 지속적으로 좌절되면 하위욕구인 존재욕구를 추구한다.

d. 존재욕구를 추구함에도 불구하고 이것이 미충족되면 이것이 충족될 때까지 계속 추구한다.

4) 시사점과 특징[12)]

① 욕구를 단계별로 나누고 이들 간의 관계를 살펴보았다는 점에서 매슬로우 이론과 유사하지만, 매슬로우의 이론이 하위욕구에서 상위욕구로의 진행에만 초점을 두었다면, 앨더퍼는 상위욕구에서 하위욕구로의 퇴행에도 관심을 가졌다.

② ERG 이론에서는 매슬로우의 이론보다는 위계의 강도가 약하다. 즉 하위욕구가 상위욕구의 전제로 작동하는 것은 아니며, 복수의 욕구가 동시에 나타날 수도 있다.

③ 고차욕구 충족에 실패한 종업원은 저차욕구에 해당하는 금전보상 등을 요구할 수 있기에, 종업원의 고차욕구 충족은 비단 동기부여뿐만이 아니라 비용절감 차원에서도 중요하다.

④ 매슬로우의 5개 욕구구조를 3개로 단순화하여 욕구이론이 산업조직심리학 분야에서 더 유용하게 활용될 수 있게 하였다.[13)]

[매슬로우 이론과 앨더퍼 이론의 비교]

	공통점	차이점
매슬로우의 욕구단계이론	• 욕구기반의 내용이론 • 욕구에 계층이 존재함 • 복리후생이나 임금 등 보상이론에의 시사점을 제공	• 욕구의 유형 : 다섯 종류 • 욕구 진행방향 : 일방향 • 실증연구에서의 지지가 약함
앨더퍼의 ERG 이론		• 욕구의 유형 : 세 종류 • 욕구 진행방향 : 쌍방향 • 실증연구에서 입증됨

| 3 | 맥클랜드의 성취욕구이론[14)]

1) 기본가정
2) 3대 기본욕구
   ① 성취욕구 : 매슬로우의 자아실현 욕구와 관련
   ② 권력욕구 : 매슬로우의 존경 욕구와 관련
   ③ 친교욕구 : 매슬로우의 사회적 욕구와 관련
3) 의의
   ➠ 시사점, 비판

1) 기본가정

맥클랜드(McClelland)와 그의 동료들은 문화공동체에 의해 학습되는 욕구를 개인마다 다른 서열을 갖는 세 가지(성취욕구, 권력욕구, 친교욕구)로 나누었으며, 이 중 성취욕구가 높은 사람이 강한 동기를 갖고 직무를 수행한다고 보았다.

2) 3대 기본욕구[15)]

① **성취욕구**(N-Ach, need for achievement, 성취동기) : **매슬로우의 자아실현 욕구와 관련**

a. 개념

도전적인 목표를 설정하면서 동시에 이를 달성하고자 하는 욕구를 의미한다. 어려운 일의 달성, 탁월한 성과의 창출, 경쟁에서의 승리 등이 이에 해당한다.

b. 특징

i. 지나치게 쉽거나 지나치게 어려운 과업의 경우 도리어 성취욕구를 저해할 수 있다. 즉 적당히 도전적인 직무를 수행할 때 성취욕구가 자극된다. 아래 공식에 따르면 성공확률이 50%일 때 가장 높은 수준의 동기부여가 이루어진다.

$$\text{동기부여의 정도} = \text{성공확률} \times (1 - \text{성공확률})$$

ii. 스스로의 노력으로 일을 성공시키며, 목표달성의 과정 또는 결과에 대한 피드백을 원한다.

iii. 일단 과업수행을 시작하면 끝날 때까지 높은 수준의 몰입도와 강한 책임감을 보인다.

iv. 성취욕구는 기업조직뿐만 아니라 국가의 경제성장과 밀접한 관련이 있다. 맥클랜드의 연구에 따르면 국가별로 측정된 성취동기는 한 세대(25년) 뒤 해당 국가의 국민소득 성장률과 상관관계가 있었다.

v. 성취욕구는 4단계의 과정(성취동기의 진단, 자아 성찰, 목표 설정, 상호작용)을 통해 향상 가능하다.[16)] 성취동기의 진단과정에서 글이나 그림을 해석하는 주제통각법(TAT, Thematic Appreciation Test)이 사용된다.

② **권력욕구**(N-Pow, need for power, 권력동기) : **매슬로우의 존경 욕구와 관련**

a. 개념

다른 사람들에 대한 영향력과 통제력에 대한 욕구를 의미한다.

b. 특징

i. 타인에 대한 영향력 행사나 경쟁의 상황을 즐기며, 신분이나 지위상승에 관심이 높다.

ii. 권력욕구는 크게 4단계의 과정[권력자와의 관계를 통해 힘을 축적, 자부심 형성, 영향력 행사, 권력감(feeling of power)의 향유]을 거쳐 형성된다.

iii. 권력은 개인중심적 권력(personalized power)과 사회중심적 권력(socialized power)으로 나뉘며, 사적 권력사용인 전자보다 후자가 집단이나 조직의 목표달성에 큰 도움이 된다.

③ **친교욕구**(N-Aff, need for affiliation, 친교동기) : **매슬로우의 사회적 욕구와 관련**

a. 개념

대인관계와 타인으로부터의 인정 및 소통에 대한 욕구를 말한다.

b. 특징

i. 경쟁적 상황보다 협력적 상황을 상대적으로 선호하며, 우정을 중시하고 친밀감을 유지하고자 한다.

ii. 친교욕구가 높은 사람의 동기부여를 위해서는 성과 자체보다는 성취 결과에 대한 인정(approval)이 중요하다.

3) 의의[17)]

① 조직경영에 주는 시사점

a. 매슬로우의 고정된 욕구단계보다 맥클랜드의 가정(개인별로 지배적 욕구가 상이함)이 더욱 높은 타당성을 가진다.

b. 욕구의 개발·훈련 기법을 제시하였다. 이 과정에서 직무의 내용과 목표를 보다 도전적으로 설계하는 방식을 통해 구성원의 성취욕구를 자극할 수도 있을 것이다.

c. 종업원의 선발/배치 등의 인사관리 운용에 있어 개인의 욕구를 고려하도록 하였다. 관리자는 권력욕구, 서비스 담당자는 관계욕구, 연구개발자는 성취욕구가 각각 어울릴 것이다.

② 이론에 대한 비판

a. 기업조직의 복잡한 과업환경 속에서는 성취욕구만으로 설명할 수 있는 현상이 많지 않다.

b. 욕구를 선천적인 것이 아니라 후천적 학습의 산물이라고 가정한 점에서 의문이 제기되고 있다.

c. 성취욕구의 측정에 사용되는 TAT(Thematic Appreciation Test, 주제통각법)의 객관성이 낮다.

|4| 욕구기반 이론의 공통적 한계점

- 욕구-성과, 욕구-만족 간 상관분석이라는 점에서, 제대로 된 인과관계의 검증이 어렵다.
- 욕구의 단계나 구성요소는 사회와 문화, 시대 상황에 따라 달라질 수 있으므로 보편화된 접근이 어렵다.
- 실증연구를 통해 지지받는 경우가 드물어서 이론의 타당성에 의문이 제기된다.
- 동기부여의 과정을 지나치게 단순하게 설명하고 있어, 다양한 동기요인 간 관계를 심층적으로 살펴보기가 어렵다.

제3절 인지과정이론

ORGANIZATIONAL BEHAVIOR AND ORGANIZATION DESIGN

(1993년) 제4회 공인노무사시험
동기이론 중 앨더퍼(Alderfer)의 ERG이론, 허쯔버그(Herzberg)의 2요인 이론, 아담스의 공정성 이론의 특징과 동기부여에의 기여를 설명하라. (50점)

(2003년) 제12회 공인노무사시험
동기부여 이론으로서 목표설정 이론의 의의와 시사점을 약술하라. (25점)

(2009년) 제18회 공인노무사시험
동기부여이론 중 기대이론과 공정성 이론을 각각 설명하고 두 이론의 공통점과 차이점을 논하라. (50점)

(2014년) 제23회 공인노무사시험
동기부여 이론 중 2요인 이론(two factor theory)과 기대이론(expectancy theory)의 주요 내용을 간략히 설명하고, 각 이론을 조직 구성원 보상과 연계하여 설명하시오. (25점)

(2015년) 제24회 공인노무사시험
아담스(J. S. Adams)의 공정성 이론(equity theory)의 내용 및 공정성의 3가지 유형을 설명하고, 불공정성 해소방안과 조직관리에 대한 시사점을 제시하시오. (25점)

| 1 | 브룸의 기대이론[18)]

1) 기본 가정[19)]

브룸(Vroom)은 동기부여의 순차적 과정(인지적 사고 과정)에 초점을 두었다. 우선 개인의 노력이 특정한 성과로 이어지고, 그 성과에 대해 보상이 주어진다는 전제하에, 각 과정별로 동기부여와 관련된 세 가지 개념을 소개하였다.

[브룸의 기대이론 모형]

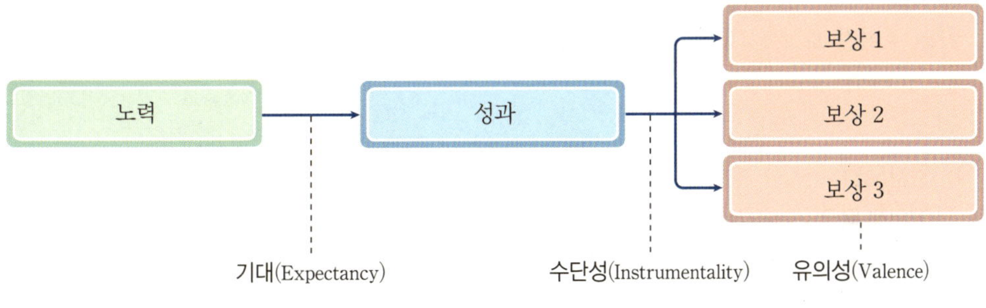

① **기대**(Expectancy)

a. 개념

이는 특정 행위나 노력이 특정한 성과(결과나 업적)로 이어질 것이라는 가능성에 대한 주관적 확률이다. $(0 \leq E \leq 1)$

b. 영향요인

ⅰ. **자기효능감**(self-efficacy)

반두라(Bandura)에 따르면 특정 업무를 잘 해낼 것으로 믿는 개인성향인 자기효능감은 직접적 성취(performance accomplishment), 대리 학습(vicarious learning), 언어적 설득(verbal communication), 각성(arousal) 등에 의해 향상된다.[20)]

ⅱ. **목표의 난이도**(goal difficulty)

쉬운 목표일수록 기대감이 커진다.

ⅲ. **내재적 통제성향**(internal locus of control)

본인 스스로 업무를 처리할 수 있다고 믿는 성향이 클수록 기대감도 향상된다.

② **수단성**(Instrumentality)

a. 개념

이는 노력의 산물로서 형성된 성과(결과 또는 업적)에 대하여 보상이 주어질 것으로 믿을 수 있는 주관적 상관관계이다. $(-1 \leq I \leq 1)$

b. 영향요인

ⅰ. **신뢰**(trust)

조직을 구성원들이 신뢰할수록 수단성이 향상된다.

ⅱ. **조직정치지각**(perceptions on organizational politics)

조직 내 주요자원의 배분이 정치적으로 결정된다는 구성원들의 인식이 낮을수록 수단성이 향상된다.

③ **유의성**(Valence, 선호도 또는 유인가)

a. 개념

이는 주어진 보상에 대한 개인의 선호도, 매력도나 중요성, 또는 가치를 의미한다. $(-n \leq V \leq n)$

b. 영향요인

ⅰ. **개인적 욕구**(personal needs)

보상의 내용이 구성원의 욕구에 부합할수록 유의성이 향상된다.

ii. 가치(value)와 목표(goal)

보상이 개인적 가치관이나 각자의 목표에 부합할수록 유의성이 커진다.

2) 동기부여의 크기[21)]

브룸에 의하면 기대와 수단성, 그리고 유의성이 모두 높은 값을 가질 때 비로소 동기부여가 된다고 한다. 즉, 동기부여의 크기는 기대, 수단성, 유의성의 곱함수로 표현가능하다.

$$M = E \cdot \sum(I \cdot V)$$

3) 이론의 의의[22)]

① 동기부여 현상을 매우 합리적이고 인지적으로 설명하였다.
② 조직구성원들의 역량을 향상시켜 기대(E)를 높여야 한다. 이를 위해 각종 교육훈련 프로그램을 정비할 필요가 있으며, 조직구성원에게 요구되는 성과가 무엇인지를 구체적으로 알려주어야 한다.
③ 구성원이 요구되는 성과를 달성했을 때 제공되는 보상의 형태 및 크기가 일관성을 가져야 한다.
④ 개별 구성원이 원하는 보상을 제공할 때 유의성(V)이 높아짐을 강조함으로써, 하향식(top-down) 보상이 아닌 상향식 보상(bottom-up)의 중요성을 환기시켰다는 점에서 의미가 있다.

4) 이론의 한계 및 비판점[23)]

① 인간이 늘 합리적으로 사고하고 예측하는 것만은 아니며, 충동적 의사결정을 하는 경우 더욱더 동기의 크기를 설명하는 것이 어렵다.
② 기대 수준이 높을수록(즉 쉬운 과업일수록) 동기부여 정도가 클 것인지에 대한 논란이 존재한다.

|2| 포터와 로울러의 수정기대이론[24)]

1) 기본가정

① 성과와 만족 간 관계에 대한 가정

기존의 많은 연구들이 성과(performance)를 만족(satisfaction)의 결과변수로서 취급하였지만

(만족 ➠ 성과), 포터(Porter)와 로울러(Lawler)는 브룸의 기대이론을 활용하여 노력–성과–보상 간의 관계가 직무만족과 향후의 동기부여에 영향을 미칠 수 있다고 보았다(성과 ➠ 만족).

② 보상공정성의 환류에 대한 가정

성과에 따라 주어지는 보상에 대한 개인의 공정성 지각(equity perception, 공정하다고 느끼는 정도)이 직무만족에 영향을 주고, 이 만족도가 다시 환류(feedback) 과정을 통해 더 많은 노력의 투입 여부에 영향을 미친다.

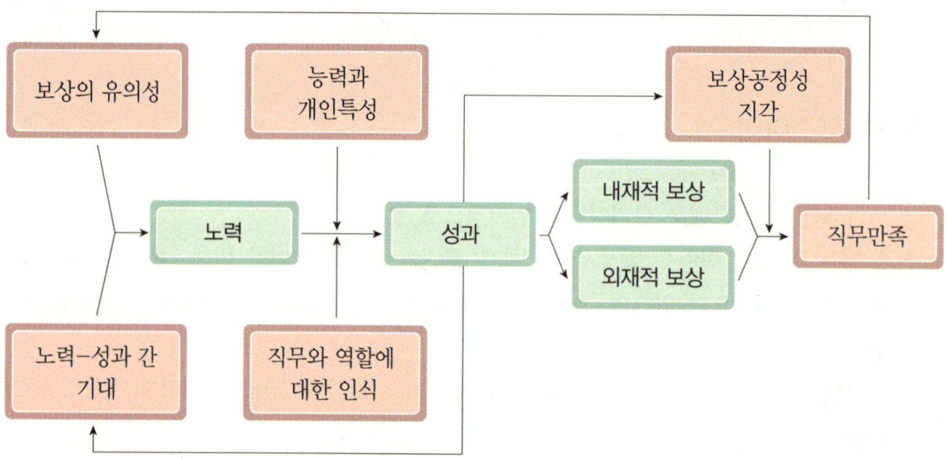

2) 내용[25)]

① 노력과 성과 간 관계에는 다양한 조절변수가 개입한다. 개인의 능력과 특성, 직무와 역할에 대한 인식 등이 그 예가 된다.

② 성과가 있다고 해서 바로 보상과 만족으로 연결되지는 않는다. 성과가 공정한(equitable) 보상으로 이어지고, 또한 노력–성과–보상 간 관계에 대한 긍정적 · 낙관적 예측이 결부될 때(즉, 노력으로 인한 보상이라는 지각이 형성될 때) 비로소 직무성과로 인한 만족도가 증가한다.

③ 보상에는 크게 성취감이나 자아실현, 또는 과업 자체에 대한 즐거움과 같은 내재적 보상(intrinsic rewards)과 가시적 · 외부적 · 금전적 · 물질적 차원의 외재적 보상(extrinsic rewards)이 있다.

④ 직무에 대한 만족도가 높은 종업원은 보상의 가치(유의성)를 상대적으로 더 크게 느끼게 되어, 다음에도 높은 수준의 노력을 투입하게 된다.

3) 이론의 의의와 시사점[26)]

① 가장 체계적이고 포괄적인 동기부여 이론이다. 그들의 모형에서는 공정성 이론, 욕구이론, 기대이론, 인지평가이론 등 다양한 동기부여 이론들에서의 논의내용이 모두 사용되고 있다.

② 동기부여를 위해서는 성과와 보상 간의 결속관계가 매우 중요하다는 점을 지적하였다.

③ 동기부여의 과정에서는 다양한 개인적 측면의 변수(능력, 특성, 직무와 역할인식 등)가 개입되므로, 구성원의 능력신장을 위한 조직차원의 지원과 명확한 역할부여가 필요함을 역설하였다.

4) 비판

동기부여의 체계를 포괄적으로 제시한 이론으로서 그 구조가 상당히 복잡하여 실증연구로 수행되기가 쉽지 않다.

| 3 | 아담스의 공정성 이론[27)]

1) 기본가정

아담스(Adams)는 페스팅거(Festinger)의 인지부조화 이론에 근거하여 조직과 구성원 간 사회적 교환(social exchange)의 과정에서 동기부여의 크기는 과업수행을 위해 한 사람이 투입한 노력(input)과 그에 따른 보상(output)의 비율에 대한 다른 사람과의 상대적 비교를 통해 결정된다고 생각하였다.

2) 비교과정

사람들은 자신의 투입/산출 비율과 다른 사람(준거인물, referent)의 투입/산출 비율이 균형을 이룬다면 이 조직에서의 보상시스템은 비교적 공정한 것으로 인식된다. 만약 이 비교 과정에서 불공정성(inequity)이 지각된다면, 개인은 이에 대하여 긴장(tension)을 느끼게 되고 이를 줄여 나가기 위한 노력을 기울이게 된다.

[공정성 이론의 도식화]

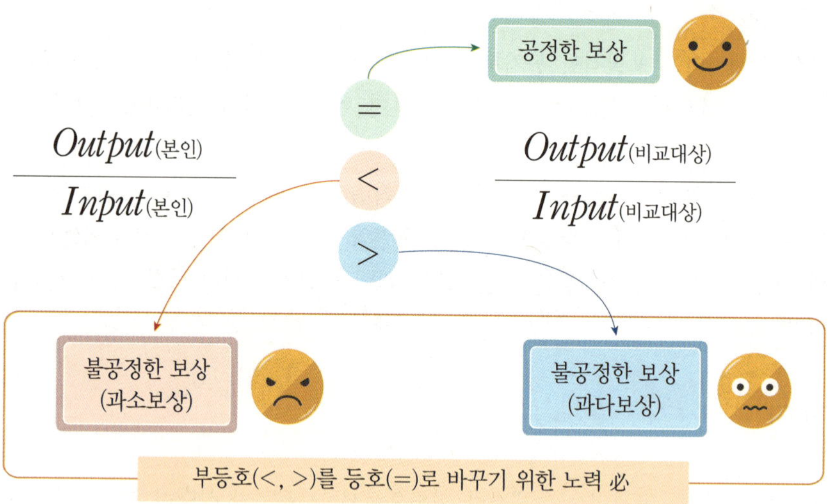

3) 불공정의 해소방안[28)]

불공정성 지각시 이를 줄이기 위한 개인의 행동 방식은 다음과 같다.

① 자신의 투입이나 산출물을 변경한다.

② 자기 자신이나 타인에 대한 지각을 왜곡한다.

③ 준거대상(referent)을 변경한다.

④ 상황(장, 場)을 변경한다.

4) 이론의 시사점[29)]

① 욕구이론에 비해서 동기가 일어나는 심리적 비교 과정을 합리적으로 분석하였기에 이론적 완성도가 높다.

② 동기부여의 과정에서 투입과 산출의 객관적 규모보다는 개인이 인지하는 정도가 더 중요하므로 구성원의 지각에 관심을 기울일 필요가 있음을 강조하였다.

③ 성과증진을 위해서는 기대한 보상수준을 훨씬 뛰어넘는 수준의 과다보상을 제공해야만 심리적 횡령(초과보상분에 대해서 자신이 당연히 받아야 할 몫으로 생각하여 추가적인 노력을 투입하지 않는 현상)을 방지할 수 있다.

5) 이론의 한계점[30)]

① 투입과 산출이 모두 상대적이고 주관적인 값이기 때문에 그 측정이 쉽지 않다.

② 준거(비교대상)가 개인마다 다르기 때문에 조직차원에서 동기부여 정책을 수립하는데 한계가 있다.

6) 공정성 연구의 확장 : 조직정의의 관점

최근의 연구에서는 분배(결과)적 측면에 집중했던 공정성의 의미를 절차적 측면과 상호작용적 측면까지 확대하는 조직정의(organizational justice) 관점이 나타나고 있다.

7) 기대이론과 공정성 이론의 비교

		기대이론	공정성 이론
공통점	근본가정	동기유발의 과정(기대이론 : 기대－수단성－유인가, 공정성 이론 : 심리적 비교 과정)을 중시한 과정이론 ➠ 인지적 경로에 초점을 둠(행동주의가 아닌 인지주의에 입각)	
	기여	현대 경영학에서 금전적 보상(인센티브)이 실제 동기부여에 매우 중요한 도구가 됨을 입증하는 근거로 활용	
차이점	동기유발요인	성공확률(기대) 성공과 보상 간의 연계(수단성) 보상의 매력도(유인가)	주로 금전적 보상에 초점
	비교과정	예상치와 현실치의 비교	개인과 타 대상 간의 비교
	시사점	종업원이 원하는 보상을 주어야 함 ➠ 상향식 보상의 중요성 강조	타인과 비교했을 때 부족하지 않을 보상을 주어야 함 ➠ 사회적 비교의 중요성 강조

| 4 | 로크의 목표설정이론과 목표관리이론(MBO)

1) 목표설정이론(Goal-Setting Theory)[31]

① 기본 가정[32]

로크(Locke)는 구체적이면서 어려운 목표(specific and difficult goal)를 향해 일하려는 노력이나 의도가 직무에 대한 동기를 부여해 주는 가장 중요한 원천이라고 생각했다(목표특성 ➠ 목표달성노력 ➠ 성과).

② 목표의 기능[33]

목표는 조직구성원의 행동방향을 결정해 주며, 필요한 행동에 적절히 몰입할 수 있도록 도와주고, 목표달성에 필요한 자원활용의 근거가 되며, 업적평가의 기준이 된다.

③ 좋은 목표의 조건[34]

a. 목표는 구체적이어야 한다(goal specificity). 구체성 그 자체는 일종의 내적 자극으로 작용할 수 있다.

b. 목표는 적당히 어려운 수준의 난이도여야 한다(goal difficulty). 업무목표의 난이도가 달성이 매우 쉬운 정도와 달성이 불가능할만큼 어려운 정도의 중간지점에 위치할 때 비로소 일에 대한 집중도와 지속성이 최고조에 도달할 수 있다.

[목표의 난이도와 성과]

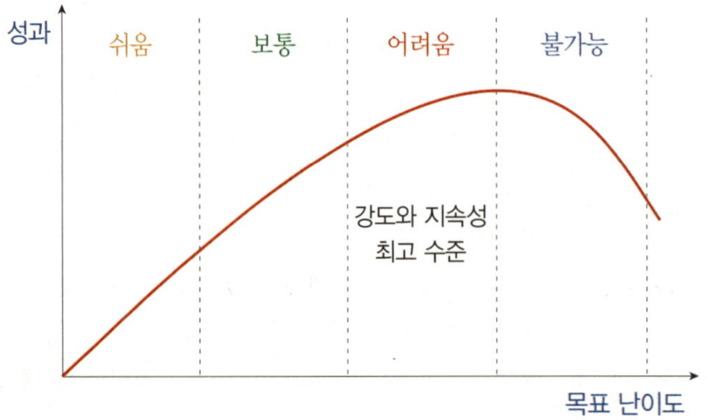

출처 : Colquitt et al(2014), 수정인용

c. 목표는 구성원들에 의해 수용가능해야 한다(goal acceptance).

④ 목표와 성과의 관계

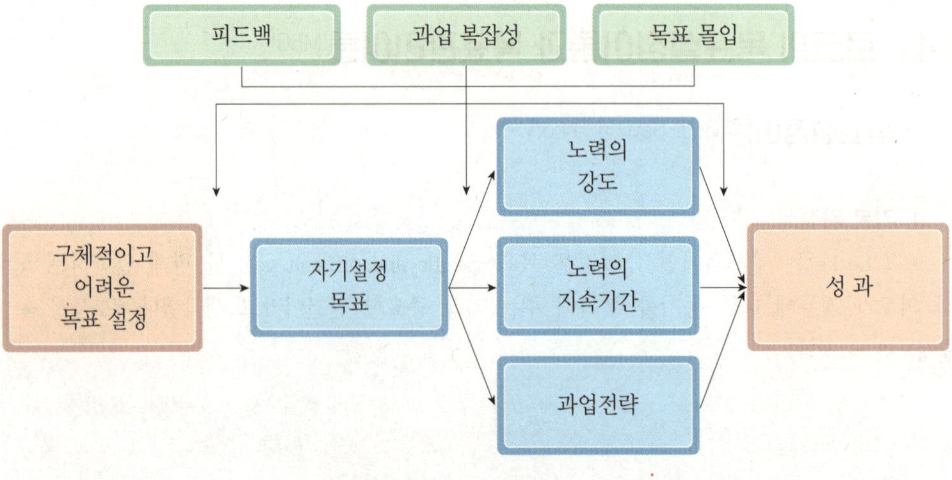

좋은 목표의 설정은 다음의 단계를 거치면서 구성원의 높은 성과를 이끌게 된다.

a. 좋은 목표의 영향 : 자기설정 목표

목표가 구체성, 난이도, 수용가능성 등의 조건을 충족하는 경우 구성원은 자기설정 목표(self-set goals)를 높은 수준에서 결정하게 된다.

b. 자기설정 목표의 영향 : 강도, 지속기간, 과업전략

자기설정 목표의 결과 업무수행에 투입하는 노력의 강도(intensity)와 지속기간(persistence)이 증가하며, 성공적 문제해결 방식인 과업전략(task strategy)을 스스로 습득하거나 만들게 된다.

c. 강도, 지속기간, 과업전략의 결과 : 성과 창출

결론적으로 좋은 목표가 설정되는 경우 성과가 향상된다.

⑤ 목표-성과 관계의 조절변수[35)]

a. 피드백(feedback)

목표달성의 과정에서 상사가 작업자에게 제공하는 적절한 피드백(환류)은 성과를 높이는 데 도움이 된다.

b. 과업 복잡성(task complexity)

좋은 목표의 동기부여 효과는 과업 복잡성(업무내용이 다양하게 변동되는 정도)이 낮을수록 좋다.

c. 목표몰입(goal commitment)

목표몰입은 구성원이 목표를 수용하고 이를 달성하기 위해 마음을 먹는 정도를 뜻한다. 구성원의 목표몰입도가 높다면 구체적이고 어려운 목표의 효과가 좋다.

⑥ 시사점[36)]

a. 목표설정 이론은 이해하기 쉬우며 다른 이론들보다 실무에 적용하기가 용이하다.

b. 달성하기 쉬운 목표를 부여하는 것이 능사는 아니라는 점을 밝혔다.

⑦ 한계점[37)]

a. 현실의 작업 현장에서 주어지는 여러 목표들 가운데 서로 상충이 발생할 경우 이론이 어떻게 작동하는지 연구가 미흡하다.

b. 목표는 사람들의 시야나 관점을 좁히는 경향이 있기 때문에 동료들에 대한 도움행동(helping behavior)이 잘 나타나지 않을 수 있으며, 제대로 설계되지 않은 비구조적 과업을 수행해야 하는 상황에서는 구체적 목표가 오히려 비생산적일 수도 있다.

2) 목표관리이론(MBO ; Management By Objectives)

드러커(Drucker)와 맥그리거(McGregor)에 의해 주창된 조직관리 방식으로서, 목표설정이론과 MBO는 전체적으로 많은 부분을 공유하지만, MBO는 다양한 목표설정 방식 가운데 참여적 목표설정을 특히 강조한다는 점에서 목표설정이론과 차이를 보인다.

3) 목표지향성(goal orientation)[38]

① 의미

도전적인 과제가 주어졌을 때 사람들이 자신의 역량을 특정한 방향으로 발전시키고 활용하려는 성향으로서, 맥클랜드(McClleland)의 성취동기이론에 대한 후속연구로부터 출발하여 심리학과 교육학 분야에서 확산된 개념이다.

② 유형구분의 기준

엘리엇 등(Elliot et al.)에 따르면 목표지향성은 다음의 두 기준으로 구분된다.[39]

	숙련지향성향	성과지향성향
접근성향	숙련-접근성향	성과-접근성향
회피성향	숙련-회피성향	성과-회피성향

a. 숙련지향 vs. 성과지향

ⅰ. 숙련지향성향(mastery goal orientation)

과제를 통해 새로운 기술을 학습하고 역량을 향상시키는 기회로 삼으려는 성향이다.

ⅱ. 성과지향성향(performance goal orientation)

우월한 성과창출을 통해 호의적 평가를 받으려는 성향이다.

b. 접근성향 vs. 회피성향

ⅰ. 접근성향(approach orientation)

일이나 과제 자체를 선호하기 때문에 노력하는 성향이다.

ⅱ. 회피성향(avoidance orientation)

일이나 과제 자체의 달성에 실패할 경우가 두려워 노력하는 성향이다.

③ 4가지 목표지향성

a. 숙련-접근성향

도전적 과제를 통해 자신의 역량을 향상시키려는 자세이다.

b. 숙련-회피성향

배워야 할 것을 배우지 못할까 봐 두려워서 노력하는 자세이다.

c. 성과-접근성향

도전적 과제의 수행을 통해 자신이 남들보다 뛰어남을 입증하고 싶어 하는 자세이다.

d. 성과-회피성향

다른 사람들보다 못하다는 인식을 받지 않기 위해 노력하는 자세이다.

④ 소결(연구결과)

숙련-접근성향을 보이는 개인들이 성과-접근성향을 나타내는 개인들보다 최종 성과가 더 높고 상사와 좋은 관계를 유지하며 보다 혁신적이다. 이 경우 구체적 숙련목표를 세우는 경우에는 자기효능감이 더욱 향상되어 성과를 높인다. 즉 구체적이고 도전적인 목표는 업무성과 향상뿐만이 아니라 개인의 역량 개발에도 도움이 된다.

제4절 자기결정이론

ORGANIZATIONAL BEHAVIOR AND ORGANIZATION DESIGN

(1995년) 제5회 공인노무사시험

내재적 보상과 외재적 보상의 차이점을 약술하시오. (25점)

(2020년) 제29회 공인노무사시험

작업가치관(work values)은 내생적 작업가치관(intrinsic work values)과 외생적 작업가치관(extrinsic work values)으로 분류할 수 있다. 다음 물음에 답하시오. (25점)

물음 1) 내생적 작업가치관과 외생적 작업가치관의 개념에 관하여 설명하시오. (8점)

물음 2) 내생적 작업가치관을 갖는 종업원과 외생적 작업가치관을 갖는 종업원 각각에 대하여 성공적인 동기유발 방법을 설명하시오. (10점)

물음 3) 내생적 작업가치관을 가지고 있고 내재적으로 동기부여되어 일하고 있는 종업원에게 외재적 보상을 하였을 때 내재적 동기수준이 어떻게 달라질 수 있는지를 데시(Deci, E. L.)의 인지평가이론(cognitive evaluation theory)에 근거하여 설명하시오. (7점)

(2024년) 제33회 공인노무사시험
스프라이쩌 등(G. M. Spreitzer et al.)에 따른 심리적 임파워먼트(psychological empowerment)의 개념을 구성하는 4가지 하위차원의 개념 및 발생하는 상황을 설명하고, 직무성과 및 직무만족과 관계있는 하위차원을 각각 기술하시오. (10점)

|1| 이론의 개요

자기결정이론은 욕구나 사고과정에 초점을 두었던 기존 이론들과는 달리 동기가 인간의 내면, 즉 업무에 대하여 스스로 느끼는 흥미와 몰입에 의해 결정된다고 보는 관점이다.

|2| 인지평가이론[40)]

1) 의의

인지평가이론(cognitive evaluation theory)은 벰(Bem)의 자기귀인(self-attribution) 이론에 근거하여 데시(Deci)가 주장한 자기결정이론의 한 분야로서, 동기부여의 양과 질은 자신의 직무가 가지는 의미와 가치에 대한 인지적 평가(cognitive evaluation) 과정을 통해 결정된다고 보는 이론적 견해를 말한다. 여기서 인지적 평가란 자신이 일을 하는 이유를 생각해 본 결과에 따라 동기가 결정된다는 의미이다.

2) 기본 가정

데시에 따르면 동기를 유발하는 보상의 내용은 크게 외재적 보상과 내재적 보상으로 구분된다.

① **외재적 보상**(외재적 동기, extrinsic reward or extrinsic motivation)
직무수행의 환경으로부터 주어지는 보상이다. (예 급여, 포상금, 승진, 복리후생)

② **내재적 보상**(내재적 동기, intrinsic rewards or intrinsic motivation)
스스로가 일에 대해서 느끼는 성취감과 만족감이다. 도전적(challenging)인 직무를 수행하거나 타 업무에 비해 상대적인 중요성이 큰 일인 경우 내재적 동기가 발생한다.

3) 연구 내용[41)] : 내재적 보상과 외재적 보상의 관계

① 실험의 취지와 내용

데시는 내재적 동기가 존재하는 상황에서 외재적 보상, 즉 돈이 주어질 경우 내재적 동기 수준에 변화가 있는지 연구하였다. 이를 검증하기 위한 정육면체 조합 퍼즐(soma cube) 실험의 결과, 내재적 동기가 높았던 (즉 퍼즐게임 자체를 즐겼던) 집단에 금전적 보상을 지급한 경우 금전 지급 전보다 오히려 퍼즐을 잘 못 맞추는 결과가 도출되었다.

② 실험 결과의 해석

이 실험의 결과를 해석하는 과정에서 데시는 자기귀인의 개념을 활용하였다.

- 내재적 동기에 의해 열심히 일하고 있는 작업자는 다른 외재적 보상이 없기 때문에 자신의 업무동기를 직무 자체로부터의 흥미에서 찾는다.
- 만약 여기서 외재적 보상이 투입되면 열심히 일하는 원인이 일의 재미가 아닌 외재적 보상 때문이라 생각하게 되고, 보상액의 크기와 일(퍼즐게임)의 가치를 비교하여 그에 상응하는 만큼만 일을 하게 된다. 이는 작업자가 왜 자신이 열심히 일하는지에 대한 원인을 인지적으로 평가(cognitive evaluation)한 결과이다.
- 특기할만한 점은 외재적 보상을 제거하였을 때 본래의 내재적 동기(즉 일 자체의 흥미)가 되살아나지는 않는다는 것이다.

[내재적 보상과 외재적 보상의 동기유발 효과]

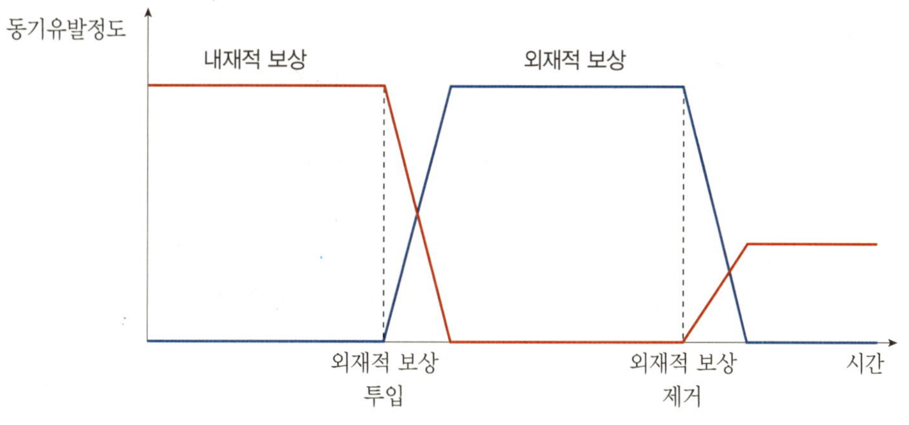

출처 : 임창희(2014), p.234

③ 연구의 결론

일을 일 자체가 아니라 일종의 놀이(play)와 같이 즐겁고 몰입된 상태에서 일을 수행할 때 동기가 향상되고 성과도 증진된다.

4) 내재적 동기의 결정요인[42)]

① 일반적 요인 : 역량감과 자기결정감

일을 잘할 수 있다는 믿음인 역량감(competence)과 스스로 그 일을 선택(결정)했다고 믿는 정도인 자기결정감(self-determination)이 높을수록 내재적 동기가 높아진다.

② 피드백의 유형과 내재적 동기에의 영향

업무수행 결과 주어지는 피드백(feedback)이 통제적 기능보다 정보적 기능을 수행할 때 내재적 동기 수준이 향상된다. 여기서 통제기능은 업무수행의 독려 내지는 압박과 같은 통제정보(controlling information)를 포함하는 피드백을 의미하고, 정보적 기능은 역량감의 인정과 칭찬과 같은 역량정보(competence information)를 포함하는 피드백이다.

5) 이론의 평가

① 비판

a. 외재적 보상과 내재적 보상의 이분법이 지나치게 단순하다. 일부 학자들(예 HBS의 Amabile)에 따르면 특정한 외재적 보상은 내재적 동기를 증대시킬 수 있다.

b. 금전적 보상이 무조건 외재적 보상인 것은 아니다. 임금관리론에서의 주류적 입장에 따르면 높은 임금은 직무의 난이도나 중요성을 반영하는 정보적 피드백에 속한다.

② 시사점

a. 보상정책의 설계시 종업원의 욕구구조와 업무의 속성을 다각도로 고려할 필요가 있다.

b. 직무의 속성이 내재적 동기유발의 원천이 될 수 있다.

c. 비금전적인 외재적 보상(예 칭찬이나 격려)은 역량감과 자기결정감을 증진시켜서 때로는 내재적 보상으로 인한 동기부여 효과를 증가시킬 수 있다.

d. 조직의 목표와 내재적 보상의 방향이 일치(concordance)할 때는 목표달성에 실패하거나 외재적 보상이 없더라도 종업원의 만족감이나 행복감이 크게 떨어지지 않는다.

6) 보론 : 내재적 보상과 외재적 보상을 활용한 동기부여 방법

① 내재적 보상과 외재적 보상의 비교

a. 동기의 소재

내재적 보상은 행위자의 내면, 외재적 보상은 외부에 있다.

b. 동기의 질(quality)

내재적 보상이 외재적 보상에 비해 일반적으로 더욱 강하고 긍정적인 동기부여 효과를 가진다.

c. 직무와의 관련성

내재적 보상은 직무와 강한 연관관계를 가지고 있지만, 외재적 보상은 직무 자체보다는 직무에 동반되는 조건들과 더 강한 관련성을 가진다.

② 내재적 보상과 외재적 보상을 활용한 동기부여 방법

a. 내재적 가치관을 갖는 종업원을 위한 동기부여 방안

ⅰ. 직무확대와 직무충실(job enlargement and enrichment)

전통적 직무설계의 인간소외(alienation) 문제를 극복하고 만족과 보람을 느낄 수 있도록 직무를 설계하는 핵심은 직무범위를 확대하는 것이다.

ⅱ. 목표관리법(management by objectives, MBO)

일정 기간 내에 달성할 특정 목표를 평가자와 피평가자의 합의에 의해 설정하고, 그 달성 여부를 평가하는 결과지향적 평가기법이다.

ⅲ. 경영참가(participation in management)

기업경영상의 제반 문제에 대한 결정과 운영에 근로자 및 노동조합이 참여하여 그들의 의견을 반영하는 것으로서, 노사 상호신뢰의 증진 및 경영의 효율화와 생산성 향상에의 기여를 도모한다.

b. 외생적 가치관을 갖는 종업원을 위한 동기부여 방안

ⅰ. 직무전문화(job specialization)

분업과 업무 범위의 축소(기능의 단순화)는 교육훈련의 필요성을 줄이고 종업원의 정신적 스트레스 수준을 낮추어 동기부여에 도움이 된다.

ⅱ. 강화(reinforcement)

강화는 인간의 행동(behavior)이 주체적 의지보다는 '상'이나 '벌'에 의해 영향을 받는 조건화(conditioning)의 산물이라는 관점이다.

ⅲ. 성과급(pay for performance)

종업원 개인이나 집단의 임금이 작업성과와 직접적인 관계를 갖도록 설계된 보상 형태로서, 경제적 인간의 동기부여에 결정적 영향을 준다.

| 3 | 자기결정이론[43)]

1) 의의

인지평가이론의 연구 내용에 기초하여 자신이 스스로 결정한 일이 아니라 외재적 보상 때문에 행동하는 경우에는 사기가 줄어든다는 것이 자기결정이론이다. 즉 자기결정이론(self-determination theory)은 업무수행에 대한 본인의 결정권을 인지하는 정도가 동기부여에 영향을 미친다는 관점이다.

2) 자기결정감에 따른 행동통제의 유형[44)]

자기결정이론에서 중요한 것은 스스로의 업무에 대한 통제감(자기결정감, self-determination)이며, 무동기(無動機, amotivation) 상태를 제외한 행동통제(regulation)의 수준을 다섯 가지로 구분한다.

[자기결정의 수준과 동기부여]

유형		동기의 원천	동기부여의 상태
무동기(Amotivation)		의도 · 목적 자체가 없음	동기의 부족(lack of motivation)
외재적 동기 (Extrinsic motivation)	외부적 통제	보상이나 처벌	통제된 동기 (controlled motivation)
	표면적 통제	체면이나 자존심	적당히 통제된 동기 (moderately controlled motivation)
	동일시 통제	필요성, 목적달성	적당히 자율적 동기 (moderately autonomous motivation)
	통합적 통제	자신의 목표나 가치와의 일치	자율적인 동기 (autonomous motivation)
내재적 동기 (Intrinsic motivation)		일 자체의 흥미와 즐거움	본질적으로 자율적인 동기 (inherently autonomous motivation)

출처 : Gagne & Deci(2005)에서 제시된 그림을 저자가 표로 변환하였음

① 외부적 통제(external regulation) **: 통제된 동기**(controlled motivation)

아무런 흥미가 없지만 보상이나 상사의 지시 또는 법규 때문에 업무를 수행하는 경우이다.

② 표면적 통제(introjected regulation) **: 적당히 통제된 동기**(moderately controlled motivation)

자신의 체면이나 자존심 때문에 특정한 업무를 수행하는 경우에 해당한다.

③ **동일시 통제**(identified regulation) **: 적당히 자율적인 동기**(moderately autonomous motivation)

특정 업무의 필요성을 인정하고 받아들이며, 자신이 궁극적으로 추구하려는 목적의 달성에 도움이 되거나 중요하다는 판단하에 그 일을 수행하는 경우에 해당한다.

④ **통합적 통제**(integrated regulation) **: 자율적 동기**(autonomous motivation)

외부에서 주어진 일이지만 그 필요성을 인정할 뿐만 아니라 그 일의 가치를 자신의 다른 내면가치와 일체화시킨 상태에 해당한다. 일 자체의 즐거움이 아닌 수단적 중요성(instrumental importance)에 의해 동기부여되므로 내재적 통제와는 차이가 있다.

⑤ **내재적 동기**(intrinsic motivation) **: 본질적 자율동기**(inherently autonomous motivation)

외적인 자극이 전혀 없이 일 자체의 흥미나 일이 주는 즐거움 덕분에 완전히 자신의 자율적 결정에 의해서 업무를 수행하는 경우에 해당한다.

3) 심리적 임파워먼트

다섯 가지 행동통제 유형들 각각은 연속체(continuum) 상에 존재하며, 그 의미는 개인의 동기가 내재적-외재적 측면으로 양분되는 것이 아니라는 것이다. 자기결정감이 점차 향상되어 내재적 동기의 강도가 강해지는 상태를 심리적 임파워먼트(psychological empowerment)라 한다.

4) 자기결정감의 영향요인[45)]

자기결정감은 역량감, 자율성, 연대감 등의 3요소에 의해 향상되며, 이들 3요소를 높이기 위해서는 환경적 지원이 필요하다.

[자기결정이론의 기본모형]

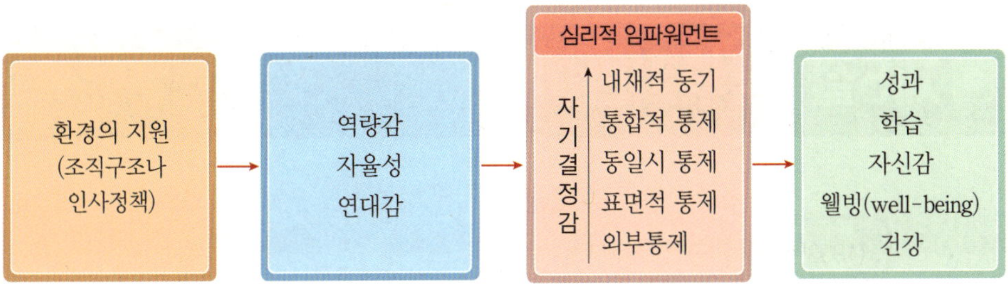

출처 : 백기복(2011)과 Colquitt(2014)을 바탕으로 재구성

① **자기결정감의 3요소**

a. **역량감**(자신감, competence)

스스로가 능력이 있어 어떤 일을 잘 수행할 수 있다고 믿는 정도로서, 자기효능감(self-efficacy)과 같은 의미라 할 수 있다.

b. **자율성**(autonomy)

일에 대한 스스로의 선택영역이 넓다고 믿는 정도로서 흔히 재량권과 같은 의미로 사용된다.

c. **연대감**(relatedness)

특정 업무수행을 통해서 다른 사람들로부터 인정받을 수 있다는 믿음이다.

② **자기결정감을 높여주는 환경의 지원**

조직차원에서 자기결정감 형성에 도움이 되는 배경요인을 뜻하며, 역량감 증진을 위한 교육훈련과 피드백, 자율성 증진을 위한 재량권의 위임, 연대감 증진을 위한 칭찬과 피드백 등이 환경지원 정책에 해당한다.

5) 자기결정의 효과

개인의 자기결정감(즉 내재적 동기) 정도가 높을수록 성과, 학습성취도, 자신감, 웰빙, 건강 등에 있어 더욱 좋은 결과가 나타나는 것으로 알려져 있다. 특히 조직에서의 과업목표와 자신의 핵심가치가 일치(자기일치, self-concordance)한다면 일과 조직에의 몰입도가 더욱 증가한다.

제5절 직무기반이론

ORGANIZATIONAL BEHAVIOR AND ORGANIZATION DESIGN

(1993년) 제4회 공인노무사시험

동기이론 중 앨더퍼(Alderfer)의 ERG 이론, 허쯔버그(Herzberg)의 2요인 이론, 아담스의 공정성 이론의 특징과 동기부여에의 기여를 설명하라. (50점)

(2002년) 제11회 공인노무사시험

직무설계가 조직구성원의 모티베이션에 어떻게 영향을 미치는가를 직무특성이론을 중심으로 논하시오. (50점)

(2014년) 제23회 공인노무사시험
동기부여 이론 중 2요인 이론(two factor theory)과 기대이론(expectancy theory)의 주요 내용을 간략히 설명하고, 각 이론을 조직 구성원 보상과 연계하여 설명하시오. (25점)

(2019년) 5급(행정)공채 행정학
[사례형] 공무원의 적극행정을 촉진하기 위한 다양한 제도를 시행하고 있음에도 불구하고 기대한 만큼의 효과를 거두지 못하고 있다. 그 이유를 포터와 롤러(L. W. Porter & E. E. Lawler)의 기대이론(expectancy theory)을 활용하여 분석하시오. (12점)

(2014년) 5급(행정)공채 인사·조직론
Hackman & Oldham의 직무특성모델(job characteristics model)을 적용하여, 공무원이 적극행정을 할 수 있는 동기부여 방안을 제시하시오. (10점)

| 1 | 허쯔버그의 2요인 이론(two-factor theory)

1) 기본가정

만족과 불만족을 동일선상의 양극점(즉 반대 의미의 개념)으로 간주했던 기존 연구들과는 달리, 허쯔버그(Herzberg)는 개인에게 만족감을 가져다주는 요인과 불만족을 가져다주는 요인이 전혀 다를 수 있다는 점(즉 만족과 불만족이 반대개념이 아니라는 점)을 발견하였다.

2) 연구 내용[46)]

① 직무동기를 유발하고 만족도를 증진시키는 업무요인을 동기요인(motivator)이라 하며, 그 예로는 성취감, 칭찬과 인정(recognition), 일 그 자체, 책임감, 성장과 발전 등이 있다.
② 미충족시 직무불만족을 유발하는 요인을 위생요인(hygiene factor)이라 하며, 그 예로는 회사의 정책이나 관리 규정, 감독(상사), 임금, 작업조건, 인간관계 등이 있다.

3) 시사점

① 현대 인사관리에서는 종업원의 낮은 직무몰입이나 불만족의 원인을 개인적 특징(예 성격, 태도)보다는 직무(동기요인)와 작업환경(위생요인)의 측면에 초점을 두게 되었다.
② 동기요인의 측면에서 허쯔버그는 작업자가 계획－실행－평가를 통제하는 정도를 증대시키는 직무충실화(job enrichment)를 강조하였다.
③ 위생요인의 측면에서는 불만을 야기하여 성과를 저하시킬 수 있는 요인들(예 근로시간규제)을 찾아내어 미연에 방지하는 것 역시 필요하다.

④ 조직구조의 측면에서 허쯔버그는 노사나 인사부서를 위생요인 담당부문과 동기요인 담당부문으로 양분할 것을 제안하였다.

⑤ 직무영역의 확대와 내재적 동기부여가 필요함을 학계와 경영실무계에 일깨웠다는 점에서 광의의 보상(총보상)의 측면에 시사하는 바가 크다.

4) 한계[47)]

① 허쯔버그의 주장과는 달리 직무만족과 직무불만족이 별개의 차원이 아닐 수도 있다.

② 허쯔버그 논의의 전제(만족하는 종업원이 높은 성과를 낸다)와는 달리 실제 만족－성과 간의 인과관계에 관해서는 논란이 있다.

|2| 해크만과 올드햄의 직무특성이론[48)]

1) 의의

직무충실화를 더욱 구체적으로 정교화시킨 이론이 직무특성이론이다.[49)] 해크만(Hackman)과 올드햄(Oldham)은 직무의 특성이 종업원의 심리상태에 영향을 주어 궁극적으로 개인의 동기부여와 직무만족, 나아가 조직성과에까지 긍정적 영향을 줄 수 있다고 보았다.

[직무특성이론의 기본모형]

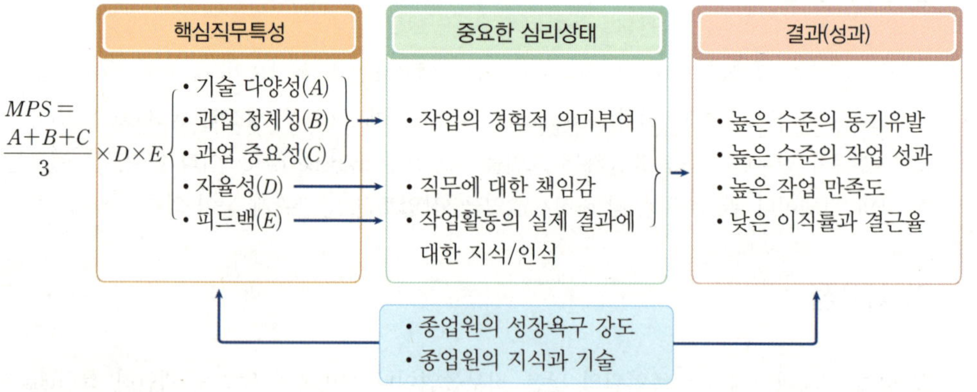

2) 동기를 유발하는 직무의 특성 : 핵심직무특성

① 독립변수 : 핵심직무특성의 다섯 가지 요인

해크만과 올드햄은 동기부여의 주된 독립변수로서 직무의 다섯 가지 특성에 주목하였다.

a. **기술다양성**(skill variety)

이는 업무 수행 시 여러 가지 기능과 개인적 재능이 요구되는 정도를 뜻한다.

b. **과업정체성**(task identity)

이는 특정 직무가 타 직무와 전체적으로 뚜렷하게 구별될 수 있는 완결성(completeness)을 가지는 정도를 뜻한다.

c. **과업중요성**(task significance)

이는 해당 직무가 조직목표달성이나 타인의 삶에 영향을 주는 정도를 뜻한다.

d. **자율성**(autonomy)

이는 직무 계획 및 수행에 있어 자유와 독립성이 주어지는 정도를 뜻한다.

e. **피드백**(feedback)

이는 업무를 수행한 뒤 해당 업무수행의 효과성과 적절성에 대하여 담당자 본인에게 명확한 정보가 제공되는 정도를 뜻한다.

② 동기부여 잠재점수[50)]

해크만과 올드햄은 이상의 다섯 요인을 활용하여 실제 직무가 구성원을 얼마나 동기부여 시킬 수 있는지를 측정하는 진단지표(diagnostic indicator)를 만들었다. 이를 동기부여 잠재점수(motivating potential score, MPS)라 한다.

$$\text{MPS} = \frac{(\text{기술다양성} + \text{과업정체성} + \text{과업중요성})}{3} \times \text{자율성} \times \text{피드백}$$

이 공식에서 특기할 만한 것은 자율성과 피드백을 곱의 요소로 보았기에 둘 중 하나가 0에 가까운 값을 갖게 된다면 직무의 동기부여 잠재점수가 낮아진다.

3) 매개변수 : 세 가지의 중요한 심리상태

핵심직무특성(독립변수)과 결과변수(종속변수)를 논리적으로 연결해 주는 매개변수(mediator)에는 다음의 세 가지가 있다.

① 기술다양성 · 과업정체성 · 과업중요성 점수가 높을수록 조직구성원들은 직무의 의미를 보다 잘 이해(meaningfulness)한다.

② 자율성 점수가 높을수록 조직구성원은 자신의 역할수행에 대한 책임의식(responsibility)을 갖게 된다.

③ 피드백 점수가 높을수록 조직구성원은 자신의 작업수행이 어떤 결과로 이어지는지에 대한 명확한 지식(knowledge)을 갖게 되어 내재적 보상을 얻게 된다.

4) 결과변수 : 네 가지의 성과변수

핵심직무특성과 그로 인한 중요심리상태의 결과, 조직구성원들은 직무에 대한 강한 내재적 동기를 갖게 되고 작업의 질이 상승하고 업무수행에의 만족도가 향상되며 이직률과 결근율도 떨어진다.

5) 조절변수[51)] : 종업원의 성장욕구 강도와 업무관련 지식 · 기술

직무특성–심리상태–결과변수 간 관계에 영향을 미칠 수 있는 조절변수(moderator)로는 종업원의 성장욕구와 지식 및 기술을 들 수 있다. 즉 높은 성장욕구(growth needs)와 상대적으로 많은 업무관련 지식과 기술(knowledge and skills)을 가진 종업원들은 충실화된 직무가 주어졌을 때보다 긍정적인 심리상태를 경험할 가능성이 높고, 내재적 동기도 증가한다.

[직무특성이론에서 성장욕구 강도의 조절효과]

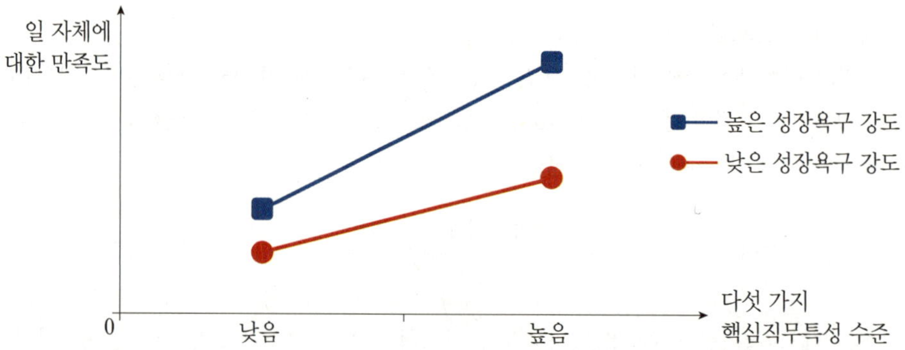

출처 : Colquitt et al.(2014), 수정인용

6) 시사점

직무특성이론은 허쯔버그의 직무충실화 개념을 발전시켜 직무확대 및 충실화에 대한 이론적 근거를 제시해 주는 동시에 개인차(성장욕구)를 인정했다는 점에서 이론적 공헌이 크다. 따라서 업무수행자의 심리상태를 동기화시킬 수 있는 직무재설계가 중요하다는 사실을 밝혔다.

7) 한계

중요한 심리상태와 결과변수 간의 분명한 인과관계 입증에 소홀하였으며, 중요심리상태가 직무특성 이외의 요소에 의해서 유발가능하다는 점을 간과하였다. 또한 좋은 직무특성이 업무의 양적 성과(예 생산성)에 미치는 영향은 미미한 것으로 나타났다.

8) 보론 : 직무특성이론에 입각한 직무재설계와 구성원의 동기부여

직무재설계는 다양한 방식으로 직무범위를 확대하여 종업원으로 하여금 일하는 재미를 느낄 수 있게 하자는 것이며, 그 구체적인 방법으로는 직무확대, 직무충실, 직무순환 등을 들 수 있다.

구분		내용
직무확대 (job enlargement) : 수평적 확대	개념	중심과업의 수행뿐만 아니라 관련된 기타 과업까지도 동시에 수행
	목적	자기실현욕구의 충족과 인격체로서의 만족감 제공
	효과	만족도 ↑, 이직률 ↓, 학습능력 ↑, 유연성 ↑, 노동가치 ↑
	단점	새 직무 추가를 꺼리는 경우 有, 권한 · 책임이 동반되지 않으면 실망 可
직무충실 (job enrichment) : 수직적 확대	개념	실행(do) 영역뿐만 아니라 관리자의 영역인 계획(plan) · 통제(see)까지도 종업원에게 위임
	목적	직무의 질적 개선을 통한 작업자의 능력 신장
	효과	생산성 ↑, 이직률 ↓, 결근율 ↓
	단점	교육훈련 必, 재량권의 비효율적 행사, 관리자 반발, 성장욕구 낮은 종업원의 심리적 부담 증가
직무순환 (job rotation) : 수평 · 수직적 확대	개념	여러 직무를 여러 작업자가 일정 기간을 주기로 순환하여 수행
	목적	스트레스와 매너리즘의 감소, 기술다양성의 추구
	고려사항	직무체류기간, 직무난이도, 직무별 권한의 크기, 스트레스 등
	효과	인력배치의 융통성 제고, 외부노동시장의 영향력 감소
	단점	순환근무의 비용 발생, 작업진행 지장, MPS가 낮은 직무 간의 순환에서는 동기유발효과가 제한적

1) Steers, R. M., Mowday, R. T., & Shapiro, D. L. (2004). The futures of work motivation theory. *Academy of Management Review*, 29(3), 379~387.

2) Pinder, C. C. (2008). *Work motivation in organizational behavior*. Psychological Press.

3) Steers et al, *Op Cit.* ; Jex, S. M., & Britt, T. W. (2008), *Organizational psychology : A scientist-practitioner approach*. New York, NY : Wiley.
신유근 · 이춘우(2014), 『조직행위론』, 서울 : 한경사 ; 이인석(2014), 『조직행동이론』, 서울 : 시그마프레스

4) Maslow, A. H. (1970). *Motivation and personality*. New York, NY : Harper & Row.

5) 박경규(2014), 『조직행동』, 서울 : 홍문사 ; 백기복(2011), 『조직행동연구』(제5판), 서울 : 창민사 ; 이창원 · 최창현 · 최천근(2012), 『새 조직론』(전정3판), 서울 : 대영문화사

6) 신유근 · 이춘우(2014), 『조직행위론』, 서울 : 한경사, p.201.

7) 한덕웅(1983), 『조직행동의 동기이론』, 서울 : 법문사

8) 박경규, 전게서, pp.107~108.

9) 이창원 등, 전게서, p.165.

10) Alderfer, C. P. (1969). An empirical test of a new theory of human needs. *Organizational Behavior and Human Performance*, 4, 142~175.

11) 박경규, 전게서 ; 백기복, 전게서 ; 이창길(2016), 『인적자원행정론』(제2판), 파주 : 법문사

12) 박경규, 전게서 ; 백기복, 전게서 ; 신유근 · 이춘우, 전게서.

13) Scott, W. E., & Mitchell, T. R. (1976). *Organizational theory : A structural and behavioral analysis*. Illinois : Richard D. Irwin, Inc.

14) McClelland, D. (1962). Business drive and national achievement. *Harvard Business Review*, 40(4), 99~112.

15) 박경규, 전게서, pp.111~115. ; 백기복, 전게서, pp.149~155. ; 이창길, 전게서, p.338.
Robbins, S. P., & Judge, T. A. (2013). *Organizational behavior* (15th ed.). Upper Saddle River, NJ : Prentice Hall.

16) 박경규, 전게서 ; 신유근 · 이춘우, 전게서

17) 박경규, 전게서 ; 백기복, 전게서.

18) Vroom, V. H. (1964). *Work and motivation*. New York, NY : Wiley.

19) Colquitt, J. A., LePine, J. A., & Wesson, M. J. (2014). *Organizational behavior : Improving performance and commitment in the workplace* (4th ed.). McGraw-Hill.

20) Bandura, A. (1997). *Self-efficacy : The exercise of control*. New York : W. H. Freeman.

21) Colquitt et al., *Op Cit*.

22) 박경규, 전게서 ; 백기복, 전게서.

23) 박경규, 전게서, pp.121~122. ; 임창희(2017), 『조직행동』(제6판), 서울 : 비앤엠북스, pp.243~244.

24) Porter, L. W., & Lawler, E. E., Ⅲ. (1968). *Managerial attitudes and performance*, Homewood, IL : Richard D. Irwin.

25) 이창원 등, 전게서.

26) 신유근 · 이춘우, 전게서.

27) Adams, J. S., & Rosenbaum, W. B. (1962). The relationship of worker productivity to cognitive dissonance about wage inequities. *Journal of Applied Psychology*, 46, 161~164.
Adams, J. S. (1965). Inequity in social exchange, in Berkowitz, L. (ed.), *Advances in Experimental Social Psychology* (Vol. 2), New York, NY : Academic Press.

28) 이창원 등, 전게서, p.185.

29) 백기복, 전게서.

30) 박경규, 전게서, p.125.

31) Locke, E. A. (1968). Toward a theory of task motivation and incentives. *Organizational Behavior and Human Performance*, 3, pp.157~89.
Locke, E. A., Shaw, K. N., Saari, L. M., & Latham, G. P. (1981). Goal setting and task performance : 1969~1980. *Psychological Bulletin*, 90, 125~152.

32) Robbins, S. P., & Judge, T. A. (2015). *Organizational behavior* (16th ed.). Upper Saddle River, NJ : Prentice Hall.

33) 박경규, 전게서, p.126.

34) Jex & Britt, Op Cit. ; Locke, E. A., & Latham, G. P. (1990). *A theory of goal setting and task performance*. Englewood Cliffs, NJ : Prentice-Hall.

35) Colquitt et al., *Op Cit.* ; 박경규, 전게서, pp.128~129.

36) 박경규, 전게서, p.130.

37) 박경규, 전게서, p.130. ; Jex & Britt, *Op Cit.*

38) 백기복, 전게서.

39) Elliot, A. J., Church, M. A. (1997). A hierarchical model of approach and avoidance achievement motivation. *Journal of Personality and Social Psychology*, 72(1), 218~232.
Wolters, C. A. (2004). Advancing Achievement Goal Theory : Using Goal Structures and Goal Orientations to Predict Students' Motivation, Cognition, and Achievement. *Journal of Educational Psychology*. 96(2), 236~250.

40) Deci, E. L., & Ryan, R. M. (1985). *Intrinsic motivation and self-determination in human behavior*. New York : NY : Plenum.
박경규, 전게서 ; 백기복, 전게서.

41) 박경규, 전게서 ; 백기복, 전게서.

42) Deci, E. L. (1971). Effects of externally mediated rewards on intrinsic motivation. *Journal of Personality and Social Psychology*, 18, 105~115. ; 박경규, 전게서, p.135.

43) Robbins & Judge, *Op Cit.* ; 백기복, 전게서 ; 임창희, 전게서.

44) Gagne, M., & Deci, E. L. (2005), Self-determination theory and work motivation, *Journal of Organizational Behavior*, 26, 331~362.
Colquitt et al., *Op Cit.* ; 백기복, 전게서.

45) Colquitt et al., *Op Cit.* ; 백기복, 전게서.

46) Herzberg, F., Mausner, B., & Snyderman, B. B. (1959). *The motivation to work*. John Wiley & Sons.

47) 백기복, 상게서, pp.159~160.

48) Hackman, J. R., Oldham, G., Janson, R., & Purdy, K. (1975). A new strategy for job enrichment, *California Management Review*, 17(4), 57~71.

49) 김식현, 전게서, p.112.

50) 백기복(2021), 『조직행동연구』(제7판), 서울 : 창민사, p.126.

51) Loher, B. T., Noe, R. A., Moeller, N. L., & Fitzgerald, M. P. (1985). A meta-analysis of the relation of job characteristics to job satisfaction. *Journal of Applied Psychology*, 70, 280~289.

CHAPTER 4
개인차원의 제 변수

단원개요

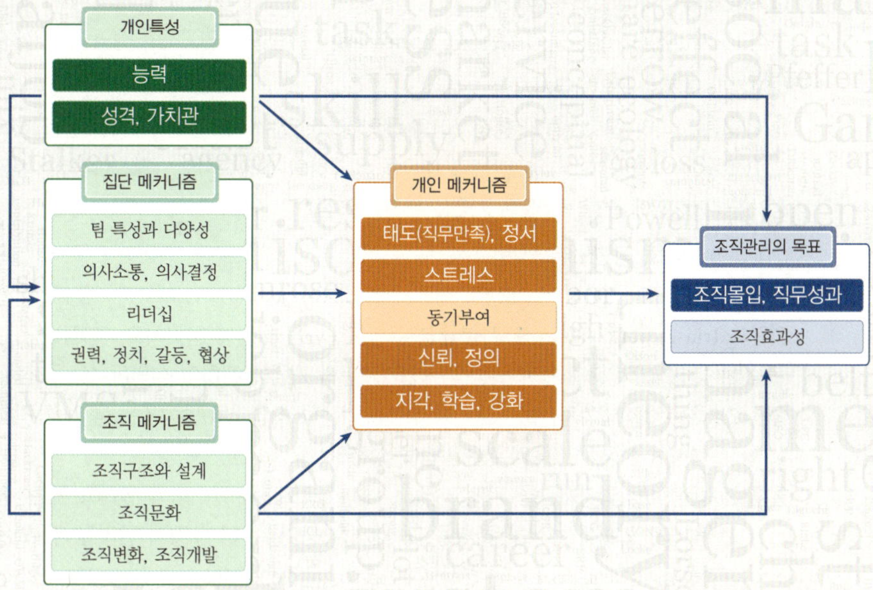

개인특성
능력
성격, 가치관
집단 메커니즘
팀 특성과 다양성
의사소통, 의사결정
리더십
권력, 정치, 갈등, 협상
조직 메커니즘
조직구조와 설계
조직문화
조직변화, 조직개발
개인 메커니즘
태도(직무만족), 정서
스트레스
동기부여
신뢰, 정의
지각, 학습, 강화
조직관리의 목표
조직몰입, 직무성과
조직효과성

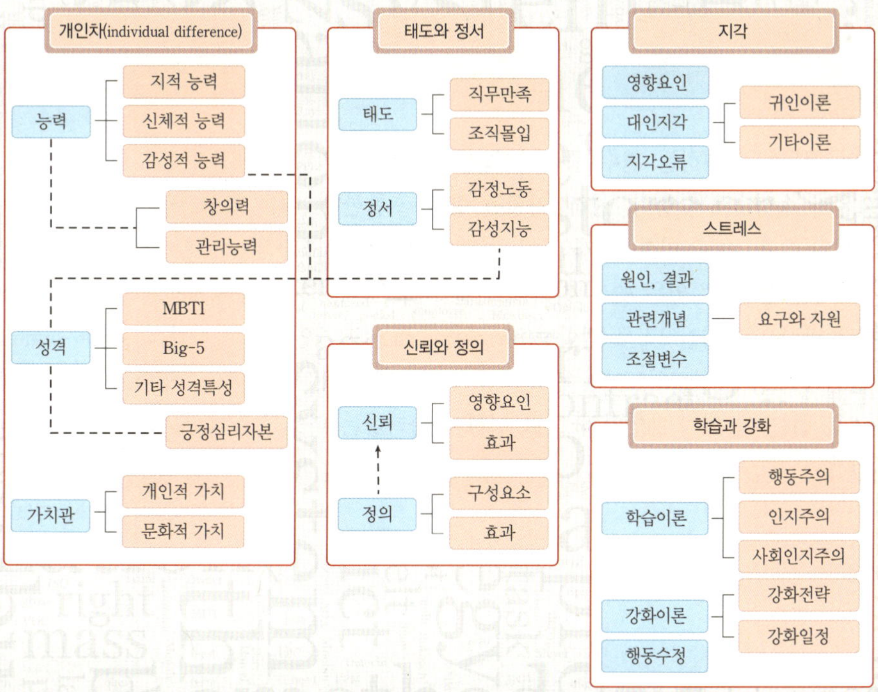

개인차(individual difference)
능력
지적 능력
신체적 능력
감성적 능력
창의력
관리능력
성격
MBTI
Big-5
기타 성격특성
긍정심리자본
가치관
개인적 가치
문화적 가치
태도와 정서
태도
직무만족
조직몰입
정서
감정노동
감성지능
신뢰와 정의
신뢰
영향요인
효과
정의
구성요소
효과
지각
영향요인
대인지각
지각오류
귀인이론
기타이론
스트레스
원인, 결과
관련개념
조절변수
요구와 자원
학습과 강화
학습이론
행동주의
인지주의
사회인지주의
강화이론
행동수정
강화전략
강화일정

제1절 개인차

ORGANIZATIONAL BEHAVIOR AND ORGANIZATION DESIGN

(2006년) 제15회 공인노무사시험

조직 내 개인행동에 영향을 미치는 성격(personality) 유형들을 열거하고 설명하라. (25점)

(2017년) 제26회 공인노무사시험

[사례형] 두 나라 근로자들의 행동차이의 원인일 수 있는 국가문화의 하위차원들(홉스테드(Hofstede)의 연구)에 대해 한국과 미국을 비교하여 설명하시오. (단, 남녀역할 차이와 장기/단기지향성에 관한 국가문화 차원은 무시) (25점)

(2020년) 제29회 공인노무사시험

작업가치관(work values)은 내생적 작업가치관(intrinsic work values)과 외생적 작업가치관(extrinsic work values)으로 분류할 수 있다. 다음 물음에 답하시오. (25점)

물음 1) 내생적 작업가치관과 외생적 작업가치관의 개념에 관하여 설명하시오. (8점)

물음 2) 내생적 작업가치관을 갖는 종업원과 외생적 작업가치관을 갖는 종업원 각각에 대하여 성공적인 동기유발 방법을 설명하시오. (10점)

물음 3) 내생적 작업가치관을 가지고 있고 내재적으로 동기부여되어 일하고 있는 종업원에게 외재적 보상을 하였을 때 내재적 동기수준이 어떻게 달라질 수 있는지를 데시(Deci, E. L.)의 인지평가이론(cognitive evaluation theory)에 근거하여 설명하시오. (7점)

개인의 행동을 설명하는 변수 중에서 특성(trait)이란 비교적 안정적이고 쉽게 변하지 않는 개인 고유의 속성으로서 능력, 성격, 가치관 등을 포함한다. 이들 특성 변수의 차이는 조직 내 갈등의 원인이 될 수도 있으나, 개인 간 차이를 잘 이해하고 적절히 관리하면 오히려 집단이나 조직성과를 높일 수 있는 좋은 기회를 만들 수도 있다. 즉 개인차(individual difference)에 대한 이해를 바탕으로 개인-직무 적합성(person-job fit) 및 개인-조직 적합성(person-organization fit)을 높인다면 개인 목표와 조직 목표를 동시에 효과적으로 달성할 수 있다. 따라서 효과적인 조직관리를 하는 데 있어 개인차와 그로 인하여 나타나는 다양성에 대한 이해는 무엇보다도 중요한 것이다.[1]

|1| 능력[2)]

1) 개념

능력(ability)은 직무에서 다양한 과업을 수행할 줄 아는 역량을 뜻한다.

2) 유형

개인의 능력은 일반적으로 세 가지 요인들의 집합체(지적 능력, 신체적 능력, 감성적 능력)로 구성되어 있다.[3)]

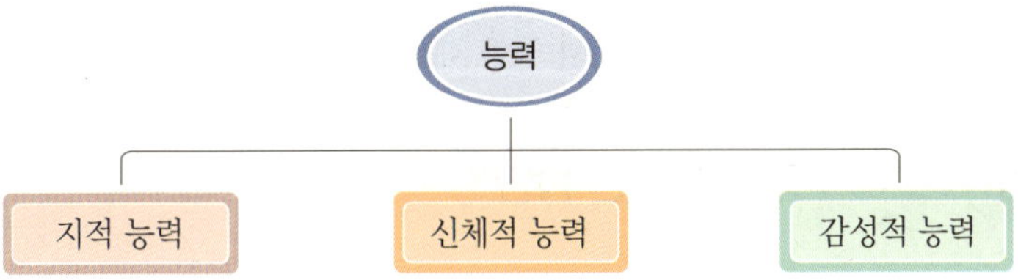

① 지적 능력(知能, 인지적 능력, intellectual ability)

a. 개념

사고활동, 추리활동, 문제해결 활동 등의 다양한 지적 활동을 합리적으로 수행하는 데 필요한 개인의 총체적 능력을 뜻한다.[4)]

b. 구성요소

i. 지적 능력은 크게 7가지 요소로 구성된다. 언어능력, 수리능력, 추리능력(귀납적 및 연역적 추론력), 공간지각력, 순간감지력, 과거지각력(경험의 회상력) 등이다.

ii. 지적 능력의 구성요소 간에는 비교적 높은 상관관계가 나타나기 때문에 종합 정신적 능력(GMA, general mental ability)으로 측정이 가능하다. [예 지능지수(IQ)]

iii. 가드너(Gardner)는 IQ의 단점(성과 설명력의 일관성 부족)을 극복하기 위하여 지능이 여러 개의 독립적 영역(예 음악, 운동, 수리, 언어, 대인관계, 자기이해 등)으로 구성되어 있다는 다중지능(multiple intelligence) 이론을 제시하였다.[5)]

c. 효과

i. 성과 · 지위 · 권력에 미치는 영향 : 지적 능력은 성과와 개인의 지위 및 권력의 정도에 정(+)적인 영향을 미친다.

ii. 직무만족에 미치는 영향 : 똑똑한 사람은 일을 더 잘 수행하는 반면 (이상적 기준치가 높아서) 현실에 비판적일 수 있다. 따라서 지능과 직무만족 간의 관계는 분명하지 않다.

d. 소결

경영자는 조직과 직무가 필요로 하는 개인의 구체적인 지적 능력 및 그 수준에 대한 정확한 평가와 식별에 관심을 가져야 한다.

② 신체적 능력(physical ability)

체력(근육의 힘), 유연성, 기타 요인(지구력과 조정력 등)의 집합을 의미한다. 지능과는 달리 신체적 능력은 그 하위 능력 변수들 간에 상관관계가 약하므로, 관리자는 직무에 필요한 신체적 능력요소를 판별하여 채용할 필요가 있다.

③ 감성적 능력(emotional ability)

자신과 타인의 정서를 명확히 인지하는 동시에 이를 적극적으로 활용할 줄 아는 능력이다. 감성적 능력이 높은 사람은 조직정치(인상관리)와 대인관계에 탁월한 재능을 보인다.

3) 창의력(creativity) : 개념과 증진 방안[6]

① 개념

지식과 정보를 독특한 방법으로 조합하여 참신(novel)하고 유용한(useful) 아이디어를 산출해 내는 능력을 뜻한다. 대부분의 사람들은 창의적 잠재력(creative potential, 창의성)을 가지고 있으나 이를 발휘하기 위해서는 문제를 정의하고 해결하는 다양한 방법을 배워야 한다.

② 창의력이 성과에 영향을 미치는 과정

개인의 창의적 특성이 환경변수와 결합하여 창의적 행동으로 발현되며, 그 결과 혁신적 성과가 창출된다.

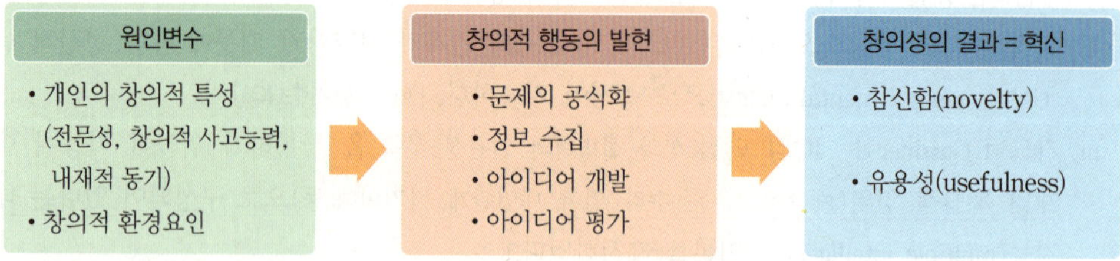

출처 : Robbins & Judge(2015)

③ 창의적인 행동의 발현과정 : 왈라스(Wallas)의 4단계 이론

a. Preparation(문제의 공식화) : 해결책이 필요한 과제를 포착하고 문제해결을 준비한다.

b. Incubation(정보의 수집) : 문제해결에 필요한 지식과 정보를 찾아가는 과정이다.

c. Illumination(아이디어 개발) : 다양한 정보와 지식을 활용하여 가능한 해결책을 도출한다.

여기까지의 과정에서는 다양한 해결책을 모색해야 하므로 확장적 사고(divergent thinking)가 중요하다.

d. Verification(아이디어의 평가와 검증) : 가장 좋은 해결책의 선정을 위해 여러 아이디어들을 평가하고 검증한다. 최종적 대안을 압축해야 하므로 수렴적 사고(convergent thinking)가 중요하다.

④ 창의력의 원인변수(결정요인) : 에머빌(Amabile)의 구성요소이론

구성요소이론(componential theory of creativity)은 창의력의 원인변수 내지는 결정요인을 규명한 여러 이론들 가운데 가장 널리 인용되는 것으로서, Amabile의 저서 『Creativity in Context』에 따르면 창의력은 개인의 창의적 특성과 업무적 · 사회적 환경의 상호작용 과정에서 형성된다.

a. 개인의 창의적 특성(= 잠재적 창의력, 창의성)

i. 전문성(expertise) : Domain-relevant skills

모든 창의적인 업무의 기본은 자신의 직무 분야에서 보유하는 전문성의 정도이다.

ii. 창의적 사고기술(creative thinking skills) : Creativity-relevant skills

친숙한 것을 다른 시각에서 바라볼 수 있는 유추능력으로서(예 새를 보고 비행기를 발명), 지능이나 성격요인(개방성), 위험추구성향 등과 관련이 있다.

iii. 내재적 동기(intrinsic motivation)

자신이 선택한 일이나 문제 자체를 즐기려는 성향을 뜻한다.

b. 창의력에 영향을 주는 업무적 · 사회적 환경요인

i. 긍정적 영향요인

- 창의력을 독려하는 정책 : 위험감수가 가능한 제도적 장치, 아이디어 창출을 독려하는 평가와 보상시스템, 지식의 공유가 가능한 조직운영 방식 등이다.
- 의견 개진이 자유롭고 그로 인한 불이익이 없는 조직 분위기 : 홉스테드(Hofstede)의 문화가치변수 가운데 개인주의(individualism) 성향과 관련이 있다.[7]
- 풍부한 조직 자원 : 경제적 및 인적자원은 다양한 아이디어의 원천이 된다. 톰슨(Thompson)은 그의 저서 『Organizations in Action』에서 여유인적자원(HR Slack)의 중요성을 언급한 바 있다.[8]
- 리더십 : 후원적(supportive)이고 참여적(participative)인 임파워링(empowering) 리더십이 창의력 증진에 효과적이다.
- 다양한 방식의 소통 : 팀원들 간에 새로운 아이디어를 창안하여 실천하는 문화조성을 위해 의사소통이 필요하다.

ii. 부정적 영향요인

지나친 업무 과중, 경직적 조직 분위기, 비용－편익의 지나친 분석, 실패에의 두려움, 분업으로 인한 관료주의 성향 등의 요인들은 창의력에 부정적 영향을 준다.

⑤ 소결

창의력은 타고난 성향의 영향을 받지만 조직에서 통제가능한 여러 상황요인의 영향을 받기도 한다. 따라서 기업은 창의적 잠재력이 뛰어난 지원자를 선발하는 동시에 구성원의 창의력 증진을 위한 집단 및 조직차원의 노력을 경주할 필요가 있다.

4) 능력과 성과 간 관계

종업원의 성과는 능력-직무 적합성(ability-job fit)이 높을 때 향상된다.

|2| 성격(personality)

1) 성격의 의의

① 개념과 의의[9]

올포트(Allport)는 환경에의 적응방식을 형성하는 개인의 일관된 심리시스템을 성격으로 규정한다.

한동안 경영학의 관심은 상황론(contingency theory)에 있어 왔으나, 상황변수들은 성격과 같은 특성(trait)의 바탕 위에서 개인의 행동을 활성화(activation) 시키는 변수일 뿐이라는 점에서 성격연구가 갖는 의의가 있다.

② 측정방법 : 질문지법과 투사법[10]

a. 질문지법(survey)

학자들이 개발한 자기보고 설문(self-report survey)과 관찰자평가 설문(observer-rating survey)을 통해 성격을 측정한다.

b. 투사법(projective technique)

그림 · 사진 · 문자를 통해 자신의 내면에 담긴 성격 특질들을 포착해 내는 방법이다.

③ 성격연구의 의미[11]

a. 유형론(type theory)

성격의 특성을 범주로 구분하여 파악하려는 것으로서 오늘날의 MBTI와 관련이 있다. 이러한 관점에서 성격연구를 수행한 학자로는 셸돈(Sheldon)과 융(Jung)이 있다.

b. **특질론**(trait theory)

개인의 행동양식이나 사고방식을 주어진 연속적 특질차원 상의 위치로 설명하고자 하는 것으로서, 오늘날의 빅파이브(Big-5) 연구와 관련이 있다.

④ 결정요인 : 천성과 교육(nature vs. nurture) 간 논쟁[12)]

일반적으로 성인의 성격은 유전적 요소(nature, 선천적 요인)에 의해 형성되고, 환경적 요인(nurture, 성장과 양육의 과정)에 의해 변화된다.

2) 마이어스-브리그스 성격유형 지표(MBTI)[13)]

① 의의

마이어스-브리그스 성격유형 지표(MBTI, Myers-Briggs Type Indicator)는 심리학자인 마이어스와 브리그스에 의해 개발된 가장 널리 알려진 (그리고 실무적으로도 많이 사용되는) 성격 평가 도구로서, 자기보고(self-report) 방식의 100개 문항으로 측정된다.

② 성격유형의 분류

정보를 판단하고 지각하는 인지스타일(cognitive styles)에 대한 개인의 설문 응답에 기초하여 외향적 및 내향적, 감각적 및 직관적, 사고적 및 감정적, 그리고 판단적 및 지각적 등으로 유형을 구분하여 총 16가지 종류의 성격으로 분류했다.

a. **활력 측면 : 외향적**(Extroverted) **– 내향적**(Introverted)

외향적인 개인들은 대인관계를 통해 에너지를 얻으므로 사교적이고 사회성이 있으며 적극적인 반면 내향적인 사람들은 내적 사고와 감정에 집중함으로써 활력소를 얻기 때문에 조용하고 수줍음을 잘 탄다.

b. **정보수집 측면 : 감각적**(Sensing) **– 직관적**(Intuitive)

감각적인 사람들은 실제적인 경험과 사실 및 자료를 중시하는 경향이 있다. 반면 직관적인 사람들은 무의식의 프로세스들과 가능성 및 관계를 중시하므로 창의성이 좋다.

c. **의사결정 측면 : 사고적**(Thinking) **– 감정적**(Feeling)

사고적인 사람들은 이유와 논리를 이용하는 객관적인 성향을 가지는 반면 감정적인 사람들은 자신의 가치와 감정에 의존하며 주관적인 성향을 가진다.

d. **생활양식 측면 : 판단적**(Judging) **– 지각적**(Perceiving, 인식적)

판단적인 사람들은 사전 계획에 의해 움직이며 규칙과 구조를 중시하는 반면 지각적(인식적)

인 사람들은 사고가 유연하며 융통성이 있기 때문에 마감시간을 선호하지 않는다.

③ 시사점

a. 심리학적 관점에서 MBTI의 세부 유형 중 무엇이 우월하거나 더 나은 것으로 간주되지는 않으며, 특정 상황이나 맥락에서 더 잘 맞는 성향이 있다고 본다.

b. 리더십이나 논리적 사고를 강조하는 직업에서는 ENTJ나 INTJ와 같은 유형이, 감성적 공감 능력이 중요한 직종에서는 INFJ나 ENFP 유형이 더 선호될 수 있다.

c. 한국에서는 ISTJ(세상의 소금형)이 20%로 가장 높은 비율을 차지하며, ISFJ(임금 뒤편의 권력형), ISTP(백과사전형), ESTJ(사업가형)가 각각 11%, ENFP(스파크형)는 1%로 가장 낮은 비율을 보인다. 나머지 유형들은 각각 2~4%의 분포로 나타난다.

④ 한계

MBTI는 높은 대중성에도 불구하고 양자택일형 설문이라는 점(무조건 하나만을 골라야 함), 직무 성과와의 상관이 낮다는 점 등 때문에 비판을 받는다.

3) 빅 파이브(Big-5) 성격요인[14]

① 의의

맥크레와 코스타(McCrae & Costa)가 제시한 빅 파이브(Big-Five) 이론 또는 5대 성격유형(five factor model, FFM)에 따르면 인간의 성격은 다섯 가지의 요인으로 구성된다. MBTI가 다수의 연구를 통해 많은 도전을 받은 반면, 빅 파이브는 폭넓은 연구 결과를 통해 지지받고 있는 성격연구의 주류 이론이라 할 수 있다.

② 성격의 5대 구성 요소와 조직행동에의 영향

a. 감정 안정성(emotional stability, 평정성)

ⅰ. 의미

이는 스트레스에 견딜 수 있는 개인의 능력으로서, 평정성이 높은 사람들은 온화하고 자신감이 있는 반면 평정성이 낮은 사람들은 신경질적(neuroticism)이고 불안을 잘 느낀다.

ⅱ. 조직행동에의 영향

감정안정성은 직무만족에 긍정적 영향을 미치며 스트레스 수준을 낮추는데 도움이 된다.

b. 외향성(extraversion)

ⅰ. 의미

이는 사람들과의 관계에서 느끼는 편안함의 정도로서, 외향적인 사람들은 사교적이며 친화성이 뛰어난 반면 내향적인 성향의 사람들은 수줍어하고 소심하다.

ⅱ. 조직행동에의 영향

외향성이 높은 사람은 팀 작업과 대인관계에 능숙하여 높은 성과를 보인다. 또한 사회적 지배력이 뛰어나 리더로서 적합하며, 일과 삶에 대한 높은 만족도를 나타낸다.

c. 개방성(openness to experience)

ⅰ. 의미

이는 새로운 것에 대한 관심과 흥미의 정도로서, 개방성이 높은 사람들은 창의적이고 예술적 감수성이 풍부한 반면, 개방성이 낮은 사람들은 보수적이고 익숙한 환경을 선호한다.

ⅱ. 조직행동에의 영향

개방성은 교육훈련의 성과와 밀접한 관계가 있다.

d. 친화성(agreeableness, 조화성 또는 동조성)

ⅰ. 의미

이는 다른 사람들에게 양보하고 순응하는 성향으로서, 친화성이 높은 사람들은 협력적이고 남을 잘 믿는 반면 친화성이 낮은 사람들은 까다로우며 적대적이다.

ⅱ. 조직행동에의 영향

친화성이 높은 직원은 고성과를 낼 가능성이 크며, 낮은 일탈행동을 보인다.

e. 성실성(conscientiousness)

ⅰ. 의미

이는 신뢰성과 관련이 깊다. 성실성이 높은 사람은 책임감이 있고 규칙적인 반면, 성실성이 낮은 사람들은 산만하며 믿음직스럽지 못하다.

ⅱ. 조직행동에의 영향

성실한 사람은 리더로서 적합하며, 성실성은 빅 파이브 구성요소 가운데 직무성과에 미치는 영향력이 가장 크다고 한다.

③ 시사점

빅 파이브를 구성하는 각각의 성격 요인들은 모두 직장에서 일어나는 다양한 행동을 예측하는 선행변수로의 역할을 수행한다. 감정안정성은 스트레스 민감도를, 개방성은 교육훈련의 성과를, 외향성은 리더십을, 친화성은 일탈행동을, 성실성은 성과를 설명하는 데 각각 활용될 수 있다.

4) 홀랜드의 RIASEC 모델[15)]

① 성격모형의 의의

홀랜드(Holland)는 성격의 여러 측면 가운데 흥미(interest), 즉 선호나 관심사가 직업 선택에 미치는 영향을 연구하였다. 그의 모델은 6가지 성격요인의 머릿글자를 따서 RIASEC 모델이라 불린다.

RIASEC 모델은 성격유형을 업무 과정에서 무엇을 주로 활용하는지(데이터 vs. 아이디어)의 여부와 업무 수행의 지향점(사람 vs. 사물)에 따라 구분한다.

[홀랜드의 RIASEC 모델]

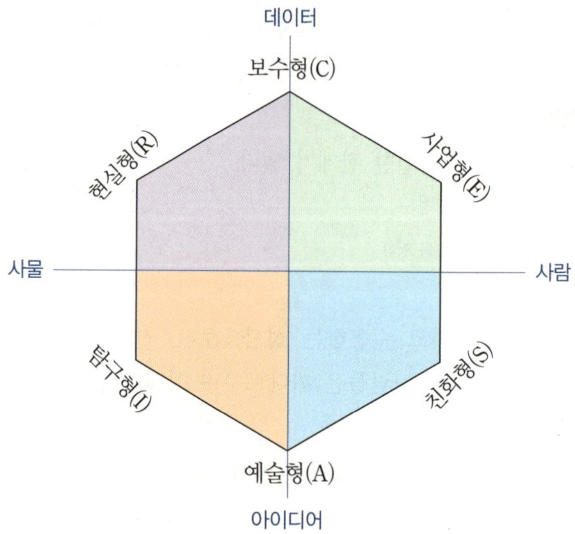

출처 : Colquitt et al.(2014), 수정인용

② 성격과 경력욕구 및 직업의 관계

홀랜드의 RIASEC 성격모형은 개인의 성격 특징과 직무 환경 사이의 적합도(fit)를 중시한다. 홀랜드가 분류한 여섯 가지 성격유형과 관련된 직업은 다음과 같다.

a. 현실형 : 기술과 체력을 바탕으로 한 육체적 활동을 선호하는 성격이다. (예 정비공)
b. 탐구형 : 사고력과 이해력이 요구되는 활동을 선호하는 성격이다. (예 경제학자)
c. 친화형 : 다른 사람을 도와주고 육성시키는 활동에 주력하는 성격이다. (예 사회운동가)
d. 보수형 : 제도적 규제와 질서를 선호하는 성격이다. (예 회계사)
e. 사업형 : 상대방에 대한 권력 지향적 활동을 선호하는 성격이다. (예 홍보전문가)
f. 예술형 : 창조적이고 비체계적인 활동을 선호하는 성격이다. (예 음악가)

③ 시사점

홀랜드는 종업원의 이직 의도와 직무에 대한 만족도는 개인의 성격이 직무 환경에 조화되는 정도, 즉 개인-직무 적합성(person-job fit, P-J fit)과 개인-조직 적합성(person-organization fit, P-O fit)에 의해 결정된다고 보았다. 따라서 적합성을 기초로 종업원을 선발하고 육성하면 종업원의 높은 만족감과 이직률 감소를 가져올 수 있다.

5) 기타 성격 특성[16)]

① 다크 트라이애드(Dark Triad) : 바람직하지 않은 성격특성 3개

a. 마키아벨리즘(Machiavellism, 흔히 Mach라는 약어로 표기)

독단적이면서 감정 억제력이 뛰어나며 목적이 수단을 정당화시킬 수 있다고 믿는 성향으로서, 속임수와 조작, 냉소적 관점, 도덕과 윤리를 무시하는 성향 등으로 구성된다. 빅 파이브 구성요소 중에서는 친화성 및 성실성과 부(−)의 관계를 갖는다.

b. 나르시시즘(narcissism)

스스로 존경받을 가치가 있고 특권적 자격을 가지는 것처럼 여기는 성향으로서, 자기도취, 과대망상, 과대포장 등의 부정적 측면과 위험 감수, 카리스마와 열정 등의 긍정적 측면을 동시에 포함한다. 빅 파이브 중에서는 친화성과 부(−)의 관계를, 외향성 및 개방성과는 정(+)의 관계를 갖는다.

c. 싸이코패시(psychopathy)

남에게 해악을 끼치는 동시에 배려심과 죄책감 및 양심의 가책이 결여된 상태이다. 이러한 성격은 개인의 승진에는 부분적으로 기여할 수도 있으나 성공적 경력관리 및 효과성에는 큰 영향을 미치지 못한다.

② 접근-회피 성향 : 동기유발의 성격적 측면

접근(approach)적 성향은 긍정적 자극에 끌리는 것을, 회피(avoidance)적 성향은 부정적 자극을 피하려는 것을 의미한다.

③ 자기관찰(self-monitoring)

자신의 행동을 외부 상황적 요인에 적응시키는 개인의 능력으로서, 자아와 현격한 차이가 있는 페르소나(persona, 외부로 드러나는 자신)를 표현할 수 있는 능력이 있다. 따라서 자기관찰에 능한 사람은 더 나은 성과 평가를 받으며 리더가 될 가능성이 높고, 조직에 대해서는 낮은 몰입을 보인다.

④ 위험부담(risk taking)

위험을 감수하려는 경향이다. 성장 지향성의 기업가들은 이 성향이 크다.

⑤ Type-A와 Type-B

의사인 프리드만과 로즈만(Friedman & Roseman)이 수행한 심장질환의 연구에서 조바심(anxiety)을 만드는 물질이 많은 사람을 A형, 적은 사람을 B형으로 분류했다.

Type-A는 끊임없는 노력을 하고, 여가 시간에 대해 죄의식을 느끼며, 수치(data)나 타인의 성취에 예민하게 반응하는 스타일이다. 반면 Type-B는 시간의 촉박함이나 조급함을 좀처럼 느끼지 않고, 죄의식 없이 여가를 즐기는 스타일이다.

⑥ 아지리스(Argyris)의 미성숙-성숙형 성격

본래 인간은 수동적 · 의존적이며 단기적 시각을 가지는 미성숙한 존재이지만, 직무의 확대(job enlargement)나 참여 중심의 관리 관행에 의하여 점차 성숙한 인간으로 성장해 간다.

⑦ 자기효능감(self-efficacy)

a. 개념

자신이 수행하고 있는 특정 업무를 잘 해낼 수 있을 것으로 믿는 개인의 성향으로서, 심리학자 알버트 반두라(Albert Bandura)가 창안하였다.

b. 증진방안

ⅰ. 성공경험(enactive mastery, 직접적 성취)

자기효능감을 증가시키는 가장 중요한 원천은 해당 과업이나 직무와 관계되는 경험을 직접 해 보는 것이다.

ⅱ. 대리학습(vicarious learning)

누군가(model)가 그 일을 하는 것을 관찰함으로써 그 일에 대한 지식과 정보를 얻을 수 있다. 대리학습의 효과는 관찰 대상이 자신과 비슷하다고 생각할 때 가장 좋다.

ⅲ. 언어적 설득(verbal communication)

동기부여 강연을 듣거나, 상사로부터의 긍정적 피드백을 받는 것 등을 포함한다.

ⅳ. 각성(arousal)

정신적 및 육체적으로 건강하고 깨어 있는 상태를 뜻한다.

⑧ 통제위치(locus of control)

자신의 운명에 대한 개인의 지각을 통제의 위치라고 한다. 내재론자(스스로의 운명은 자신이 결정한다고 믿는 사람)와 외재론자(외부 영향력이 운명을 결정한다고 믿는 사람)를 비교하는 많은 연구에 따르면 내재론자가 외재론자에 비해 높은 만족, 낮은 결근, 높은 몰입을 보인다.

⑨ 자존감(self-esteem, 자긍심)

사람이 자기 자신을 좋아하는 정도로서, 자존감이 높은 사람은 스스로에 대한 애정과 만족감이 높다.

⑩ 핵심자아평가(CSE, core-self evaluation)[17]

a. 개념

자기 스스로의 가치와 능력 및 환경통제력에 관한 전반적인 평가로서, 저지(Judge)에 의해 체계화되었다.

b. 구성요소

CSE의 이론적 구성요소에는 자기효능감(self-efficacy), 통제위치(locus of control), 자존감(self-esteem), 감정안정성(emotional stability) 등이 있다.

c. 시사점

i. CSE의 네 가지 구성 요소는 상호 연관되어 개인의 자아 개념을 형성한다.

ii. 일반적으로 긍정적인 CSE를 수행하는 종업원은 목표에 강하게 몰입하며, 조직몰입과 직무만족도가 높아서 고성과를 기록하는 경우가 많다.

6) 성격과 조직행동의 관계[18]

① 성격과 상황의 관계

a. 상황 강도 이론(situation-strength theory)

성격이 행동으로 이어지는 과정에서 상황의 강도가 중요한 역할을 한다는 이론이다. 상황의 **명**확성(clarity, 책임의 명확한 제시), **일**관성(consistency, 의무와 책임의 상응), **제**약성(constraints, 통제가 어려운 외부 조건), **귀**결성(consequences, 행위가 이해관계자들에 미치는 영향력)이 클수록 강한 상황이 조성된다.

강한 상황하에서는 개인의 성격보다 상황적 압력이 구성원에게 큰 영향을 주지만, 약한 상황하의 구성원은 자신의 성격에 따라 자유로운 행동을 한다.

b. 특성 활성화 이론(trait activation theory, TAT)

i. 의미

어떤 상황이나 사건이 특정한 성격 특성을 활성화(activation)시킨다는 이론이다.

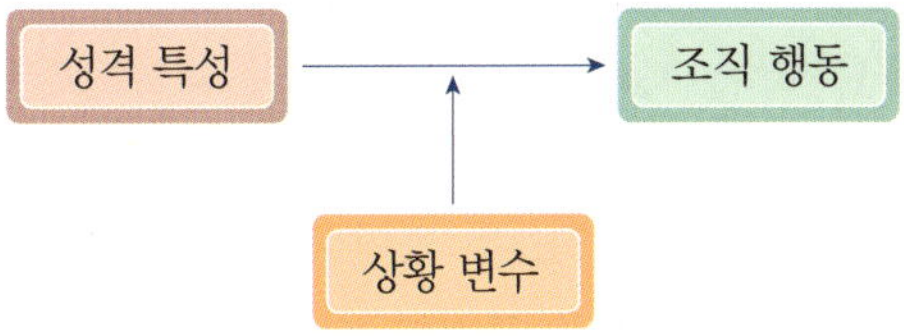

ii. 빅 파이브 성격이 활성화되는 상황조건

- 감정안정성 : 감정 조절이 필요하거나, 시간 압박이 심한 직무에 적합하다.
- 외향성 : 사회적 기술이 요구되거나, 타인과의 경쟁 상황에서 적합하다.
- 개방성 : 혁신적 업무나, 감정 조절이 필요한 업무에 적합하다.
- 친화성 : 사회적 기술이 요구되거나, 타인과의 경쟁 상황, 또는 감정 조절이 필요한 업무에 적합하다.
- 성실성 : 요구 내용이 구체적(detailed)인 직무를 수행하거나, 시간 압박이 존재하는 상황에 적합하다.

② 유인-선택-퇴출 이론(attraction-selection-attrition (ASA) theory)

a. 의의

슈나이더(Schneider)에 따르면 한 조직의 전체적인 특성은 이를 구성하고 있는 종업원들 성격의 산물이다("The people make the place.").

b. 과정

ⅰ. Attraction

조직특성과 유사한 성격을 가지는 개인은 조직에 유인(입사, entry)된다.

ⅱ. Selection/Attrition

조직특성과 유사하지 않은 개인들은 조직으로부터 선택(select)되지 않고, 설령 선택받더라도 불만으로 조직을 나가게(퇴출, 마찰, attrition) 된다. 따라서 조직에는 그 전형적 특성과 유사한 성격속성을 가진 사람만 남는다.

③ 성격과 직무성과

성격특질은 직무성과를 예측하는 데 사용될 수 있다. 예를 들어 외향성과 성실성이 높으면 사회적 목표달성 수준이 높아져 개인뿐만 아니라 집단의 직무성과에 긍정적 영향이 있다.

④ 성격과 직무만족

오늘날 대부분의 직무는 팀(team) 단위로 수행되므로 성격특성(예 외향성)에 따라 타인과 함께하는 업무에서의 만족이 달라질 수 있다.

⑤ 성격과 의사결정

성격은 의사결정의 질에 영향을 미친다. 두 명이 돈을 분배하는 최후통첩게임의 사례를 보면 정직하고 신중한(=높은 성실성) 내향적인 특질의 소유자는 자신이 먼저 제안하지 않고 기다렸다가 상대의 제안을 수락할 가능성이 높았다.

⑥ **성격과 정보교류**

팀원의 성격특성은 팀 내 정보교류에 큰 영향을 미친다. 특히 내향적인 사람은 팀과의 운명공동체 의식이 형성될 경우 외향적 사람보다 더욱더 많은 정보를 나눈다.

|3| 가치관

1) 가치의 의의[19)]

가치(value)란 어떤 행동목적이나 방식이 다른 목적이나 방식보다 더 바람직하다(옳다)는 개인의 판단 기준 및 신념이다.

2) 유형[20)]

가치는 판단대상에 따라 개인 가치(personal values), 집단 가치(group values), 조직 가치(organization values), 사회 · 문화적 가치(social-cultural values), 그리고 기업의 조직구성원이 갖는 작업 가치(work values) 등으로 분류할 수 있다. 이 중에서 작업 가치는 내재적 가치(intrinsic values)와 외재적 가치(extrinsic values)로 나뉜다.

① **내재적 작업가치(내생적 가치)**

직무 그 자체에 관련되는 요인을 선호하는 신념으로서 '흥미로운 업무, 도전적 과제, 학습, 공헌, 잠재능력, 자율과 책임, 창의성' 등의 개념과 관련이 있다.

② **외재적 작업가치(외생적 가치)**

직무를 수행함으로써 얻게 되는 것들을 선호하는 신념으로서 '임금, 고용 보장, 복지, 지위, 인간관계, 가족과 보내는 시간, 여가시간' 등의 개념과 관련이 있다.

3) 특징과 중요성[21)]

① 가치는 어떤 행동 목적 및 이 목적을 달성하는 데 사용될 도구(instrument)를 결정하는 기준으로 작용한다.

② 가치는 형성되는 데 오랜 기간을 필요로 하며, 한번 형성된 가치관은 일관성과 높은 지속성을 보여준다.

③ 가치는 일상생활과 직무수행의 과정에서 개인의 지각 및 태도와 행동에 결정적 영향을 미친다.

4) 올포트의 가치 연구[22)]

올포트(Allport)는 설문조사를 통해 총 6가지의 가치유형(**이**론적 가치, **경**제적 가치, **심**미적 가치, **사**회적 가치, **정**치적 가치, **종**교적 가치)을 도출하였다. 개인은 이들 가치관의 적절한 조합을 보유하고 있으며, 그 내용은 수행하는 직무와 직업에 따라 달라질 수 있다.

5) 로키치의 가치 연구[23)]

로키치(Rokeach)는 미국인을 대상으로 한 로키치 가치 조사(Rokeach Value Survey, RVS)를 통해 두 가지의 가치 집합을 도출하였다.

- 궁극적 가치(terminal values) : 개인이 살아가면서 달성하고자 하는 궁극적인 목표나 목적을 의미한다. 성취감, 세계평화, 자유, 행복, 지혜 등을 포함한다.
- 수단적 가치(instrumental values) : 궁극적 가치를 달성하는 데 선호되는 수단이나 행동방식이다. 쾌활, 깔끔함, 정직, 논리적임, 자기통제 등을 포함한다.

6) 홉스테드의 문화적 가치 연구[24)]

① 의의

개인의 가치관은 그가 소속된 사회와 문화권의 영향을 많이 받는다. 문화에 따라 달라지는 가치관의 다양성을 분석하는 데 가장 널리 활용되는 접근법은 1970년대 후반 홉스테드(Hofstede)에 의해 고안된 이론모형이다. 그는 40개국 11만 6,000명의 IBM 종업원들을 대상으로 국가마다 상이하게 나타나는 직무 관련 가치에 대해 조사했다.

② 홉스테드의 가치유형 분류 기준

a. 권력거리(power distance)

권력의 불균등 분포를 사회구성원들이 용인하는 정도이다. 권력거리가 작은 문화(예 미국)에서는 사회구성원들 간의 권력격차가 크지 않고 상대적으로 권력이 균등하게 분포되어 있다고 믿지만, 권력거리가 큰 문화(예 한국)에서는 사회구성원들 간의 권력격차가 크며 권력이 매우 불균등하게 분포되어 있다고 인식한다.

b. 개인주의(individualism) vs. 집단주의(collectivism)

개인주의는 개인이 집단의 구성원으로서의 활동보다 개인으로서의 활동을 선호하는 정도이고, 집단주의는 개인주의의 수준이 낮음을 뜻한다. 미국은 개인주의 성향이 큰 편인 반면, 한국은 집단주의 성향이 크다.

c. **남성성**(masculinity) vs. **여성성**(femininity)

남성성 문화에서는 사회가 물질과 경쟁 등의 가치로 움직이는 성취지향적인 속성을 가지는 반면, 여성성 문화에서는 사회가 행복과 복지 등의 가치로 움직이는 관계지향적인 속성을 가진다.

후속 연구들에서는 양성(남녀) 간의 격차를 인정하면 남성성이 큰 사회, 격차를 줄이려는 경향이 강하다면 여성성이 큰 사회로 해석하는 경우도 있다.

d. **불확실성 회피**(uncertainty avoidance)

불확실하고 모호한 상태를 사회가 받아들이지 않는 정도이다. 불확실성 회피가 높은 사회(예 한국)의 사람들은 불안과 스트레스가 많아서 안정적인 직장과 직업을 선호한다. 반면 불확실성의 수용도가 높은 사회(예 미국)에서는 벤처창업이 활발하고, 이직이 자유롭다.

e. **장기지향성**(long-term orientation) vs. **단기지향성**(short-term orientation)

홉스테드의 초창기 문화분류에는 없다가 나중에 추가된 기준이다. 장기지향적 문화에서는 미래, 지속성, 성장 등의 가치를 중시하므로 여가시간보다는 미래를 위한 학습과 투자에 집중하며, 근속기간에 따라 보상한다. 유교(Confucianism) 문화권에 속하는 대부분의 동아시아 국가들이 이에 해당한다. 반면 단기지향적 문화에서는 현재 시점에서 주어진 일에 충실할 것을 강조하므로 여가시간을 소중히 여기고 능력에 따라 보상한다.

f. **자적**(indulgence) vs. **자제**(restraint)[25]

가장 최근에 홉스테드가 발간한 개정판에서 추가된 가치기준이다. 자적 문화는 인간의 기본적이고 자연적인 욕망의 자유로운 충족을 허용하고 인정하는 반면 자제 문화는 엄격한 사회적 규범에 의해 욕망의 충족을 규제 · 억제한다.

③ 시사점

오늘날까지도 문화에 대한 가장 대표적인 연구로서 조직행동 연구자와 경영자에게 지대한 영향을 미치고 있다.

a. 권력거리가 크고 집단주의 성향이 큰 한국과 같은 문화에서는 리더의 독단적 의사결정을 하급자들이 수용하는 경향이 있으므로 리더십 발휘가 용이하다.

b. 불확실성 회피성향이 낮고 권력거리도 작은 경우에는 조직운영방식의 측면에서 구성원 간의 커뮤니케이션이나 교육훈련을 중시한다.

c. 동기부여 정책은 개인주의 성향이 큰 경우에 그 효과가 커진다. 예를 들어 미국에서는 개인의 욕구(예 자아실현, self-actualization) 충족을 중시하는 동기부여 방식이 강조된다.

④ 한계

a. 1970년대 후반에 IBM이라는 한 기업만을 대상으로 조사했기에 시의성과 일반화 가능성에

상당한 문제가 있다.

b. 문화적 가치를 다섯 가지로 줄이는 과정에서 홉스테드가 사용한 방법론에 대한 의문이 제기될 수 있다.

c. 당초의 예상과는 다른 결과가 도출되기도 하였다. 예를 들어 일본의 경우 집단주의가 강할 것으로 예측하였으나 실제 결과는 평균 수준으로 나타나고 있다.

7) GLOBE 프로젝트[26)]

① 의의

홉스테드(Hofstede) 연구의 한계를 극복하기 위하여 1991년에 시작된 글로벌 리더십과 조직 행동의 유효성(Global Leadership and Organizational Behavior Effectiveness : GLOBE) 프로그램은 전세계 각국 리더들의 가치관과 행동이 어떻게 국가문화의 영향을 받는지 분석한 것으로서, Wharton School의 하우스(House)의 주도로 진행되었다. 연구의 결과는 2004년 『Culture, Leadership, and Organizations : The GLOBE study of 62 Societies』에 요약되어 발표되었다. 여기서는 62개국 951개 조직에 근무하는 17,300명의 중간관리자(리더)들로부터 수집된 자료를 이용해 국가의 문화적 요소를 아홉 가지로 규명했다.

② GLOBE에서 발견된 문화가치의 유형

9가지의 문화요소 가운데 일부(예 권력거리, 집단주의, 불확실성 회피 등)는 홉스테드의 차원과 유사한 요소이지만, 그 밖의 요소들도 발견되었다.

a. 권력거리(power distance)

한 사회나 조직의 구성원들이 권력의 불균등 배분을 용인하는 정도로서 홉스테드의 권력거리 개념과 유사하다.

b. 불확실성 회피(uncertainty avoidance)

미래 위험의 경감을 위하여 사회규범이나 규정 및 절차에 의존하려는 정도로서, 홉스테드의 불확실성 회피 개념과 유사하다.

c. 인도적 지향성(humane orientation)

타인에 대해 공정하고 이타적이며 관대하고 배려심이 많으며 친절할 것을 서로 장려하고 보상하는 정도이다.

d. 집단주의 Ⅰ(기관)(collectivism Ⅰ : institutional)

사회조직이 자원을 집단적으로 배분하고 집단적으로 행동할 것을 장려하고 보상하는 정도로서, 홉스테드의 집단주의 개념과 유사하다.

e. **집단주의 Ⅱ(내집단)** (collectivism Ⅱ : in-group)

자신이 속한 조직이나 가족에 대해 자부심과 충성심을 가지고 응집력(단합)을 표현하려는 정도를 뜻한다.

f. **자기주장**(assertiveness, 공격성)

타인과의 관계에 있어서 스스로의 주장을 강조하고, 누군가와 차이점을 부각시키며(각을 세움) 공격성을 보이는 정도를 뜻한다.

g. **성평등성**(gender egalitarianism)

사회나 조직이 성 불평등을 최소화하기 위해 노력하는 정도를 뜻한다.

h. **미래지향성**(future orientation)

현재의 보상을 미래로 이연(미루기)시키거나 미래를 위해 투자하는 행동을 하는 정도를 뜻한다.

i. **성과지향성**(performance orientation)

성과의 개선과 향상을 장려하고 그에 대해 보상하는 정도를 뜻한다.

③ GLOBE에서 발견한 리더십 스타일

a. **카리스마적/가치기반 리더십**(charismatic/value-based)

핵심 가치에 기반하여 구성원에게 영감을 주고 동기부여에 매진하는 비전제시, 자기희생형, 성과지향형 리더십이다.

b. **팀 지향 리더십**(team oriented)

개인보다 팀에 대한 자부심, 충성심, 단합을 강조하고 공통의 목표 달성에 집중하는 리더십 스타일이다.

c. **참여적 리더십**(participated)

조직구성원을 의사결정과정에 참여시키는 리더십 스타일이다.

d. **인간지향적 리더십**(humane oriented)

조직구성원을 배려하고 너그럽게 대하는 겸손과 자비의 리더십이다.

e. 자율적 리더십(autonomous)

독립적이고 개인주의적이며 자기중심적인 리더십이다.

f. 자기방어적 리더십(self-protective)

개인의 보신과 안위에 초점을 두는 리더십으로써 절차, 위계질서, 체면 등을 중시한다.

④ 문화권별로 효과적인 리더십의 스타일

GLOBE 연구에서는 6가지 리더십 스타일을 대표적 3대 문화권(유교권, 앵글로, 게르만)별로 나누어 각 문화권에서 효과적인 리더십 스타일을 밝혀냈다. 우리나라(유교권)는 다른 문화권에 비해 팀 지향적이면서도 비참여적(독단적) 리더, 인도적이고 자율적인 리더, 자기방어적인 리더를 효과적으로 받아들인다. 반면 서구(앵글로, 게르만)에서는 성취지향적이고 참여적이며 자율적이면서 자기방어수준이 낮은 리더십을 효과적으로 여긴다.

⑤ 시사점

a. 정직하고 영감을 주며 비전을 제시하는 성과지향적(카리스마) 리더는 전 세계의 문화권 여부에 상관없이 보편적으로 효과적이다.
b. 홉스테드의 연구 내용을 GLOBE 프로젝트를 통해서 재확인하였다.
c. 홉스테드 연구에 추가되는 문화가치의 차원을 확인 · 발견하였다.

⑥ GLOBE 연구와 홉스테드 연구의 비교

a. 범위 : 홉스테드보다 많은 국가에서 많은 인원을 대상으로 연구하였다.
b. 초점 : 문화가치 그 자체에 집중한 홉스테드와는 달리 문화와 리더십의 관계를 연구하였다.
c. 발견된 가치관 : 홉스테드의 문화가치보다 많은 9가지 가치유형을 발견하였다.

8) 결론 : 가치에 기초한 개인행동의 관리

개인의 가치체계에 대한 인식은 그 사람의 행동을 설명하거나 예측하고 집단의 행동을 이해하는데 유용하며, 종업원의 성과와 만족은 개인의 가치가 조직의 가치와 잘 부합될 때 높아진다.

제2절 태도와 정서

ORGANIZATIONAL BEHAVIOR AND ORGANIZATION DESIGN

(2005년) 제14회 공인노무사시험
태도와 인지부조화에 대하여 약술하라. (25점)

(2010년) 제19회 공인노무사시험
감정노동(emotional labor)의 개념과 의의(영향과 중요성)에 관해 설명하라. (25점)

(2019년) 제28회 공인노무사시험
조직시민행동의 개념 및 5가지 구성요소를 설명하고, 조직시민행동이 조직의 생산성 향상에 기여하는 이유를 설명하시오. (25점)

(2023년) 제32회 공인노무사시험
특정 사물, 사람, 사건 등에 대해서 좋아하거나 싫어하는 것을 태도(attitude)라고 한다. 태도는 개인의 조직행동을 결정하는 중요한 요인이다. 다음 물음에 답하시오. (25점)
물음 1) 태도를 구성하는 3가지 요소를 제시하고, 3가지 요소들의 영향 관계에 관하여 설명하시오. (10점)
물음 2) 페스팅거(L. Festinger)의 인지 부조화(cognitive dissonance)이론을 기반으로 태도와 행동 간 불일치를 해결하는 원리를 설명하고, 태도와 행동 간 불일치 해결에 영향을 미치는 요인을 제시하시오. (15점)

| 1 | 태도와 관련이론

1) 태도의 의의와 구성요소

① 개념과 형성원인[27)]

태도(attitude)란 대상(사람 · 사물 · 사건)에 대한 평가(evaluation)적 표현이나 판단을 의미한다. 조직구성원의 태도는 개인의 성격, 경험, 문화, 집단 속에서의 지위 등에 의해 형성된다.[28)]

② 구성 요소[29)]

태도는 인지적 측면, 정서적 측면, 행동의도적 측면의 세 가지 요소로 구성되며, 이들 세 요소들은 서로 긴밀한 상관관계를 갖고 있다.

a. 인지적 요소 : 사고 과정이나 생각

어떤 대상에 대한 개인 신념의 표출을 뜻한다. (예 "나의 상사는 공정하지 못하다")

b. 정서적 요소 : 감정적 의견 표명

대상에 대한 감정, 감흥, 느낌의 표현을 뜻한다. (예 "나의 상사가 (그냥) 싫다")

c. 행동(의도)적 요소 : 의도를 가진 움직임

대상에 대한 행동이나 행동 의도를 통해 형성되는 태도이다. (예 "현재 수행 중인 직무가 마음에 들지 않아 이직하고 싶다.")

③ 특징[30)]

a. 태도는 (가치보다는 안정성이 상대적으로 덜하지만) 다른 개인차원 변수에 비하면 안정적이고 일관된 경향을 보인다. 한 번 형성된 호불호(好不好)는 이를 변화시킬 만한 사건이 없다면 유지되기 때문이다.

b. 조직에서의 태도는 직무행동에 영향을 미친다. 주요 태도변수(직무만족, 조직몰입, 이직 의도 등)들은 성과, 인간관계, 고객만족 등과 밀접한 관련을 가진다.

2) 관련 이론[31)] : 태도의 형성과 변화

① 인지부조화 이론(cognitive dissonance theory)

a. 이론의 내용

페스팅거(Festinger)는 복수의 신념 · 태도 · 행동 간에 불일치가 발생할 경우 개인이 인지부조화로 인한 불편함을 갖게 되며, 이를 극복하기 위하여 노력한다고 보았다. 이 과정에서 자신의 태도를 변화시킬 수 있다.

b. 인지부조화의 해소에 영향을 주는 요인들

ⅰ. 태도-행동 간 불일치의 해결

인지부조화를 해소하는 기본적 방법은 태도에 맞게 행동을 변화시키거나 행동에 어울리는 태도를 갖는 것이다.

- 보통은 행동을 변화시키기 어려우므로 태도를 행동에 맞게 변화시키는 소위 자기합리화(rationalization, self-justification)가 발생한다.
- 반대로 '태도를 변화시키지 않고 인지부조화를 해소하는 방안'은 결국 태도에 어울리는 행동을 취하는 것이다. 행동 변화는 저절로 이루어지는 것이 아니므로 다음의 요인들을 고려해야 한다.

ⅱ. 행동 변화를 통한 불일치 해결에 영향을 미치는 요인

- 부조화 유발요인의 중요성이 크다면 부조화를 줄이기 위해 행동 변화 등의 노력을 투입할 가능성이 크다.
- 부조화 유발요인의 통제 가능성이 크다면(즉 부조화를 내가 직접 해소할 수 있다고 믿는다면) 태도에 어울리는 바람직한 행동을 취할 가능성이 크다.
- 부조화 유발요인과 관련한 각종 비용이 크다면[즉 부조화가 나에게 큰 비용(손해)을 초래할수록] 행동 변화를 위해 더 적극적으로 노력한다.

② 세력장 이론(force field theory)

르윈(Lewin)은 현재의 태도를 바람직한 새로운 상태로 변화시키려 한다면 변화를 추진하려는 힘을 강화시키는 동시에 저항하려는 힘을 약화시켜야 한다고 보았다.

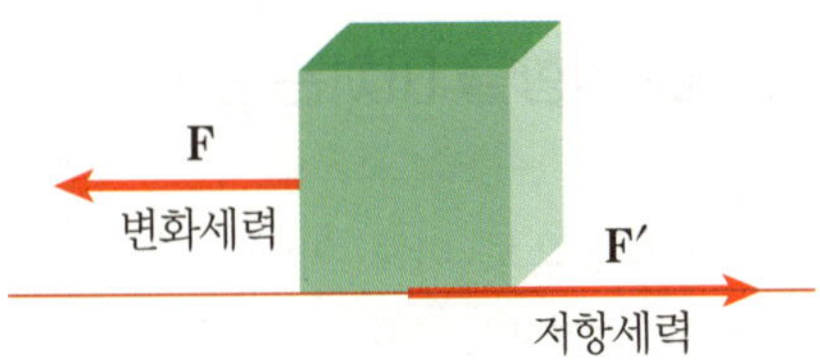

태도변화 : F > F′

③ 이성적 행동이론(theory of reasoned action)

에이전(Ajzen)에 따르면 사람의 행동은 주관적 규범(subjective norm), 즉 사회구성원들의 인식에 의해 영향을 받는다. 따라서 행동을 취하려는 태도(예 외제차 구매에 대한 호의적 인식)가 있어도 주관적 규범(예 친구들의 반대)이 개입한다면 행동 의도(예 구매 의도)가 형성되기 어렵다.

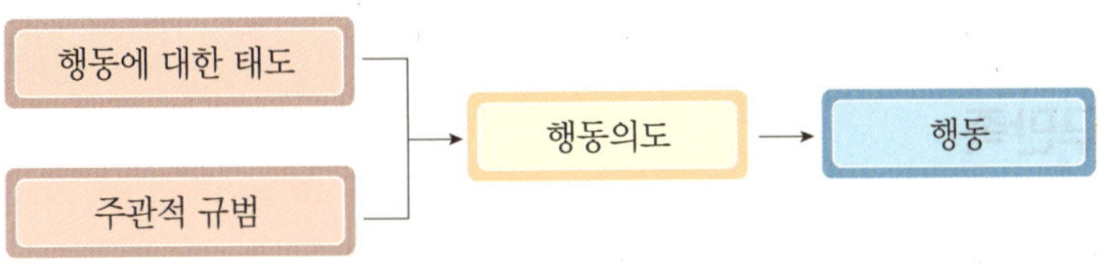

3) 태도변화의 과정[32] : 르윈(Lewin)의 해빙, 변화, 재동결 모형

① 해빙(unfreezing)

개인이나 집단이 변화의 필요성을 느끼고 새로운 태도를 받아들일 준비를 하는 단계이다. 이 과정에서는 변화에 대한 저항심리를 극복하기 위해 타인과의 개방적 소통과 토론, 자기의 욕구와 현 상황에 대한 충분한 고찰, 의사결정 과정에의 참여, 상부의 지원 등이 필요하다.

② 변화(changing)

새로운 관점과 태도를 형성하는 과정이다. 사회적 영향력에 대한 개인태도의 변화 유형을 켈만(Kelman)은 순응, 동일화, 내면화로 정리하였다.

순응(복종, compliance)은 보상을 기대하거나 처벌을 회피하기 위하여 다른 사람이나 집단의 영향력을 수용하는 것이고, 동일화(identification)는 타인이나 집단의 태도에 동화되어 스스로 일체화하는 것이며, 내면화(internalization)는 타인이나 집단의 주장이 본인의 가치체계에 부합한다고 믿고 이를 수긍하여 받아들임으로써 자신의 행동을 변화시키는 것이다.

③ 재동결(refreezing)

변화된 새로운 관점과 태도를 반복적으로 강화함으로써 반영구적인 행동패턴으로 정착시키는 단계이다. 이 과정에서는 사회적 지원(social support)이 필요하다.

4) 태도와 행동과의 관계에 영향을 미치는 변수[33)]

① 대상과 상황에 따라 태도가 행동으로 바로 이어질 수도 있고, 그렇지 않을 수도 있다. 예를 들어 특정 국적의 고객을 받지 않으려는 태도를 가진 호텔 지배인이라도 매출에 도움이 된다면 해당 국적의 고객을 환영하는 행동을 취할 수도 있다.
② 사람들은 자신이 자주 드러내는 태도를 더 잘 기억한다. 이를 태도의 접근성(accessibility)이라 한다.
③ 태도가 행동으로 이어지는 과정에서는 주변 동료 등으로부터의 사회적 규범(social norm)이 중요한 역할을 한다. (예 동료들이 파업 참여를 독려한다면 나도 동참할 가능성 있음)
④ 태도가 행동으로 연결되기 위해서는 개인이 행동에 대한 통제력을 가지고 있어야 한다.

|2| 직무만족

1) 직무만족의 개념[34)]

직무만족(job satisfaction)이란 개인의 직무에 대한 호의적인 태도로서, 직무의 제반 특성에 대한 종합적 평가로부터 도출된다. 학계에서 직무만족은 조직몰입과 더불어 조직에서의 인간 행동과 직무성과를 설명하는 데 있어 가장 중요한 변수로 취급되고 있다.

2) 직무만족의 측정방법[35)]

직무만족을 측정하는 방법에는 크게 두 가지가 있다.

① **단순종합평가법**(single global rating)

전반적인 만족도를 평가하는 단일한 종류의 질문으로 만족도를 측정하는 것이다. (예 "나는 내 업무에서 진정한 즐거움을 얻는다."[36]) 비교적 신속하게 직무만족을 측정할 수 있으나, 구체적인 만족발생의 원인을 파악하기는 힘들다.

② **직무요소합산법**(summation of job facet)

직무를 구성하는 핵심요소(예 임금, 근무환경, 승진기회 등) 각각에 대한 종업원의 만족도를 파악하여 합산하는 기법이다. 구체적인 만족원인을 파악할 수 있지만, 설문지의 제작에 많은 비용이 든다.

3) 직무만족의 유발요인[37]

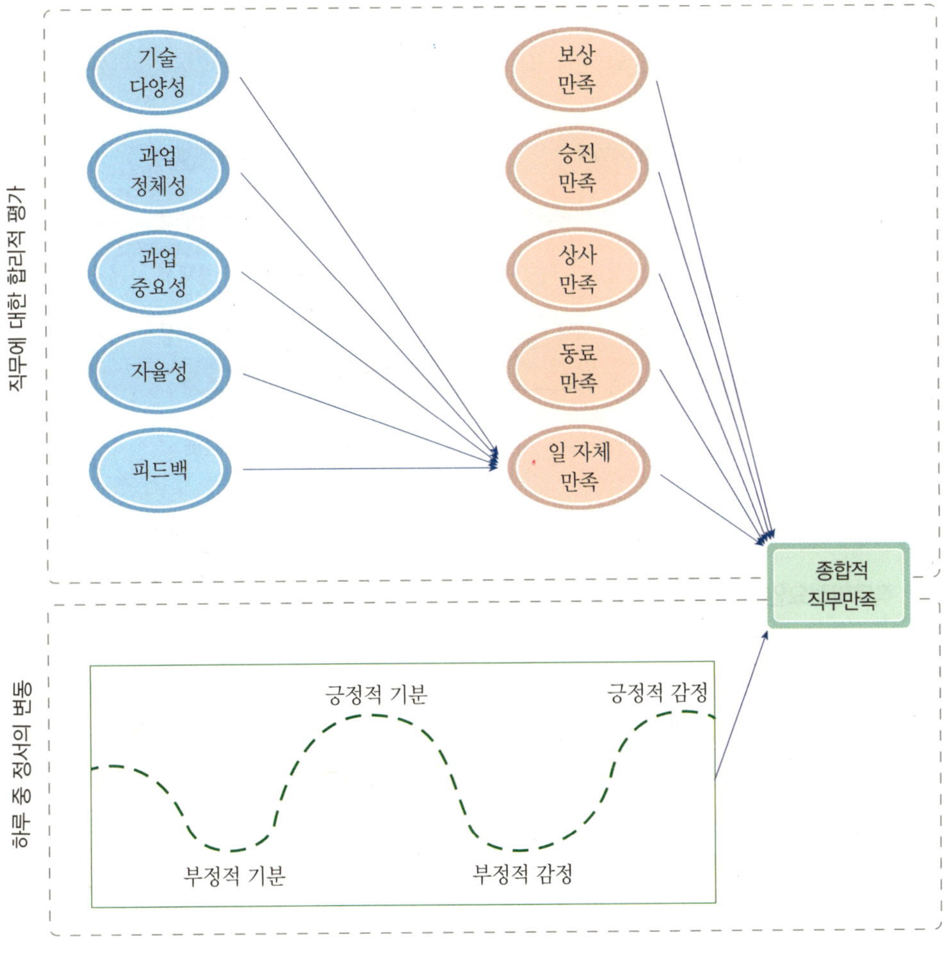

직무의 유발요인에는 직무내적요인(업무 자체)과 직무외적요인(보상, 승진, 상사, 동료)이 있다. 종합적 만족점수(job in general scale, JIG)는 이들 요인들의 측정점수값을 합산(평균)하여 구한다. 또한 직무만족은 개인 정서의 영향도 동시에 받는다.

① 직무내적요인

종업원이 수행하는 업무 그 자체(work itself)와 관련된 요인으로서, JIG와 0.78 정도의 상관계수를 갖는다. 직무특성이론(job characteristic theory)에서 말하는 기술다양성과 과업정체성, 과업의 중요성, 자율성의 유무, 피드백의 정도 등은 직무만족도에 영향을 주는 직무 내적 변수들이 된다.

만족도 증진을 위해 조직에서 시도할 수 있는 직무충실화(job enrichment) 방법으로는 과업결합(combining tasks, 과업을 묶음), 작업단위의 형성(form nature work unit, 의미있는 작업단위로 묶음), 고객관계 확립(establish client relationship, 최종고객(end-user)에의 인식 강화), 수직적 직무확대(expand jobs vertically, 권한의 부여), 개방적 피드백(open feedback channels, 업무성취정도에 대한 정보제공) 등을 예로 들 수 있다.[38]

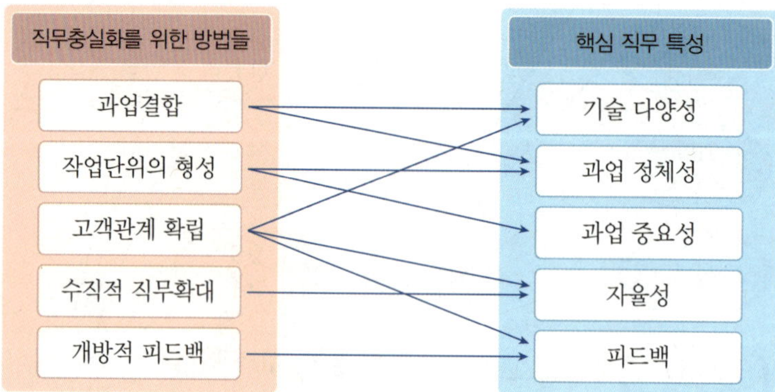

출처 : Robbins & Judge(2015), 수정인용

② 직무외적요인

직무를 둘러싼 주변 환경과 관련한 요소로서, 승진, 동료, 상사, 보상의 4개 요소가 가장 중요한 요인으로 평가받는다.[39]

- 승진(promotion) : JIG와 0.43 정도의 상관계수를 갖는다. 직무만족은 승진을 통해 성장의 기회를 부여받을 때 증가한다. 승진기회의 공정한 부여와 합리적 승진의사결정은 종업원의 만족도에 기여한다.
- 동료(coworker) : JIG와 0.42 정도의 상관계수를 갖는다. 인간은 사회적 동물(social animal)이므로 동료를 통해서 업무 및 인간관계상의 지원(social support)을 받는다면 직무만족이 증가한다.

- 상사(supervision) : JIG와 0.40 정도의 상관계수를 갖는다. 상사와의 원만한 관계는 직무만족의 한 구성요소이며, 반대로 상사와의 불화는 이직의 주요 원인 중 하나가 된다.
- 보상(pay) : JIG와 0.28 정도의 상관계수를 갖는다. 직무만족은 보상에 의해 영향을 받는다. 그러나 최근의 연구에 따르면 급여수준과 만족의 관계가 약하다는 점이 발견되었다. 그 주된 이유로는 사람들이 시간이 지나면서 상승한 임금에 점차 익숙하게 적응이 되어 보다 더 높은 수준의 임금을 바라게 되기 때문이라고 한다. 이를 수준적응이론(adaptation level theory)이라 한다.[40]

③ 직무만족의 원인변수로서의 정서(affect)

- 정서적 사건 반응 이론(affective event theory, AET)에 따르면 업무 관련 사건(event)들이 종업원들에게 긍정적이거나 부정적인 정서 반응을 유발하며, 궁극적으로 직무만족에 영향을 미칠 수 있다.
- 감정노동(emotional labor : EL)이 빈번하여 실제 감정이 아닌 전시적 감정(displayed emotion)을 표현해야 하는 경우에는 스트레스로 인하여 직무만족도가 낮아질 수 있다.

4) 직무만족의 결과 변수

① 직무성과(job performance)[41]

a. 만족-성과 간 관계에 대한 다양한 견해

i. 호손실험(the Hawthorne Study) 이래로 만족과 성과 간의 전통적 견해는 '종업원의 직무만족이 높으면 그의 성과가 높다'는 것이었다.

ii. 그러나 포터와 로울러(Porter & Lawler)의 수정기대이론에 따르면 직무성과가 보상을 통해 만족에 영향을 미친다.

iii. 이들을 절충한 뉴스톰(Newstrom)에 의하면 직무만족과 성과 간에는 서로 영향을 주고받는 순환관계가 있다.

b. 최근의 연구결과[42]

개인에서 조직 수준으로 시야를 넓히면 종업원의 만족도가 높은 조직이 그렇지 않은 조직보다 효과적인 경향이 발견된다. 이러한 직무만족과 성과 간의 강한 상관관계($r = 0.3$)는 300여편의 연구 문헌을 종합적으로 고찰한 저지(Judge)의 메타분석(meta-analysis)에서도 확인된다.

② 조직시민행동(organizational citizenship behavior)

조직시민행동은 조직원들이 공식적으로 주어진 임무 이외의 일을 자발적으로 수행하는 것으로서, 만족한 종업원은 조직시민행동을 수행할 가능성이 높다.

③ **기타 : 고객만족(+), 이직(−), 직장 내 일탈행동(−), QWL(+)**

직무만족이 높은 종업원은 고객의 만족도를 증가시킬 수 있으며, 낮은 이직률과 결근율을 보인다. 그리고 직무만족은 약물 과용, 횡령, 부적절한 사내 관계, 불평불만의 표출 등 직장에서의 일탈행동(counter-productive behavior)을 감소시킨다. 또한 직무만족은 궁극적으로 근로생활의 질(QWL, quality of working life)에 결정적 영향을 미친다.

5) 직무불만에 대한 결과 변수[43]

① **의의**

직무불만(job dissatisfaction)이 발생하면 종업원은 다양한 행위를 통해 이를 표출한다. 불만에 대한 반응은 그 적극성 측면에서 능동적−수동적 표출행동으로, 표출행동의 목적이 현 상황의 전복인지 아니면 개선인지의 측면에서 파괴적−건설적 표출행동으로 구분된다.

② **불만에 대한 종업원의 행동양식**

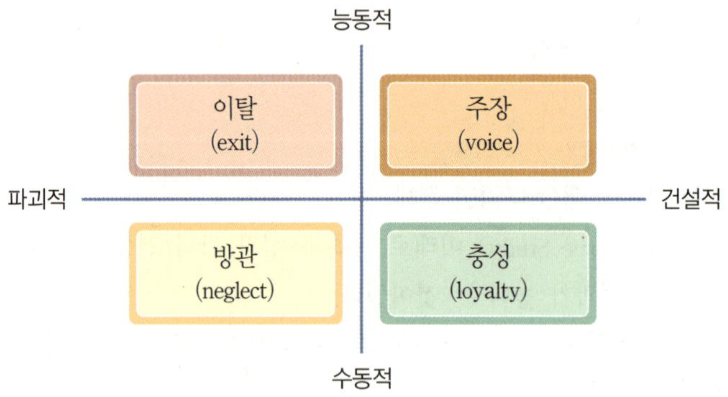

출처 : Hirschman(1970), 수정인용

a. 이탈(exit)

조직을 떠나려는 행동으로써, 상황이 개선되지 않을 것이라는 생각에 기초하여 조직을 떠날 생각을 하거나, 다른 직업을 찾는 노력 등을 한다.

b. 주장(항의, voice)

상사나 노조에 상황의 개선을 위해 문제를 제기하고 항의하는 등의 건설적이고 능동적인 시도를 의미한다.

c. 충성(loyalty)

수동적이지만 낙관적으로 상황이 개선되기를 기다리는 것으로서, 외부의 비판에도 불구하고 조직에 대한 신뢰를 가지는 것이다.

d. **방관**(태만, neglect)

상황이 악화되는 것을 수동적인 태도로 허용하는 행위로서, 상습적으로 결근이나 지각을 하고 직무 수행 시 노력하지 않으며 실수가 많아지는 경우를 포함한다.

|3| 조직몰입

1) 조직몰입의 개념

조직몰입(organizational commitment)은 개인이 조직 그 자체나 조직의 목표와 자신을 동일시하는 수준으로서, 조직에 구성원으로 남고자 하는 의사를 의미한다.

[조직몰입의 원인과 결과]

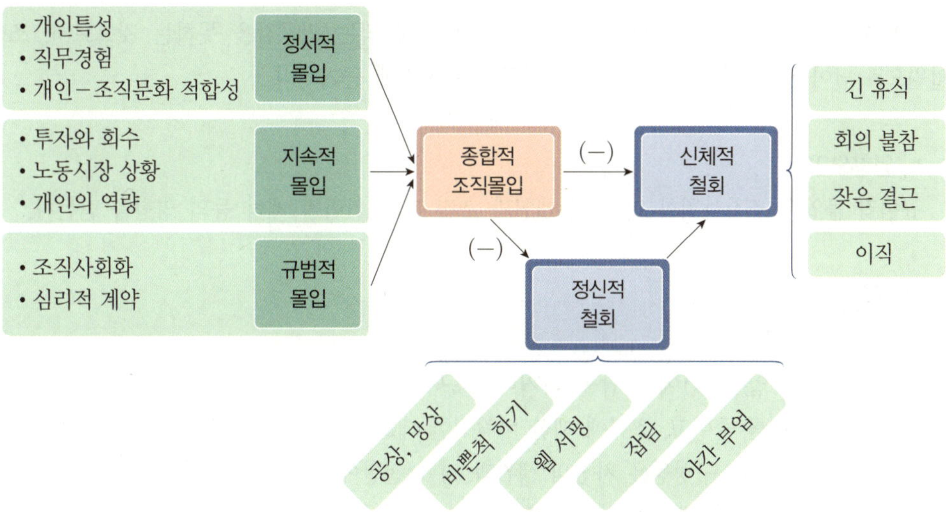

출처 : Colquitt et al.(2014), 박경규(2014), 수정인용

2) 유형[44)]

알렌과 마이어(Allen & Meyer)에 따르면 조직몰입은 일반적으로 다음의 세 가지 하위요소로 구성된다.

① **정서적 몰입**(affective commitment)

a. **의미**

종업원이 조직과 스스로를 동일시하고, 조직에 대해 진정으로 애착을 느끼는 정도를 나타낸다.

b. 영향요인

정서적 몰입은 개인특성, 직무경험, 개인과 조직문화 간의 적합성 등의 영향을 받는다.

② **지속적 몰입**(continuance commitment, 연속적 몰입)

a. 의미

한 조직에 계속 남아 있는 것에 대한 경제적 가치인식으로서, 조직에 투자한 정도에 대하여 타 조직으로의 이동이 유발하는 상대적인 비용에 대한 지각과 관련이 깊다.

b. 영향요인

지속적 몰입은 노동시장의 전반적 상황(구직활동의 용이함 등) 및 개인역량 등의 영향을 받는다.

③ **규범적 몰입**(normative commitment)

a. 의미

도덕적 또는 윤리적인 이유로 인하여 조직에 남게 되는 의무감을 뜻하는 것으로서, 조직의 일원으로 남아 있는 것이 도덕적으로 올바르다는 지각에 근거한다.

b. 영향요인

규범적 몰입은 조직사회화 과정 및 개인과 조직 간의 심리적 계약 등의 영향을 받는다.

3) 결과[45)]

① 조직몰입은 업무시간에 잡담을 하거나 결근이나 이직을 하는 등의 정신적·신체적 철회(withdrawal)를 줄이고, 조직에 대한 바람직한 태도를 갖게 된다.
② 조직에 몰입하는 구성원은 자신의 생활과 경력 전반에 걸쳐 성공적이다.
③ 직무성과나 혁신적 행동에도 긍정적 영향을 준다.

4) 증진 방안[46)]

① 조직몰입의 증진을 위해서는 조직의 가치를 공유할 수 있는 사람을 선발한다.
② 조직의 성과목표가 개인차원으로까지 이어질 수 있도록 평가지표(KPI, key performance indicator)를 개선한다.
③ 보상 측면에서는 우리사주제나 스톡옵션을 발행하여 조직구성원과 성과를 나누는 관행을 정착시킨다.
④ 구성원들을 기업경영에 참여시켜 주인의식을 갖도록 하는 것 또한 중요하다.

|4| 정서

1) 정서의 개념과 구성요소[47)]

① 개념

정서(affect, 감성)란 사람들이 대상(사람, 사건, 사물)에 대하여 경험하는 넓은 범위의 느낌을 총칭하는 용어로 감정과 기분을 포함하는 포괄적인 개념이다.

② 구성요소

a. 감정(emotion)은 특정 대상(객체)을 향한 짧고 강렬한 느낌으로서, 행위지향적 속성을 가지며, 연속선상에 존재하는 행복, 놀람, 공포, 슬픔, 분노, 혐오의 여섯 범주로 구성된다.

b. 기분(mood, 분위기)은 감정보다는 덜 강렬한 느낌으로 자극의 원인(즉 객체)이 불분명하고, 인지적 속성을 가지며, 서로 별개의 차원(dimension)에 위치한 긍정적 정서(positive affect, PA)와 부정적 정서(negative affect, NA)로 구성된다. 인간은 특별한 일 없이도 다소의 긍정적 기분을 갖는 기본적 성향을 갖는데 이를 긍정성 잔고(positivity offset)라 부른다.

2) 정서의 기능[48)]

① 정서는 에너지를 불어넣어 주고 행동을 유발한다.
② 정서는 개인의 일에 대한 적응상태를 해석할 수 있게 해 준다.
③ 정서는 사회적 기능(예 비언어적 커뮤니케이션의 역할)을 수행한다.
④ 정서는 주변 환경의 이해를 도움으로써 합리적 사고를 돕고, 비윤리적 행위에 대한 혐오를 느끼게 함으로써 윤리적 의사결정을 돕는다.

3) 정서의 원천[49)]

① 개인의 바이오리듬(bio-rhythm, 생체주기)과 정서 강도(affective intensity, 특정한 정서를 느끼려는 성격적 특성)에 따라 각자가 느끼는 감정이 달라진다.
② 스트레스가 많을수록, 그리고 수면 부족에 시달릴 경우 부정적 정서를 느낄 확률이 높아진다.
③ 사회활동을 활발히 수행하거나 운동과 같은 신체적 활동을 즐길 경우 긍정적 정서를 느낄 가능성이 높아진다.
④ 나이가 많을수록 부정적 정서를 느끼는 시간이 짧아지는데, 그 주된 이유는 부정적 사건에 대한 심리적 현저성(psychological salience)이 점차 감소하기 때문이다.
⑤ 젠더(gender)의 측면에서 분노를 제외한 나머지의 감정은 남성보다 여성이 더 잘 느낀다.

⑥ 실증연구에 의하면 정서와 날씨 간에는 유의미한 상관관계가 존재하지 않는다.

4) 감정노동(emotional labor : EL)[50]

① 개념

감정노동은 직무상 발생하는 대인 간의 상호작용에서 자신의 감정(felt emotion, 인지된 감정)이 아닌 조직차원에서 바람직하게 여겨지는 감정(displayed emotion, 전시적 감정)을 표현하는 것이다.

② 중요성

직무수행의 과정에서 내가 느끼는 것과는 상반된 감정을 드러낼 것이 권장되는 경우 감정부조화(emotional dissonance)가 일어나며, 이는 종업원에게 좌절감, 분노, 원한 등의 정서적 소모(emotional exhaustion)와 심리적 탈진(psychological burnout)을 야기할 수 있다. 오늘날 서비스업의 비중 증가와 더불어 이러한 감정노동의 중요성이 한층 더 강조되고 있다.

③ 원인

a. 직무의 특징

ⅰ. 서비스업, 영업 등의 직무와 같이 고객과의 직접적 상호작용이 존재한다.
ⅱ. 고객으로부터 감사, 행복함 등과 같은 감정반응을 산출하도록 기대받는다.
ⅲ. 조직이 교육훈련, 보상·처벌 등을 통해 조직구성원의 감정표현을 통제한다.

b. 상황적인 특징

ⅰ. 감정표현의 빈도(고객과의 상호작용 횟수)가 많을수록 조직이 정한 감정표현규칙(emotional display rule)에의 순응 필요성이 커진다.
ⅱ. 요구되는 감정표현의 지속기간이 길수록 주의성(attentiveness), 즉 감정관리에 신경 쓰는 정도가 커진다.
ⅲ. 표현되는 감정의 수가 다양할수록 감정노동의 부담과 피로도가 증가한다.
ⅳ. 감정 간의 부조화(dissonance) 정도가 클수록 감정노동의 강도가 커진다.

④ 유형[51]

조직구성원들은 감정표현규칙을 위반하지 않기 위하여 일종의 연기를 한다("*The show must go on*"). 조직에서 나타나는 감정노동(연기, acting)의 유형에는 크게 세 가지가 있다.

	인지된 감정 (felt emotion)	조직이 요구하는 감정 (displayed emotion)	실제 감정 표현
표면적 연기	감정 A	감정 B	감정 B

내면적 연기	감정 A → 감정 B	감정 B	감정 B
진정한 연기	감정 A	감정 A	감정 A

a. 피상적 연기(surface acting)

실제 발생한 내면의 감정을 감추고 대외적으로 권장되는 감정을 표현하는 감정노동 유형이다.

b. 내면적 연기(deep acting)

자신의 내면까지도 조직이 요구하는(대외적으로 권장되는) 방향으로 바꾸어 표현하는 감정노동 유형이다. 감정노동을 자주 해서 연출에 익숙해지는 경우 내면적 연기로 쉽게 몰입할 수 있다.

c. 진정한 연기(genuine acting, 진실행동)

조직이 원하는 감정에 대해 스스로 공감하고 그에 맞는 표현을 하는 유형이다. 이 경우 스트레스가 크게 유발되지 않는다.

⑤ 결과와 대책

a. 부정적 결과

실제의 감정이 아닌 전시적 감정(displayed emotion)의 표현 과정에서 구성원의 인간소외와 심리적 웰빙(psychological wellbeing, 삶의 질) 감소, 스트레스로 인한 직무만족도 저하, 직무와 조직에 대한 몰입도 및 조직시민행동의 감소 등의 부정적 결과가 나타난다. 종국에는 약물 남용, 알코올 중독 등의 건강장애까지 유발한다.

b. 감정부조화 해소를 위한 조직차원의 지원책

i. 감정노동자들에게는 충분한 휴식과 재충전의 기회를 부여한다.

ii. 감정노동의 노출 빈도 및 강도에 따라 현실성 있는 수당을 지급할 필요가 있다. 특히 인지능력과 감성지능을 동시에 보유한 인적자원의 경우 그 희소성을 감안한 보상지급이 필요하다.[52)]

iii. 심리 상담 프로그램이나 스트레스 극복 방법 등에 대한 교육훈련을 제공한다.

5) 감성지능(emotional intelligence, EI)[53)]

① 개념과 구성요소[54)]

a. 의미

골맨(Goleman)에 의해 대중화된 개념인 감성지능(정서지능, EI)은 감정적 단서나 정보를 파악하고 관리하는 개인의 능력이나 특성이다.

b. 구성요소(1) : 3요소 관점(계층모델)

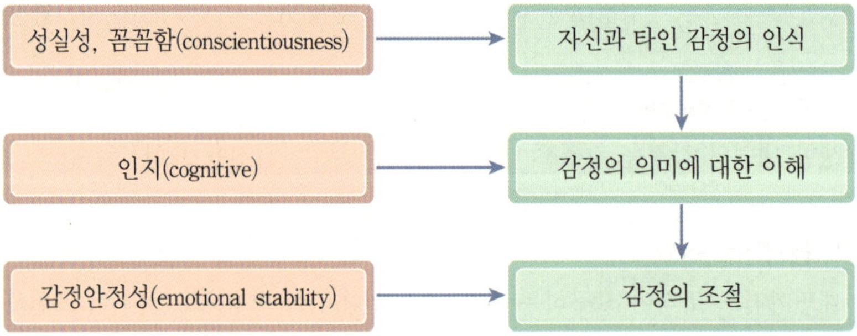

출처 : Robbins & Judge(2015)

ⅰ. 자신과 타인 감정의 인식

스스로와 주변 사람들이 현재 어떤 감정을 가지고 있는지 파악할 줄 아는 능력이다. 성격요인 중 성실성(꼼꼼함, conscientiousness)과 관련이 있다.

ⅱ. 감정의 의미에 대한 이해

자신과 타인의 감정이 가지는 의미를 명확히 파악할 줄 아는 인지적 능력(cognitive ability)과 관련이 있다.

ⅲ. 감정의 조절

각종 감정적 정보와 단서를 본인에게 도움이 되는 방향으로 관리할 수 있는 능력이다. 성격요인 중 감정안정성(emotional stability)과 관련이 있다.

c. 구성요소(2) : 4요소 관점

감성지능의 하위요소를 ⅰ) 자기정서의 이해, ⅱ) 내부정서의 관리(충동과 감정의 억제를 포함), ⅲ) 타인정서의 이해, ⅳ) 외부정서의 관리(타인 감정에 적절히 대응하는 능력) 등의 4가지로 세분화하는 관점도 존재한다(Salovey & Mayer, 1990).

내용	자기 자신(emotion in the self)	다른 사람(emotion in others)
인식과 표현 (appraising and expression)	자기정서의 이해	타인정서의 이해
규제와 관리 (regulation and management)	내부정서의 관리	외부정서의 관리

출처 : Salovey & Mayer(1990)의 내용을 표로 재구성

d. 구성요소(3) : 5요소 관점

골맨(Goleman)의 초기 저서에서는 감성지능의 구성요소를 ⅰ) 자기 감정의 인식, ⅱ) 자기 감정의 규제, ⅲ) 방해요인을 극복하는 동기부여, ⅳ) 타인과의 공감대 형성, ⅴ) 사회적 능력(social skills) 등의 다섯 요인으로 설명한다(Goleman, 1996).

② 감성지능과 조직성과에 도움을 주는 이유

a. 상대방의 감정을 잘 읽는 사람은 인상관리(impression management)에 능하여 상사나 동료가 원하는 바를 빠르게 파악하고 실행에 옮길 수 있다.

b. 감정을 이해하고 활용하는 능력은 조직에서의 대인관계에 도움이 되며, 어려운 감정의 고비를 보다 수월하게 넘길 수 있게 돕는다.

c. 높은 감성지능은 자기감정의 파악 및 조절을 통한 합리적인 의사결정을 돕는다.

③ 감성지능에 대한 논쟁

a. 감성지능을 옹호하는 입장(필요성과 가치 관점)

ⅰ. 실용적 측면 : 감성지능은 직관적 능력(intuitive appeal) 및 감정통제와 관련이 있으므로 비즈니스의 성공수단이 된다.

ⅱ. 이론적 측면 : 감성지능은 지적능력이나 감정안정성 등과 같은 변수와의 관련성이 높기에 직무성과를 예측해 주는 수단이 된다.

ⅲ. 연구가치의 측면 : 감성지능은 유전적으로 타고나는 개인의 특성(trait) 변수이다.

b. 감성지능을 비판하는 입장(개념의 타당성 관점)

ⅰ. 연구자마다 감성지능의 구성요소를 각기 달리 지적하고 있으므로 그 정의가 모호하다.

ⅱ. 보편적이고 통일된 측정방법이 없다는 점에서 개념의 구성타당성이 크지 않다는 비판을 받는다.

ⅲ. 성격변수인 감정안정성(emotional stability)와 구분되는 독립적 구성개념(construct)으로서의 타당성이 결여되어 있다. 실제로 감성지능에는 능력, 성격, 정서의 각 속성들이 혼재되어 있다.

④ 소결

여러 논쟁에도 불구하고 감성지능은 현대인의 가장 큰 관심사 가운데 하나이다. 실제 연구결과들을 보면 감성지능은 모든 연령층과 직장 계층에서 직무성과에 중요한 영향을 미친다.

6) 정서와 조직성과 : 정서적 사건 반응 이론[55]

① 의의

정서적 사건 반응 이론(affective event theory, AET)은 직장생활에서의 각종 감정과 기분이 어떻게 직무성과에 영향을 미치게 되는지 설명해 주는 이론이다.

업무 관련 사건(event)들이 긍정적이거나 부정적인 종업원들의 정서 반응을 유발하며, 이 과정에서 그들의 성격이나 기분에 의해 그 반응의 강도가 달라질 수 있다.

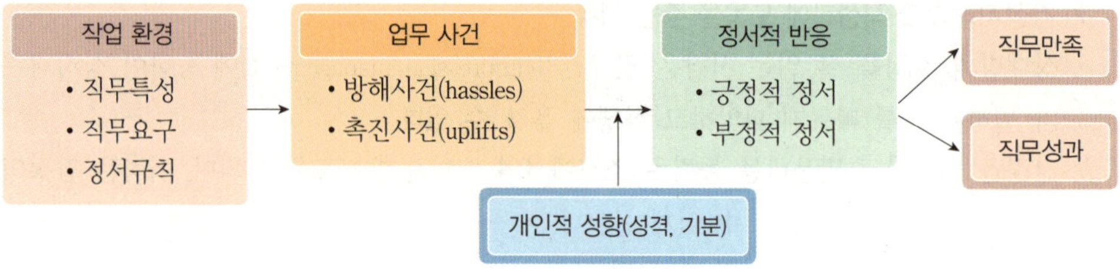

출처 : 김영재 · 김재구 · 이동명(2014), p.116, 수정인용

② 이론의 구성요소

a. 작업 환경

구성원이 매일매일 수행하는 직무의 요구조건이다. (예 과업다양성, 자율성, 각종 규칙 등)

b. 업무 사건(작업 사건)

구성원이 작업 환경에서 경험하는 구체적 사건으로서, 과도한 업무지시나 촉박한 마감시간 등의 방해사건(hassles)과 동료나 상사의 지원 등의 촉진사건(uplifts)으로 나뉜다.

c. 정서적 반응

작업 환경과 업무 사건들에 의해 유발되는 긍정적 반응(기대감, 흥분, 행복 등)과 부정적 반응(좌절, 분노, 역겨움 등)을 의미한다.

d. 조절 변수

업무 사건과 정서적 반응 간의 관계는 종업원 개인의 성향(성격과 기분)에 의해 조절된다.

③ 시사점

a. 정서는 구성원의 행동을 이해하는 데 가치 있는 통찰력을 제공한다.

b. 사소해 보일지라도 조직 안에서의 정서와 이를 유발하는 각종 사건들을 간과해서는 안 된다.

7) 정서가 조직행동에 미치는 영향[56]

① 채용

사회적 상호작용이 강하게 요구되는 직무에 필요한 종업원을 모집하거나 선발할 때에는 감성지능을 고려하게 된다. 이는 정서전염(emotional contagion, 한 사람의 감정이 다른 사람의 감정 프로세스에 영향을 주는 것)의 가능성을 염두에 두는 것이다.

② 동기부여

일반적으로 긍정적 정서를 느끼는 사람들이 더 쉽게 동기부여된다. 궁극적으로 좋은 기분이 좋은 성과로 이어지는 것이다.

③ 리더십

효과적인 리더는 자신의 메시지를 전달하기 위해 감정 표현에 세심한 주의를 기울인다.

④ 협상

협상에서는 부정적인 정서를 표현하는 측이 단기적으로 더 유리하다. 하지만 장기적으로 지속되는 관계에서 부정적인 정서 표현은 조심해야 한다.

⑤ 의사결정

감정 및 정서에 대한 풍부한 이해는 의사 결정의 질을 향상시키는 데 기여할 수 있다.

⑥ 안전

부정적 정서를 느낄 때 각종 안전사고가 발생할 가능성이 더 높다고 알려져 있다.

8) 정서의 조절[57)]

최근의 연구들을 통해서 정서와 감정을 관리하고 조절할 줄 아는 능력이 조직시민행동이나 직무성과의 강력한 선행지표라는 점이 드러나고 있다. 정서를 조절하는 대표적 조직관리 전략으로는 보다 즐거운 일을 생각하기, 부정적인 생각을 중단하기, 관심을 돌리기, 상황을 재평가하기, 휴식을 취하기 등이 있다. 또한 부정적 감정을 분출할 수 있도록 돕는 것도 정서 조절의 방법이다.

제3절 신뢰와 정의

ORGANIZATIONAL BEHAVIOR AND ORGANIZATION DESIGN

(2015년) 제24회 공인노무사시험

아담스(J. S. Adams)의 공정성이론(equity theory)의 내용 및 공정성의 3가지 유형을 설명하고, 불공정성 해소방안과 조직관리에 대한 시사점을 제시하시오. (25점)

|1| 신뢰

1) 개념[58)]

신뢰(trust)는 위험(risk)하에서도 다른 사람의 태도나 행동에 대한 긍정적 기대(expectation)에 근거하여 기꺼이 그들을 믿고자 하는 태도이다.

2) 형성 요인 : 대인 간 신뢰를 중심으로[59)]

대인 간 신뢰(interpersonal trust)의 형성 과정은 신뢰주체(믿는 사람)의 특성, 신뢰객체(믿음의 대상)의 특성, 상황적 특성 등으로 나누어 살펴볼 수 있다.

[신뢰의 원인과 결과]

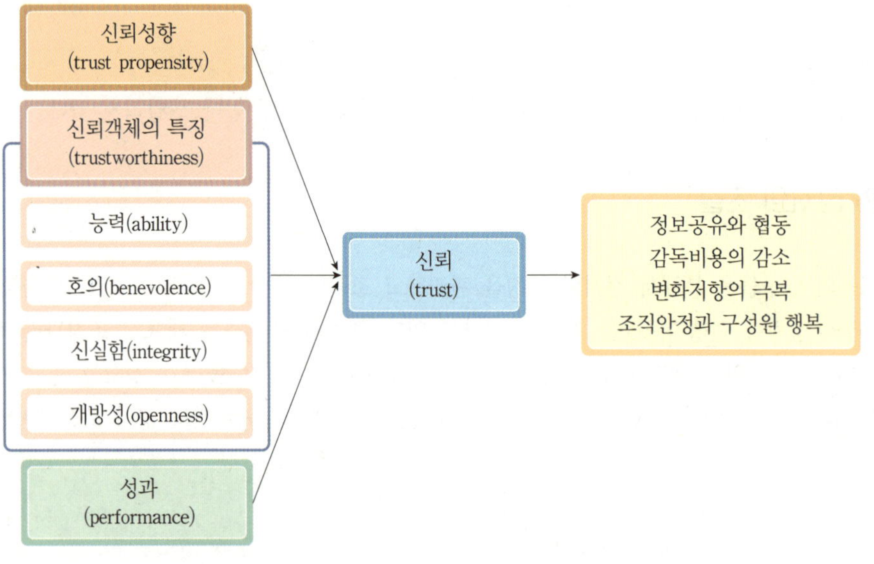

① 신뢰주체의 특성 : 성향(disposition) 기반의 신뢰

신뢰의 형성을 위해서는 신뢰주체(truster)가 신뢰성향(trust propensity), 즉 타인을 믿으려는 성향을 가져야 한다.

② 신뢰객체의 특성 : 인지(cognition) 기반의 신뢰

신뢰의 형성에 또 다른 중요한 요인은 신뢰주체가 인지적 과정(cognitive process)을 통해 파악하는 신뢰대상, 즉 신뢰객체의 믿음직한 정도(trustworthiness)이다. 이는 4가지로 구성된다.

a. 능력(ability)은 직무에서 다양한 과업을 수행할 수 있는 역량이다.

b. 호의(benevolence)는 진심으로 타인에 대한 관심을 가지고 그에게 이로운 일을 하기를 원하는 정도이다.

c. 신실함(integrity)은 신념과 행동이 일치하는 정도이다.

d. 개방성(openness)은 타인과 아이디어 및 정보를 터놓고 공유하는 정도이다.

③ 상황적 특성 : 성과(performance) 기반의 신뢰

신뢰성향을 가진 주체가 믿음직한 신뢰대상과 교류하는 과정에서 성과(performance)가 발생한다면, 이는 주체와 객체 간의 신뢰를 강화하는 상황요인으로 작용한다.

④ 정서(affect)의 개입

신뢰주체가 신뢰대상에 대해 갖는 느낌(feelings toward trustee)이 긍정적일 경우, 주체-객체 간 신뢰형성에 기여할 수 있다.

3) 조직효과성과의 관계[60)]

신뢰가 잘 구축된 조직에서는 구성원 간 정보교환과 협동이 활성화되고, 조직구성원에 대한 감독비용이 획기적으로 감소되며, 경쟁력 강화를 위한 조직변화에의 저항이 줄어든다. 궁극적으로 신뢰는 조직의 안정과 구성원의 행복에 기여한다.

| 2 | 정의(공정성)[61)]

1) 개념

조직이론에서의 정의(justice)란 무엇이 공정하고 올바른 것인지에 관하여 조직 구성원들이 전반적으로 공유하고 있는 관념을 의미한다.

일반적으로 정의의 개념은 보상의 공정성(equity)을 포함하는 더 큰 개념으로서, 분배적 정의, 절차적 정의, 상호작용적 정의의 세 요소로 구분되며, 상호작용적 정의를 최근에는 대인적 정의와 정보적 정의의 두 요소로 세분화하는 것이 일반적이다.

2) 세부 유형

① 분배적 정의(distributive justice) : 배분적·결과적 공정성

의사결정의 결과와 자원의 분배에 있어서의 공정성을 의미한다. 아담스의 공정성 이론(equity theory)은 바로 분배적 정의 개념과 관련이 깊다.

② 절차적 정의(procedural justice) : 과정적 공정성

a. 의의

사법절차의 공정성에 관한 티바우트와 워커(Thibaut & Walker)의 연구에서 출발한 개념으로서, 결과를 결정하는 데 사용되는 과정에서의 공정성을 의미한다. 예를 들어 임금의 결정과정이 상대적으로 투명하게 이루어진다면 보상금액과 상관없이 절차적 공정성은 높게 인식될 수 있다.

b. 절차적 정의 확보를 위한 네 가지 규칙[62)]

레벤탈(Leventhal)에 따르면 절차적 공정성이 확보되기 위해서는 다음의 네 가지 규칙이 필요하다.

i. 정보의 정확성(accuracy of information)으로서, 임금결정과정에 활용되는 정보는 정확하여야만 공정성 획득이 가능하다.

ii. 임금결정의 절차 속에 잘못된 의사결정을 바로잡기 위한 조항(예 고충처리절차나 항의절차 등)들이 포함되는 수정가능성(correctability)이다.

iii. 임금배분에 있어서 모든 단계들은 종업원의 관심과 가치관이 적절히 반영되는 대표성(representativeness)이 있어야 한다.

iv. 임금배분절차가 윤리와 도덕에 관하여 종업원이 가지고 있는 기준과 일치하는 도덕성(ethicality)이 필요하다.

③ 상호작용적 정의(interactional justice)

타인과 상호작용하는 과정에서 본인이 대우받는 방식의 공정함을 뜻하며, 두 가지의 하위 개념으로 나뉜다.

a. 대인적 정의(interpersonal justice)[63)]

구성원들이 관리자에 의해 공정한 대우를 받는다고 느끼는 인식으로서, '존중'과 '예의'로 구성된다.

i. 존중(respect)은 품위있고 진심어린 태도로 관리자가 종업원을 대하는 것이다.

ii. 예의(propriety)는 관리자가 부적절하거나 공격적인 발언을 자제하는 것이다. 만약 관리자가 구성원을 무례하게 대한다면 이를 모욕적 감독행동(abusive supervision)이라 한다.

b. 정보적 정의(informational justice)[64)]

관리자가 구성원들에게 제공하는 의사소통의 공정성 인식 정도로서, '정당성'과 '진실성'으로 구성된다.

i. 정당성(justification)은 관리자가 의사결정의 과정과 결과를 알기 쉽고 합리적인 방식으로 구성원들에게 설명해 주는 것이다.

ii. 진실성(truthfulness)은 의사소통 내용이 정직하고 솔직한 것이다.

3) 효과

구성원이 높은 수준의 정의(공정성) 인식을 갖게 된다면 경영진과 조직 전체가 구성원으로부터 신뢰를 획득하는 데 큰 도움이 될 것이다.[65] 여러 종류의 정의에 대한 긍정적 인식은 신뢰주체의 인지과정을 거쳐 신뢰대상을 더욱 믿음직하게 생각하도록 도와준다.

[정의와 신뢰의 통합적 모형]

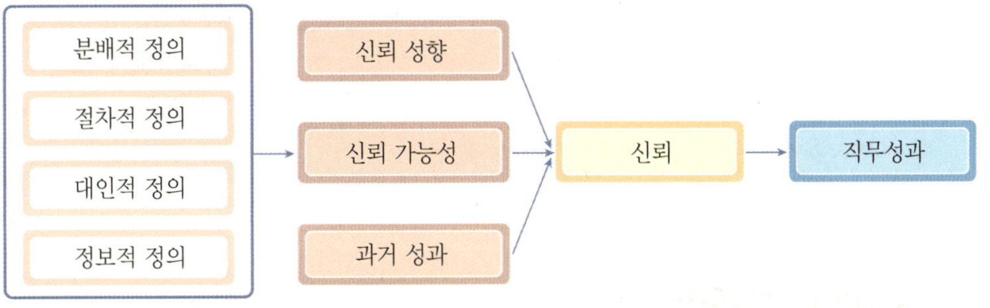

출처 : Colquitt et al.(2014), 수정인용

제4절 지각

ORGANIZATIONAL BEHAVIOR AND ORGANIZATION DESIGN

(2000년) 제9회 공인노무사시험

지각(Perception)의 영향요인과 오류의 유형을 약술하시오. (25점)

(2003년) 제12회 공인노무사시험

상동적 태도(stereotyping)의 개념과 그 긍정적, 부정적 측면을 약술하시오. (25점)

(2021년) 제30회 공인노무사시험

사물이 아닌 사람을 지각하는 것을 대인지각(person perception)이라고 하는데, 이것은 사물을 지각할 때와 조금 다르다. 타인을 지각할 때 우리는 그가 속해 있는 상황을 잘 모르기 때문에 그가 하는 행동을 보고 곧바로 판단하는 것이 아니라, 그가 한 행동의 원인을 추측한 다음에 생각을 하고 그를 판단한다. 켈리(H. Kelley)는 타인의 행동원인을 추측하는 것을 '귀인이론(attribution theory)'으로 설명하였다. 다음 물음에 답하시오. (25점)

물음 1) 켈리의 내부귀인과 외부귀인의 개념적 정의를 쓰고 이에 따른 예를 각각 드시오. (10점)

물음 2) 켈리가 제시한 귀인결정의 요소 3가지를 각각 쓰시오. (15점)

(2022년) 제31회 공인노무사시험

의사결정자가 최선의 의사결정을 내리는 데 필요한 모든 정보를 획득하고 처리하는 것이 불가능하다는 것을 고려해 볼 때, 최선의 대안을 선택하는 과정에서 범하는 오류는 의사결정의 질을 저해할 수 있다. 의사결정자가 흔히 범하는 아래의 오류들 각각에 대하여 개념적 정의와 조직 상황에서 발생할 수 있는 예시를 1가지씩 쓰시오. (25점)

(1) 가용성 편향(availability bias) (2) 고착 편향(anchoring bias)

(3) 확증 편향(confirmation bias) (4) 사후확신 편향(hindsight bias)

(5) 몰입의 심화(escalation of commitment)

|1| 의미와 영향요인[66)]

1) 의미

지각(perception)은 개인이 감각(五感)으로 관찰되는(주의, attention) 인상과 정보들을 조직(organization)하고 해석(interpretation)하는 과정이다.

2) 영향요인

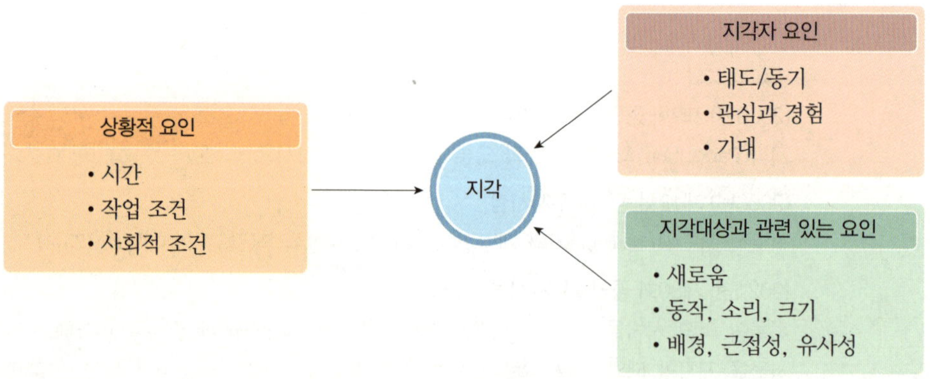

① 상황적 요인(situation)

같은 사람이 동일한 경험을 했다고 하더라도 시간(timing), 작업조건(work condition), 사회적 인간관계(social network) 등의 차이에 따라 지각되는 내용이 달라진다.

② 지각 대상(target)

동일한 상황이라도 지각 대상의 속성이 달라지면 지각 내용도 달라진다. 대상의 크기(size)나 움직임(motion), 친숙성(familiarity), 타 자극과의 대비(contrast) 등이 지각에 영향을 준다.

③ 지각자(perceiver)

동일한 상황에서 동일한 대상과 마주친다고 해도 지각자의 태도(attitude)나 동기(motivation), 기존의 경험(experience), 기대치(expectancy), 성격(personality) 등에 따라 지각 내용이 달라진다.

3) 지각 과정 : 관찰, 조합, 해석[67]

① 관찰(주의, attention)은 지각자가 준비된 상태에서 자극이 투입되는 과정이다.

② 조합(조직화, organizing)은 투입된 수많은 정보들을 지각자 나름의 논리에 따라 구조화하는 과정이다.

③ 해석(판단, interpretation & judgement)은 조직화된 정보들을 스스로의 경험이나 원칙에 따라 의미부여하는 과정이다. 이들 지각 과정의 각 단계별로 지각오류의 발생 가능성이 존재한다.

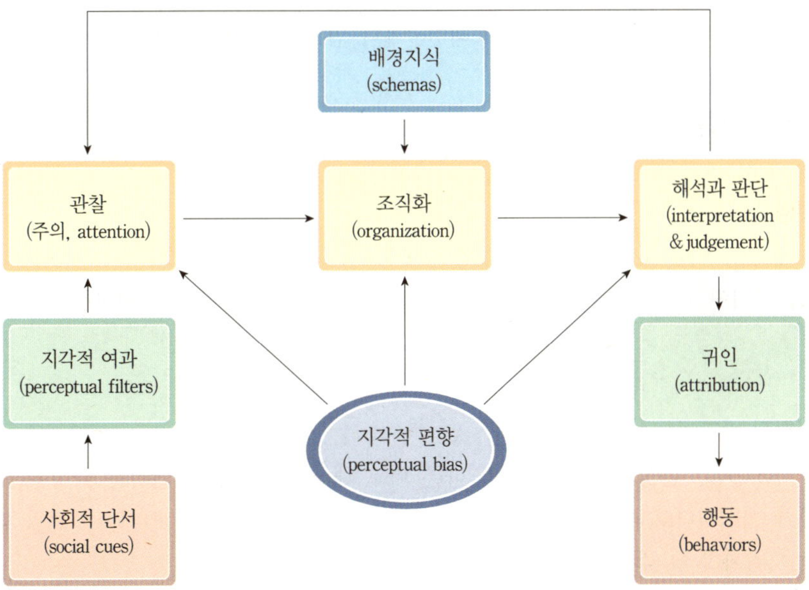

출처 : Nahavandi et al.(2015), p.117

| 2 | 대인지각과 관련이론

1) 의미와 중요성

대인지각(person perception 또는 사회적 지각 social perception)이란 한 개인이 타인에 대하여 형성하는 독특한 지각으로서, 조직에서의 대인관계나 업무수행 및 인사평가 등에 영향을 미친다.

2) 사회 정체성 이론[68)]

① 개념

사회 정체성 이론(social identification theory)은 타인을 판단함에 있어서 그 사람만의 독특한 특징들을 파악하기보다는 그 사람이 소속된 사회적 집단을 기준으로 비교하여 판단한다는 것이다.

② 사회적 비교(social comparison)

특정 대상을 그 대상 자체가 아니라 다른 비교 대상과 견주어 판단하는 과정이다. 예를 들어 내 동료가 성실하다고 판단한다면 이는 객관적 · 절대적 판단이라기보다는 주변의 다른 사람들과의 비교 결과라 할 수 있다. (예 홍길동을 김철수와 비교)

③ 사회적 범주화(social categorization)

사회적 비교의 연장선상에서, 타인에 대한 지각 시 그 사람이 속한 사회집단의 속성으로서 그에 대한 판단을 수행하는 것이다. 이러한 지각 과정은 정보처리의 효율성을 높여주지만 고정관념(stereotype)의 원인이 되기도 한다. (예 홍길동은 삼성전자 출신이고, 김철수는 현대차 출신이라면 두 기업의 특성으로 두 인물의 특성을 추론)

3) 인상 형성 이론[69]

① 의의

인상 형성 이론(impression formation theory)은 보다 빠른 정보처리를 위하여 인상(impression)을 형성하는 과정과 원리에 관한 이론이다.

애쉬(Asch)에 따르면 대상에 대한 인상(impression)이 한 번 형성되면 지각자의 두뇌 속에 그에 대한 인지적 경로가 구축되어 추후에 그를 접할 때보다 빠른 정보처리가 가능하다. 특히 사람은 인지적 인색자(cognitive misers)로서 노력을 덜 하는(effort reduction) 방식으로 사고하는 속성이 있기 때문에, '첫인상'으로 대표되는 '매우 한정된 지식'을 토대로 타인을 평가할 가능성이 있다. 이를 첫인상 효과(primacy effect)라 한다.

② 인상형성 요인

a. 일관성

사람들은 타인에 대한 지각을 비교적 일관된 방향으로 유지하려는 경향이 있다.

초기에 투입된 정보와 상충되는 정보가 추후에 투입되더라도 무시하거나 왜곡하여 기존 정보와의 일관성을 유지한다.

b. 중심특질과 주변특질

인상형성에 가장 중요한 특질(trait)이 중심특질이고, 나머지 특질은 주변특질이다. 지각에 큰 영향을 미치는 중심특질은 시대상황과 문화에 따라 달라질 수 있다.

③ 시사점

사람들은 타인에 대한 한정된 지식만으로 그에 대한 광범위한 인상을 형성하려는 경향이 있으므로, 보다 다양한 자료를 토대로 시간과 상황의 변화를 반영하여 평가할 필요가 있다.

4) 사회 정보처리 모형[70]

① 의의

사회 정보처리 모형(social information processing model)은 사람의 정보처리가 무(無)에서 시작하는 것이 아니라 기존의 정보를 기초로 '지각된바'에 의해 이루어진다는 관점이다.

② 정보처리의 4단계 과정

a. 주변의 사람 · 사물 · 사건에 대하여 선택적으로 주의(attention)를 기울이고 이를 받아들인다.

b. 받아들인 원정보(raw data)를 두뇌 속에 저장 가능한 형태로 부호화(encoding) 또는 단순화(simplification)한다.

c. 유사하거나 연관된 정보들끼리 범주화(categorization)하여 장기기억(long-term memory) 속에 정보를 저장하고 유지한다.

d. 저장된 정보들을 필요시 인출(회상, recall)하고 구체적인 행동양식을 결정한다.

③ 스키마와 그 역할

a. 의미

정보처리 과정에서 선택적 주의집중의 근거로 작동하는 스키마(schema)는 정보를 보다 경제적으로 처리하게 돕는 머릿속의 구조화된 사전지식(prior knowledge)이다.

b. 장점

스키마는 새로운 정보에 대한 접근속도를 높이고 해석을 용이하게 해 준다.

c. 단점

스키마가 편협한 지식들로 구조화되거나 고착화되어 융통성을 상실하는 경우에는 평가가 부정확해질 수 있다.

④ 시사점

사회정보처리모형에 따르면 성과평가의 오류를 줄이기 위해서는 성과기준에 관한 지식체계(스키마)가 정확하고 올바르게 형성되어 있어야 한다.

5) 귀인이론(attribution theory)[71]

① 귀인의 의미

하이더(Heider)에 의해 체계화된 개념인 귀인(attribution)은 주어진 상황에서 관찰되는 행위들의 원인을 이해하고 파악하는 과정이다.

② 유형

와이너(Weiner)에 따르면 사람들은 행동(성공 · 실패)의 이유를 다음의 세 가지 차원으로 나누어 판단한다.

- 소재(locus) : 원인의 소재가 개인 내부에 있는지 아니면 개인 외부에 있는지의 문제이다. 성격 · 능력 · 동기 · 가치관과 같은 내적인 이유로 성공 또는 실패하였다고 생각하면 내

적 귀인(internal attribution)이고, 인간관계나 정치 · 경제 · 사회 · 문화적 환경변수 또는 운(fortune)에 의해 성공 또는 실패하였다고 생각하면 외적 귀인(external attribution)이다.

- 안정성(stability) : 원인-결과 간 관계가 시간의 경과나 상황의 변경시 유지되는지 아니면 변화하는지의 문제이다. 성격이나 지능 같은 요인은 안정적 원인에 속하며, 노력의 크기나 운(luck)과 같은 요소는 불안정적 원인에 속한다.
- 통제가능성(controllability) : 행위자가 행동과 그 결과를 통제할 수 있는지 없는지에 관한 문제이다. 노력과 운(fortune)은 모두 불안정한 요인이라는 공통점을 갖지만, 노력은 통제가능한 요인인 반면 운은 나의 통제 불가능한 요인이다.

	안정적 원인(상대적 불변성)	불안정적 원인(상대적 가변성)
내적귀인	성격 / 능력	노력
외적귀인	과업의 특성	운

③ 켈리의 귀인이론(cubic model, 공변모형) : 귀인의 세 가지 결정요인

귀인이론은 행위의 원인을 행위자의 내부 또는 외부에서 찾는 과정을 설명하는 이론이며, 내적 귀인과 외적 귀인의 결정요인에 관한 체계적인 설명을 시도한 학자가 바로 켈리(Kelley)이다. 그에 따르면 내적 · 외적귀인은 행동의 특이성, 합의성, 일관성에 의하여 결정된다.

상황의 특이성이 높고, 사회적 합의성이 높으며, 행동의 일관성이 낮다면 이 경우 사람의 행동은 외부적 요인으로 인해 발생한 것으로 추정하는 반면, 그 반대의 경우에는 내부적 요인으로 인해 발생한 것으로 추정할 수 있다.

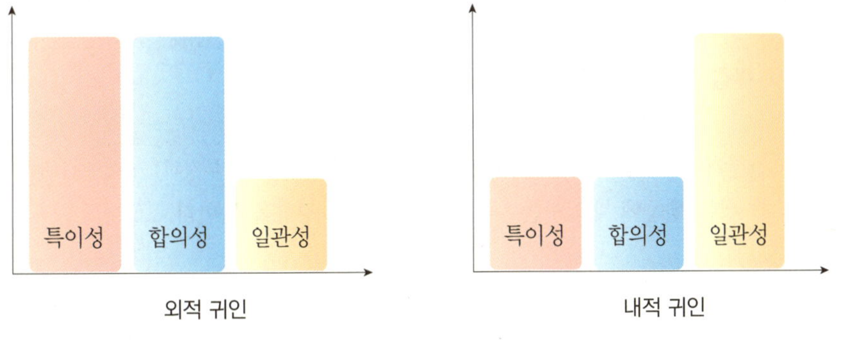

a. 상황의 특이성(distinctiveness)

개인의 행동이 특정 상황에서만 다르게 행동하는 것이다. 어느 한 상황에서 개인행동이 다르게 나타난다면 그 행동은 외부적 상황요인 때문에 발생한 것으로 귀인할 수 있다.

b. 사회적 합의성(consensus)

서로 다른 사람들이 같은 상황에서 비슷하게 행동하는 것이다. 특정 행동의 합의성이 높다면 그 원인은 행위자가 아니라 그들이 속해 있는 상황요인 때문으로 귀인할 수 있다.

c. **행동의 일관성**(consistency)

같은 사람이 다른 여러 상황에서도 동일하거나 비슷하게 행동하는 것이다. 행동의 일관성이 높다면 그 행동의 원인은 내적인 요인에 있을 것으로 추측할 수 있다.

④ 귀인의 활용 : 동기부여 및 리더십

와이너(Weiner)에 의하면 내적귀인성향이 강한 사람은 성공시에 더욱 강하게 동기부여 된다. 따라서 이 경우 리더는 부하의 성공은 부하 자신의 원인으로, 실패는 외부 요인의 탓으로 돌림으로써 스스로의 리더십을 강화할 수 있다.

⑤ 귀인 과정에서의 오류[72)]

a. **근본귀인오류**(fundamental attribution error)

ⅰ. 의미

우리가 타인에 대한 판단을 수행할 때 외재적 요인의 영향력을 과소평가하는 대신 내재적 요인의 영향력을 과대평가하는 경향이다. 사회심리학에서는 이 오류가 인간에게 가장 보편적으로 발견되는 오류라 하여 '근본적(fundamental)'이라는 말을 붙였다.

ⅱ. 원인

- 행동의 외적(상황적) 요인은 가시적이지 않은 경우가 많다.
- 상황이 무시할 수 없을 정도로 명백한 경우에도 그 상황에 대한 정보를 획득하고 처리하는 것이 쉽지 않다.

b. **행위자-관찰자 편견**(behavior-observer bias)

ⅰ. 의미

행위자와 관찰자의 지각적 초점의 차이로 인하여 내가 행한 (부정적) 사건에 관해서는 외적 귀인을, 타인이 행한 행동에 대해서는 내적 귀인을 하는 경향을 뜻한다.

ⅱ. 원인

사람들은 일반적으로 다른 사람들의 행동 원인이 되는 상황 정보보다 그들 자신의 행동 원인이 되는 상황 정보를 더 많이 갖고 있다. 그래서 우리가 행위자일 때는 부정적 사건에 대해서 상황에 귀인하고, 관찰자일 때는 그 사람 자체에 귀인한다.

c. **자기보호오류**(self-serving bias)

ⅰ. 의미

자신에 대한 판단에 있어서 성공시에는 능력이나 노력과 같은 내적 요인에 귀인하는 반면, 실패시에는 그 원인을 외적 요인에 귀속시키려는 경향이다.

ii. 원인

자기보호오류가 발생하는 주된 이유는 사람이 자기 자신의 자아(self)를 보존하려는 경향이 있기 때문이며, 이는 우울과 불안 및 건강상의 여러 문제로부터 벗어나고자 하는 적응적(adaptive) 이유에서 비롯된다.

d. 통제의 환상(illusion of control)[73]

자신의 통제력을 과대평가함으로써 우연을 노력으로 파악하거나 예측할 수 있다고 믿는 것이다. (예 로또복권 번호를 맞출 수 있다고 생각하는 것)

| 3 | 지각오류와 그 감소 방안

1) 지각오류의 의미와 원인[74]

지각의 과정(관찰–조합–해석)에서 발생하는 정보의 손실이나 왜곡으로 인하여 조직구성원이 현상의 올바른 파악에 실패하거나 인식의 왜곡을 가져오는 현상을 지각오류(perception error)라 한다.

2) 지각오류의 유형[75]

관찰단계	정보조합 및 귀인단계	해석단계
근본귀인오류 행위자–관찰자 편견 고정관념(상동효과)	자기보호오류 통제의 환상 선택적 지각	자기충족적 예언 후광효과

출처 : 임창희(2017), pp.152~162, 본문 내용을 바탕으로 재구성

① 확증편향(confirmation bias)

a. 의미

선택적 지각(selective perception)의 특수한 형태로서, 과거의 선택 방식을 재확인해 주는 정보는 받아들이고, 이와 모순되는 정보는 무시하는 성향을 말한다.

b. 조직에서의 사례

확증편향은 의사결정 및 의사소통 과정에서 오류를 야기하며, 실제로 충분히 발생가능한 일임에도 불구하고 그 가능성을 간과하여 위기를 초래하는 경우가 많다. [예 탈레브(Taleb)의 저서 "블랙 스완(The Black Swan)"]

c. 특징과 극복 방안

확증편향은 인간의 일반적 성향 중 하나로서, 이를 줄이고 의사결정의 질을 높이기 위해서는 타인 의견의 경청이 필수적이다.

② 후광효과(halo effect, 현혹 효과)

a. 의미

지각대상의 어느 한 가지 특성을 통해 종합적으로 대상 전체를 평가함으로써 발생하는 오류를 말한다. (예 영어 성적으로 성실성을 추론) 만약 후광효과가 반대로 작용하는 경우에는 이를 뿔효과(horn effect)라 한다.

b. 조직에서의 사례

후광효과는 상사의 부하직원 평가시에 상당한 영향을 줄 수 있으며, 인사고과의 신뢰성(reliability)에 부정적 영향을 미친다.

c. 특징과 극복 방안

가장 흔히 발생하는 지각오류 중 하나로서, 평가 시 다양한 정보원천의 활용이 필수적이다.

③ 고정관념(stereotyping, 상동효과, 편견)

a. 의미

사람이나 대상이 소속된 집단의 특성을 통해 상대방을 평가함으로써 발생하는 오류를 뜻한다. 집단특성으로의 일반화는 사고비용(thinking cost)을 줄여주고, 인지적 인색자(cognitive miser)로서의 노력 감소(effort reduction)에도 도움이 되며, 생존본능의 일종으로서 위험을 직접 겪기 전에 피할 수 있게 한다는 점에서 빠른 의사결정에 도움이 된다.

b. 조직에서의 사례

고정관념에 의한 일반화는 실체적 진실과 거리가 있기 때문에 예상치 못한 오류(예 부당한 차별)의 원천이 되기도 한다.

c. 특징과 극복 방안

논리적이고 도덕적 판단이 부재할 경우 흔히 고정관념이 발생할 수 있으므로, 이를 극복하기 위해서는 평가자 스스로 객관적 시각을 갖추기 위해 노력하는 동시에, 다른 평가자와 함께 평가를 수행함으로써 스스로의 시각을 비교해 볼 필요가 있다.

④ 자기충족적 예언(self-fulfilling prophecy, 자성적 예언)[76]

a. 의미

소위 피그말리온 효과(Pygmalion effect)와 같은 의미로서, 특정인에 대한 기대나 염원이 그들의 행동결과로 나타나는 현상이다. 상사나 동료가 믿고 기대하는 바에 따라 행동하게 되고 그 결과로 믿은 바가 현실로 나타나는 것이다.

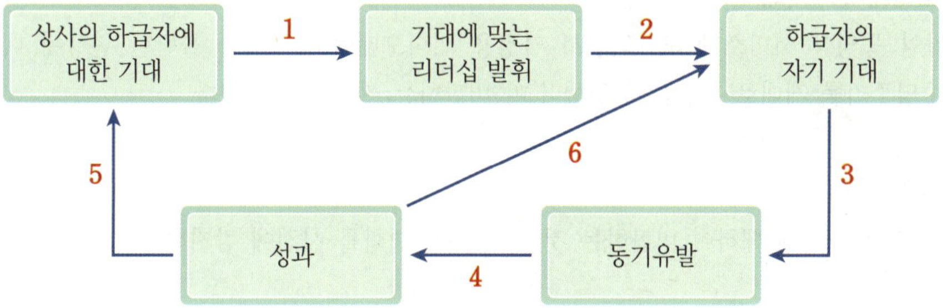

b. 조직에서의 사례

실증연구 결과 학생, 군인, 회계사들의 성과에 영향을 미치는 것으로 보고되고 있으며, 상사의 부하직원 동기부여나 육성훈련에 도움이 될 수 있다.

c. 유의사항

타인의 나에 대한 기대가 나의 행위와 결과에 영향을 미친다는 관점에서, 상사의 잘못된 판단(예 부하직원이 무능하다는 인식)과 그에 기반한 리더십 발휘(예 낮은 목표의 설정)가 실제로 부하의 성과를 떨어뜨리는 방향으로 작동할 수도 있다.

⑤ 투사(projection, 주관의 객관화)

a. 의미

자신이 가진 특성이나 태도를 타인에게 귀속시키거나 전가하려는 성향을 말한다. (예 자신이 거짓말쟁이면 상대방도 그럴 것으로 추측)

b. 조직에서의 사례

상사의 부하직원 평가에 오류를 초래하여 인사고과의 신뢰성에 부정적 영향을 미치며, 조직 내의 커뮤니케이션에 장애를 가져올 수 있다.

c. 유의사항

방어적 지각(perceptual defense)과 함께 작동하여 지각자가 사물을 보는 습성이나 특성에 부합되지 않는 정보를 고의로 회피하거나 왜곡할 가능성에 유의해야 한다.

⑥ 사후확신 편견(hindsight bias)

a. 의미

어떤 일의 결과가 실제로 밝혀진 이후에 마치 사전에 이를 정확하게 예측한 것처럼 잘못된 확신을 갖는 성향을 말한다.

b. 조직에서의 사례

온라인 동영상 서비스가 보급되면서 가정용 비디오테이프 산업이 몰락한 현상에 대해서 '산업의 수명주기를 제대로 판단하지 못했다'며 비판하는 전문가들이 있다.

c. 유의사항

이미 지나간 일에 대하여 비판하는 것은 쉬우나, 변화를 사전에 감지하는 것은 매우 어렵다.

3) 지각오류의 감소 방안

① 일반적 대책

지각오류를 줄이기 위해서는 자기이해와 성찰, 지각과정 시 주의를 기울이기, 역지사지(易地思之)의 태도, 개방적 관점 등이 필요하다.

② 편견과 오류를 줄이는 방법[77]

a. 목표를 명확히 정립하고 이에 집중한다.
b. 기존의 신념과 일치하지 않는(반대되는) 정보를 찾는다.
c. 우연적인 사건에서 의미를 찾지 말고, 사건의 패턴을 찾도록 노력한다.
d. 다양한 대안을 찾아 선택의 영역을 확대시킨다.

제5절 스트레스의 관리

ORGANIZATIONAL BEHAVIOR AND ORGANIZATION DESIGN

(1999년) 제8회 공인노무사시험(경영조직론)
직무스트레스의 원인과 대책을 약술하시오. (25점)

| 1 | 의미와 관련 개념

1) 스트레스의 의미[78)]

스트레스(stress)란 업무수행의 과정에서 정신적 · 육체적으로 받는 부정적 억압으로 인하여 심기가 불안한 상태를 의미한다. 스트레스의 3대 구성요소는 다음과 같다.

① **제약조건**(constraints)
자원이나 시간의 희소성이 스트레스를 유발하는 가장 중요한 요인이 된다.

② **중요성**(importance)
간절히 바라거나 조직차원에서 해야만 하는 중요한 일에 대해 스트레스를 받는다.

③ **불확실성**(uncertainty)
업무가 즉각적이고 단순하게 파악되지 않아 개인의 통제범위를 벗어날 때 스트레스가 증가한다.

2) 스트레스 요인의 종류

① **도전적 스트레스 요인**(challenge stressor ≒ Eustress)
업무량이나 시간의 급박성 등과 같이 업무행위에 자극이 되는 스트레스 요인이다.

② **방해적 스트레스 요인**(hindrance stressor ≒ Distress)
조직정치, 직무 책임의 혼동 등과 같이 목표도달 자체를 어렵게 만드는 스트레스 요인이다.

3) 요구와 자원 : 직무요구-통제모형(Job demand-control model)[79]

① 의의

구성원의 직무스트레스는 구성원에게 요구되는 직무(Job demand)와 구성원이 자신에게 요구된 직무를 원활히 수행할 수 있는 통제권한(자원)의 보유 정도(Job control)에 의해 결정된다는 이론적 모형이다.

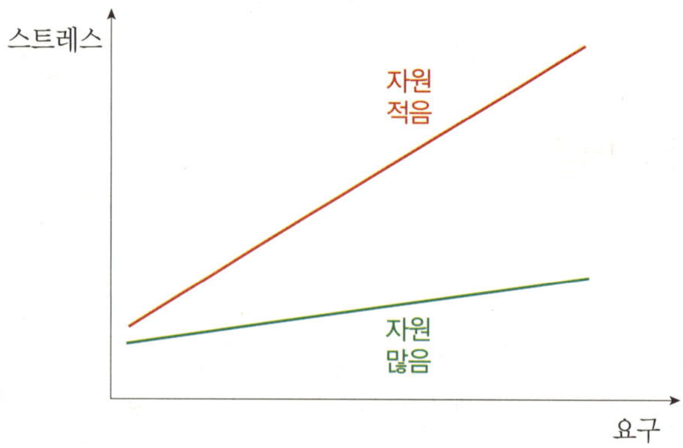

② 요구(demand)

직무수행을 하는 과정에서 부담으로 작용하는 작업량(workload), 시간의 압박, 위험요소 등을 총칭하는 개념으로서, 요구에 직면하는 사람은 스트레스를 받게 된다.

③ 자원(resource)

직무수행과정에서 활용가능한 자산이 되는 자율성, 상사의 지원, 과업다양성, 긍정적 피드백, 성장가능성 등을 총칭하는 개념으로서, 스트레스에 대응하는 적절한 자원이 존재한다면 요구로 인한 스트레스를 줄일 수 있다.

④ 이론의 시사점

개인의 동기부여를 위해서는 직무요구를 줄이는 소극적 전략보다는 직무자원의 공급에 힘쓰는 적극적 전략이 필요하다.

|2| 스트레스 인과모형 : 원인과 대책[80]

1) 스트레스 인과모형

직장 생활에서 경험하는 스트레스의 원인과 결과 모형을 요약하면 다음 그림과 같다. 각종 요인들이 스트레스와 관련 증상을 유발하며, 이 과정에서 개인적 차이가 조절변수로서의 역할을 수행한다.

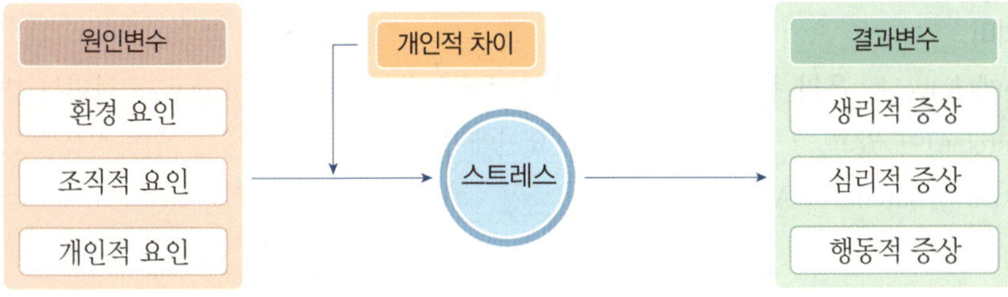

2) 스트레스의 원인

① 환경적 원천

거시환경요인(정치, 경제, 사회, 문화, 기술) 측면의 불확실성은 스트레스를 유발할 수 있다.

② 조직적 원천

a. 직무요구(job demand)

직무의 양과 질(직무특성), 각종 과업요구(task demand)와 지위에 따른 역할요구(role demand), 다른 직원들에 의해 생기는 인간관계요구(interpersonal demand) 등을 총칭한다.

b. 부정적인 조직풍토(organizational climate) **인식**[81]

구성원이 근무환경(작업공간의 물리적 배치 및 위생상태)과 조직운영시스템(부서 간의 관계, 리더십, 갈등, 경영진의 과도한 성과압력)을 부정적인 방향으로 인식할 경우, 스트레스가 증가하게 된다.

c. 직장과 가정 간의 갈등(work-family conflict)

맞벌이 부부가 증가하고 있는 오늘날의 선진국에서 자녀양육이나 관공서 업무 등의 시간제약으로 인한 스트레스를 뜻한다.

d. 정보불안증(information anxiety)

새로 업데이트되는 정보를 입수해야만 경쟁자들과 비슷해진다는 압박을 뜻한다.

③ 개인적 원천

가족과의 관계, 경제적 압박, 성격 특징 등이 주로 개인적 측면에서의 스트레스 유발요인이다.

3) 스트레스의 결과

① 스트레스에 대한 반응 : 일반적응증후군[82)]

a. 의미

셀리에(Selye)는 우리 몸(전신, general)에 스트레스에 대응(적응, adaptation)하려는 변화작용(증후, syndrome)이 있고 그 변화가 스트레스 요인에 불문하고 일정하다는 '일반적응증후군(General Adaptation Syndrome ; GAS)'을 발표했다.

b. 단계

일반적응증후군의 3단계는 다음과 같다.

[셀리에의 일반적응증후군 단계]

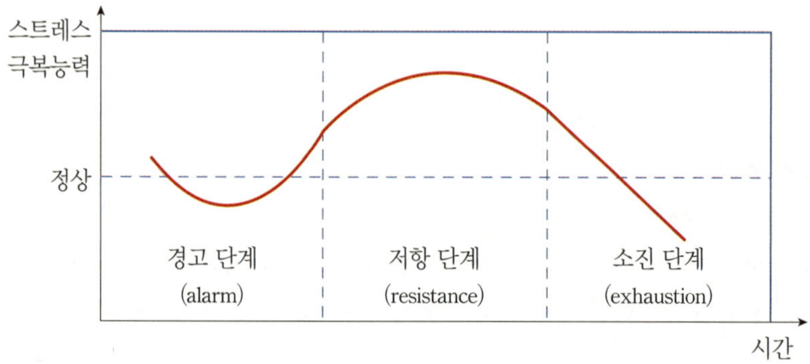

출처 : 백기복(2011), p.53, 수정인용

i . 경고(alarm reaction)

스트레스의 원인이 전달되면서 신체의 모든 부분에서 혈압상승, 근육수축 등의 반응이 나타난다.

ii . 저항(stage of resistance)

신체가 스트레스와 맞서 싸우는 단계로서, 피로와 긴장감을 느끼게 된다.

iii. 소진(stage of exhaustion)

우리 신체가 저항 과정에서 모든 에너지를 써버려 기진맥진하는 단계이다.

② 스트레스로 인한 증상의 세부 내용

a. 생리적 증상

일반적으로 스트레스는 뇌, 순환계, 소화계 등에 부정적인 영향을 준다.

b. 심리적 증상

스트레스는 업무에 대한 불만족, 긴장감이나 초조함, 불안감, 지루함 등의 심리적 상태로 발현된다.

c. 행동적 증상

스트레스는 생산성, 결근율 · 이직률 등의 다양한 행동변수에 영향을 미칠 수 있다. 일반적으로 스트레스와 업무성과 간에는 역U자형의 관계가 성립한다고 알려져 있다. 즉 낮은 수준의 스트레스는 일상에 적당한 자극과 긴장감을 조성해서 업무성과에 도움이 되지만, 과도한 스트레스는 생산성 및 개인적 삶의 질에 악영향을 미친다.

[스트레스와 성과 간 관계]

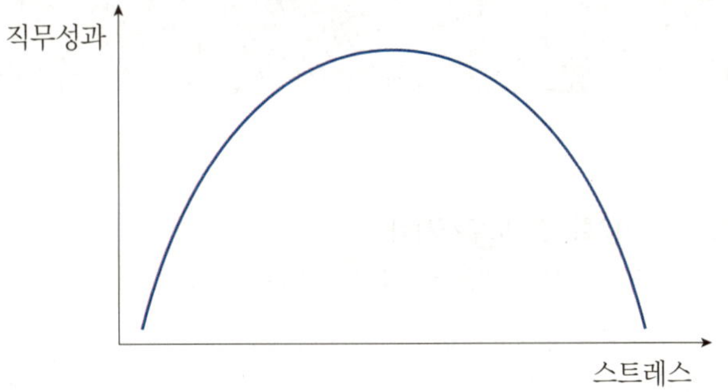

4) 스트레스 관리 방안

① 개인적 접근 : 사후대처의 관점

직원 스스로가 자신의 스트레스 수준을 낮추기 위하여 철저한 시간관리, 적당한 운동, 긴장완화 훈련(명상 등)과 사회활동(타인과의 교류) 등의 노력을 기울여야 한다.

② 조직적 접근 : 사전예방의 관점

조직(관리자) 수준에서는 선발과 업무배치의 질 제고, 현실적인 목표 설정, 업무 재설계, 직원 참여 프로그램의 확대, 안식년 제공, 복리후생 증대 등의 정책이 필요하다.

5) 조절요인으로서의 개인차[83)]

스트레스의 원인과 결과 사이에 개입가능한 조절변수들은 다음과 같다.

- 지각(perception) : 각자가 스트레스를 어떻게 받아들이고 해석하느냐에 따라 결과가 달라진다.
- 업무경험(work experience) : 해당 분야에서의 근무기간은 업무 스트레스와 반비례한다. 그 이유는 i) 선택적 철회(selective withdrawal), 즉 스트레스를 받는 사람이 이직하므로 장기 근속자는 그 반대이고, ii) 오랜 근무경험으로 스트레스의 대처법을 터득하기 때문이다.

- 사회적 지지(social support) : 직장 동료나 상사와의 긴밀한 관계는 스트레스를 경감해주는 효과를 가진다.
- 자기효능감(self-efficacy) : 특정 업무수행에 대한 자신감이 높은 사람은 스트레스를 덜 받는다.

제6절 학습과 강화

ORGANIZATIONAL BEHAVIOR AND ORGANIZATION DESIGN

(2001년) 제10회 공인노무사시험

강화이론 중에서 자극·반응연계를 증대시키는 방법과 감소시키는 방법을 설명하라. (25점)

(2007년) 제51회 행정고등고시

조직구성원에 대한 동기부여와 행동수정에 관하여 다음 물음에 답하시오. (총 15점)

1) 조직의 성공은 조직구성원들을 얼마나 동기부여(motivation) 시키는가에 달려 있다고 해도 과언이 아니다. 동기부여이론들 중에서 목표설정이론(goal setting theory) 관점에서 조직구성원들을 동기부여 시키는 방안을 설명하시오. (7점)
2) 조직구성원의 행동수정을 위한 4가지 강화수단인 긍정적 강화(positive reinforcement), 부정적 강화(negative reinforcement), 벌(punishment), 그리고 소거(extinction)의 개념을 각각 간단한 예를 들어 설명하시오. (8점)

(2016년) 제25회 공인노무사시험

조직관리에서 학습의 중요성, 학습과정 그리고 주요 원리로서의 강화에 대해 각각 설명하시오. (25점)

(2018년) 제27회 공인노무사시험

행동변화의 전략 중 4가지 강화(reinforcement) 유형을 예시를 포함하여 설명하고, 조직관리에 대한 시사점을 제시하시오. (25점)

|1| 학습이론

1) 학습의 개념

학습(learning)은 개인의 반복적인 연습이나 경험에 의하여 장기적인 행동변화를 이룩해 나가는 과정을 의미한다.

2) 학습의 특징

① 강화작용

학습효과를 달성하기 위해서는 행동의 결과물에 대한 적극적 환류(feedback) 작용을 통해 행동을 조건화(conditioning)할 필요가 있으며 이를 강화(reinforcement)라 한다.

② 연습과 경험

학습은 지속적 연습과 경험을 통해 비로소 완성된다.

③ 장기적 행동변화

학습으로 인하여 형성된 행동변화는 비교적 오랜 시간 동안 지속되며 유지된다.

3) 학습이론의 유형

학습이론은 학습행동에 초점을 맞춘 행동주의적 관점, 인지과정에 초점을 둔 인지주의적 관점, 행동과 인지의 상호작용을 중시한 사회인지적 관점으로 나뉜다.

4) 행동주의적 학습이론

① 개념

행동주의적 학습관점은 학습이 발생하는 조건(condition)을 형성하는 방식(조건화, conditioning)에 초점을 두는 학습이론이다.

② 기본관점

행동주의에서는 외부의 자극(stimulus)에 대하여 개인이 특정한 반응(response)을 보이면 학습목표가 성취된다(S ➠ R).

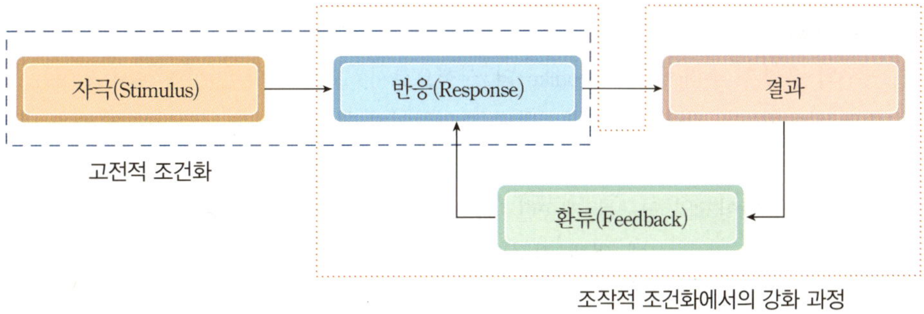

③ 고전적 조건화(classical conditioning)[84]

a. 의의

러시아의 파블로프(Pavlov)는 조건(자극)이 주어지면 반응은 따라온다고 보았다(S ➠ R). 이 관점에 따르면 특정한 행동을 학습시키기 위해서는 그 행동(반응)을 유발할 수 있는 적절한 자극을 찾아내는 것이 필요하다.

b. 실험 내용

파블로프의 유명한 '개와 종소리 실험'에서는 음식물(무조건자극)과 종소리(조건자극)를 동시에 지속적으로 반복하여 제공함으로써 나중에는 음식물 없이 종소리만 들어도 개가 침을 흘리는 반응을 유도하였다.

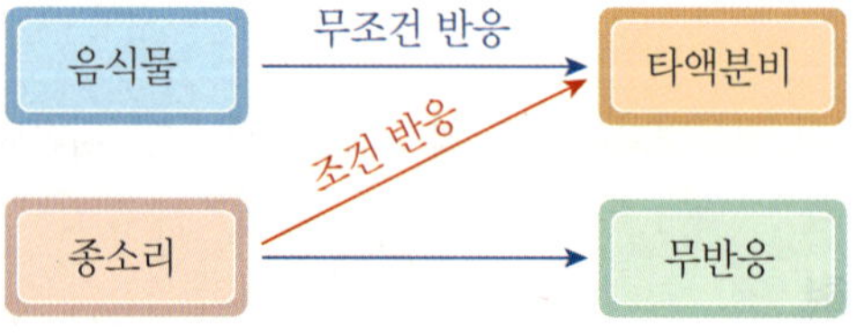

c. 시사점

ⅰ. 개인의 행동은 조건에 따라 수동적, 반사적으로 나타나며, 조건을 조작(manipulate)함에 따라 개인행동을 유도(elicit)할 수 있다.

ⅱ. 학습이론의 효시로서 중요한 의미를 갖지만 (반사행동과 같은) 인간 행동의 지극히 일부만을 설명할 수 있다는 점에서 한계가 있다.

④ 조작적 조건화(작동적 조건화, operant conditioning)[85]

a. 의의

미국의 스키너(Skinner)는 학습에서 강화(reinforcement)의 개념을 최초로 도입하였으며, 반응결과(consequence)에 대한 환류(feedback) 과정을 중시했다는 점에서 학습자의 적극적인 측면을 보다 강조한다. 자극에 대한 반응은 긍정적 결과(보상)에 의해 증가하며, 그 반대의 경우에는 감소한다(S ➠ R ➠ C ➠ S′ ➠ R′).

b. 연구 내용

ⅰ. 연구의 출발은 손다이크(Thorndike)의 실험으로서, 그는 '고양이 실험'에서 원하는 결과가 주어지는 행동은 강화·반복되는 반면 호의적이지 않은 결과가 나타나는 행동은 반복되지 않는다는 효과의 법칙(the law of effect)을 발견하였다.

ⅱ. 스키너는 손다이크의 연구를 계승한 '쥐 실험'을 통해 학습자의 행동이 자극－반응에 뒤따르는 결과(consequence)에 의해 결정되며, 이때 자극은 행동을 유발하는 하나의 단서(cue)로서의 역할만을 한다고 보았다.

c. 시사점

i. 인간이 행동의 주체가 되어 환류과정을 통해 스스로 학습할 수 있다.

ii. 본능적 행동뿐만 아니라 인간 행동의 대부분을 설명할 수 있다는 의의가 있다.

⑤ 고전적 조건화와 조작적 조건화의 비교

구분		고전적 조건화	조작적 조건화
공통점		• 학습이 발생하는 조건(condition)에 초점을 두는 학습이론 • 자극과 반응 간의 인과관계를 상정하는 이론 • 학습의 행위(behavior)적 측면에 초점을 두는 이론	
차이점	자극-반응 관계	자극이 반응을 유도 (S ➠ R)	행동의 결과가 반응을 유도 (C ➠ (S′) ➠ R′)
	인간의 속성	인간은 수동적 존재 (자극이 있어야 반응)	인간은 능동적 존재 (환류를 통해 학습)
	행동의 속성	행동은 반사적으로 일어남	행동은 자발적으로 일어남
	학습의 속성	학습행동은 유도된(elicited) 행동	학습행동은 스스로 일으킨(emitted) 행동
	현실 설명력	인간의 행동 중 일부분만 설명 가능	인간의 행동 대부분을 설명할 수 있음

a. 공통점

i. 고전적 조건화와 조작적 조건화 모두 학습이 발생하는 조건(condition)에 초점을 두는 학습 이론이다.

ii. 두 이론 모두 자극(stimulus)과 반응(response) 간의 인과관계를 상정한다.

iii. 두 이론 모두 학습의 행동(behavior)에 초점을 두는 행동주의적 학습관점에 해당한다.

b. 차이점

i. 자극과 반응의 관계

고전적 조건화에서는 자극이 반응을 직접적으로 이끌어 내는 반면, 조작적 조건화에서는 행동의 결과(consequence)에 따라 반응이 달라진다.

ii. 인간 행동의 속성

고전적 조건화에서는 학습자를 반사적·수동적 존재로 가정하는 반면 조작적 조건화에서는 학습자의 적극적(능동적)인 측면을 보다 강조한다.

iii. 학습의 속성

고전적 조건화에서는 학습이 자극에 의해 유도되는(elicited) 행동이지만, 조작적 조건화에서는 학습이 인간 스스로 일으킬 수 있는(emitted) 자발적 행동이다.

ⅳ. 현실 설명력

고전적 조건화에서는 인간의 행동 중 본능행동 등의 일부분만 설명하지만, 조작적 조건화 이론에서는 인간의 사고방식과 그에 따른 행동 대부분을 설명할 수 있다.

5) 인지주의적 관점(인지학습이론)[86]

톨만(Tolman)에 의하여 제시된 인지론적 학습관점은 직·간접적 경험 없이도 인지(cognition, 사고)에 의해 학습될 수 있다는 관점이다. 사람은 자신이 원하는 것을 얻을 수 있는 방법에 대한 인지적 지도(cognitive map)를 만들고 그것에 따라 행동한다.

6) 사회인지적 학습이론[87]

행동주의적 관점과 인지주의적 관점을 종합하여 학습과정을 설명하는 이론이 바로 사회인지적 관점(사회학습이론, 자기효능감 학습이론)이다.

① 의의와 기본가정

반두라(Bandura)에 의해 주창된 사회인지이론은 사회인지적 학습 또는 사회적 학습(social learning)으로도 불린다. 사회적 학습은 동료나 스승, 부모 등과 같은 주변 사람(models)들의 행위를 관찰하고 직접 경험하면서 행동을 학습해 가는 과정으로서, 행동주의와 인지주의적 학습관점을 통합한 것이다.

사회학습이론에 따르면 인간행동은 개인적 결정요인(예 성격)과 환경적 결정요인(예 성장배경)의 연속적 상호작용에 따른 결과이다.

② 사회학습의 내용과 방법

사회학습의 주된 내용은 대리학습(모델링) 및 자기통제(자기조절)를 통한 자기효능감의 증진이다. 그래서 대리학습, 자기통제, 자기효능감을 사회학습의 3요소라 부르기도 한다.

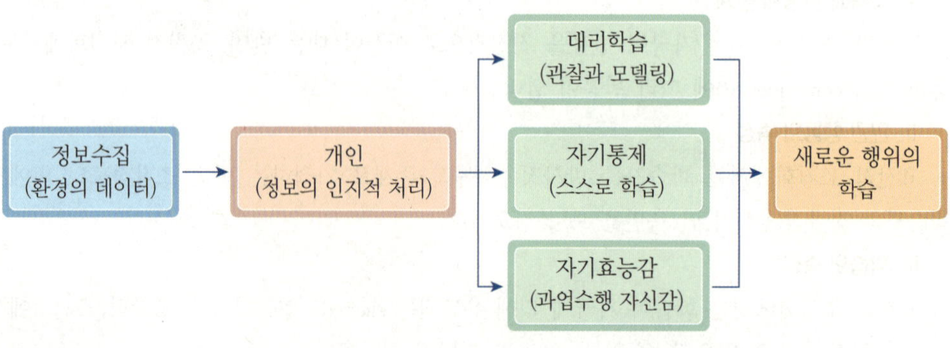

a. 대리학습(vicarious learning)의 절차와 시사점[88]

ⅰ. 대리학습의 4단계

반두라에 의하면 대리학습은 타인의 행동에 대한 관찰과 모방의 과정으로서 모델링(modeling)이라고도 불리며, 다음의 4단계로 달성된다.

- 주의(attention) : 자신과 가까운 관찰대상(model)의 주요 특징을 파악하는 과정이다.
- 기억(retention, 보유) : 관찰한 내용을 조직화하고 이를 머릿속에 보유하는 과정이다.
- 재생(reproduction) : 기억한 내용을 행동으로 모방 · 실천하는 단계이다.
- 동기화(motivation) : 모방과 실천이 성공할 경우 습득한 행동이 강화되는 과정이다.

ⅱ. 시사점

- 조작적 조건화 이론과는 달리 사회학습에서는 강화가 주의를 기울일지 아닐지를 결정하는 선행조건으로서의 역할을 수행한다.
- 학습대상이 바람직한 행동으로 다가가는 각 단계마다 강화물을 제공하여 그들의 바람직한 행동을 유도하는 과정을 조형(shaping)[89]이라 한다.

b. 자기통제(self-control)

자기통제(self-control)는 자기조절이라고도 불리며, 자신이 설정한 목표가 성공적으로 달성될 때 자기강화(self-reinforcement)가 발생하여 일에 몰입할 수 있는 현상을 말한다. 사람은 바람직하게 요구되는 행동과 현실을 비교하는 자기관찰(self-monitoring)의 결과, 스스로 수정행동(modifying behavior)을 함으로써 스스로 능동적으로 배울 수 있다.

c. 자기효능감(self-efficacy)

ⅰ. 자기효능감의 개념과 증진 방안

사회학습이론에서의 핵심개념인 자기효능감이란 특정의 과업 수행 가능성에 대한 개인의 믿음 또는 자신감을 의미한다. 반두라는 자기효능감을 증진시키는 방법을 성공경험(enactive mastery, 직접적 성취), 대리학습(vicarious learning), 언어적 설득(verbal communication), 각성(arousal) 등의 네 가지로 제시하였다.

ⅱ. 시사점

자기효능감을 통한 자신감은 전반적인 학습효과를 높이며, 이 과정에서 작은 성취의 경험이나 타인의 기대 등이 자기효능감을 향상시킨다.

ⅲ. 자기효능감이 성과에 영향을 미치는 과정

로크(Locke)와 라담(Latham)은 반두라의 사회인지이론과 목표설정이론을 통합하여 목표-자기효능감-성과 간 관계를 설명하는 이론적 모형을 만들었다. 관리자가 '좋은 목표'를 설정하면 종업원의 자기효능감이 증진되며, 그 결과 성취목표 수준(자기설정목표)이 향상됨으로써 높은 성과를 낼 수 있다.

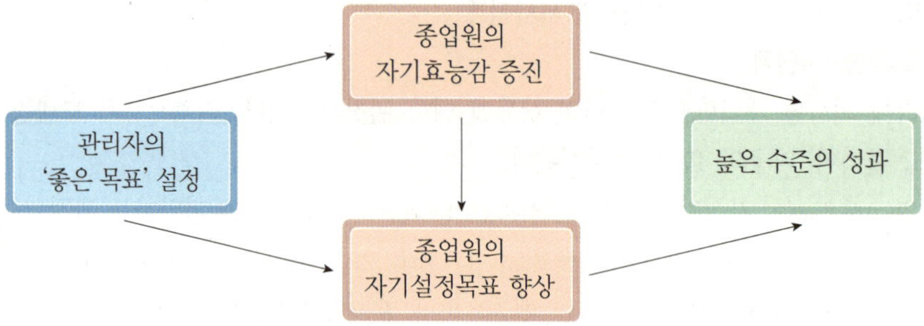

③ **시사점**

a. 스키너의 조작적 조건화 이론에 대한 확장으로서의 의미를 갖는다.

b. 자기효능감을 통한 성과달성의 경로를 보여줌으로써 동기부여의 과정을 설명하는 이론으로 활용된다.

④ **한계**

관찰가능한 외형적 인간행동에만 초점을 맞추기 때문에 창의력이나 문제해결능력 등과 같은 고차원적 정신활동을 설명하기 어렵다.

|2| 강화이론

1) 의의

① **강화의 개념**

강화(reinforcement)는 행동주의적 학습이론(스키너의 조작적 조건화 이론)에서 행동(behavior)을 변화시키는 기제(작용)를 의미한다. 강화이론에서 행동은 그 행동의 결과에 의해 영향을 받는다.

$$\text{행동(behavior)} = f\left(\text{결과(conseaquence)}\right)$$

② **강화제공의 원칙**[90)]

a. 강화결속의 원칙 : 강화요인(예 보상이나 벌)은 바람직한 행위가 실행되었을 때 제공되어야 한다.

b. 즉각적 강화원칙 : 행위의 시점과 강화의 시점 간 거리가 가까워야 한다.

c. 강화크기의 원칙 : 제공(또는 박탈)되는 강화의 크기와 유도(또는 금지)하고자 하는 행위의 크기는 비례한다.

2) 강화전략[91)]

행동 변화 기제로서의 강화는 개인에게 강화물(유리한 보상과 불리한 내용)을 각각 부여하거나 제거하는 방식으로 구성된다.

	행위자가 선호하는 결과물	행위자가 싫어하는 결과물
부여	긍정적 강화(상, 적극적 강화)	벌
제거	소거	부정적 강화(소극적 강화)

긍정적 강화와 부정적 강화는 바람직한 행동을 유도하는 방식, 즉 자극과 반응 간의 연계를 증대시키는 데 사용되며, 소거 및 벌은 원치 않는 행동을 줄이는 방식, 즉 자극과 반응 간의 연계를 감소시키는 데 사용된다.

① 긍정적 강화(positive reinforcement)

행위자가 바람직한 행동을 했을 때, 그에게 유리한 보상을 부여하는 방식의 강화를 일컫는다. 긍정적 강화가 성공을 거두려면 보상관련 성과목표수준이 현실적이어야 하고(기대 측면), 행동과 보상의 결속 관계가 명확하며(수단성 측면), 개인의 욕구를 고려한 보상이 주어져야 한다(유의성 측면).

② 부정적 강화(negative reinforcement)

긍정적 강화와 마찬가지로 바람직한 행동을 유도하는 방식으로서, 불리한 내용이나 자극을 제거해 주는 방식의 강화를 일컫는다. (예 위생조건 개선, 책임추궁 면제 등) 부적 강화가 성공을 거두기 위해서는 현재 회피하고자 하는 자극(예 벌)이 존재해야 하고, 강화의 도구(수단)가 유도 내지 강화하고자 하는 행동과 반드시 연결되어 있어야 한다.

③ 소거(negative punishment)

바람직하지 못한 행동의 빈도를 낮추기 위한 방식으로서, 기존에 구성원들에게 주어졌던 이익이나 혜택을 제거하는 것이다. (예 저성과자에게 명절상여금 미지급) 소거는 이익의 상실을 초래하므로 저항감을 불러일으킬 수 있음에 주의해야 한다.

④ 벌(positive punishment)

바람직하지 못한 행동의 빈도를 낮추는 데 사용되는 강화전략으로서, 구성원들이 받기 꺼려하는 반대급부를 지급하는 것이다. 벌은 효과적인 학습 수단으로 작용하는 긍정적 측면을 가지는 반면, 감독비용의 증가, 구성원의 좌절감 증가 등의 부정적인 측면도 가진다.

맥그리거(McGregor)의 뜨거운 난로의 법칙(hot stove rule)에 따르면 징계나 처벌 규정은 사전에 경고 내용이 공지되어야 하고(경고성, warning), 비위행동이 발생한 즉시 시행되어야 하며(즉시성, immediate), 처벌의 일관된 적용이 필요하고(일관성, consistent), 위반한 사람이 아니라 위반 행위 자체에 대한 처벌이어야 한다(비개인성, impersonal).

3) 강화계획(강화일정, 강화스케줄)[92]

이는 행위의 발생을 조건화(유도)하기 위한 강화요인의 설계 및 기획의 과정이다.

① 연속강화법(CRF, continuous reinforcement)

종업원들이 바람직한 행동을 할 때마다 강화요인을 제공하는 방법이다. 그러나 다음의 몇 가지 이유로 인하여 연속적 강화보다는 단속적 강화를 더 많이 사용하게 된다.

a. 연속적 강화를 사용하는 경우에는 강화요인이 사라질 때 원상회복되는 속도가 매우 빠르다. (빠른 소거속도)

b. 해당 강화물에 대해 학습자가 싫증을 느끼는 포만효과(satiation effect)로 인하여 행동변화의 지속성이 보장되기 어렵다.

c. 강화요인(예 금전적 요소)이 항상 준비되어야 하므로 관리자나 관찰자에게 엄청난 업무부담을 야기한다.

② 단속강화법(부분/간헐강화법, IRF, intermittent reinforcement)

바람직한 행동이 특정한 기준[시간(빈도)이나 행동의 양(비율)]을 충족했을 경우에 강화를 제공하는 방법이다. 반응의 빈도(시간 간격)나 비율(반응의 양)이 일정하게 반복될 때마다 제공되는 강화를 고정강화, 그렇지 않고 불규칙적으로 제공되는 강화를 변동강화라 한다.

	반응시간 기준 강화제공	반응량 기준 강화제공
시간간격 또는 반응량이 고정	고정간격법	고정비율법
시간간격 또는 반응량이 변동	변동간격법	변동비율법

출처 : 박경규(2014), p.229

a. **고정간격법**(FI, fixed interval)

매 일정한 시간 간격으로 강화를 제공하는 방법이다. 일정 시간만 지나면 강화물이 주어지므로 작업동기부여 효과가 크지 않다. (예 시간급)

b. **고정비율법**(FR, fixed ratio)

매 일정한 반응의 양이 나타날 때마다 강화를 제공하는 방식이다. 학습자의 반응이 빠르고 동기부여 효과가 있다. (예 단순성과급)

c. **변동간격법**(VI, variable interval)

시간 간격을 변화시키며 강화요인을 제공하는 방식이다. 시행 초기에는 학습에 오랜 시간이 걸리지만, 어느 정도 익숙해진 뒤에는 구성원들의 안정적 반응을 기대할 수 있다. 칭찬이나 승진 등의 시행에 적합하며 소거에 대한 저항이 크다. (예 감독방문)

d. **변동비율법**(VR, variable ratio)

목표로 하는 반응량을 변동시켜 강화요인을 제공하는 방식이다. 시행 초기의 학습시간이 오래 걸리지만, 장기적으로는 가장 강력한 동기부여 효과가 있으며, 소거에 대한 저항이 크다. [예 경쟁사 실적과 연동한 목표관리(MBO)의 실시]

③ 강화스케줄에 따른 학습속도와 소거속도

a. 강화에 따른 행동학습의 속도

연속강화(CRF)의 학습속도가 가장 빠르지만 포만효과 등의 한계가 존재하므로 행동수정의 초기단계에서만 이를 사용하고, 목표점에 어느 정도 도달한 후에는 간헐강화(IRF)로의 전환이 효과적이다.

b. 소거에 따른 행동변화 속도

소거속도는 강화가 제공되지 않는 시점부터 행동이 사라지기까지 걸리는 시간이다. 연속강화에 의해 유발된 행동의 소거속도가 가장 빠르고, 간헐적 강화의 경우 간격법[고정간격(FI) 변동간격(VI)을 포함]에 의해 강화된 행동이 연속강화 다음으로 소거되며, 비율법[고정비율(FR)과 변동비율(VR)을 포함]의 소거속도가 가장 느리다.

| 3 | 조직행동수정

1) 의의

경영진이 바람직하다고 규정한 목표행동에 구성원들의 실제 행동이 유사하게 다가갈 수 있도록 행동을 유도하는 과정을 조직행동수정(organizational behavior modification, OB-MOD)이라 한다.

2) 조직행동의 수정단계[93)]

① 목표의 확인

비전이나 전략목표의 달성을 위해 강화되어야 할 행동을 파악하는 단계이다.

② 행동의 측정

조직행동 수정 전과 후의 업적 비교를 위하여 측정단위별로 행동 내역을 측정, 계량화한다.

③ 인과분석

측정된 행동들 간의 원인-결과 관계를 파악한다. 즉 측정된 행동이 발생한 원인이 무엇인지 검토한다.

④ 변화전략의 수립

인과관계가 파악되었다면, 이제 강화시키고자 하는 목표행동의 원인이 되는 행동들을 파악하여 이를 촉진하기 위한 강화전략(긍정강화, 부정강화, 벌, 소거 등)과 강화계획(연속강화법, 고정간격법, 고정비율법, 변동간격법, 변동비율법 등)을 수립한다.

⑤ 평가

조직행동의 수정 결과에 대한 환류(feedback)과정을 통해 지속적 개선계획의 실행 여부를 판단한다.

3) OB-MOD의 핵심성공요인(key success factor : KSF)

① 조직구성원들로 하여금 스스로의 행동이 조작되거나 통제된다는 느낌이 들지 않게끔 할 필요가 있다.

② 조직행동의 수정 과정에서 경영진과 일선 종업원 간에 열린 마음으로 의사소통을 해야 한다.

심화학습

CHAPTER 04 | 개인차원의 제 변수

다음 글을 읽고 조직관리의 최종 목표가 무엇이 되어야 할지 생각해 보라.

직무성과[94)]

직무성과(job performance)는 구성원들의 행동이 조직의 목표달성에 긍정적으로 공헌하는 정도를 가치로 표현한 것으로서, 과업성과, 조직시민행동, 생산성 저해행동(반생산적 직무행동 또는 일탈행동)의 세 범주로 나뉜다.

1) 과업성과

조직구성원들의 과업성과(task performance)는 직무기술서를 통해 확인가능한 고용상의 의무들로서, 규칙적 · 반복적 업무성과인 일상적 과업성과(routine task performance), 비상상황에서 과업을 완수하는 적응적 과업성과(adaptive task performance), 참신하고 유용한 아이디어를 내는 창의적 과업성과(creative task performance) 등이 있다.

2) 조직시민행동[95)]

① 개념

조직시민행동(OCB, organizational citizenship behavior)은 조직원들이 공식적으로 주어진 임무 이외의 일을 자발적으로 수행하는 것이다. 최근에는 친(親)사회적 행동(pro-social behavior), 도움행동(helping behavior) 등의 용어로 사용되기도 한다.

② 유형

조직시민행동은 구성원이 취하는 행동이 다른 개인(구성원)을 위한 것인지 아니면 조직 전체를 향한 것인지에 따라 다음과 같이 분류할 수 있다.[96)]

a. 개인지향의 조직시민행동(OCB-I)

다른 사람을 돕는 행동을 포괄적으로 지칭한다.

- 이타적 행동(altruism) : 도움을 필요로 하는 다른 사람을 자발적으로 도와주는 '친사회적 행동'이다.
- 예의행동(courtesy) : 다른 사람에 대해 기본적인 배려심을 베푸는 행동이다.

b. 조직지향의 조직시민행동(OCB-O)

조직이나 집단 전체를 위해서 수행하는 모든 종류의 시민행동을 포괄적으로 지칭한다.

- 신사적 행동(sportsmanship) : 특정 유형의 행동(예 불평불만, 단점의 지적 등)에 관여하지 않음으로써 다른 사람들에게 도움이 되는 행동이다.
- 성실한(conscientious) 행동 : 직장이 요구하는 바를 철저하고 일관성 있게 이행하는 행동이다.
- 시민덕목행동(civic virtue) : 조직이나 집단(팀)에 관심을 갖고 적극 참여하는 행동이다.

③ 선행변수(원인)

OCB의 선행요인에는 직무만족, 조직몰입, 리더나 조직의 후원, 개인의 성격적 요인(긍정적 정서나 높은 사회성) 등이 있다. 특히 종업원이 조직으로부터 공정한 대우(fairness of treatment)를 받는다고 인지적으로 평가할 경우에도 시민행동이 증가한다.

④ 결과변수

조직시민행동은 조직효과성의 유력한 선행변수가 되고, 기업목표의 달성을 위한 구성원들 간의 협력을 촉진하며(사회적 자본의 형성), 구성원들 간 호혜적 감정을 형성시켜 조직분위기를 개선한다.

3) 생산성 저해행동

생산성 저해행동은 흔히 반생산적(counterproductive) 행동으로 불리며 기물 파손, 사보타지, 절도, 생산 방해, 자원 낭비, 약물 남용, 험담, 인신공격, 괴롭힘 등을 포함한다.

적합성(fit)에 대하여[97]

일과 사람, 조직과 사람 간의 궁합을 뜻하는 용어를 적합성(fit)이라 한다.

인사조직론에서 적합성에 관한 연구는 적합의 대상에 따라 '개인과 조직 간의 적합성'과 '개인과 직무와의 적합성'의 두 개념을 중심으로 전개되어 왔다.

1) 사람과 직무의 적합성 : P-J fit과 구성원의 능력

조직구성원과 그가 수행하는 직무 간의 궁합이 좋아야 직무성과가 향상될 수 있다. 이를 개인-직무 적합성(person-job fit)이라 한다. 개인-직무 적합성의 개념은 크게 두 영역으로 나누어 살펴볼 수 있다.

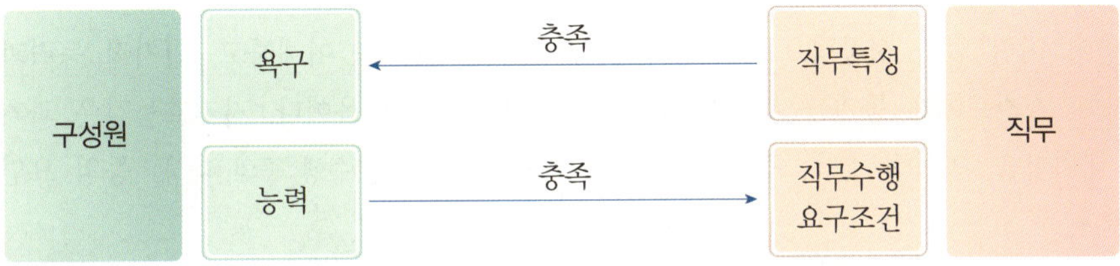

① 개인-직무 적합성은 개인의 직무수행 관련 역량[지식(knowledge)·기술(skill)·능력(ability)]이 직무수행의 요구조건이 일치할 때 증가한다.

② 개인-직무 적합성은 직무의 제반 특성들이 개인이 가지는 다양한 욕구(needs)나 선호(preference)를 충족시켜 줄 때 향상된다.

이상의 내용을 요약하자면 일단 직무가 좋은 특성들을 갖추고 있다고 한다면 직무와의 적합성을 결정짓는 핵심변수는 개인의 능력(지적 능력, 신체적 능력, 감성적 능력)이라는 것이다.

2) 사람과 조직의 적합성 : P-O fit과 성격

개인의 고유한 가치(value)·목표(goal)·성격(personality) 등과 조직의 가치·목표·규범(norm)·분위기(atmosphere) 등이 유사한 정도를 개인-조직 적합성(person-organization fit)이라 한다.

여기서 개인이 조직과의 적합성을 예상하고 판단하는 주요 기준은 자신의 성격특성이 된다. 학술적으로 의미 있는 성격변수의 대표적 예로는 빅 파이브(Big-five)가 있으며, 이러한 적합성 이론은 슈나이더(Schneider)의 유인-선택-이탈 이론(attraction-selection-attrition theory, ASA theory)과도 관련이 깊다.

긍정심리자본에 대하여[98)]

1) 의의

루산스(Luthans, F.) 등에 의해 체계화된 긍정심리자본(positive psychological capital)이란 조직구성원이 보유하고 있는 긍정적 심리특성을 일컫는 용어로서, 이들 특성이 조직효과성 내지 성과에 기여할 수 있다는 점에 주목하여 그 명칭에 '자본(capital)'이라는 단어를 붙였다.

2) 하위변수

① 자기효능감(self-efficacy)

a. 개념과 구성요소

개인이 어떤 일을 성공적으로 수행하는 데 필요한 과정을 이해하고, 인지적 능력과 자원을 활용하며, 스스로에게 동기를 부여할 수 있다고 생각하는 믿음이다. 자기효능감은 과거의 성공경험, 대리학습, 언어적 설득, 정신적 및 육체적인 건강(과업 수행 중의 각성) 등의 요인에 의해 형성된다.

b. 효과

자기효능감이 높은 구성원은 도전을 즐기고, 보다 긍정적인 직무태도를 보이며, 효과적이고 자신감 있는 리더십을 발휘하며, 혁신행동도 보다 활발히 수행함과 동시에 실패나 장애물을 더 쉽게 극복함으로써 성과창출에 기여한다.

② 낙관주의(optimism)

a. 개념과 특징

낙관주의는 긍정적인 사건의 원인을 내부(internal locus of control)에서 찾으며 이러한 사건이 앞으로도 안정적(stable)으로 일어날 수 있다고 믿는(내부 & 안정 귀인) 성향이다.

b. 효과

낙관적인 조직구성원은 보다 높은 성과와 만족을 보여줄 뿐만 아니라 스트레스를 덜 느끼고 낮은 이직률을 보인다. 그러나 직무에 따라서는 비관주의자의 성과가 더 높은 경우도 발견된다(예 안전관련 기술직무, 회계분야 등).

③ **희망**(hope)

a. 개념과 특징

긍정적 동기부여 상태로서, 목표를 달성하기 위해 자신이 에너지를 투입하겠다는 의지(willpower)와 목표달성 경로(waypower or pathways)에 대한 긍정적 평가를 포함한다.

희망은 다음의 일곱 단계를 거치면서 점차 증대된다. i) 목표를 명확히 설정하고, ii) 목표달성에의 단계를 구분하고, iii) 단계별 대안을 설정하며, iv) 목표의 달성뿐만 아니라 그 과정에도 의미를 부여한다. v) 어려움을 극복할 수 있는 의지를 가지고, vi) 문제 발생시 대안 경로를 탐색하며, vii) 목표가 현실적이지 않으면 목표를 재정립한다.

b. 효과

희망 수준이 높은 조직구성원은 보다 높은 성과를 보이는 동시에 고난을 잘 견디어 감정적으로 덜 지치고 해당 조직에 더 오래 근속하는 경향을 보인다.

④ **회복탄력성**(resiliency)

a. 개념과 특징

인간이 역경, 갈등, 실패, 좌절 등의 상황에 빠졌을 때 이를 극복하고 원래의 상태로 돌아올 수 있는 역량을 뜻한다. 회복탄력성의 하위 요소로는 자기이해지능(Gardner의 다중지능 중 한 가지), 대인관계역량, 그리고 긍정성(positivity) 등이 있다.

b. 효과

회복탄력성이 높은 사람은 부정적 사건을 회피하지 않고 직면하며, 삶의 의미와 가치에 대해 더 깊은 믿음을 가지고 있고, 부정적 사건으로 받은 충격에서 벗어나 원래의 상태로 돌아오는데 걸리는 시간이 짧다. 이들은 실수를 두려워하지 않고, 변화에도 더 쉽게 적응한다.

1) 이학종 · 김영조(2014), 『조직행동의 이해와 관리』, 서울 : 박영사, pp.65~67.

2) Robbins, S. P., & Judge, T. A. (2015). *Organizational behavior* (16th ed.). Upper Saddle River, NJ : Prentice Hall.

3) Colquitt, J. A., LePine, J. A., & Wesson, M. J. (2014). *Organizational behavior : Improving performance and commitment in the workplace* (4th ed.). McGraw-Hill.

4) Wechsler, D. (1958). *The measurement and appraisal of adult intelligence*. Boltimore, MD : Williams and Wilkins. 를 박경규(2014), 『조직행동』, 서울 : 홍문사, p.87에서 재인용

5) Gardner, H. (1983). *Frames of mind : The theory of multiple intelligence*. New York, NY : Basic Books.

6) 백기복(2014), 『조직행동연구』(제6판), 서울 : 창민사 ; 오석홍(2018), 『조직이론』(제9판), 서울 : 박영사 ; Robbins & Judge, *Op Cit*.

7) Rinne, T., Steel, D. G., & Fairweather, J. (2013). The role of Hofstede's individualism in national-level creativity, *Creativity Research Journal*, 25, pp.129~136.

8) Thompson, J. D. (1967). *Organizations in action*. New York, NY : McGraw-Hill.

9) Robbins & Judge(2013), *Organizational behavior* (15th edi.). Chapter 5.

10) 임창희(2013), 『조직행동』(제5판), 서울 : 비앤엠북스 ; Robbins & Judge, *Op Cit*.

11) 박경규, 전게서, pp. 73~76.

12) Robbins & Judge, *Op Cit* ; 임창희, 전게서.

13) 박경규, 전게서 ; 임창희, 전게서 ; 백기복 · 최우재 · 양재완(2025), 『조직행동연구』(제8판), 서울 : 창민사
이창원 · 최창현 · 최천근(2012), 『새 조직론』(전정3판), 서울 : 대영문화사
Noe, R. A., Hollenbeck, J. R., Gerhart, B., & Wright, P. M. (2018).
Fundamentals of human resource management. (7th ed.). New York, NY : McGraw-Hill/Irwin.

14) Robbins & Judge, *Op Cit*. ; Barrick, M. R., Mount, M. K. (1991). The Big Five personality dimensions and job performance : A meta-analysis. *Personnel Psychology*, 44, 1~26 ; McCrae, R. R., & Costa, P. T., Jr. (1999). A Five-Factor theory of personality. In L. A. Pervin & O. P. John (Eds.), *Handbook of personality : Theory and research* (pp.139~153). New York, NY, US : Guilford Press.

15) Colquitt et al, *Op Cit*. ; Robbins & Judge, *Op Cit*. ; Holland, J. L. (1973). *Making vocational choices : A theory of careers*. Englewood Cliffs, NJ : Prentice-Hall.

16) 박경규, 전게서 ; Robbins & Judge, *Op Cit*., Chapter 5.

17) Judge, T. A., Locke, E. A., & Durham, C. C. (1997). The dispositional causes of job satisfaction : A core evaluations approach. *Research in Organizational Behavior*, 19, 151~188. ; 백기복 등(2025), 전게서.

18) Robbins & Judge, *Op Cit*. ; 임창희, 전게서, pp.93~94. ; Schneider, B. (1987). The people make the place. *Personnel Psychology*, 40, 437~453.

19) Rokeach, M. (1973). *The nature of human values*, San Francisco.

20) 박경규, 전게서, pp.142~145.

21) 박경규, 전게서, p.142.

22) 김영재 · 김재구 · 이동명(2014), 『조직행동론』(제3판), 서울 : 무역경영사, p.64.

23) Robbins & Judge, *Op Cit.*

24) 백기복(2012),『조직행동연구』(제5판), 서울 : 창민사, pp.535~539. ; Robbins & Judge, *Op Cit.*, Chapter 5.

25) Hofstede, G., Hofstede, G. J., & Minkov, M. (2010). *Cultures and organizations : Software of the mind* (3rd edi.). McGraw-Hill Education.

26) Robbins & Judge, *Op Cit.* ; 김성국(2018),『조직행동의 이해』(제2판), 서울 : 탑북스, pp.55~62.

27) Robbins & Judge, *Op Cit.*

28) 강정애 · 권순원 · 김현아 · 양혜현 · 조은영 · 태정원(2013),『조직행동론』(개정판), 서울 : 시그마프레스, p.68.

29) 박경규, 전게서, p.147.

30) 임창희(2013),『조직행동』(제5판), 서울 : 비앤엠북스, p.104.

31) 박경규, 전게서 ; 임창희, 전게서 ; Ajzen, I. (1991). The theory of planned behavior. *Organizational Behavior and Human Decision Process*, 50, 1~33.

32) 강정애 등, 전게서, pp.70~71.

33) 박경규, 전게서, p.147~149. ; Robbins & Judge, *Op Cit.*, Chapter 3.

34) Robbins & Judge, *Op Cit.*

35) Robbins & Judge, *Op Cit.* ; Jex, S. M., & Britt, T. W. (2008), *Organizational psychology : A scientist-practitioner approach*. New York, NY : Wiley.

36) Price, J. L., & Mueller, C. W. (1981). A causal model for turnover for nurses. *Academy of Management Journal*, 24, 543~565.

37) Robbins & Judge, *Op Cit.*
Ironson, G. H., Smith, P. C., Brannick, M. T., Gibson, W. M., & Paul, K. B. (1989). Construction of a job in general scale : A comparison of global, composite, and specific measures. *Journal of Applied psychology*, 74, 193~200.
Russell, S. S., Spitzmuller, C., Lin, L. F., Stanton, J. M., Smith, P. C., & Ironson, G. H. (2004). Shorter can also be better : The abridged job in general scale. *Educational and Psychological Measurement*, 64, 878~893.

38) Hackman, J. R., & Suttle, J. L. (1977). (eds.). *Improving life at work*. Glenview, IL : Scott Foresman.

39) Colquitt et al, *Op Cit.* ; Ironson et al., *Op Cit.*

40) Judge, T. A., Piccolo, R. F., Podsakoff, N. P., Shaw, J. C., & Rich, B. L. (2010). The relationship between pay and job satisfaction : A meta-analysis of the literature. *Journal of Vovational Behavior*, 77, 157~167.

41) 박경규, 전게서, pp.154~156.

42) Judge, T. A., Thoresen, C. J., Bono, H. E., & Patton, G. K. (2001). The job satisfaction-job performance relationship : A qualitative and quantitative review, *Psychological Bulletin* (May 2001), 376~407.

43) Hirschman, A. O.(1970), Exit, Voice, and Loyalty : Responses to decline in firms, organizations, and states. Cambridge, MA : Harvard University Press.
Farrell, D. (1983). Exit, voice, loyalty, and neglect as responses to job dissatisfaction : A multidimensional scaling study. *Academy of Management Journal*, 26, 596~606.

44) Allen, N. J., & Meyer, J. P. (1990). The measurement and antecedents of affective, continuance and normative commitment to the organization. *Journal of Occupational Psychology*, 63(1), 1~18.

45) 백기복, 전게서.

46) 백기복, 전게서.

47) 박경규, 전게서 ; Robbins & Judge, *Op Cit*.

48) 박경규, 전게서, p.182 ; Robbins & Judge, *Op Cit*.
Holman, D. (2005). Call centres, In Holman, D., Wall, T. D., Clegg, C., Sparrow, P., & Howard, A. (eds.). *The essentials of the new work place : A guide to the human impact of modern working practices*, Chichester, UK : Wiley.

49) Robbins & Judge, *Op Cit*.

50) 박경규, 전게서, pp.187~190. ; 임창희, 전게서 ; Robbins & Judge, *Op Cit*.

51) Grandey, A. A. (2003). When 'The show must go on' : Surface and deep acting as determinants of emotional exhaustion and peer-rated service delivery. *Academy of Management Journal*, 46, 86~96.

52) Robbins & Judge, *Op Cit*.

53) 임창희, 전게서 ; Robbins & Judge, *Op Cit*.

54) Goleman, D. (1996). *Emotional Intelligence : Why It Can Matter More Than IQ*. Bantam Books.
Salovey, P., & Mayer, J.D. (1990). Emotional intelligence. *Imagination, Cognition, and Personality*, 9, 185~211.

55) Weiss, H. M., & Cropanazano, R. (1996). An affective events approach to job satisfaction, *Research in Organizational Behavior*, 18, 1~74.
김영재 등, 전게서, pp.116~117. ; Robbins & Judge, *Op Cit*.

56) Robbins & Judge, *Op Cit*.

57) Robbins & Judge, *Op Cit*.

58) Robbins & Judge, *Op Cit*. ; 박경규, 전게서.

59) 박경규, 전게서, pp.173~175.
Colquitt, J. A., Scott, B. A., & LePine, J. A. (2007). Trust, trustworthiness, and trust propensity : A meta-analytic test of their unique relationships with risk taking and job performance. *Journal of Applied Psychology*, 92, 909~927.

60) Boss, R. W. (1978). Trust and managerial problem solving revisited, *Group and Organizational Studies*, 3, 331~342.
Thompson, J. D. (1967). *Organizations in action*, NY : McGraw-Hill
Tyler, T. R., & Kramer, R. M. (1996). Whither trust? In Kramer, R. M. & Tyler, R. (eds.), *Trust in organization : Frontiers of theory and research*, Sage Pub., 1~15.
Shaw, J. D., Delery, J. E., Jenkins, D. G., & Gupta, N. (1998). An organizational-level analysis of voluntary and involuntary turnover, *Academy of Management Journal*, 41, 511~525.
Cook, J. & Wall, T. (1980). New work attitude measures of trust, organizational commitment and personal need non-fulfillment, *Journal of occupational psychology*, 53, 39~52.

61) Robbins & Judge, *Op Cit*.

62) Leventhal, G. S. (1980). What should be done with equity theory? New approaches to the study of fairness in social relationship. In K. Gergen, M. Greenberg, & R. Willis (Eds.), *Social exchange : Advances in theory and research* (pp.27~55). New York, NY : Plenum Press. ; 박경규, 『신인사관리』(제6판), 서울 : 홍문사, pp.401~402.

63) Colquitt et al., *Op Cit.* ; Schat, A. C. H., Frone, M. R., & Kelloway, E. K. (2006). Prevalence of workplace aggression in the U.S. workforce : Findings from a national study. In Kelloway, E. K., Barling, J., & Hurrell, J. J. (eds.), *Handbook of workplace violence*, Thousand Oaks, CA : Sage, pp.47~89.

64) Colquitt et al., *Op Cit.*

65) Colquitt et al., *Op Cit.*

66) Robbins & Judge, *Op Cit.*

67) Nahavandi, A., Denhardt, R. B., Denhardt, J. V., & Aristigueta, M. P. (2015). *Organizational behavior.* Sage Publication., p.117.

68) 임창희, 전게서, pp.192~193.

69) 임창희, 전게서, pp.194~196.

70) 신유근(2005), 『인간존중경영』(신판), 서울 : 다산출판사

71) 임창희, 전게서 ; 박경규, 전게서 ; Robbins & Judge, *Op Cit.* ; Fiske, S. T., & Tailor, S. E. (2007). *Social cognition : From brains to culture*, New York, NY : McGraw-Hill.

72) 김영재 등, 전게서, p.211 ; Fiske & Tailor, *ibid.* ; Schacter, D. L., Gilbert, D. T., Wegner, D. M. (2008), *Psychology.* New York : Worth Publishers.

73) 박경규, 전게서, p.59.

74) 백기복, 전게서, p.83.

75) 다음 책들의 내용을 토대로 재구성하였다.
백기복, 전게서 ; 임창희, 전게서, Robbins & Judge, *Op Cit.*

76) Eden, D. (1984). Self-fulfilling prophecy as a management tool : Harnessing Pygmalion. *The Academy of Management Review*, 9(1), 64~73.

77) Robbins, S. P., & Judge, T. A. (2013). *Organizational behavior* (15th ed.). Upper Saddle River, NJ : Prentice Hall.

78) 박성수 등, 전게서 ; Robbins, S. P., & Judge, T. A. (2013). *Organizational Behavior* (15th ed.). Upper Saddle River, NJ : Prentice Hall.

79) 임창희(2013), 『조직행동(제5판)』, 서울 : 비엔엠북스 ; 문형구 · 최병권 · 고욱(2010), "직무스트레스 연구의 동향과 향후 방향", 「조직과 인사관리연구」, 34(3), 117~187.

80) Robbins & Judge(2013), *Op Cit.* ; Schermerhorn, J. R., Uhl-Bien, M., & Osborn, R. N. (2019). *Introduction to organizational behavior*(13th edi.), New York, NY : John Wiley & Sons.

81) Schneider, B., Ehrhart, M. G., & Macey, W. H. (2013). Organizational climate and culture. *Annual Review of Psychology*, 64, 361~388.

82) 백기복(2011), 『조직행동연구』(제5판), 서울 : 창민사

83) Robbins & Judge, *Op Cit.*

84) 신유근 · 이춘우(2014), 『조직행위론』, 서울 : 한경사

85) 임창희, 전게서 ; 박경규, 전게서

86) 신유근 · 이춘우(2014), 『조직행위론』, 서울 : 한경사

87) 김성국, 전게서, pp.154~157 ; 백기복, 전게서, pp.154~155.

88) 이영균(2015), 『조직관리론』, 서울 : 박영사, p.418.

89) 김성국, 전게서, p.157.

90) 신유근, 전게서.

91) 박경규, 전게서.

92) 박경규, 전게서 ; 백기복, 전게서.

93) 임창희, 전게서.
George, J. M., & Jones, G. R. (1999). *Organizational behavior*(2nd ed.). Addisin-Wesley Pub. Co.

94) Colquitt et al., *Op Cit*.

95) Jex & Britt, *Op Cit*.

96) 백기복, 전게서.

97) 성지영 · 박원우 · 윤석화(2008), "개인-환경(조직, 상사, 동료) 적합성이 조직시민행동 및 개인성과에 미치는 영향과 공정성의 매개효과 검증", 「인사 · 조직 연구」, 16(2), pp.1~62. ; 최보인 · 장철희 · 권석균(2012), "개인-조직 적합성과 개인-직무 적합성의 효과성 연구", 「조직과 인사관리연구」, 35(1), pp.199~232.
Cable, D. M. & DeRue, D. S. (2002), The convergent and discriminant validity of subjective fit perceptions, *Journal of Applied Psychology*, 87(5), 875~884.

98) 김철영 · 박원우(2017). "조직 구성원의 심리적 안녕 : 리뷰와 메타분석 연구", 「인사조직연구」, 25(2), 15~67.
박경규, 전게서, p.91~95.
Luthans, F. (2002). The need for and meaning of positive organizational behavior, *Journal of Organizational Behavior*, 23, 695~706.

PART Ⅲ 집단

CHAPTER 5
리더십

단원개요

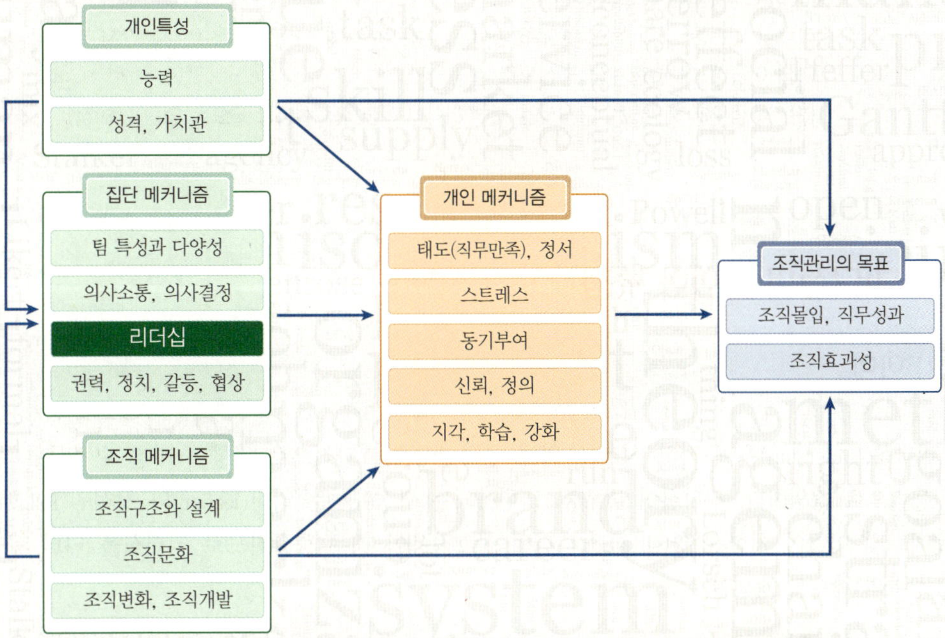

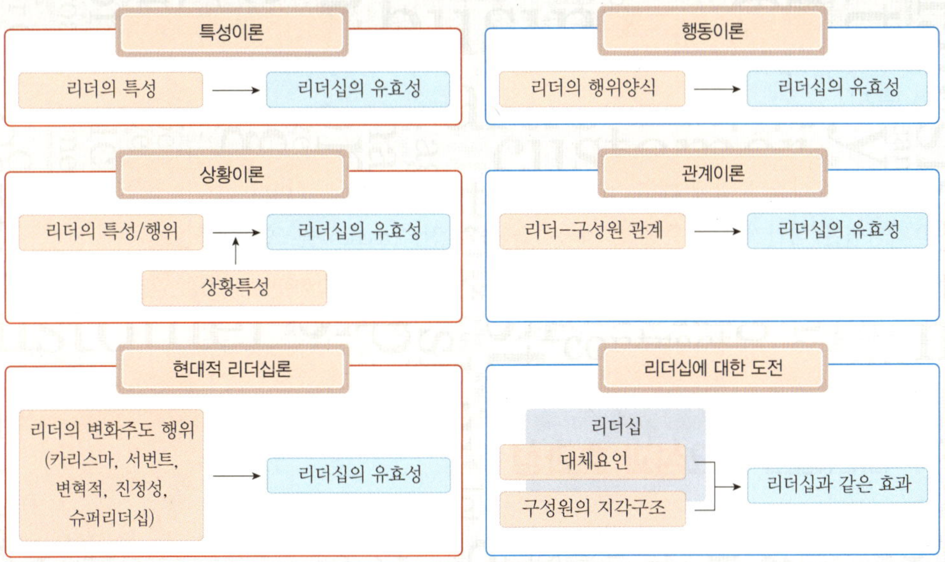

i) 본 장의 체계는 『조직행동연구』(백기복 등 공저, 제8판, 2025)의 제10~11장을 주로 참조하여 구성하였다.

제1절 리더십의 의미와 이론체계

(2007년) 제16회 공인노무사시험

리더십 이론을 크게 특성이론, 행동이론, 상황이론으로 구분할 때, 이 세 가지 범주의 리더십 이론에 대해 한계점 중심으로 설명하라.

(단, 각 범주에 해당하는 구체적인 세부 리더십 이론들을 설명할 필요는 없음) (50점)

|1| 리더십의 의의와 특징[1)]

1) 의의

리더십(leadership)은 목적의 성취를 위해 구성원에게 효과적으로 영향을 미칠 수 있는 리더의 능력으로 정의한다. 리더십이 발휘되고 행사되는 과정에서는 리더(leader)와 구성원(follower, 추종자) 및 이들이 처한 상황(situation) 간의 상호작용이 매우 중요하므로 리더십을 리더, 구성원, 상황의 함수로 정의할 수도 있다.

$$리더십 = f(리더, 구성원, 상황)$$

2) 특징

① 리더십은 다른 사람에 대한 영향력이며, 결과가 아니라 과정이다.
② 리더십은 대인기술, 설득방법, 정치기술 등의 전술(tactics)을 포함한다.
③ 리더십은 주어진 일이 잘되도록 감독하고 통제하는 관리(manage)와는 달리 미래지향적으로 무엇을 해야 할지 자극하고 인도해 주는 역할을 수행한다.

|2| 리더십의 중요성과 효과성

리더십이 제대로 행사된 결과(종속변수)를 리더십의 효과성(leadership effectiveness)이라 하며, 그 의미는 리더십으로 인해 조직의 목표달성도, 구성원의 만족과 조직몰입, 리더와 구성원 간의 상호신뢰 및 존경, 시너지(synergy) 등이 증가하는 정도를 뜻한다.

|3| 리더십 이론의 체계

리더십이론은 리더십을 무엇으로 파악할 것인지에 대한 각종 관점에 따라 여러 가지 경향으로 분류해 볼 수 있다.

1) 특성이론은 리더십을 리더가 보유한 특성으로 보는 관점이다.
2) 행동이론은 리더십을 리더의 행위(과업중심적 행동, 관계중심적 행동)로 보는 관점이다.
3) 상황이론은 리더의 특성이나 행위가 주어진 상황조건에 따라 각기 다른 효과를 지닌다는 관점에서 리더십을 바라본다.
4) 관계이론은 리더십을 리더와 구성원 간 상호관계로 바라본다.
5) 변혁적 리더십이나 카리스마적 리더십은 리더십을 구성원과 조직의 혁신이나 변화를 주도할 수 있는 행위 내지는 역량으로 파악하는 관점이다.
6) 리더십 대체이론이나 리더십 귀인이론은 리더십이 아닌 다른 요인들에 의해 리더십의 효과가 인지될 수 있다는 견해이다.

제2절 리더십의 전통적 이론

ORGANIZATIONAL BEHAVIOR AND ORGANIZATION DESIGN

(2004년) 제13회 공인노무사시험
리더십 행위이론 중 관리격자이론을 약술하라. (25점)

|1| 리더십의 특성이론[2)]

1) 의의

리더십의 특성이론(traits theory of leadership)은 리더를 리더답게 해 주는 개인적 자질과 특성에 초점을 두고, 이러한 특성들이 리더로서의 유효성(effectiveness, 효과성)에 어떠한 영향을 미치는지를 연구하는 이론이다.

2) 초기 특성이론의 주요 연구 내용(1930~1940년대) : 리더가 된 사람들의 공통특성 연구

초창기 특성이론에서는 성공한 리더(위인, great man)들이 공통적으로 취하고 있는 남다른 특성(예 신체적 특성, 능력적 특성, 대인관계적 특성 등)이 무엇인지를 밝혀내는 데 집중했으나, 연구방법론상의 한계점으로 많은 비판을 받았다.

- 특성과 성과 간 약한 상관성 : 리더의 특성과 조직성과 간의 상관관계가 약하거나 일관성이 없다.
- 상황변수의 이슈 : 리더의 특성과 효과성 간의 관계가 여러 상황변수에 따라 다르게 나타났다.
- 연구방법론적인 한계 : 이미 리더가 된 사람들을 대상으로 하는 사후적(ex-post)인 연구이므로 밝혀진 특성이 원래 그 사람의 특성이 아니라 리더가 된 다음에 갖추게 된 특성일 수 있다.

3) 최근 특성이론의 주요 연구 내용(1980년대 이후) : 성과예측력이 있는 리더의 공통적 특성[3)]

① 감성지능(emotional intelligence)

감성지능이 높은 사람은 대인관계기술(social skill)이 높게 나타나므로 상급 관리자로서의 성과가 높을 수 있으며, 구성원에게 각종 영향력을 더욱 효과적으로 행사할 수 있다.

② 빅 파이브(Big-5) **성격 특성**

빅 파이브 성격의 구성요인 중 리더로서의 자질과 관련이 큰 성향은 외향성, 개방성, 성실성이다.

a. 외향성(extraversion)이 큰 리더는 사교성이 높고 적극적 상호작용을 수행한다.

b. 성실성(consciousness)이 높은 사람은 업무조직화 능력 및 어려운 상황을 인내하고 극복하는 능력이 높다.

c. 개방성(openness to experience)이 큰 사람은 창의적 과업추진에 적합하다.

③ 자존감(self-esteem)

자존감은 자신의 가치와 능력에 대해 긍정적으로 평가하는 정도로서, 자존감이 높은 리더는 구성원으로부터 신뢰를 획득하기에 더 좋고, 카리스마(charisma)와도 관련을 가진다.

④ 신실함(integrity, 정직성)

신실함은 올곧은 성품으로서 하는 일이 도덕적이며 원칙을 지키는 특성이다. 신실한 리더는 그렇지 않은 리더에 비해 구성원들의 지지를 더욱 쉽게 얻을 수 있다.

4) 평가

① 긍정적 측면

특성이론은 리더의 출현이나 등장을 예측하는 데 보다 유용하게 활용될 수 있다. 카츠(Katz)의 연구나 맥클랜드(McClelland)의 성취동기이론은 모두 리더십 특성이론과 관련이 있다.

② 부정적 측면

리더의 특성에만 초점을 맞추다 보니 리더십이 행사되는 상황에 대한 설명이 부족하며, 구성원에게 영향력을 행사하는 과정에 대한 설명도 미흡하다.

| 2 | 리더십의 행동이론

1) 의의

리더십의 행동이론(behavior theory of leadership)에서는 리더가 구성원들에게 보여주는 행동스타일을 리더십으로 규정하고, 각각의 리더십 스타일에 대한 유효성을 검증하고자 하였다.

2) 주요 연구

① 아이오와 대학(University of Iowa)의 연구[4)]

의사결정이 이루어지는 위치를 중심으로 리더가 의사결정권을 독점하는 전제형(authoritative), 개인이 마음대로 결정하는 자유방임형(laissez-faire), 개인이 의사결정권을 갖지만 리더가 어느 정도의 조정역할을 수행하는 민주형(democratic)으로 구분하고, 이들 가운데 민주형 리더십의 효과성이 가장 높다고 가정했다. 그러나 실제 검증 결과, 전제형의 생산성이 가장 높았다.

② 미시간 대학(University of Michigan)의 연구[5)]

a. 두 가지 리더십 스타일과 연결핀 역할

리커트(Likert) 등의 미시간大 연구팀에서는 리더의 행위가 동일 차원의 양극단인 직무(과업)지향성과 구성원지향성의 두 가지 스타일 사이에서 이루어진다고 보고, 리더가 구성원지향적인 경우가 직무지향적인 경우보다 생산성과 만족 모두를 높일 수 있다고 보았다.

또한 리커트에 따르면 리더가 조직 내 구성원들 간의 수직적 · 수평적 연결핀(linking pin)으로서의 역할을 원활히 수행하면 리더십의 효과성도 제고된다고 보았다.

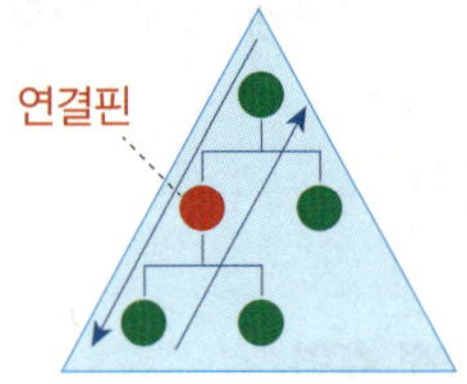

b. 네 가지 시스템

리커트는 조직에 대한 네 가지 차원의 시스템을 제안하였다. 통제 중심적인 시스템 1(독재적), 하위계층에 시혜를 베푸는 시스템 2(권위적), 의사결정참여를 허용하는 시스템 3(참여적), 상하 간 신뢰에 기반한 시스템 4(민주적)가 바로 그것이다. 연구팀에 따르면 시스템 1에서 시스템 4로 갈수록 조직유효성도 커진다고 보았다.

③ 오하이오 주립대학(OSU, Ohio State University)의 연구[6)]

1950년대 오하이오 주립대학의 스톡딜(Stogdill)과 플라이쉬만(Fleishman)에 의해 주도된 연구로서, 여기서는 리더십을 리더의 두 가지 행동 스타일(구조주도, 배려)로 보았다.

a. 두 가지 리더십 스타일

오하이오 주립대학 연구팀에서는 행동기술설문지(leadership behavior description questionnaire: LBDQ)를 활용하여 구성원의 행동을 결정하는 수많은 리더십 변수들을 (기존 연구와는 달리) 서로 다른 차원상의 두 가지 요인으로 압축하였다.

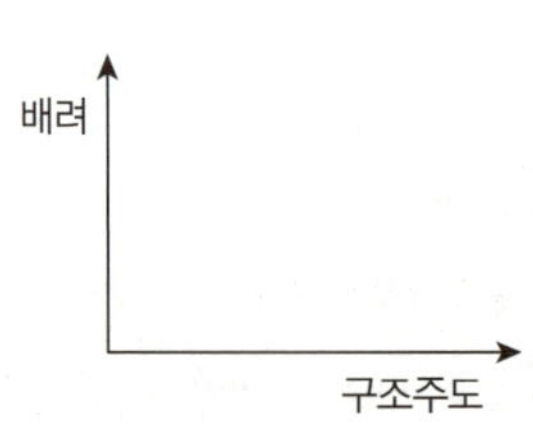

ⅰ. 구조주도(initiating structure)

구성원에게 업무를 배분하고 과업수행 방법을 지시하며 성과창출에 필요한 자원을 조달 · 사용하는 데 초점을 둔 리더의 행동 스타일이다. (예 목표설정, 조직화, 생산성 향상)

ⅱ. 배려(consideration)

리더와 구성원 간의 쌍방향 의사소통 및 의견 수렴에 기반하여 상호 신뢰관계를 구축하는 데 초점을 두는 리더의 행동 스타일이다. (예 관계, 소통, 인정, 통합)

b. 리더십의 효과성

연구팀에서는 군(軍) 조직과 민간기업을 대상으로 리더십 스타일의 효과성을 다각도로 분석한 결과, 구조주도 행동은 성과 향상에 기여하였으며 배려 행동은 만족의 증진에 큰 역할을 하였다. 또한 두 스타일 중 어느 하나만을 수행하는 경우보다는 구조주도와 배려의 양 측면 모두가 뛰어난 리더십의 효과성이 가장 컸다.

c. 시사점

ⅰ. 많은 후속 연구에서 구조주도와 배려의 유효성이 상황에 따라 달라진다는 사실을 발견하였다. (상황이론에 대한 등장배경으로서의 역할)

ⅱ. 특성이론에 따르면 리더를 선발해야 하지만, 행동이론에 의하면 리더십의 교육·훈련과 개발이 가능하게 된다. (리더십 프로그램이 등장에 기여)

④ **관리격자모형**(managerial grid model)[7]

a. 의의

블레이크(Blake)와 머튼(Mouton)은 오하이오 주립대학의 구조주도 및 배려 차원을 각각 '생산에 대한 관심'과 '인간에 대한 관심'으로 명명하여 각 차원을 9등분한 리더십 스타일 측정모형인 관리격자(managerial grid)를 개발하였다.

b. 5가지 리더십 스타일

생산에 대한 관심(concern for production)은 정책 결정, 절차와 과정, 창의성, 업무 효율성 등에 관한 것이며, 인간에 대한 관심(concern for people)은 조직몰입, 신뢰에 근거한 책임 부여, 작업조건에의 배려, 긍정적인 대인관계 등이 해당된다. 각 차원의 점수가 높고 낮은 정도에 따라 5가지의 리더십 스타일이 만들어진다.

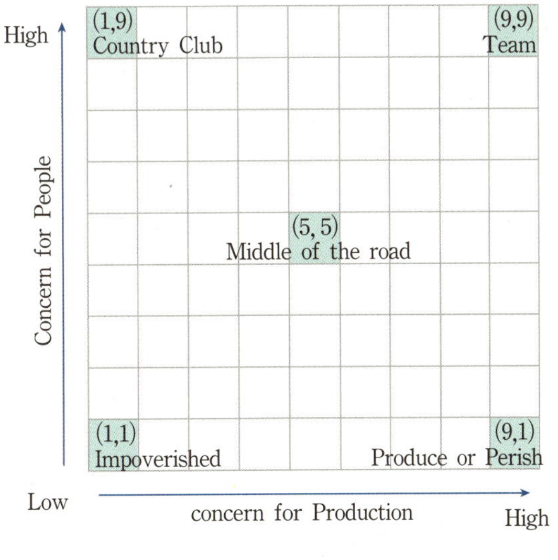

ⅰ. **무관심형**(impoverished style) ➡ (1,1)

생산에 대한 관심과 인간에 대한 관심이 모두 낮은 리더십 스타일로서, 업무수행에 필요한 최소한의 노력만을 기울인다.

ⅱ. **컨트리클럽형**(country club style) ➡ (1,9)

인간에 대한 관심은 매우 높은 반면 생산에 대한 관심은 매우 낮은 리더십 스타일로서, 만족스러운 인간관계를 유지와 구성원들의 욕구에 깊은 관심을 보이지만 성과에 대한 관심이 부족하여 효과적이라 보기는 어렵다.

ⅲ. **과업형**(task style, produce-or-perish) ➡ (9,1)

생산에 대한 관심은 매우 높으나 인간에 대한 관심이 매우 낮은 리더십 스타일이다. 단기적으로 성과를 높일 수는 있겠지만 높은 성과를 장기적으로 유지하는 데에는 한계가 있다.

ⅳ. **중간형**(middle of the road) ➡ (5,5)

생산에 대한 관심과 인간에 대한 관심이 중간 수준인 리더십 스타일이다. 적절한 수준에서 성과를 유지하는 동시에 구성원의 만족도 추구한다.

ⅴ. **팀형**(team style, 이상형 · 단합형) ➡ (9,9)

인간과 과업 모두에 높은 관심을 가지는 리더십 스타일이다. 고성과를 내기 위해서는 부하들의 몰입도가 높아야 함을 인식하고, 구성원들의 만족과 인간관계 그리고 집단의 긍정적 분위기를 조성한다.

c. 리더십의 효과성과 활용

ⅰ. 팀형 리더가 조직을 이끌 때 효과성이 가장 크다고 보았다.

ⅱ. 기업에서 그리드 세미나(grid seminar)라는 이름의 교육훈련 프로그램으로 활용되고 있다.

- 기업조직 리더들을 팀형(9,9)으로 개발시키는 리더십 프로그램이다.
- 그리드 세미나 훈련과정은 크게 현재 리더십 스타일의 진단, 팀형 리더십과의 차이 파악, 팀형으로의 변화방안 학습의 3단계로 구성된다. (구체적 과정 : 측정 ➡ team building ➡ 집단 간 개발 ➡ 이상적 전략모델 개발 ➡ 실행 ➡ 비판 및 검토)

d. 시사점

ⅰ. 팀형 리더십이 모든 상황에서 효과적인지 검증하였으나, 그 결과가 일관되지 않았다. 이는 상황요인의 고려가 필요함을 뜻한다.

ⅱ. 리더의 행동양식을 보다 의미 있게 분류했다는 점에서 그 가치가 인정된다.

⑤ PM이론[8)]

오하이오 주립대학의 연구를 일본의 미스미(Misumi, 三隅二不二)가 개량한 것으로서, 리더의 행동을 크게 목표달성과 관련된 성과기능(performance)과 구성원과의 관계관리에 관한 유지기능(maintenance)으로 나누었다. 성과기능의 고(P)·저(p)와 유지기능의 고(M)·저(m)에 따라 리더의 행동유형이 네 가지(PM, Pm, pM, pm)로 구분되며, 리더십의 효과성은 $PM > Pm = pM > pm$의 순서로 나타난다.

3) 행동이론의 한계와 시사점

① 한계[9]

a. 행동유형(과업중심, 관계중심)과 조직효과성의 관계에 있어 의견이 분분하다. 구체적으로는 각종 상황조건에 따라 그 관계 양상이 달라질 수 있다.

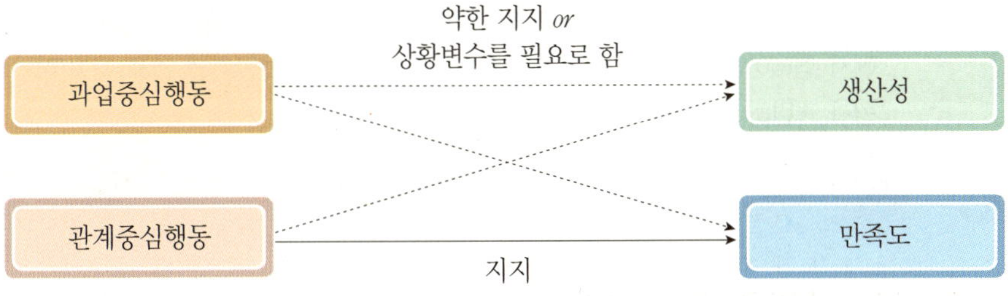

b. 리더의 행동을 측정하고 구분하는 타당성과 신뢰성 있는 측정방법이 부재하다.

c. 광범위한 리더의 행동을 지나치게 단순한 유형으로 구분한다는 점에서 비판을 받는다.

② 시사점

리더를 선발해야만 하는 특성이론과는 달리 행동이론에 의하면 리더십은 일종의 행동으로서 교육과 훈련이 가능하므로 리더십 증진 프로그램의 운영을 통한 내부 역량 강화가 가능하다.

제3절 리더십의 상황이론

(2000년) 제9회 공인노무사시험
리더십의 상황적 적합이론(Contingency Theory) 중 Fiedler이론과 Hersey & Blanchard의 이론을 비교, 설명하라. (50점)
(2017년) 제26회 공인노무사시험
[사례형] 로버트 하우스(Robert House)의 경로-목표이론(path-goal theory)에 기반하여, (사례 속 등장인물인) 홍길동이 우리나라에서 행한 리더행동 유형은 무엇이고, 미국에서 행해야(바뀌어야) 할 적합한 리더행동 유형은 무엇인지에 관해 국가문화의 하위차원과 관련하여 논하시오. (25점)

|1| 리더십 상황이론의 의의

1) 문제제기

리더십의 효과는 다양한 변수(예 구성원의 특징, 과업의 특징 등)의 영향을 받게 되므로, 리더십의 유효성에 영향을 미칠 수 있는 상황변수의 조건이 무엇인지를 밝힐 필요가 있다.

2) 의의

리더십의 상황이론(contingency theory of leadership)에서는 리더의 특성이나 행동(예 과업지향적 행동이나 목표지향적 행동)의 효과성에 가장 큰 영향을 주는 요인은 곧 리더가 처한 상황이라는 관점을 취한다. 상황은 크게 구성원의 특성, 집단 및 조직의 특성, 과업의 특성 등을 포함한다.

|2| 피들러의 리더십 상황모델[10)]

1) 기본가정

피들러(Fiedler)의 리더십 상황모델(또는 리더십 효과성 이론)은 리더십에 대한 최초의 상황이론으로 알려져 있다. 그는 리더의 성격적 특성(과업동기 vs. 관계동기)과 상황의 호의도

(favorableness) 간의 적합(match) 정도에 따라 집단성과가 달라진다고 보았다.

2) 리더십의 특성과 그 평가방법

① 리더십의 특성 : 과업동기와 관계동기

a. 과업동기가 높은 리더는 목적달성을 위해 리더 자신과 구성원들의 역할을 정의하고 조직화한다.

b. 관계동기가 높은 리더는 구성원의 감정과 생각에 초점을 두고 이들의 문제해결에 도움을 주며 인정과 지지를 적극적으로 표현한다.

② 리더십의 평가방법

a. LPC(least preferred co-worker) 설문의 개념

리더십 스타일을 평가하기 위해 피들러는 LPC 설문지를 고안했다. 이는 가장 같이 일하고 싶지 않은 사람에 관한 다양한 문항으로 구성된 설문지로서, 문항별 응답점수를 합산하여 리더십을 판단한다.

b. LPC 설문의 해석

피들러에 따르면 LPC 점수가 높을수록 일을 못하는 부하조차도 동료로 생각하는 성향이 강하므로 관계지향형 리더, 낮을수록 싫어하는 부하에 대해 강한 정서적 거부감을 보이는 과업지향형 리더로 파악한다. 이 설문의 근본논리는 과업동기와 관계동기를 단일차원의 양극점으로 본다는 것이다.

3) 상황의 결정 요인 : 상황의 호의도(favorableness)

리더의 상황 통제력인 상황호의도는 리더와 구성원의 관계가 좋고, 과업의 구조화 수준이 높으며, 리더의 직위 권력이 강할수록 향상된다.

① 리더-구성원 관계는 구성원들이 리더를 신뢰하고 좋아하며, 그의 지도(guidance)에 기꺼이 따르려는 정도이다.

② 과업 구조(task structure)는 업무요구조건(requirements)의 명료성, 과업 수행방법의 수(목표-경로의 다양성), 과업수행 결과의 검증가능성, 과업의 구체성 등으로 구성된다.

③ 리더의 직위권력(position power)은 리더의 영향력이 채용이나 해고, 규칙 제정 및 승진과 월급 인상 등에 미치는 정도이다.

4) 리더십 효과를 높이는 방법

① 리더와 상황 간 적합도

피들러는 3개 상황변수를 조합하여 모두 8가지의 상황(옥탄트, octant)을 상정하였으며 각각의 경우 LPC 점수와 집단성과 간의 관계를 조사하였다.

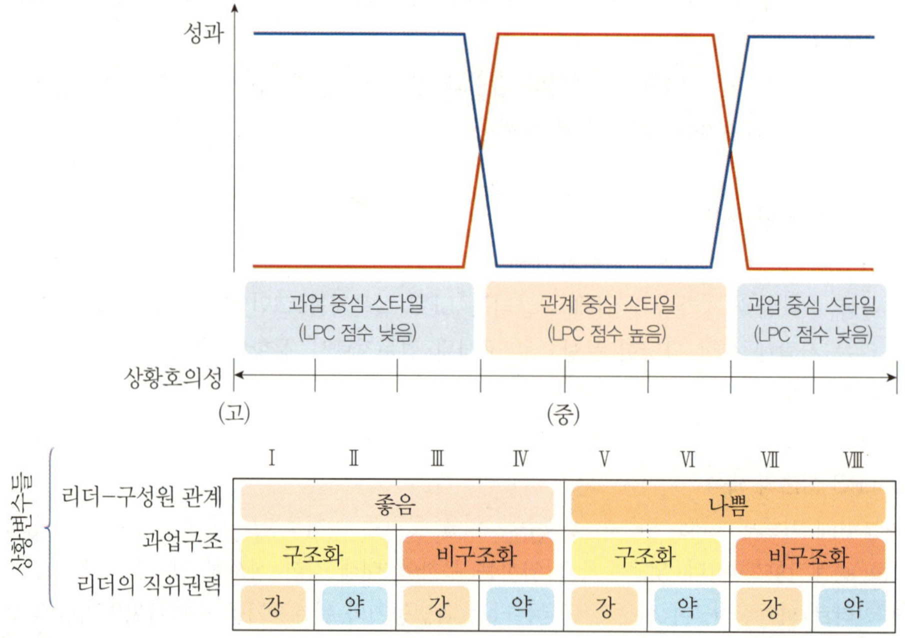

출처 : 백기복(2011)

a. 상황의 호의도가 중간 정도(상황 Ⅳ, Ⅴ, Ⅵ)일 때는 관계지향적인 리더십이 성과창출에 적합하다.

b. 상황이 아주 호의적(상황 Ⅰ, Ⅱ, Ⅲ)이거나 반대로 아주 비호의적(상황 Ⅶ, Ⅷ)일 때는 과업중심적 리더십이 최선의 성과를 가져다준다.

② 리더십 효과성의 제고방안[11)]

피들러의 연구결과는 성과를 내는 리더와 상황 간의 최적 조합이 존재한다는 것이다.

a. 리더의 교체

과업지향과 관계지향의 리더십 스타일은 양립이 불가하므로 상황이 바뀔 때는 상황에 맞게 리더를 교체해야 한다.

b. 상황의 변경

현재의 리더십을 유지하는 상태에서 성과를 높이고 싶다면 리더가 역량을 발휘할 수 있도록 상황을 조정하는 상황 엔지니어링(situation engineering)이 필요하다.

5) 한계[12)]

① LPC설문의 한계

이론적 근거에 의해 도출된 설문지가 아니기에 신뢰성(내적일관성)에 의문이 있고, 리더의 자기보고법(self-report)으로 측정되므로 부하가 인식하는 실제 리더십과 설문 결과가 다를 수 있다.

② 리더십에 대한 가정상의 한계

리더가 과업지향적인 특성과 관계지향적 특성을 동시에 가질 수 없다고 보았지만 현실의 리더들 중에는 이 두 종류의 행동을 모두 보여줄 수 있는 사람이 있다.

③ 상황변수에 대한 논리적 설명의 부족

각 상황변수가 어떤 이유로 리더십과 집단성과 간 관계를 조절하는지에 대한 논리적인 설명이 부족하다.

6) 시사점

① 피들러의 이론은 상황요인이 리더십의 효과에 미치는 조절변수로서의 영향력을 최초로 강조하였다.
② 리더십의 효과가 기존의 이론보다 훨씬 복잡한 경로를 통해 이루어진다는 점을 강조하였다.

| 3 | 허시와 블랜차드의 상황적 리더십 모델[13)]

1) 기본 가정

오하이오 주립대학 연구의 한계(구조주도와 배려의 유효성이 상황에 따라 달라짐)에 착안하여 허시와 블랜차드(Hersey & Blanchard)는 리더십의 효과가 구성원의 성숙도라는 상황요인에 의하여 달라진다는 상황적 리더십 모델(situational leadership theory, SLT)을 제안하였다. SLT는 구성원의 발달과정에 따라 필요한 리더십이 달라진다고 보기에 '리더십 수명주기 이론'으로 불리기도 한다.

2) 리더십 스타일 : 과업행동과 관계행동

① 과업행동

리더가 집단구성원들의 역할 범위와 한계를 명확히 해 주는 행동을 뜻한다. (예 과업수행방식의 구체화, 조직설계 등)

② 관계행동

리더가 구성원과 보다 긴밀한 인간관계를 맺는 행동을 뜻한다. [예 개방적 커뮤니케이션, 사회적 · 정서적 지원(social and emotional support) 실시 등]

3) 상황변수 : 구성원의 성숙도(maturity or readiness)[14]

구성원의 성숙도란 업무에 대한 능력(직무상의 성숙도, job maturity)과 의지(심리적인 성숙도, psychological maturity)를 종합한 개념이다. 능력과 의지의 높고 낮음에 따라 4가지 성숙도가 도출된다.

4) 상황에 따른 리더십의 효과성[15]

① 능력과 의지 모두가 낮은 경우(M1)

구성원의 직무수행 역량이 갖추어져 있지 않기 때문에 관계행동보다는 과업행동을 위주로 하는 지시형(directing) 리더십이 효과적이다.

② 능력은 낮으나 의지가 높은 경우(M2)

구성원의 조직몰입이 향상되지만 아직 역량이 부족하므로 과업행동과 관계행동의 수준 모두를 높이는 판매형[selling, 또는 지도형(coaching)이나 설득형] 리더십이 효과적이다.

③ 능력은 높으나 의지가 낮은 경우(M3)

구성원의 직무수행역량은 향상되지만 업무상의 매너리즘(mannerism)에 빠질 수 있기에 관계행동의 수준은 높게 유지하되 과업행동의 수준은 낮추어 재량을 허용하는 참여형(participating) 리더십이 필요하다.

④ **능력과 의지 모두가 높은 경우(M4)**

구성원의 성취동기가 높아서 스스로 목표를 달성할 수 있기에 과업행동과 관계행동의 수준 모두를 낮게 유지하는 위임형(delegating) 리더십이 효과적이다.

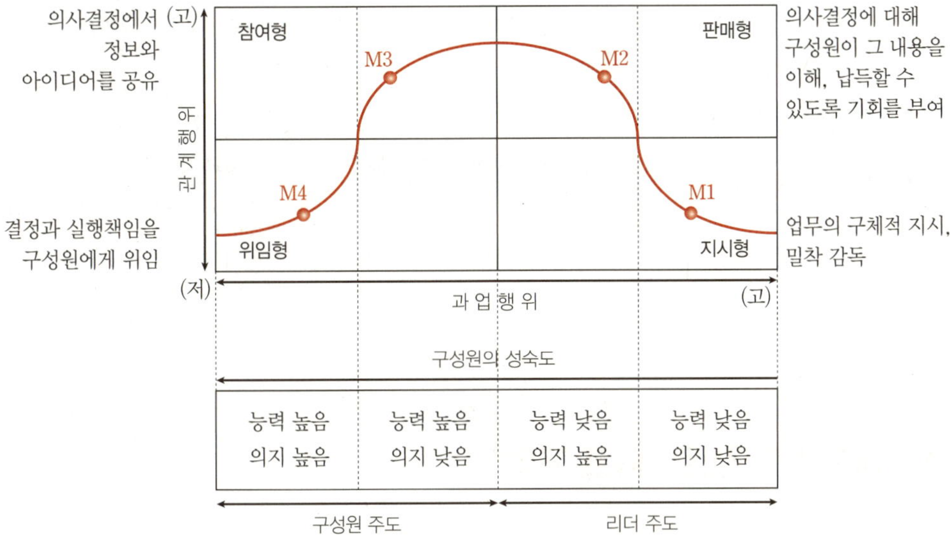

5) 한계

실증연구 결과 그 타당성(특히 구성타당성)이 매우 취약한 것으로 드러났다. 성숙도라는 개념이 모호하고, 성숙도를 제외한 다른 상황변수들의 효과를 무시하였기 때문이다.

6) 시사점

① 리더십의 효과 검증에 있어서 구성원의 특징을 중요하게 고려하였다는 점에서 조직 실무상 타당한 시사점을 제공한다.

② 구성원의 성숙도를 리더가 개발함으로써 리더 스스로의 업무부담을 줄일 수 있음을 밝혔다는 점에서도 의미를 가진다.

7) 피들러 이론과 허시 · 블랜차드 이론의 비교

		피들러의 이론	허시와 블랜차드의 이론
공통점		① 상황변수를 중시한 리더십 이론 ② 리더십 스타일을 과업지향적 측면과 관계지향적 측면으로 구분	
차이점	리더십의 속성	LPC로 측정되는 특성	행동양식
	주요 상황변수	상황의 호의성	구성원의 성숙도
	관련 이론	과업지향과 관계지향은 양립 불가능 ➠ 미시건大 연구 스타일	과업지향과 관계지향은 양립 가능 ➠ 오하이오 주립大 연구 스타일
	리더십 효과성을 높이는 방안	리더를 상황에 맞게 교체하거나, 리더에게 어울리는 상황을 조성해 줌	구성원의 성숙도를 고려하여 리더십 스타일을 스스로 변화시켜 나감

|4| 하우스의 경로-목표 모델[16)]

1) 기본 가정[17)]

하우스(House)에 의해 제안된 경로-목표 모델(path-goal model)은 브룸(Vroom)의 기대이론(expectancy theory)에 기반하고 있다. 하우스는 리더십이 기대, 수단성, 유의성의 증가에 기여할 때 구성원들로부터 신뢰를 얻으며 성과를 낼 수 있다고 보았다. 여기서 '경로'란 목표의 달성 과정으로서, 뛰어난 리더는 구성원들의 목표수행 과정상의 장애물을 제거해 준다.

2) 리더십 스타일 : 리더의 네 가지 행동양식

① 지**시**적(directive) 리더십(도구적, 수단적 리더십)은 구성원에 대한 통제와 감독(규정준수 독려, 작업일정 확인)을 강조하는 리더의 행동 스타일이다.

② 후**원**적(supportive) 리더십은 구성원들의 욕구와 복지에 관심을 보이며, 부하의 의견 제시를 촉진하는 리더의 행동 스타일이다.

③ **참**여적(participate) 리더십은 의사결정에 있어 구성원들의 견해를 중시하여 함께 상의하며 정보를 공유하는 리더의 행동 스타일이다.

④ 성**취**지향적(achievement-oriented) 리더십은 도전적(challenging) 목표설정을 통해 구성원들이 자신감을 갖도록 하여 최고의 성과달성을 독려하는 리더의 행동 스타일이다.

3) 리더십의 발휘 경로 : 기대이론과의 연계성

하우스에 따르면 리더십은 구성원의 기대 · 수단성 · 유의성에 영향을 미치며, 그 결과 동기수준과 직무만족도가 증가하며 성과가 창출된다. 예를 들어 지시적 리더십은 명확한 과업지시를 통해 구성원들이 인식하는 모호함(ambiguity)을 줄임으로써 성과와 보상 간의 연계, 즉 수단성에 대한 구성원의 신뢰를 높여준다.

4) 상황변수[18]

하우스는 리더십 성과에 영향을 미치는 상황변수(situational variables)로 구성원의 특성(직무능력, 통제위치, 욕구 등)과 환경요인(과업의 특성, 권한의 체계, 작업집단의 특징 등)을 들고 있다.

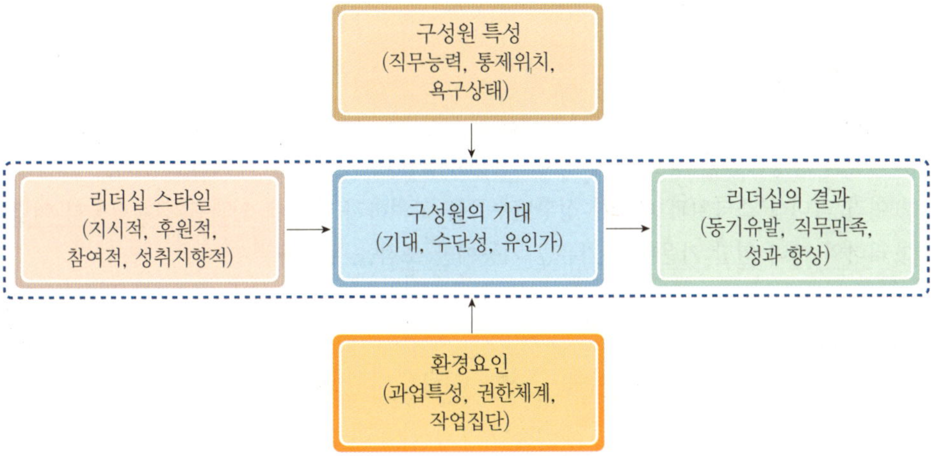

① 구성원의 특성

a. 능력(ability)

능력이 뛰어나다고 스스로 지각할수록 상사의 지시적 리더십에 대한 수용도가 낮아진다.

b. 통제의 위치(locus of control)

구성원이 내적 통제성향이면 참여적 리더십을 선호하고, 외적 통제성향이면 지시적 리더십을 선호한다.

c. 욕구 및 동인(needs and motives)

안전욕구가 강한 구성원은 지시적 리더십에 대한 수용도가 높고, 자존욕구가 강한 구성원은 지원적 리더십에 대한 수용도가 더 높다.

② 과업환경요소

a. 과업의 특성

과업이 구조적인 성격을 지니면 후원적(참여적) 리더십에 대한 만족도가 크며, 비구조적 과업이라면 지시적 리더십의 효과성이 크다.

b. 권한체계

방침이나 절차가 명백한 경우에는 지시적 리더십이 크게 요청되지 않지만, 비정형적 상황이나 시간의 압박이 존재할 때에는 지시적 리더십의 필요성이 커진다.

c. 작업집단의 특성

집단의 형성 초기에는 지시적 리더가 효과적이지만, 안정기에 접어들면서 점차 후원적이고 참여적 리더십의 효과가 커진다.

5) 한계 및 비판

① 다양한 상황요인들 상호 간의 상호작용(interaction) 가능성을 배제하고 있다.
② 여러 리더십 스타일과 다양한 상황변수들을 고려하기 때문에 인과관계의 검증이 어렵다.
③ 리더의 여러 역할 가운데 동기유발 기능에만 초점을 두었다.

6) 시사점

① 경영학의 역사에서 각기 따로 발전되어 왔던 리더십 이론과 동기부여 이론을 결합하였다.
② 리더가 상황에 따라 네 가지 스타일을 유연하게 선택 · 적용할 필요가 있음을 보여주었다.

| 5 | 브룸 · 예튼 · 제이고의 리더십 의사결정 모델[19)]

1) 기본가정

브룸(Vroom) · 예튼(Yetton) · 제이고(Jago)는 의사결정의 상황에 따라서 리더가 구성원을 참여시키는 정도가 달라져야 한다고 보았다. 그들의 이론모형을 리더십 의사결정 모델(leadership decision-making model) 또는 리더-참여 모델(leader-participation model)이라 하며, 리더의 의사결정에 필요한 처방(prescription)을 내려준다는 점에서 규범적 의사결정 모델(normative decision-making model)이라 부르기도 한다.

2) 리더의 스타일[20)]

리더십 의사결정 모델에서는 구성원의 참여정도를 결정하는 리더의 행동유형을 다섯 가지 리더의 스타일[순수독단형(AI) – 참고적 독단형(AII) – 개별참여형(CI) – 집단참여형(CII) – 위임형(GII)]로 나눈다.

① 순수독단형(AI)은 리더 혼자서 문제를 해결하고 의사결정을 하는 리더십 스타일이다.

② 참고적 독단형(AII)은 리더가 구성원들에게 정보를 요청하지만 의사결정은 혼자 하는 리더십 스타일이다.

③ 개별참여형(CI)은 리더가 구성원과 1 : 1로 문제를 공유하며 의견을 요청하고, 이를 토대로 리더가 의사결정을 혼자 수행하는 리더십 스타일이다.

④ 집단참여형(CII)은 리더가 구성원들과 문제 협의를 위해 집단토론을 수행하고 이를 토대로 리더가 최종 의사결정을 수행하는 방식의 리더십 스타일이다.

⑤ 위임형(GII)은 리더와 구성원이 문제 협의를 위해 집단토론을 수행하고 이를 토대로 (리더가 아닌) 집단 구성원 모두가 의사결정을 공동으로 수행하는 리더십 스타일이다.

3) 상황요인 : 의사결정의 질적 속성과 구성원의 수용도

리더의 의사결정은 의사결정과정의 질과 구성원의 수용도와 관련하여 '예' 또는 '아니오'로 응답 가능한 7가지 상황에 직면하여 이루어진다.

① 의사결정과정의 질적 속성

의사결정의 질(결정결과가 중요한가?), 리더의 정보(문제해결에 필요한 정보가 있는가?), 문제의 구조화 여부(문제가 정형화되고 확실히 정의되는가?) 등의 3가지 요인이 포함된다.

② 구성원의 수용도

구성원의 수용필요성(결정사항의 실천과정에 구성원들의 수용이 필요한가?), 구성원의 수용가능성(리더의 독단적 결정을 구성원들이 따를 것인가?), 조직목표 공유 여부(= 목표합일성, 구성원들이 조직목표를 공유하는가?), 구성원의 갈등(의견대립 가능성이 존재하는가?) 등의 4가지 요인이 포함된다.

4) 리더십의 효과성[21)]

7가지 상황요인의 조합에 따라 의사결정트리(decision-making tree)가 만들어지며, 구체적 의사결정상황마다 적합한 리더십 특성이 하나 또는 복수로 할당된다. 이 과정에서 사용된 구체적 규칙들의 내용은 다음과 같다.

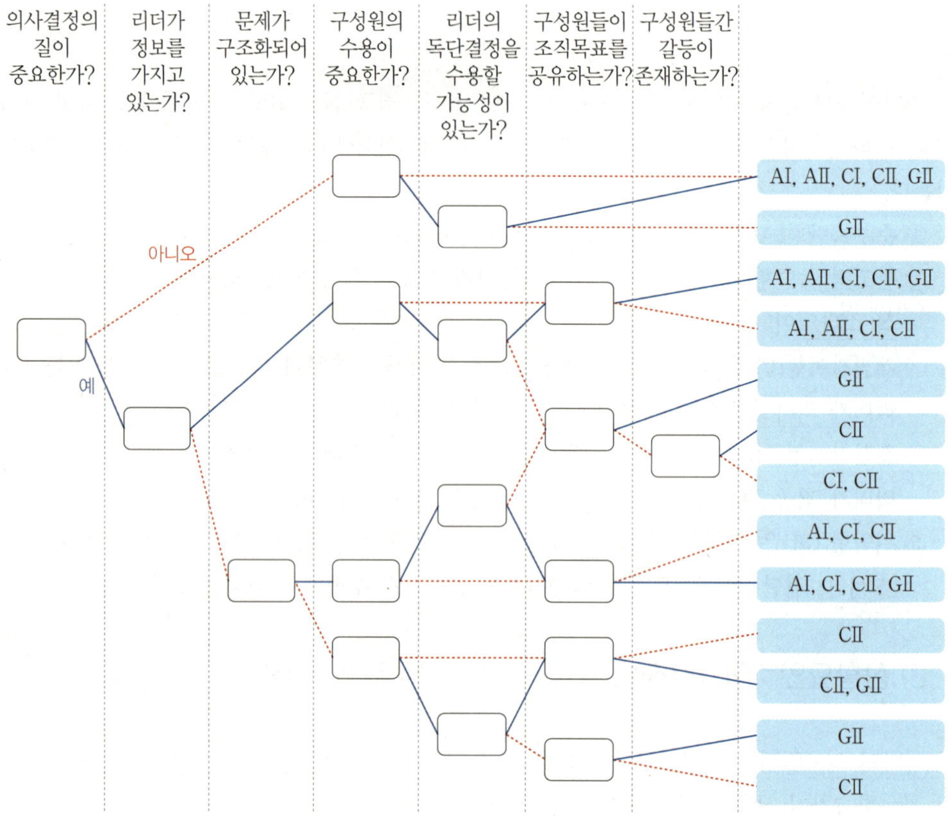

출처 : 백기복(2014), p.313

① 리더 정보의 규칙

의사결정의 질적 수준이 중요한 상황에서 정보나 기술이 부족한 경우에는 AI를 배제한다.

② 목적 합치의 규칙

의사결정의 질이 중요하지만 부하의 목표합일성이 낮다면 GII를 배제한다.

③ 구조 부재의 규칙

의사결정의 질이 중요하지만 리더가 정보를 갖지 않으며, 문제가 비구체적이고 비구조화된 경우에는 구성원 참여의 정도가 높은 리더십을 선택한다. (즉 AI, AII, CI 방식 배제)

④ 수용의 규칙

구성원들의 수용필요성이 큰 동시에 수용여부가 불확실하다면 AI과 AII를 배제한다.

⑤ **갈등의 규칙**

구성원의 수용필요성이 큰 상황에서 목표합일성이 낮다면 참여도가 큰 리더십을 사용해야 한다. (즉 AI, AII, CI 방식 배제)

⑥ **공평성의 규칙**

의사결정의 질이 전혀 중요치 않으며 구성원의 수용성이 중요하다면 GII를 선택한다.

⑦ **수용우선의 규칙**

구성원들의 수용필요성이 크고, 수용가능성이 낮으며, 구성원들의 목표합일성이 높다면 GII를 선택한다.

5) 리더의 철학[22)]

특정 상황에서 최적의 효과를 낼 수 있는 리더의 행동방식이 복수로 존재할 경우에는 시간비용(time cost)과 구성원 개발(employee development)을 추가로 고려한다. 만약 시간비용을 절약하고자 한다면 리더 본인이 스스로 결정하는 독단적 방식을 선택하고, 구성원의 개발을 강조하는 리더라면 위임에 가까운 방식을 사용한다.

6) 한계

① 상황속성들을 예/아니오로 이분함으로써 보다 현실성 있는 상황분석을 어렵게 한다.
② 구성원간의 물리적 분산(거리) 정도 등을 포함한 다양한 상황변수를 고려하지 않았다.
③ 리더가 의사결정시 구성원의 참여도를 다양하게 조절할 수 있다는 가정에 대한 비판이 있다.
④ 리더와 구성원 간의 상호작용을 고려하지 않았다는 한계가 지적된다.

7) 시사점

① 관리자들이 실제 직면하는 의사결정상황에서 적용가능한 기준이 무엇인지를 밝혔다.
② 양질의 의사결정을 위해서 경영자와 조직구성원에 대한 교육훈련이 중요하다는 점을 일깨웠다.
③ 다른 리더십 이론들에 비해 타당성과 설명력이 높다.

| 6 | 리더십 상황이론의 일반적 한계점[23)]

1) 연구자의 편의에 따라 일부 상황변수를 취사 · 선택하였다.
2) 종단분석을 통한 인과검증보다는 상관분석에만 치중하였다.
3) 리더십 스타일을 몇 가지로 특정할 수 있다는 가정에 대한 비판이 존재한다.
4) 상황변수를 지나치게 강조함으로써 일반이론의 발견이 어렵다.

제4절 리더십의 관계이론

ORGANIZATIONAL BEHAVIOR AND ORGANIZATION DESIGN

| 1 | 리더 - 구성원 교환(LMX) 이론

1) 의의

리더-구성원 교환(LMX, leader-member exchange)이론은 리더와 구성원 간에 형성되는 관계의 질에 따라 조직행동의 결과가 차이가 난다는 것을 핵심 가정으로 한다.

2) 이론의 기원 : ALS와 VDL[24)]

① **평균리더십 스타일**(average leadership style, ALS)
기존의 리더십 이론에서는 리더의 영향력이 집단 내 전 구성원에게 동일한 정도로 적용된다고 본다.

② 수직짝관계이론(vertical dyadic linkage theory, VDL)

a. 개념

수직짝관계이론은 리더와 구성원의 관계가 리더와 각각의 팔로워(follower) 간에 형성되는 일대일 관계(dyadic relationship)이며, 리더십의 효과도 이 관계의 속성에 따라 달라진다는 관점이다. LMX이론은 VDL이론에서 발전된 것이다.

b. 수직짝(vertical dyad)의 종류 : 내집단과 외집단

i. 관계의 질(quality of relationship)이 좋은 내집단(in-group)에서는 상호 간에 동업자적 신뢰와 존경심이 형성되며, 높은 수준의 상호작용(high level of interaction)이 이루어진다.

ii. 관계의 질이 좋지 않은 외집단(out-group)에서는 리더가 감독자(supervisor)로서만의 역할을 하고, 상호 공식적 범위에서의 관계(official relationship)만 유지한다.

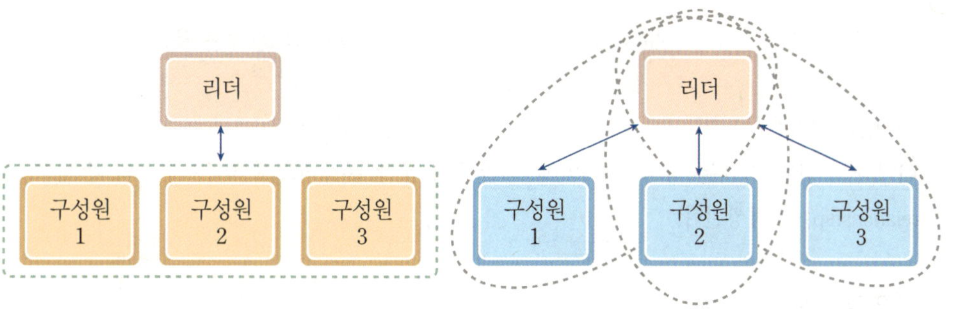

평균리더십 스타일(ALS)　　　　수직짝관계이론(VDL)

3) LMX의 개념과 영향요인[25)]

① 개념

리더와 구성원 간 교환의 질(quality of exchange)을 뜻한다. 교환의 대상은 서로에 대한 관심, 배려, 전문지식, 경제적 보상 등으로 다양하다.

② 영향요인

리더와 구성원 간 교환의 질은 서로의 유사성이 있거나 각자에게 호감을 느낄 때, 역량이 높거나 외향적 성격을 가지는 경우, 리더가 구성원을 공정한 방식으로 대하며 권한을 위임할 때 향상된다.

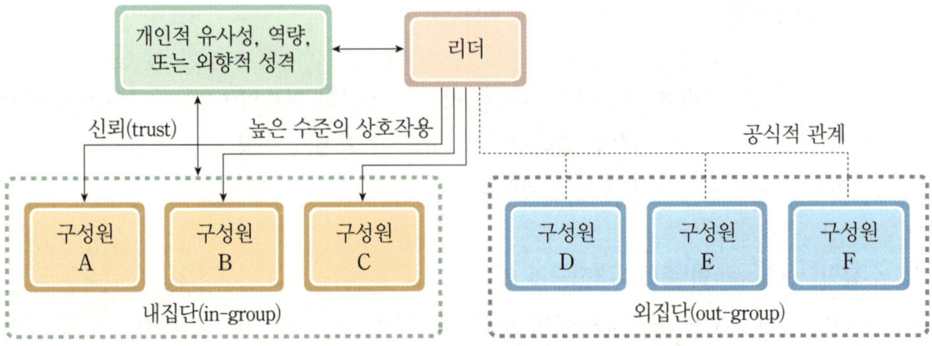

출처 : Robbins & Judge(2013), 수정인용

4) LMX의 발전 단계[26)]

그레인과 얼빙(Graen & Uhl-Bien)에 따르면, 리더와 구성원 간 관계는 세 단계로 발전한다.

① 이방인 단계

리더와 구성원 간에는 공식적 역할에 기반한 교류만 존재하므로 낮은 수준의 관계질(quality of relationship)이 형성된다.

② 면식 단계

리더는 부하의 역할감당능력(공헌능력)과 의지를, 구성원은 상사의 권한위임의사와 보상능력을 검증하여 이전보다 더 밀접한 사회적 관계를 형성한다. 리더가 구성원의 보답능력을 간파하고 적절한 보상을 제공하면 해당 관계쌍(dyad)은 내집단으로 발전한다.

③ 파트너 단계

리더와 구성원 간 상호 신뢰와 존경이 형성되는 파트너십의 구축 단계이다. 상사와 부하 모두 서로에게 의지하며, 자기 자신보다는 집단의 이해를 중요시하는 경지에 도달한다.

5) 리더십의 효과[27)]

① 순기능적 측면 : 조직행동의 결과변수를 중심으로

내집단에 속한 이들은 만족도와 직무몰입도가 더 높으며, 리더에 의한 평가점수도 더 좋고, 조직시민행동(OCB)과 조직정의인식(perceptions on organizational justice)의 수준도 높아서, 낮은 이직률을 보인다.

② 역기능적 측면 : LMX 차별화의 관점에서

리더-구성원 관계의 균일도가 낮아서 LMX 차별화(LMX differentiation)의 정도가 높다면 특정 구성원을 편애한다는 불만을 야기하여 집단 전체에 악영향을 미칠 수도 있다. 또한 리더와 관계가 좋은 구성원이 다른 구성원들에 의해 따돌림을 당할 수도 있다(LMX 격리).

6) 시사점

① 실증연구를 통하여 리더와 구성원 간 좋은 관계가 형성되면 구성원들의 직무만족이 향상되고 성과도 높아진다는 사실이 검증되었다.
② 내집단 형성을 위한 상사-부하 간 의사소통을 강조함으로써 구체적인 행동지침을 제공한다.
③ 다양한 분야(기업, 軍 조직, 고객관계, 정치인-유권자 관계)에서 적용 가능하다.

7) 비판점

① 부하직원들이 내부통제(internal locus of control)적 성향을 띨 때 비로소 리더-멤버 간 교환관계형의 리더십이 조직성과와 연결된다.
② 내집단과 외집단을 구분하여 관리하는 방식의 리더십은 일종의 차별대우로서 팀워크를 저해하고 조직문화에 악영향을 미칠 수 있다.

8) 최근의 연구경향

① 팔로워십(followership)[28]

리더에 대한 연구만큼이나 추종자(follower)에 관한 특성이나 행동양식을 연구하는 작업이 필요하다는 관점하에, 켈리(Kelley)는 행동특성(수동 vs. 적극)과 사고특성(독립·비판적 vs 의존·무비판적)에 따라 팔로워의 유형을 모범형(비판·적극적), 순응형(무비판·적극적), 수동형(무비판·수동적), 소외형(비판·수동적), 실무형(절충형)의 다섯 가지로 나누었다.

② RLMX와 TMX[29]

a. RLMX(relative leader-member exchange)

상대적 LMX로서, 팀 내의 평균적인 LMX에 비하여 특정 구성원이 리더와 갖는 관계의 질을 의미하는 개념이다.

b. TMX(team-member exchange)

팀-구성원 교환은 팀의 구성원과 동료 간에 형성되는 교환관계로서, 아이디어와 피드백의 공유, 정보와 도움 및 인정(recognition)의 공유 등과 관련이 있다.

제5절 현대적 리더십이론

ORGANIZATIONAL BEHAVIOR AND ORGANIZATION DESIGN

(1998년) 제7회 공인노무사시험
변혁적 리더십(Transformational Leadership)과 교환적 리더십(Transactional Leadership)을 비교, 설명하라. (25점)

(2002년) 제46회 행정고등고시
조직의 생존과 관련하여 최근 '변화'가 중심 주제가 되고 있다.
이러한 변화에 적절한 조직과 리더십으로 학습조직(learning organization)과 변혁적 리더십(transformational leadership)에 대한 관심이 증가하고 있다.
이와 관련하여 (총 30점)
1) 학습조직의 의미와 필요성을 설명하시오. (5점)
2) 학습조직의 특성을 관료제 조직과의 비교를 통하여 설명하시오. (10점)
3) 변혁적 리더십이 학습조직 구축에 왜 중요한가를 변혁적 리더십의 행동유형과 특성을 중심으로 설명하시오. (15점)

(2012년) 제21회 공인노무사시험
현대 기업경영에서는 전통적 리더십과는 달리 카리스마 리더십과 서번트 리더십이 새로운 관점에서 부각되고 있다. 두 리더십 유형의 의의, 주요 특징을 각각 설명하고, 현대 기업에 대한 적용측면에서 장 · 단점을 비교하시오. (50점)

(2019년) 제28회 공인노무사시험
거래적 리더십(transactional leadership)과 변혁적 리더십(transformational leadership)의 개념과 주요 구성요인을 설명하고, 각 리더십별로 권력원천(source of power)과의 상호관련성을 기술하시오. (25점)

|1| 카리스마 리더십[30)]

1) 의의

① 어원과 개념

베버(Weber)의 권한(권위, authority) 형태 분류(전통적 권위, 법적 권위, 카리스마적 권위)에서 유래한 카리스마(위광, charisma)는 구성원들에 의해 천부적이고 남다르게 지각되는 리더의 특성으로서, 특성이론의 연장선상에서 네오 카리스마(neo-charismatic) 리더십으로도 불린다.

② **연구경향**

리더의 특성(trait)에 초점을 둔 하우스(House)에 의해 카리스마 리더십 연구가 본격적으로 시작되었으며, 콩거와 카눙고(Conger & Kanungo)에 의해 행동양식(behavior)이 구체화되었다.

2) 카리스마 리더의 다섯 가지 행동특성

① **환경민감성**(sensitivity to environment)

카리스마적 리더는 현재 상황에 대하여 근본적인 불만을 가지며 변화에의 노력을 경주한다.

② **욕구민감성**(sensitivity to member's needs)

카리스마적 리더는 구성원들이 갖고 있는 욕구를 면밀히 파악하여 정확히 이해한다.

③ **전략적 비전의 형성**(strategic vision articulation)

카리스마적 리더는 매우 웅장하고 이상적인 비전을 구성원들과 공유 및 소통한다.

④ **개인위험 감수**(personal risk)

카리스마적 리더는 비전달성과 성과창출에의 믿음을 바탕으로 자기희생적 모범을 보임으로써 구성원들의 신뢰와 몰입을 이끈다.

⑤ **비정형적 행동**(unconventional behavior)

카리스마적 리더는 규범과 전통에 얽매이지 않는 자유로운 행동을 할 수 있다.

3) 상황요인

카리스마적 리더십은 구성원들의 업무에서 개혁과 혁신의 필요성이 높거나, 심한 스트레스를 받아 의존욕구가 커질 때, 환경 불확실성이 매우 클 때, 위험에 처해 있을 때 효과적이다. 여기서 리더의 직급이 높을수록 카리스마의 효과가 크다.

4) 카리스마 리더십이 발휘되는 4단계 과정

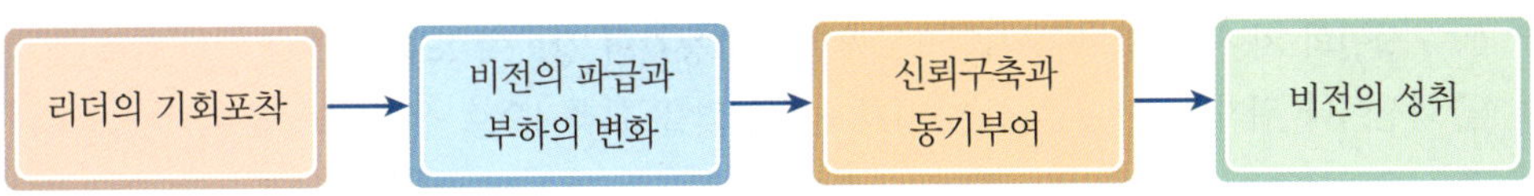

① **리더의 기회 포착 ➠ Timing**

현 상황에서 조직이 직면하는 기회요인과 위협요인을 파악하고 이해관계자(stakeholder)의 욕구를 고려하여 전략과 비전을 수립하며, 구성원에게 비전을 알리고 행동대안을 제시한다.

② **비전의 파급과 부하의 변화 ➠ Visioning**

상황개선의 필요성, 그리고 수립된 비전과 전략이 왜 바람직한지를 구성원에게 설득한다. 이를 통해 구성원들은 비전 달성에의 자신감을 갖는다.

③ **신뢰 구축과 동기부여 ➠ Motivating**

리더는 전문성에 기반한 기대 이상의 성취, 위험감수와 자기희생을 통해 구성원들의 신뢰를 획득한다. 그 결과 구성원들은 목표달성에 대한 의미감(meaningfulness)과 확신을 갖는다.

④ **비전의 성취 ➠ Achieving**

구체적인 목표달성방법 및 위기관리 방법을 제시함으로써 의도한 비전을 실현한다. 그 결과 높은 수준의 조직몰입도와 직무만족이 실현되며, 조직은 성과창출에 성공한다.

5) 구성원 자아개념(self-concept)의 4단계 변화과정[31)]

① 구성원이 리더의 태도와 행동을 본받아 그처럼 되고자 하는 개인적 동일화 단계이다.

② 리더와 구성원 집단 전체가 동일한 태도, 가치관, 행동양식을 보이는 사회적 동일화 단계이다. 여기서는 개인목표보다는 집단(조직 전체나 국가도 포함)의 목표 달성이 우선시된다.

③ 구성원들이 리더의 가치관을 수용(체화)하는 내면화 단계에서는 개인의 판단기준이 소거된다.

④ 집단효능감(collective efficacy)의 형성 단계에 이르면 특정 과업을 능히 해 낼 수 있다는 집단능력에 대한 강한 신념이 구성원 집단 내에서 구축된다.

6) 장점

① 집단성과에 리더가 미치는 영향력과 그 행사과정(메커니즘)을 잘 보여준다.

② 다른 리더십 개념과는 달리 실증연구에서 성과에의 영향력이 큰 것으로 밝혀졌다.

③ 구성원의 자아개념을 변화시킴으로써 집단효능감의 강화에 도움을 준다.

④ 혁신이나 위기극복에 리더십이 미치는 영향력을 효과적으로 설명하고 있다.

7) 단점

① 카리스마 과잉의 리더는 지나친 자신감으로 인한 집단사고(group think)를 유발할 수 있다.
② 카리스마 있는 리더의 장기집권 가능성 등으로 인한 문제가 발생하기도 한다.
③ 집단효능감의 강화 및 일체감 증가로 인해 구성원들의 다양성이 무시될 가능성이 있다.

| 2 | 서번트 리더십[32)]

1) 의의

그린리프(Greenleaf)에 의해 주창된 서번트 리더십(servant leadership)은 구성원들이 목표달성 과정에서 지치지 않고 스스로 성장할 수 있도록 각종 환경을 조성해 주고 도와주는 리더십이다. 온갖 허드렛일을 하면서 다른 동행자들을 도왔던 헤세의 소설 "동방순례(Journey to the East)"의 주인공 레오(Leo)로부터 착안하여 명명된 리더십 유형이다.

> "He who wishes to live long must serve, but he who wishes to rule does not live long."
> Hermann Hesse (1932), *Journey to the East*

2) 서번트 리더의 특성[33)]

① **경청**(Listening)
부하를 존중하는 태도로 적극적인 경청을 해야 부하의 욕구를 명확히 파악할 수 있다.

② **공감**(Empathy)
공감이란 부하의 감정과 니즈(needs)에 대한 차원 높은 이해심이다.

③ **치유**(Healing)
치유는 리더가 부하들을 이끌어 가면서 보살펴 주어야 할 문제가 있는가를 살피는 것이다.

④ **설득과 임파워먼트**(empowerment)
권위주의적 리더가 구성원을 소극적인 추종자(follower)로 만드는 반면, 서번트 리더는 구성원을 창의적인 적극적 참여자로 만든다.

⑤ 스튜어드십(Stewardship)

리더는 조직의 물적, 인적 자원을 관리하고 보호하는 책임자로서 구성원에게 봉사한다.

⑥ 부하의 성장을 위한 노력(Commitment to the growth of people)

리더는 부하들의 개인적 성장, 정신적 성숙 및 전문성 제고를 위한 기회와 자원을 제공한다.

⑦ 공동체 형성(Building community)

리더는 조직구성원들이 서로 존중하며 봉사하는 진정한 의미의 공동체를 만든다.

3) 서번트 리더십의 효과[34)]

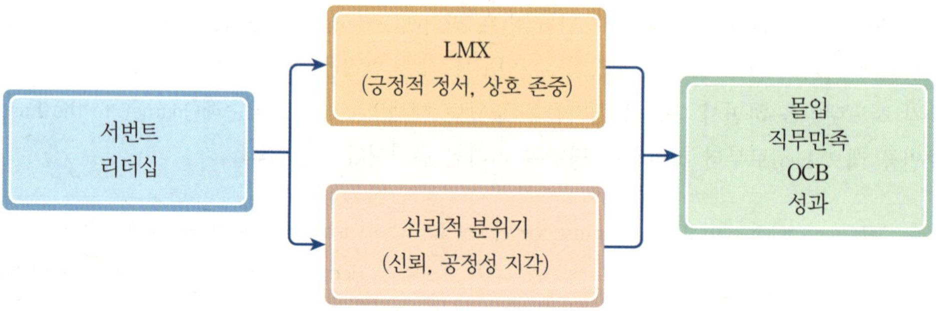

출처 : 박경규(2014), p.420

① 서번트 리더는 집단 내 긍정적인 정서를 형성하고 LMX를 개선한다.
② 집단 내 상호신뢰 및 공정성 지각을 증가시켜 조직 내 심리적 분위기를 호의적으로 만든다.
③ 궁극적으로 구성원의 몰입, 직무만족, 조직시민행동 및 성과 향상에 기여한다.

4) 장점

① 대화와 협력, 토론이 중시되는 21세기 지식경영시대에 걸맞은 리더십 유형이다.
② 리더의 후원기능을 강조함으로써 구성원 개개인의 역량 강화에 이바지할 수 있다.
③ 수평적 조직문화 형성에 이바지한다.
④ 조직 내 인화단결에 도움이 된다.

5) 단점

① 너무나 다양한 속성들을 모아 놓은 리더십으로서, 단일한 리더십 변수로 보기가 어렵다.
② 서번트 리더십의 속성상, 단기적으로 성과를 내기에는 어려움이 있다.

③ 여성주의 학자들로부터 전통적 가부장제의 신화(myth)를 리더십에 반영했다는 비판을 받는다.

④ 리더를 강한 존재로 보는 전통적 시각과 비교하여, 유약한 리더십이라는 비판을 받는다.

| 3 | 변혁적 리더십[35)]

1) 역사적 배경과 의의

번즈(Burns)와 배스(Bass)는 기존의 모든 리더십 이론들이 구성원과 리더 간 교환(거래)관계에 기반한 거래적 리더십(transactional leadership)에 치중되어 있다고 비판하며, 장기적인 관점에서 혁신을 위한 자극을 제공하는 촉진자(facilitator)로서의 새로운 리더십인 변혁적 리더십(transformational leadership)이 필요함을 주창하였다. 이는 저차욕구(생리적 욕구, 안전 욕구)에 얽매여 살아가는 구성원들이 고차욕구(사회적 욕구, 존경 욕구, 자아실현 욕구)를 추구하도록 마음속 가치체계를 변화(transform)시키는 리더십이다.

2) 변혁적 리더십과 거래적 리더십의 비교

① 개념

a. 변혁적 리더십은 구성원들이 개인적 이익을 초월한 조직 차원의 이익에 기여할 수 있도록 고무시키며, 구성원 개인의 성장과 발전을 위한 노력도 기울이도록 독려하는 리더십이다.

b. 거래적 리더십은 목표달성을 위해 규정된 과업행동을 효율적으로 수행하도록 적절한 강화기제를 사용하는 리더십이다.

② 목표

a. 변혁적 리더십은 주로 장기적 관점에서 효과성에 초점을 둔다.

b. 거래적 리더십은 주로 단기적 안목에서 효율성에 초점을 둔다.

③ 구성요소의 차이

a. 변혁적 리더십의 구성요소

ⅰ. 카리스마(charisma)

- 영감적 동기부여(inspirational motivation) : 변혁적 리더는 구성원에게 비전을 제시하고 이를 열정적으로 소통한다.
- 이상적 역할모델(idealized influence) : 변혁적 리더는 이상적 리더로서 모범적 행동을 보인다.

ⅱ. 개별적 관심(individualized consideration)

변혁적 리더는 구성원 개인의 욕구와 감정을 파악하여 변화나 혁신을 위한 적절한 코칭과 지원을 실시한다. (따라서 인간관계적 친밀감에 초점을 둔 오하이오 주립대학의 '배려'와는 다르다.)

ⅲ. 지적 자극(intellectual stimulation)

변혁적 리더는 구성원들이 기존 관행에 대해 의문을 가지고 새로운 관점에서 현상을 바라보도록 자극한다.

b. 거래적 리더십의 구성요소

ⅰ. 조건적 보상(contingent reward)

거래적 리더는 구성원의 만족스러운 업무수행에 대해 보상을 제공한다.

ⅱ. 예외에 의한 관리(management-by-exception)

- 능동적 예외관리(active management-by-exception) : 업무수행과정에 적극 개입하여 지속적으로 과정을 살피고 문제 발생시 수정한다.
- 수동적 예외관리(passive management-by-exception) : 리더는 문제 발생시에만 개입하여 수정한다.

④ 효과

a. 변혁적 리더십은 거래적 리더십보다 성과에 미치는 영향이 크다. 실제로 변혁적 리더십은 조직몰입과는 0.5, 직무성과와는 0.3의 상관을 보이며, 그 밖에도 구성원들의 소속감과 응집력, 조직시민행동, 리더에 대한 신뢰 등에 도움을 준다.

b. 거래적 리더십은 주어진 목표달성 자체에 집중하는 리더십이므로 구성원의 성과를 (방임형 리더십과 비교하면) 어느 정도는 향상시킬 수 있다.

c. 성과에의 영향력은 자유방임형, 수동·능동적 예외관리, 조건적 보상, 변혁적 리더십의 순으로 증가한다.

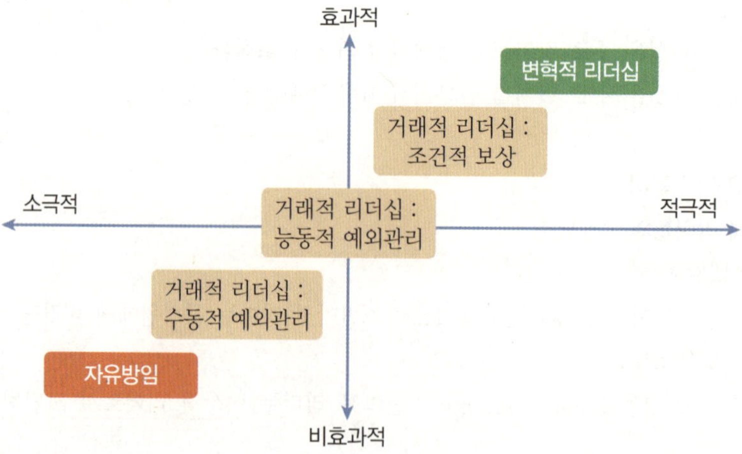

⑤ 보완성

거래적 리더십은 부정적인 것이고 변혁적 리더십만이 필요한 것이 아니라 두 리더십은 보충적(complementary)이라는 점에 유의해야 한다. 배스(Bass)에 따르면 거래적 리더는 구성원들의 업무를 명확하게 제시하기 때문에 변혁적 리더십의 효과가 발휘되는 기반이 된다. 따라서 거래적 리더십의 바탕 위에서 변혁적 리더십 행동이 추가로 투입되면 성과가 유의미하게(significant) 증가하는 증분효과가 있다.

⑥ 권력원천

a. 거래적 리더십은 조건적 보상, 규정 및 절차, 상사의 지시와 명령 등을 리더십 발휘 수단으로 사용하므로, 권력의 원천 중에서 공식적 권력(강압적, 보상적, 합법적 권력)과 관련이 있다.

b. 변혁적 리더십은 역할모델(role model)로서 부하직원에의 영감 제공, 지적인 자극, 개인적인 관심과 배려 등을 리더십 발휘 수단으로 사용하므로, 권력의 원천 중에서는 개인적 권력(전문적, 준거적 권력)과 관련이 있다.

3) 변혁적 리더십의 효과 발생과정[36)]

① 변혁적 리더십의 선행요인 : 개인과 조직의 특성

a. 개인차원에서 외향성 · 친화성과 긍정정서(PA), 내적통제성향 등이 영향을 준다.

b. 조직차원에서는 적응적 조직문화(adaptive culture)에서 변혁적 리더가 탄생한다.

② 리더의 변혁적 행동

리더가 높은 수준의 윤리의식 하에서 구성원들을 위한 역할 모델이 되며 개별적 관심, 지적 자극, 임파워먼트를 제공함으로써 리더의 영향력이 극대화된다.

③ 구성원과 집단에 미치는 영향

변혁적 리더는 구성원들의 내재적 동기(intrinsic motivation)를 증가시켜주며 그들로부터의 신뢰를 얻음으로써, 집단효능감과 응집력을 향상시켜 구성원들에게 자신감을 심어준다.

④ 결과

구성원들이 조직의 비전과 목표에 강하게 몰입한 결과 직무만족이 증가하고 개인과 집단뿐만 아니라 조직차원에서의 성과도 향상된다.

4) 결과변수 및 시사점

① 변혁적 리더십은 구성원들의 소속감과 응집력, 몰입, 효능감, 직무만족, 조직시민행동, 리더에 대한 신뢰 등을 높이고, 스트레스 수준과 과로의 정도 및 이직률을 낮춘다.
② 변혁적 리더십은 거래적 리더십보다 성과에 미치는 영향이 크다.
③ 변혁적 리더십의 구성요인들 가운데 카리스마의 영향력이 가장 크다.

5) 비판

① 변혁적 행동과 거래적 행동의 하위 개념의 요인구조(factor structure)가 모호하다.
② 초기 연구들에서는 변혁적 리더십에 영향을 미치는 상황변수가 제시되지 않았다.
③ 변혁적 리더가 구성원들로부터 유도하는 과도한 정서적 몰입이 소진(burnout)을 유발한다.

6) 후속연구에서 발견된 상황변수[37)]

① 문화적으로 권력거리가 낮은 경우에 변혁적 리더십은 절차적 공정성과 보다 긍정적인 관계를 가지므로 더욱 효과적이다.
② 창의적 자질이 있는 구성원에게 적용될 때 변혁적 리더십의 효과가 더욱 좋다. 그렇지 않은 경우에는 차라리 거래적 리더십을 사용하는 편이 낫다.
③ 기업의 규모가 변혁적 리더십의 효과 발현 과정에 영향을 미친다. 소규모의 기업에서 더 큰 효과가 있다는 연구[38)]와 대기업에서 성과에 도움이 된다는 연구[39)]가 혼재한다.

7) 변혁적 리더십과 서번트 리더십의 비교[40)]

		변혁적 리더십	서번트 리더십
공통점		• 구성원에 대한 '무조건적' 영향력 행사 • 리더가 제시하는 비전(vision)의 강조 • 구성원에게 신뢰(trust)를 제공(지적 자극, 경청, 공감 등) • 구성원에게 배려(consideration)를 제공(개별적 관심, 헌신 등)	
차이점	리더십의 역할	구성원을 영감적으로 고취	구성원 자체를 섬김
	부하의 역할	고차원적 동기를 추구	현명한 자율적 인간으로 거듭남
	동인(motive)	부하를 이끌려는 욕망	부하를 섬기려는 의지
	집단운영 목표	목표달성을 위한 결속력 증대	호혜적 커뮤니티의 형성
	조직관리 목표	영감제공을 통한 성과창출	성과보다는 공동체를 섬김

| 4 | 진정성 리더십[41)]

1) 의의[42)]

윤리적 가치관에 대한 학계와 실무계의 관심을 반영하여 개념화된 진정성 리더십(authentic leadership)은 자신이 가진 핵심가치와 정체성을 근거로 구성원들과 상호작용함으로써 조직을 건강하게 이끄는 리더십을 뜻한다. 진성리더는 자신을 잘 알고, 자신의 가치관과 신념에 따라 공개적이고 솔직하게 행동한다.

2) 구성요소[43)]

① 자아인식(self-awareness)

현실에 기반하여 수행되는 자기 스스로에 대한 솔직한 파악이다.

② 진성행동(authentic behavior)

이는 자기규제(self-regulation)라고도 불리며, 자신의 내면이나 가치관과 일치하는 행동으로서, 두 요소로 구성된다.

a. 내면화된 도덕적 시각(internalized moral perspective)

리더는 대중적 상식이나 통념이 아니라 자신의 내면적 도덕기준과 가치관에 따라 행동한다. 상황이나 외부의 압력(social pressure 등)이 자신을 통제하지 못하게 한다.

b. 균형잡힌 정보처리(balanced/unbiased processing)

좋든 나쁘든 자신에 관련된 정보를 진솔하게 받아들이고, 다른 사람들의 의견을 다각도로 검토하는 능력이다.

③ 진정성 기반 인간관계(relational authenticity)

자신의 긍정적인 면과 부정적인 면 모두를 드러내고 다른 사람들과 진실하게 소통한다.

3) 원인변수[44)]

① 주된 원인변수

진정성 리더십의 출발점은 개인 차원에서의 긍정심리자본(positive psychological capital)과 조직 차원에서의 긍정적 조직 맥락(positive organizational context : 참여적 조직문화 등)이다. 따라서 진정성 리더십은 특성의 측면도 존재하지만 개발 가능한 측면도 있음을 알 수 있다.

② 기타 원인변수

도덕적 분별력(moral reasoning, 옳고 그른지를 판별하는 윤리적 결정능력)과 생애의 중대사건(critical life event)을 통해 얻은 경험과 통찰 역시 진정성 리더십에 영향을 준다.

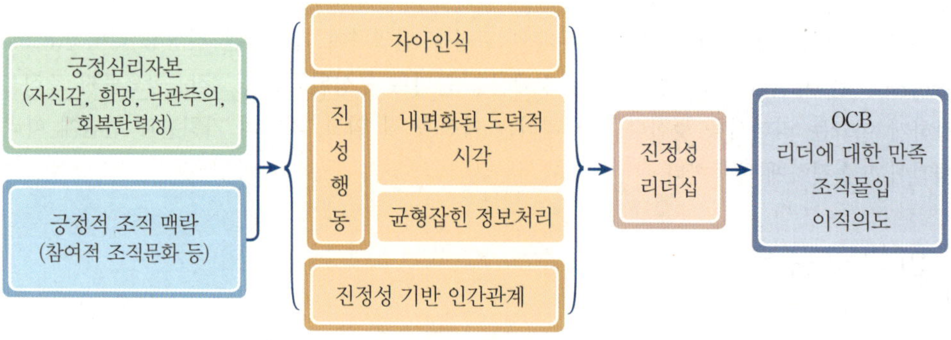

4) 결과변수

높은 수준의 진정성 리더십은 조직구성원들의 조직시민행동(OCB), 리더에 대한 만족 및 조직몰입을 증가시키고 이직의도를 감소시킨다.

| 5 | 슈퍼리더십[45)]

1) 의의

슈퍼리더십(Superleadership)은 구성원을 스스로 리드할 수 있는 역량과 기술을 가진 셀프리더(self-leader)로 육성하는 리더의 행동스타일이다.

2) 셀프리더의 육성 단계 : 만쯔와 심스(Manz & Sims)가 제시한 슈퍼리더의 역할

① 스스로 셀프리더가 되기(becoming a self-leader)

타인을 이끌기 전에 리더 스스로 내재적 동기를 갖는 셀프리더가 되는 단계이다.

② 구성원들에게 셀프리더로서의 모범을 보여주기(modeling self-leadership)

업무수행과정에서 구성원들에게 셀프리더로서의 다양한 행동양식을 보여주는 모델이 된다.

③ 자기설정 목표의 독려(encouraging self-set goal)

구성원들 스스로 측정 가능한 도전적인 구체적 목표를 설정할 수 있도록 코칭(coaching)한다.

④ **긍정적 사고패턴을 창안하기**(create positive thought patterns)

구성원에게 스스로의 역량이 뛰어남을 지속적으로 알려주어 자신감과 기대감을 불어넣는다.

⑤ **보상과 건설적 질책을 통한 육성**(develop through reward and constructive reprimand)

외재적 보상보다는 동기부여를 위한 내재적 보상을 실시하며, 처벌시에도 구성원의 자신감을 훼손하지 않도록 건설적인 방향의 질책을 시행한다.

⑥ **팀워크를 통한 셀프리더십의 촉진**(promote self-leadership through teamwork)

셀프리더들로 구성된 자율관리팀이 형성되면 리더에 의존하지 않고 스스로 판단할 수 있다.

⑦ **셀프리더십 문화의 촉진**(facilitate a self-leadership culture)

최고경영자의 관심과 조직차원의 지원을 통하여 셀프리더십을 조직의 문화로 정착시킨다.

3) 셀프리더십 전략 : 구성원의 역할

슈퍼리더십의 핵심은 구성원 스스로 셀프리더가 되는 것이다. 이 과정에서 사용가능한 전략을 효과적 행동(behavior) 측면과 효과적 사고(thinking) 측면으로 구분하면 다음과 같다.

① **행위초점 전략**(behavior-focused strategy)

우리 스스로가 자신의 행동을 관리하는 방법으로서, 기존 행동을 분석하고(수행한 업무 기록), 도전가능한 수준의 목표와 데드라인을 설정하며, 긍정적인 피드백을 제공하는 것을 포함한다.

② **인지초점 전략**(cognitive focused strategy)

a. **자연적 보상 전략**(natural reward strategy) : physically and mentally redesign-of-work

업무의 특정 부분에서 기쁨을 찾으려고 의식적으로 노력하거나, 가장 지루한 일을 다른 일보다 먼저 배치하여 일을 순서대로 수행할수록 만족이 개선되게 한다.

b. **건설적 사고패턴 전략**(constructive though pattern strategy)

일을 하기 전에 장애물(obstacles)보다 기회(opportunities)를 포착하여 긍정적이고 낙관적인 방향으로 생각하는 전략으로서, 성과 증진에 도움이 된다.

4) 슈퍼리더십과 셀프리더십의 개발 방안

셀프리더 육성의 7단계를 구체적으로 충족시킬 수 있는 행동개발 방안은 다음과 같다.

조직구조의 측면	자율관리팀, 조직구조의 플랫화(flat化), 구성원의 다기능화, 네트워크 조직
업무 프로세스의 측면	임파워먼트(empowerment), 관리역량의 전수, 조직 내 커뮤니케이션 증진
인간관계의 측면	상사의 적극적 경청(active listening), 목표달성과 성공에의 확신 제공

5) 효과

구성원 모두가 셀프리더십을 갖추게 되면 조직몰입, 동기유발, 역량의 증대 등을 기대할 수 있으며, 나아가 성과향상과 조직혁신을 이룩할 수 있게 된다.

6) 한계

성장욕구(growth needs)가 부족한 구성원에게 셀프리더로의 동기부여가 가능한지의 문제, 셀프리더들로 구성된 집단 내의 조정(coordination) 문제 등에 대한 추가 연구의 필요가 있는 미완성 이론이다.

7) 시사점

리더의 구성원 자아관리 역량과 그 증진 방안을 강조했다는 점에서 이론적 의미가 있다.

| 6 | 기타 리더십 이론

1) 감성적 리더십(emotional leadership)[46]

① 의미

골맨(Goleman)에 따르면 구성원들이 즐거운 기분으로 업무를 수행할 수 있도록 환경을 조성해주고 배려하는 리더십을 감성적 리더십이라 정의한다.

② 구성요소

감성적 리더십은 자아인식(self-awareness), 자기규제(self-regulation), 타인인식(social awareness), 타인관리(social skill, 구성원에게 리더십을 발휘하는 능력) 등으로 구성된다.

2) 윤리적 리더십(ethical leadership)[47)]

① 연구의 의의

기업윤리와 사회적 책임 등이 중시되고 있는 사회적 트렌드 하에서, 소위 '훌륭한 리더'의 속성은 윤리성의 기반 위에 있을 때 비로소 그 의미를 가짐을 알 수 있다.

② 구성요소

a. 신뢰(trust) : 상사와 부하 사이에 믿음이 형성된다면 정보의 공유와 위험감수 등을 통해 조직효과성이 증대될 것이다.

b. 타인을 위한 봉사(service) : 구성원을 배려하고 섬기는 자세로 선행을 베푸는 리더십을 통해 구성원의 복지수준과 삶의 질을 증진할 수 있다.

c. 공정성(justice) : 윤리적인 리더는 구성원을 공정하게 대하며, 차별대우를 하지 않는다.

d. 정직과 진정성(authentic) : 윤리적 리더는 자신의 생각을 정확하고 솔직하게 표현하며, 책임과 의무를 충실히 이행한다.

e. 혁신과 변화(transformation) : 구성원에게 이상적 역할모델로서 지적 자극을 제공한다.

3) 전략적 리더십(strategic leadership)[48)]

① 의미

리더십의 효과는 최고경영자(CEO)뿐만 아니라 경영전략을 담당하는 최고경영진(top management team, TMT), 이사회(board of directors, BOD) 등의 특성을 반영한다는 이론이다.

② 내용

전략층의 특성이 환경 및 조직특성과 상호작용하여 전략을 수립, 실행하고 그 결과로 긍정적 또는 부정적 결과가 산출된다.

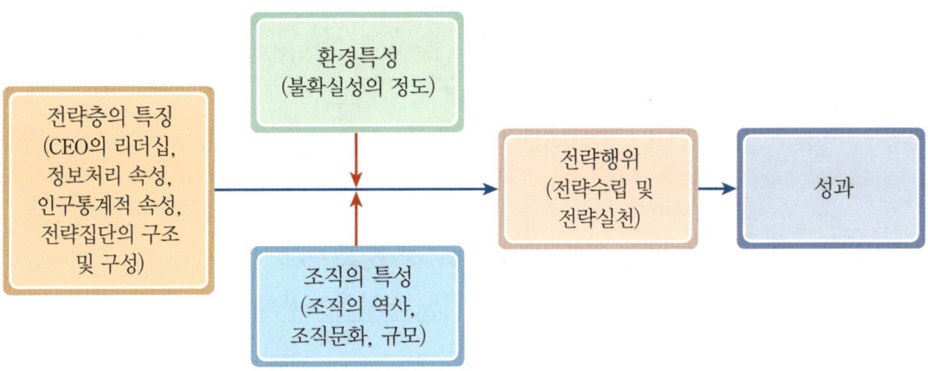

제6절 리더십에 대한 도전적 이론

ORGANIZATIONAL BEHAVIOR AND ORGANIZATION DESIGN

리더십의 개념에 대하여 의문을 제기하는(challenging) 두 가지 이론을 소개한다.[49] 이들은 모두 우리가 리더십이라고 생각하는 것이 실제로는 다른 변수들의 영향력일 수 있음을 주장한다.

|1| 리더십 대체이론[50]

1) 의의

커와 저미어(Kerr & Jermier)에 의해 주창된 리더십 대체이론은 구성원과 과업 및 조직 차원의 일부 특성에 의해서 전통적 리더십 유형인 과업지향(구조주도)이나 관계지향(배려)행동의 역할이 대체되거나 그 효과가 사라질 수 있다는 것이다. 이 이론은 리더십의 효과를 변화시키는 특수한 상황을 발견하였다는 점에서 리더십의 상황이론 범주에 포함시키는 경우도 있다.

2) 대체요인과 중화요인

과업지향 내지는 관계지향적 리더십의 효과를 대신 수행하는 변수를 대체요인, 두 유형의 리더십 효과를 대체하여 궁극적으로 리더십 자체를 무력화시키는 변수를 무효화요인(중화요인)이라 한다.

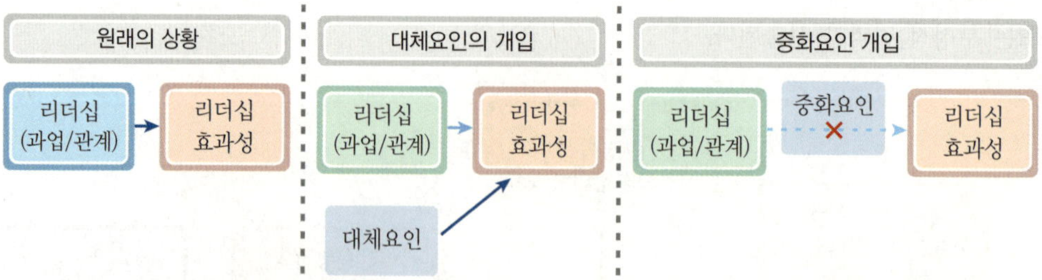

① **과업지향적 리더십의 대체요인**(substitutes for task-oriented leadership)

부하들의 풍부한 경험, 업무에 대한 지식과 기능, 직무의 반복성(routinization) 등이 있다.

② **관계지향적 리더십의 대체요인**(substitutes for relationship-oriented leadership)

직무의 내재적 만족감, 과업집단의 응집력 등이 있다.

③ **무효화요인**(neutralizer)

보상에 대한 무관심, 리더-구성원 간의 공간적 거리 등은 과업 및 관계지향적 리더십의 효과 발휘 자체를 불가능하게 한다.

3) 한계

대체요인과 무효화요인을 이론적 · 개념적으로 명확하게 구별하는 것이 쉽지 않다.

4) 시사점

① 리더십을 만병통치약처럼 생각하는 경향에 대하여 의미있는 반론을 제기하였다.
② 변혁적 리더십이나 카리스마 리더십은 대체요인에 상관없이 성과에 도움이 됨을 밝혔다.

|2| 리더십의 귀인이론[51)]

1) 의의

콜더(Calder)에 의해 주창된 리더십의 귀인이론(attribution theory of leadership)에서는 리더십이 구성원(follower)들에 의해 지각되는 이미지로서, 특정 이슈에 대하여 귀인하는 과정으로 본다.

예를 들어 기업이 잘 되면 이를 리더의 덕으로 인식하고, 그 반대의 경우에도 (같은) 리더에게 문제의 원인을 찾는다. 결국 리더의 행동 자체가 아닌 구성원의 인식 내지는 이미지가 리더십으로 판단되므로, 리더십은 리더가 결정하는 것이 아니라 구성원들이 결정하는 것이 된다.

2) 리더십의 귀인과정에 영향을 주는 요인

① **구성원들이 생각하는 잠재적 리더십**(implicit leadership theory)

구성원들의 사고체계 속에 내재되어 있는 리더에 대한 관념이나 이미지(예 리더에 대한 스테레오타입)를 의미한다. 구성원들은 대개 판단의 속도를 높이고 심리적인 고민을 줄이기 위해(cognitive miser) 자신들이 리더에 대해 갖고 있는 이미지를 업무성과 등의 해석에 획일적으로 적용하는 경우가 많다. 그 결과 부하들이 예측하고 귀인하는 대로 리더의 성과가 평가된다.

② 리더 행동의 귀인

리더의 행동에 대해서 i) 특이한가(distinctive), ii) 다른 리더들도 그런 행동을 보이는가(consensus), iii) 항상 일관성 있게 발생하는가(consistent), iv) 리더십 이외의 다른 특성 때문일 가능성을 배제할 수 있는가 등의 질문을 하고, 이들 모두에 대해 "예"라고 응답할 수 있다면 구성원들은 (좋든 나쁘든) 성과를 리더십 때문으로 귀인하게 된다.

3) 시사점

리더십 귀인이론은 구성원들의 설문에 기반한 리더십 측정 관행에 상당한 오류가 내재되어있음을 보였다. 따라서 리더십을 정확히 파악하기 위해서는 측정 방법을 다양화하거나 특수한 통계적 방법을 사용하여 오류를 제거할 필요가 있다.

4) 귀인이론의 최근 동향 : 리더십 정체성 이론

귀인이론과 같이 리더십을 구성원에 의해 지각되는 이미지로 파악하는 연구흐름은 2000년대 이후 두 가지 이론으로 발전하였다.

① 리더 정체성 이론(leader identity theory)[52]

리더 스스로 '나는 리더다'라는 자아인식을 할 때 리더답게 행동하고 노력한다는 것이다.

② 사회적 정체성 리더십 이론(social identity theory of leadership)[53]

리더가 집단의 정체성을 대변한다는 집단정체성이론의 발전된 버전인 사회적 정체성 리더십 이론은 리더가 집단의 정체성을 반영하는 수동적 측면뿐만 아니라, 집단의 정체성을 기획하거나 창조할 수 있는 적극적 측면의 역할도 수행함을 강조한다.

1) 오석홍(2018), 『조직이론』(제9판), 서울 : 박영사, p.476. ; Jex, S. M., & Britt, T. W. (2008), *Organizational psychology : A scientist-practitioner approach*. New York, NY : Wiley.
임창희(2013), 『조직행동』(제5판), 서울 : 비앤엠북스, pp.342~343.

2) 백기복(2014), 『조직행동연구』(제6판), 서울 : 창민사 ; 백기복(2021), 『조직행동연구』(제7판), 서울 : 창민사, pp.392~304.

3) 박경규(2014), 『조직행동』, 서울 : 홍문사, pp.387~390. ; House, R. J., & Howell, J. M. (1992). Personality and charismatic leadership. *The leadership quarterly*, 3(2), 81~108.

4) 임창희, 전게서, p.349.

5) 이창원 · 최창현 · 최천근(2012), 『새 조직론』(전정3판), 서울 : 대영문화사, pp.237~238.

6) 백기복(2014), 전게서.

7) 박경규, 전게서 ; 신유근 · 이춘우(2014), 『조직행위론』, 서울 : 한경사
Blake, R., & Mouton, J. (1964). *The Managerial Grid : The Key to Leadership Excellence*.
Houston : Gulf Publishing Co.

8) 백기복, 전게서 ; Misumi, J., & Peterson, M. F. (1985). The Performance-Maintenance (PM) Theory of Leadership : Review of a Japanese Research Program. Administrative Science Quarterly, 30(2), 198~223..

9) Yukl, G. A. (2010). *Leadership in organization*. (7th ed.). Upper Saddle River, NJ : Pearson/Prentice Hall.

10) 박경규, 전게서 ; 백기복, 전게서.
Fiedler, F. E. (1967). *A theory of leadership effectiveness*. New York, NY : McGraw-Hill.

11) Robbins, S. P., & Judge, T. A. (2015). *Organizational behavior* (16th ed.). Upper Saddle River, NJ : Prentice Hall.

12) 박경규, 전게서.

13) Hersey, P., & Blanchard, K. H. (1977). *Management of organizational behavior* (3rd ed.).
Englewood Cliffs, NJ : Prentice-Hall.

14) 이창원 등, 전게서, p.247.

15) 박경규, 전게서.

16) House, R. J. (1971). A path-goal theory of leadership effectiveness. *Administrative Science Quarterly*, 16, 321~339.

17) 박경규, 전게서.

18) Yukl, *Op Cit*.

19) Vroom, V. H., Yetton, P. W., & Jago, A. G. (1976). *Leadership and decision making cases and manuals for use in leardership training* (3rd ed.). New Haven, CT : Authors.

20) 박경규, 전게서.

21) 백기복(2021), 전게서, p.344. ; 이인석(2014), 『조직행동이론』, 서울 : 시그마프레스

22) 백기복, 전게서.

23) 이창원 등, 전게서.

24) 백기복, 전게서.

25) 박경규, 전게서.

26) Graen, G. B., & Uhl-Bien, M. (1995). Relationship-based approach to leadership : Development of leader-member exchange(LMX) theory of leadership over 25 years : Applying a multi-level multi-domain perspective. *Leadership Quarterly*, 6(2), 219~247.

27) Harris, T. B., Li, N., & Kirkman, B. (2014). Leader-member exchange(LMX) in contexts : How LMX differentiation and LMX relational separation attenuate LMX's influence on OCB and turnover intention. *Leadership Quarterly*, 25, 314~328.

28) 백기복(2021), 전게서, p.363.

29) Epitropaki, O., & Martin, R. (2013). Transformational-transactional leadership and upward influence : The role of relative leader-member exchanges (RLMX) and perceived organizational support (POS). *The Leadership Quarterly*, 24(2), 299~315. ; Seers, A. (1989). Team-member exchange quality : A new construct for role-making research. *Organizational behavior and human decision processes*, 43(1), 118~135.

30) 백기복, 전게서 ; 임창희, 전게서 ; Conger, J. A., & Kanungo, R. N. (1998). *Charismatic leadership in organizations*. Thousand Oaks : Sage. ; Conger, J. A., & Kanungo, R. N. (1987). Toward a behavioral theory of charismatic leadership in organizational settings. *Academy of management review*, 12(4), 637~647.

31) Shamir, B., House, R. J., & Arthur, M. B. (1998). The motivational effects of charismatic leadership : A self-concept-based theory, *Organization Science*, 4, 1~17.

32) Greenleaf, R. K. (1977). *Servant leadership : A journey into the nature of legitimate power and greatness*. Mahwah, NJ : Paulist Press.

33) 박경규, 전게서.

34) Van Dierendonck, D. (2011). Servant leadership : A review and synthesis. *Journal of Management*, 37, 1228~1261.

35) 백기복, 전게서.
Bass, B. M. (1985). *Leadership and performance beyond expectations*. New York : The Free Press.

36) 박경규, 전게서 ; 최병권 · 문형구 · 주영란 · 정재식(2017). "변혁적 · 거래적 리더십의 국내 연구동향과 향후 연구방향", 「인사조직연구」, 25(2), 69~127.

37) Robbins & Judge, *Op Cit*. ; 임창희(2017), 『조직행동』(제6판), 서울 : 비앤엠북스, p.507.

38) Ling, Y., Simsek, Z., Lubatkin, M. H., & Veiga, J. F. (2008). The impact of transformational CEOs on the performance of small-to medium-sised firms : Does organizational context matter? *Journal of Applied Psychology*, 93(4), 923~934.

39) Vaccaro, I. G., Jansen, J. J., Van Den Bosch, F. A. J., & Volberda, (2012). Management innovation and leadership : The moderating role of organizational size. *Journal of Management Studies*, 49(1), 28~51.

40) 김정인(2016), 『인간과 조직 : 현재와 미래』, 서울 : 박영사, pp.658~659. ; 이창원 · 최창현 · 최천근(2012), 『새 조직론』(전정3판), 서울 : 대영문화사, p.255.

41) Avolio, B. J., Gardner, W. L., Walumbwa, F. O., Luthans, F., & May, D. R. (2004). Unlocking the mask : A look at the process by which authentic leaders impact follower attitudes and behaviors. *Leadership Quarterly*, 15, 801~823.

42) Robbins & Judge, *Op Cit*.

43) Northouse, *Op Cit*.

44) 박경규, 전게서.

45) 백기복, 전게서 ; 이인석, 전게서 ; Neck, C. P., Houghton, J. D., & Murray, E. L. (2017). *Organizational behavior : A critical-thinking approach*, Sage Pubilcations. ; Sims, H. P., & Manz, C. C. (1991). Superleadership : Beyond the myth of heroic leadership. *Organizational Dynamics*, 19, 18~35.

46) Goleman, D. (2011). *Leadership*. More Than Sound LLC.

47) 임창희, 전게서 ; Robbins & Judge, *Op cit*.

48) Hambrick, D. C., & Wowak, A. J. (2021). Strategic leadership. *Strategic management : State of the field and its future*, 337~353.

49) Robbins & Judge, *Op cit*.

50) Kerr, S., & Jermier, J. M. (1987). Substitutes for leadership. *Organizational Behavior and Human Performance*, 22, 375~403.

51) Robbins & Judge, *Op cit*. ; 백기복(2021), 전게서, pp. 304~307. ; 임창희, 전게서.

52) Miscenko, D., Guenter, H., & Day, D. J. (2017). Am I a leader? Examining leader identity development over time, *Leadership Quarterly*, 28, 605~620.

53) Hogg, M. A. (2001). A social identity theory of leadership, *Personality and Social Psychology Review*, 5(3), 184~200.

CHAPTER 6
집단차원의 제 변수

단원개요

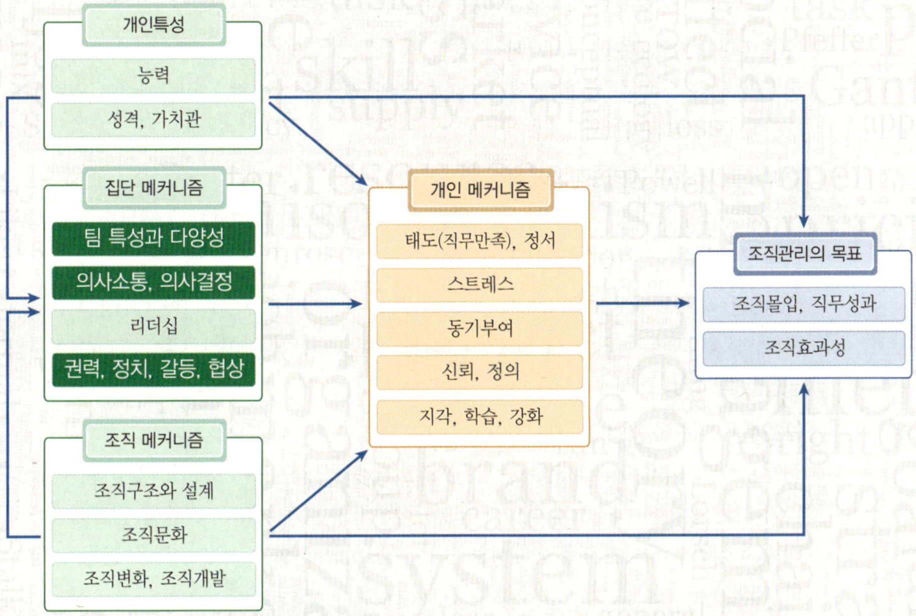

개인특성
능력
성격, 가치관
집단 메커니즘
팀 특성과 다양성
의사소통, 의사결정
리더십
권력, 정치, 갈등, 협상
조직 메커니즘
조직구조와 설계
조직문화
조직변화, 조직개발
개인 메커니즘
태도(직무만족), 정서
스트레스
동기부여
신뢰, 정의
지각, 학습, 강화
조직관리의 목표
조직몰입, 직무성과
조직효과성

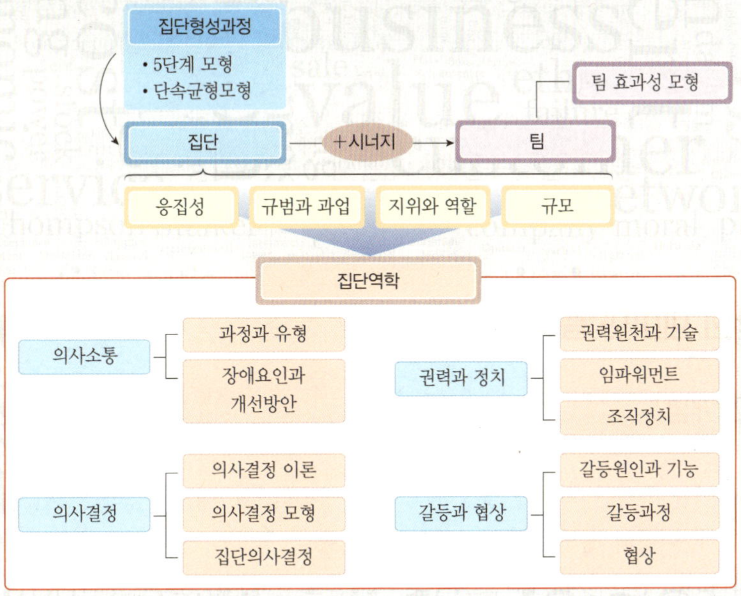

집단형성과정
• 5단계 모형
• 단속균형모형
팀 효과성 모형
집단
+시너지
팀
응집성
규범과 과업
지위와 역할
규모
집단역학
의사소통
과정과 유형
장애요인과
개선방안
권력과 정치
권력원천과 기술
임파워먼트
조직정치
의사결정
의사결정 이론
의사결정 모형
집단의사결정
갈등과 협상
갈등원인과 기능
갈등과정
협상

제1절 집단과 팀

(1999년) 제8회 공인노무사시험 제3문
팀제조직과 전통적 기능조직의 차이를 약술하라. (25점)

(2011년) 제20회 공인노무사시험
집단의 구조적 속성으로서 역할과 역할갈등의 개념을 기술하고 집단에서의 역할갈등의 원인에 대하여 설명하시오. (25점)

(2016년) 제25회 공인노무사시험
집단응집성의 의미를 서술하고 집단응집성과 집단성과와의 관계를 집단목표와 조직목표와의 일치 여부와 관련하여 서술하시오. (25점)

(2019년) 제28회 공인노무사시험
[사례형] 4가지 유형의 팀제 및 조직 혁신을 설명하고, (사례에 제시된) A기업, B기업에 적합한 팀제 및 조직 혁신 유형을 각각 논하시오. (35점)

(2024년) 제33회 공인노무사시험
집단은 여러 가지 이유로 변화를 겪게 되고, 집단 구성원들은 집단의 발달 단계에 따라 각기 다른 상황에 직면하게 된다. 따라서 집단이 어떻게 변화하고 발달 단계에 따라 어떠한 특성이 나타나는지를 이해하는 것은 중요하다고 할 수 있다. 다음 물음에 답하시오. (25점)

물음 1) 집단의 발달단계를 설명하고 있는 모델 중 터크만(B. W. Tuckman)의 발달 5단계 모델과 거식(C. J. G. Gersick)의 단속평형모델(punctuated-equilibrium model)을 각각 설명하시오. (20점)

물음 2) 터크만(BW. Tuckman)의 집단발달 5단계 모델과 거식(C. J. G. Gersick)의 단속평형모델(punctuated-equilibrium model)의 차이점을 비교·설명하시오. (5점)

|1| 집단의 의미와 종류

1) 집단의 개념[1)]

집단(group)이란 특정한 목적을 달성하기 위해 지속적으로 상호작용하는 2인 이상 사람들의 집합체를 말한다. 이상의 정의로부터 집단은 목표(goal), 구성원 간의 상호작용(interaction), 비교적 장기간 지속되는 인간관계, 그리고 복수의 사람들로 구성됨을 알 수 있다.

2) 집단의 유형 : 공식집단과 비공식집단[2)]

① 공식집단과 비공식집단의 개념

a. 공식집단(formal group)

과업의 특성과 조직의 구조에 의해 정의되는 집단이다.

b. 비공식집단(informal group)

i. 의미 : 사회적인 접촉과 그에 따르는 우호(friendship) 증진의 필요성에 의해 등장하는 집단이다.

ii. 유래 : 메이요(Mayo)의 호손실험을 통해 정립된 인간관계론에서 그 중요성이 강조되었다.

iii. 성립조건 : 물리적인 근접성(proximity), 빈번한 만남으로 인한 친숙성(familiarity), 성향의 유사성(similarity) 등의 3요소가 있다.

② 공식집단과 비공식집단의 차이점

구분	공식집단	비공식집단
행동의 지침	조직의 규정이나 직무기술서에 의해 행동을 수행한다.	자체적 규범(norm)에 의해 구성원의 행동을 통제한다.
업무의 진행	조직이 부여하는 권한 및 책임에 근거하여 일이 진행된다.	구성원이 보유한 사회지위나 권력에 의해 업무진행이 영향을 받는다.
인간관계의 초점	구성원이 보유한 직급을 중심으로 인간관계가 이루어진다.	개인적 특성을 중심으로 인간관계가 이루어진다.
리더의 결정	조직의 규정에 의해 리더가 결정된다.	집단 구성원 간의 합의에 의해 리더가 결정된다.
통제방식	보상과 처벌(성문규정)에 의해 구성원을 통제한다.	제재(sanction, 통상 불문규정)에 의해 구성원을 통제한다.

③ 비공식집단의 장점과 단점

a. 장점

i. 구성원 간의 응집성(cohesiveness)이 높아 서로 협동하여 업무를 성공적으로 수행할 수 있다.

ii. 관리자가 갖지 못한 지식이나 노하우를 비공식집단의 도움을 받아 해결할 수 있다.

iii. 구성원이 집단 내에서 느끼는 안정감과 만족도를 높일 수 있다.

iv. 커뮤니케이션의 활성화를 기대할 수 있다.

b. 단점

ⅰ. 불필요한 루머(rumor)를 확산시켜 조직에 부정적 결과를 야기시킨다.

ⅱ. 조직의 실수에 대하여 비공식집단에서 민감하게 반응하여 부정적 반응이 확대 · 재생산된다.

ⅲ. 조직변화의 필요성에도 불구하고 이를 저지하는 저항요인으로 작용한다.

| 2 | 집단의 형성과 발달단계[3)]

1) 집단이 형성되는 이유

① 사회적 교환의 추구

사회적 교환(social exchange)이란 서로 간의 상호작용 속에서 일어나는 각종 교환행위로서, 호만스(Homans)에 따르면 타인과의 관계에서 비용보다 보상이 더 클 경우 우리는 그와 집단을 형성하게 된다.

② 사회 정체성의 형성

사회 정체성 이론은 개인이 소속집단의 영향을 크게 인식한다는 사실에서 출발한다. 페스팅거(Festinger)에 따르면 사람은 자신을 알기 위해 다른 사람과 항상 비교를 한다. 일반적으로 사회 정체성에 영향을 주는 요인은 다음과 같다.

a. 집단 내 유사성(intra-group similarity)

조직체의 다른 구성원과 동일하거나 비슷한 가치관 및 특성을 지닌 사람은 높은 수준의 집단 정체성을 갖는다.

b. 집단 간 차별성(inter-group difference)

다수(주류)를 구성하는 집단과 다른 특징을 보유한 소수인원들은 타인들에 대한 자신들의 정체감을 강화해 간다.

c. 지위상태

사람들은 자신들을 정의하는 과정에서 높은 사회지위를 갖는 집단과 연관 짓는다.

d. 불확실성의 감소

소속 집단에 대해 사회 정체성을 강하게 느끼는 개인은 그렇지 않은 개인에 비해 자아개념과 행동인식측면에 있어 심리적 불확실성을 느낄 가능성이 작다. 특히 집단구성원과의 상호작용을 통해 개인은 사물에 대한 자신의 주관적 인식을 사실화(사실로 파악하게 됨)할 수 있다.

③ 개인적 욕구 충족

집단을 형성을 통해 안전의 욕구, 사회적 욕구 및 존경의 욕구를 충족받을 수 있다.

④ 집단의 매력과 구성원으로서의 자격

집단이 추구하는 비전이나 목표, 수행하는 활동, 구성원들 자체에 대한 매력(attractiveness)도 집단을 이루고자 하는 욕구를 자극할 수 있다.

⑤ 경제적 이유

개인으로 일할 때보다 집단으로 일할 때 더 큰 보상(compensation)이 주어진다면 사람들은 집단 단위로 일하게 된다.

2) 집단 발전의 단계

① 터크만(Tuckman)의 5단계 모형(일반적 · 안정적 환경)[4)]

a. 5단계의 내용

터크만에 따르면 집단을 둘러싼 환경이 비교적 안정적일 때 집단은 점진적이며 예측가능한 5단계의 발달과정을 거친다.

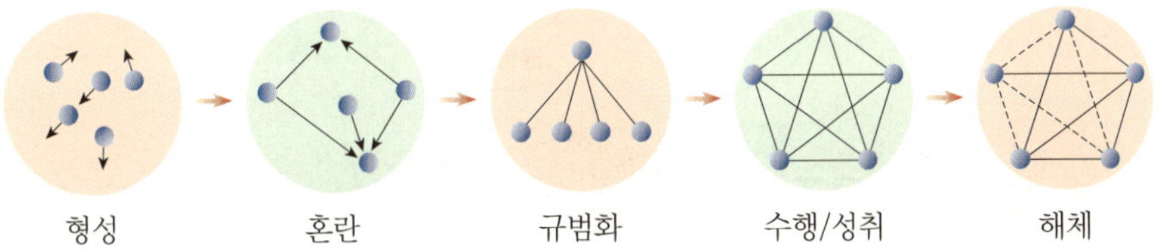

형성(forming)	서로 알아가는 단계로서 목적이나 구조가 불확실하다.
격동(storming)	소통 및 과업수행방법, 집단구조 등의 측면에서 혼란, 격동, 갈등의 시기로서, 갈등이 순기능을 발휘한다면 이후 순조롭게 문제가 해결되지만, 그렇지 않다면 집단은 장애를 겪는다.
규범화(norming)	갈등을 극복하는 과정에서 응집력과 집단정체감이 향상된다.
성취(performing)	공동목표의 수행을 위해 집단의 에너지를 집중하는 단계이다.
해체(adjourning)	기존의 과업활동을 마무리하고 구성원 간의 관계를 정리한다.

b. 5단계 모형의 적용에 영향을 주는 상황적 조건들

ⅰ. 이상의 다섯 단계가 모든 유형의 팀 발달과정에 적용되지는 않는다. 혼란과 실행 단계가 동시에 발생하거나 이전 단계로 돌아갈 수도 있다.

ii. 명확한 성과규범이 존재하는 경우에는 이상의 다섯 단계를 거칠 필요가 없다. (예 항공기 운항팀의 경우).

iii. 업무수행 기간과 상호작용의 강도는 해산기에 팀 구성원 간에 형성되는 감정들(예 불안 등)에 영향을 준다.

iv. 구성원들이 목표를 공유하는 정도(goal congruence)에 따라 다섯 단계의 통과속도와 성과달성 정도가 다를 수 있다.

② 게르식(Gersick)의 단속균형모형(가변적 · 역동적 환경)

a. 개념

임시집단의 경우에는 5단계 모형과는 다른 형태의 발달과정을 겪으며, 이를 단속균형모형(punctuated-equilibrium model)이라 한다. 이는 집단의 발달과정이 집단존속기간의 절반(1/2) 시점을 기준으로 매우 다른 양상을 보이기 때문에 붙여진 이름이다.

b. 과정

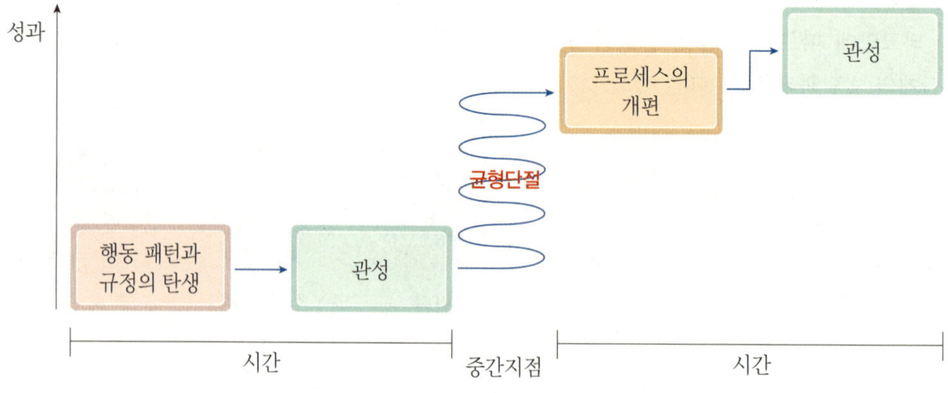

출처 : Colquittt et al.(2014), 수정인용

전반부	첫 모임 이후, 안정적인 속도로 작업을 진행하는 과정이다.
중간시점	목표달성시점까지의 절반이 지나가면 현재까지의 방법에 대하여 이의를 제기하는 사람이 늘어나면서, 경각심을 느끼는 구성원들이 주도적으로 목표달성의 방법에 수정을 가한다.
후반부	새로운 방법과 역할에 따라 목표달성에 매진하는 단계이며, 소위 마감시간 효과(deadline effect)가 발생한다.

③ 5단계 모형과 단속균형모형의 비교

비교기준	5단계 모형	단속균형모형
시평 (time frame)	일반적이거나 장기적 성격을 갖는 집단과제에 적용되는 모형이다.	임시적 · 단기적인 성격을 갖는 집단과제에 적용되는 모형이다.
환경 (environment)	단순하고 안정적인 환경에서 적용 가능한 모형이다.	복잡하고 가변적인 환경에서 적용 가능한 모형이다.
초점 (focusing)	집단이 수행하는 제반과업 전반에 걸쳐 적용가능한 이론모형이다.	시작과 끝이 정해진 프로젝트성 과업이나 미션에 상대적으로 더욱 적합한 이론모형이다.
성과달성시점	전체 5단계 중 네 번째 단계(performing)에서 성과가 달성된다.	전체 3단계 중 두 번째 단계(전환시점) 이후부터 성과가 달성된다.

|3| 집단의 성격

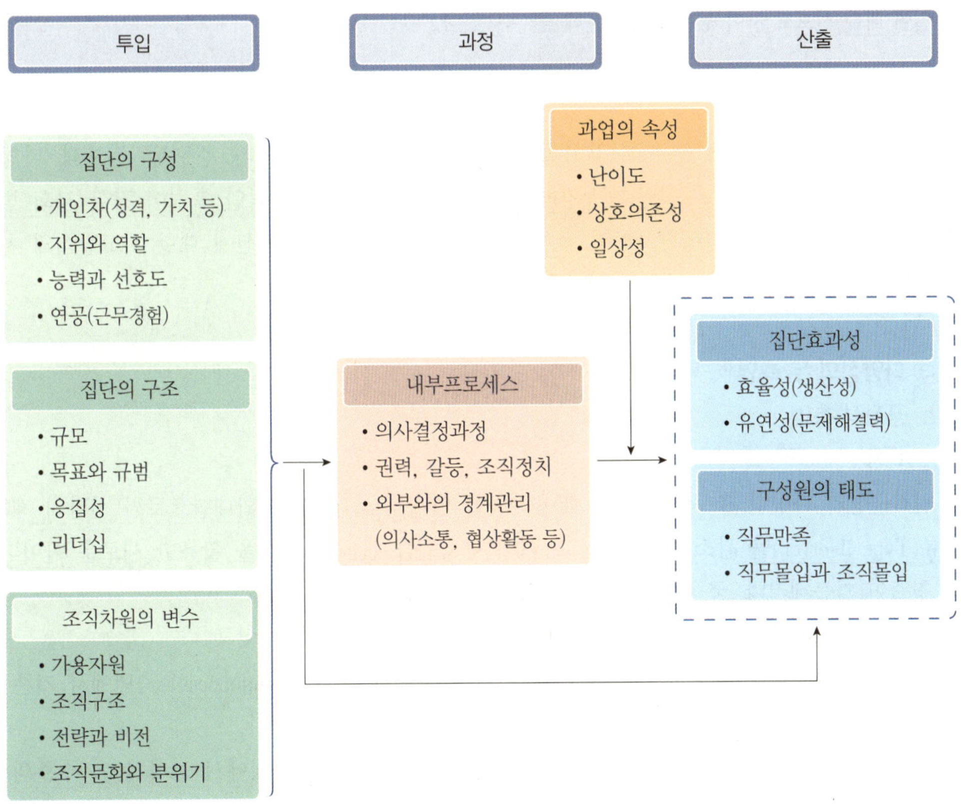

집단행동을 설명하는 데 널리 사용되는 글래드스타인(Glanstein)의 분석모형에 따르면 집단변수들을 집단투입변수, 집단과정변수, 집단산출변수로 분류할 수 있으며, 그중에서 집단의 성격(특성, 구조)과 관련된 변수에는 개인차와 다양성, 지위, 역할, 규범, 응집성, 규모 등으로 구분된다.[5)]

1) 개인차와 다양성[6)]

① 개념

다양성(diversity)이란 한 집단 내에 존재하는 개인들이 서로 각기 다른 특성(성격, 정서, 연령, 젠더 등의 개인별 차이), 신념(가치관, 소신 등의 개인별 차이), 상대적 위치[부(富)와 권력 등의 사회적 자원을 보유한 정도]를 보유하고 있는 상태이다.

② 다양성의 종류

a. 표면적 다양성과 내면적 다양성

다양성은 이를 구성하는 변수의 수준에 따라 사람의 외적 요소에 의한 다양성(표면적 다양성 : 성별, 인종, 민족, 나이, 장애상태 등)과 내면적 요소에 의한 다양성(내면적 다양성 : 가치관, 성격 및 일에 대한 선호도 차이 등)으로 구분해 볼 수 있다.

b. 젠(Jehn)의 분류

젠(Jehn)과 그의 동료들은 다양성을 지식기반과 관점의 차이와 관련된 정보적 다양성(informational diversity : 교육훈련, 업무경험, 전문성의 차이 등)과 생래적인 특성이 강한 사회 범주 다양성(social category diversity : 인종, 성, 민족 등), 집단의 목표나 미션에 대한 사고방식의 차이인 가치 다양성(value diversity) 등으로 구분한다.

③ 다양성의 두 측면[7)]

a. 긍정적 측면

ⅰ. 내용

인적구성의 다양성 추구는 기업이 활용가능한 인재의 풀(pool)을 확대함으로써 선발의 제2종 오류(Type Ⅱ error)를 감소시킬 수 있고, 여러 구성원들 간의 차이점을 활용한 새로운 아이디어의 창출이 가능해지며, 궁극적으로 기업이미지도 개선된다.

ⅱ. 이론적 근거 : 정보적 다양성(informative diversity)을 중심으로

- 기존 구성원들과 정보적인 차이가 큰 개인은 정보의 독특성(uniqueness) 측면에서 기존 구성원들이 보지 못하는 관점에서 문제를 바라보고 해결할 수 있다.
- 차별적이고 독특한 정보를 보유하고 있는 개인은 문제해결 과정에서 보다 높은 수준의 통제감을 느낄 수 있다.

- 정보 다양성이 큰 경우, 정보 차이를 바탕으로 버트(Burt)가 강조하는 중재자(broker)의 장점을 활용하여 다른 구성원들과의 관계에 있어서도 정보적, 관계적 우위를 점할 수 있다.

b. 부정적 측면

i. 내용

조직에서의 다양성은 구성원들 간의 의사소통에서 각종 오류를 야기하여 조직 내 효율성을 저하시킬 수 있으며, 각종 오해와 갈등 및 편견(상동효과, stereotype)의 발생 원인이 된다.

ii. 이론적 근거 : 사회 범주 다양성(social category diversity)을 중심으로

- 유사성-매력 패러다임(similarity-attraction theory)과 사회적 정체성 관점(social identity perspective)에 따르면 개인은 자신과 유사한 내집단 구성원들에게는 호감과 신뢰를 표현하며 협력하는 반면, 외집단 구성원들에게는 편견과 차별을 보인다.
- 따라서 사회 범주 다양성의 증가는 조직몰입과 직무만족과 같은 직무태도에 부정적 영향력을 미치며, 사회적 상호작용과 커뮤니케이션의 애로를 초래하여 이직과 결근을 높일 수 있다.
- 사회범주 특성 차이가 큰 구성원은 일상의 업무 네트워크에서 배제되어 과업 수행에 필요한 정보 및 자원에의 접근에도 어려움을 겪을 수 있다.

c. 소결

사회 범주 다양성의 부정적 측면을 억제하기 위해 단일집단 구성원으로만 팀을 형성할 경우에는 정보적 다양성의 이점을 누릴 수 없으므로, 현실의 조직에서는 다양성을 최대한 확충하되, 다양성의 단점을 최소화하기 위한 노력이 필요하다.

2) 지위(status)[8)]

개념	한 개인에게 사회적으로 주어지는 직위나 서열을 의미한다.	
유형	공식 vs. 비공식	• 공식적 지위(formal status) : 타인을 지시하고 통제하는 권한과 권력이다. • 비공식적 지위(informal status) : 해당 집단 내에서의 각종 특권을 의미한다.
	귀속 vs. 성취	• 귀속지위(ascribed status): 혈통, 연령 등 개인이 통제할 수 없는 요소에 의해 형성되는 지위이다. • 성취지위(achieved status): 개인이 능력을 발휘하여 획득 가능한 지위이다.
지위의 결정요인	지위특성이론(status characteristics theory)에 의하면 개인의 지위는 권력, 개인의 능력, 외모나 지능과 같은 개인적인 매력으로부터 결정된다.	

지위와 조직행동	• 지위가 높아질수록 자유재량권이 증가하며 사회적 압력에 동조하는 경향이 감소하고 커뮤니케이션을 주도한다. • 지위에 부합되는 대우를 받지 못하는 지위불일치(status inconsistency)가 발생하는 경우, 집단성과가 낮아질 수 있다.

3) 역할(role)과 역할갈등[9]

① 개념

역할은 사회적 지위에 따라 기대되는 행동 양식이다. 구성원의 역할지각(role perception)은 다른 사람들과의 커뮤니케이션(의사소통) 과정에서 영향을 받으며, 여기서 행동방식에 대한 타인의 기대인 역할기대(role expectation)가 전달된다.

[역할의 수행 과정]

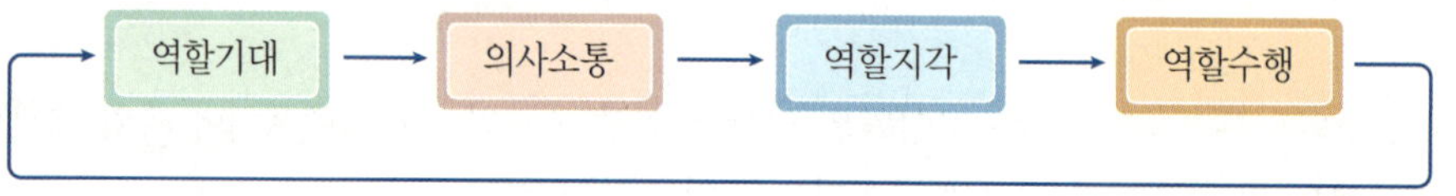

출처 : 이창원 등(2012), 수정인용

② 유형

a. 과업역할(task role)은 주어진 문제에 대한 대안을 탐색하고 선택된 대안을 실행에 옮기도록 독려하는 행동 양식이다.

b. 관계역할(relationship role)은 집단 내 대인관계적 긴장과 스트레스를 감소시키며 조직 분위기를 개선하는 데 기여하는 행동 양식이다.

③ 역할갈등의 개념과 원인 및 대책

a. 개념

한 개인에 다양한(특히 상충되는) 역할 기대에 직면하는 경우를 역할갈등(role conflict)이라 한다.

b. 원인

i. 역할갈등의 근본적 원인은 바로 상충되는 역할기대를 부과하는 복수의 역할을 개인이 보유하고 있기 때문이다. 이를 역할모순이라 한다.

ii. 동일한 역할에 대해 집단 구성원들이 각기 다른 역할기대를 갖는 경우에도 역할갈등이 발생할 수 있다. 이를 역할긴장이라 한다.

iii. 동일한 역할을 여러 사람이 보유할 경우에도 서로의 업무 범위를 두고 역할갈등이 발생할 수 있다.

ⅳ. 역할갈등은 지위에 따른 역할 규정 자체가 모호(역할모호성, role ambiguity)할 때에도 발생할 수 있다.

ⅴ. 조직시민행동(OCB) 중 스포츠맨십(험담을 하지 않음)으로 인한 역할갈등도 가능하다. 동료와의 관계에서 험담에의 동조 여부로 인한 고민에 빠질 수 있다.

c. 대책 : 역할갈등의 감소 방안

ⅰ. 역할모호성을 감소시키기 위해 직무기술서(job description)에 바탕을 두고 역할을 부여한다.

ⅱ. 구성원 간 커뮤니케이션의 활성화를 통해 역할기대의 격차를 감소시킨다.

ⅲ. 과중한 역할로 인한 스트레스나 업무 범위로 인한 갈등을 줄이기 위해서 역할의 재조정 등 조직차원의 지원이 필요하다.

4) 규범(norm) [10)]

① 개념

호손실험(the Hawthorne Study)과 애쉬(Asch)의 동조(conformity) 연구 등의 여러 연구결과들을 토대로 체계화된 개념인 규범은 집단 구성원들이 공유하고 수용가능한 행동의 표준으로서, 사회적 압력(social pressure)을 통해 구성원의 행동에 영향을 미친다.

② 형성 원리

상사나 동료들의 명시적 선언, 집단활동에서의 결정적 사건(critical events), 집단형성 초기의 여러 행위, 과거 상황으로부터 전이된 행동 등이 규범으로 발전한다.

③ 유형

규범에는 성과규범(작업량의 기준에 대한 규범), 외관규범(복장규정), 사회조정규범(사회적 관계유지에 대한 규범), 자원할당규범(어려운 과업이나 급여의 배분 관련 규범) 등이 있다.

④ 기능

순기능	구성원들에게 행동의 가이드라인을 제시함으로써 집단 운영과정을 단순화 · 명확화 시킨다.
역기능	엄격한 규범은 집단의 다양성과 사고의 유연성을 제한하게 되어 창의적 집단운영을 저해할 수 있다.

5) 응집성 (cohesiveness) [11)]

① 개념

응집성은 구성원들이 서로에게 끌리며 집단 내에 머물도록 동기부여되는 정도로서, 집단 자체의 매력(attractiveness), 구성원들이 느끼는 일체감(we-ness), 그리고 함께 일하려는 팀워크(team work) 등으로 구성된다.

② 유형

a. 과업적 응집성(task cohesiveness, 도구적 응집성)은 업무 상황의 제반 측면에서 구성원들 간에 느끼는 응집성이다.

b. 사회적 응집성(social cohesiveness, 정서적 응집성)은 업무 외의 상황에서 구성원들 간에 느끼는 응집성이다.

③ 순기능과 역기능

순기능	구성원 간 소통을 원활화하고 사기를 앙양하며 만족도를 높인다.
역기능	집단사고를 유발하여 의사결정의 질을 떨어뜨리고 외집단에 대한 강한 배타성을 형성한다.

④ 영향요인

a. 팀응집성의 증가 요인

상호작용빈도	교류하는 횟수나 빈도가 높을수록 친밀감과 응집성이 향상된다.
집단의 역사	함께한 시간과 역사가 존재한다면 상호신뢰와 협력이 강화된다.
개인적 매력	팀 내 매력적인 인물이 있다면 그를 중심으로 멤버들이 단합한다.
집단 목표에 대한 동의	목표합일성(goal congruence)이 존재한다면 구성원 모두가 하나의 목표를 위해 같은 방향으로 협력한다.
타 집단과의 경쟁	외부의 경쟁자와 맞서는 상황에서는 팀 내의 단합이 강화된다.
집단차원의 보상	팀 차원의 협력을 촉진하는 보상시스템 하에서 협력이 촉진된다.
성공경험	팀원들과 성과를 낸 경험이 존재한다면 더욱더 잘 협력할 것이다.

b. 팀응집성의 저감 요인

집단규모의 지나친 증대	팀원의 수가 많다면 서로에 대한 조언이나 상호작용의 기회가 줄어들기에 단합과 협력이 발생할 확률이 낮아진다. (사회적 태만과 관련)

집단 내 경쟁이나 갈등	팀 내 구성원들이 소수의 자원을 두고 다투거나 반목하는 경우라면 팀워크의 형성에 지장이 있다.
구성원 간 불신	낮은 신뢰 하에서는 상호 간에 위험을 감수하지 못하므로 정보 공유나 협업이 발생하기 어렵다.

⑤ 응집성과 성과 간의 관계

a. 집단규범의 조절효과

성과규범이 높을 경우 응집성이 강한 집단은 그렇지 않은 집단보다 더 효과적이지만, 성과규범이 낮을 때는 강한 응집성이 낮은 성과로 이어진다. 한편 응집성이 낮은 집단에서는 성과규범의 효과가 그리 크게 나타나지 않는다.

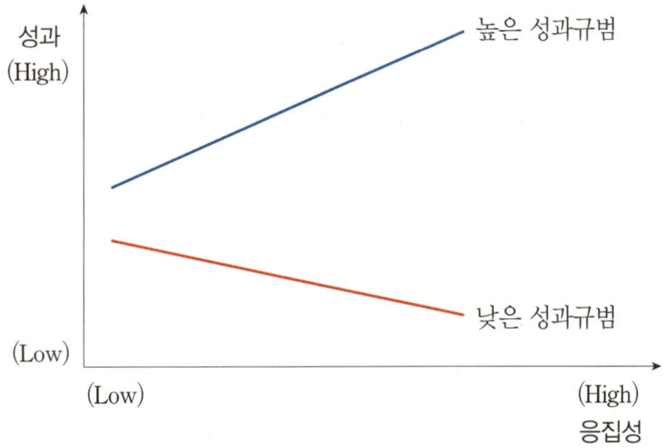

b. 집단목표와 조직목표 간의 일치 여부가 가지는 조절효과[12)]

집단구성원들이 조직목표달성에 대하여 공감하는 정도가 매우 강할 때는 응집성이 조직목표달성에 큰 도움을 주지만, 집단구성원들의 목표가 조직의 목표달성과 큰 관련성이 없을 때에는 응집성에 상관없이 성과가 낮게 나타난다.

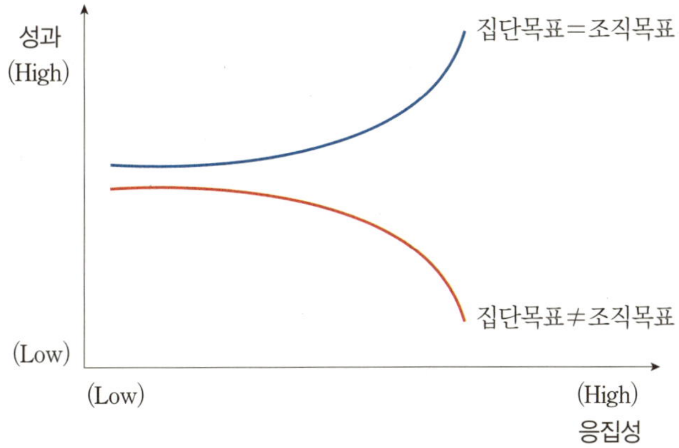

6) 규모(size)[13]

① 개념

규모는 집단구성원의 수로서, 일반적으로 팀의 적정규모는 5~9명 사이이다. 즉 규모가 너무 작아도 (일할 사람이 부족해서) 문제지만 너무 커도 (구성원 간 상호작용이 감소하고 상사의 개별적 배려가 부족해서) 성과가 감소할 수 있다.

② 규모의 효과에 영향을 미치는 조절 변수 : 과업의 유형

a. 부가적(additive) 과업

구성원 각자의 성과를 합한 것이 곧 집단성과가 되는 경우에는 규모가 성과에 비례한다.

b. 우수자(분리형, disjunctive) 결정 과업

최고의 성과를 올린 개인(또는 소수)의 성과가 곧 집단성과가 되는 경우에는 집단 내 우수인재의 비율이 성과에 긍정적 영향을 주기에, 집단 규모의 증가가 성과를 높인다.

c. 열위자(연속형, conjunctive) 결정 과업

최저 성과를 기록한 개인의 성과가 집단의 성과를 결정짓는 경우에는 집단 내 저성과자의 비율이 성과에 부정적 영향을 주기에, 집단 규모의 증가가 성과를 낮춘다.

③ 집단 규모별 장점

대규모 집단의 장점	우수인재의 비율이 증가하고, 분업을 통한 효율성을 달성할 수 있으며, 소규모 집단보다 문제해결 능력과 성과가 우수하다.
소규모 집단의 장점	과업의 완성 속도가 빠르며, 구성 간 긴밀한 상호작용을 통한 동기부여와 몰입의 가능성이 더 높다.

④ 사회적 태만과 그 극복

a. 개념

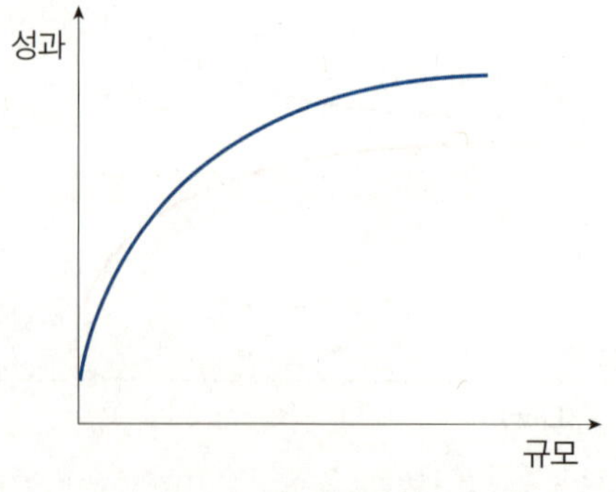

개인은 혼자 일할 때보다 여럿이서 함께 일할 때 노력의 투입량을 줄이는 경향이 있는데 이를 사회적 태만(social loafing)이라 한다. 링겔만(Ringelmann)의 밧줄 당기기 실험에서 발견되었기에 링겔만 효과(Ringelmann effect)라고도 한다.

b. 원인

ⅰ. 집단성과가 구성원 개인의 노력과 선형적(linear) 관계를 갖기 힘들다.
ⅱ. 집단목표가 구성원들 각각의 개인목표와 일치하지 않는다.
ⅲ. 각자의 노력 투입 여부를 다른 이들이 관찰하기 힘든 경우가 많다.

c. 극복 방안

ⅰ. 사회적 태만과 무임승차(free-riding) 방지를 위해서 집단보상 시스템을 노력-성과-보상 간의 거리가 비교적 가깝도록 설계할 필요가 있다.
ⅱ. 구성원들이 공유하는 집단목표를 설정할 필요가 있다. (목표합일성 제고)
ⅲ. 동기부여가 높은 직원을 선발하는 동시에 구성원 간 상호(다면)평가를 실시한다.

|4| 팀 : 현대 조직에서의 주요 작업집단[14)]

1) 팀과 집단

① 팀의 의의[15)]

팀(team)이란 상호보완적(complementary) 기능을 가진 집단구성원들이 협력함으로써 각자 투입한 노력들의 합 이상의 시너지를 창출(= 팀워크의 발휘)하여 높은 성과를 내는 작업집단이다.

② 등장 배경 : 팀제가 보편화된 배경[16]

a. 테일러주의(=분업)의 한계 극복

복잡성(complexity)과 변동성(variability)이 증가함에 따라, 조직관리의 핵심이 분업과 전문화에서 지식과 경험의 복합적 구성체(configuration)인 팀으로 변화했다.

b. 참여와 협력의 증진

전통조직의 문제점(책임회피, 부서이기주의, 의사결정 지연)을 극복하기 위해 작업단위에 권한을 충분히 부여하여 구성원들의 자발적 참여와 협력을 증진한다.

c. 현장 중심의 문제해결력 증진

재화 · 용역의 생산성과 품질을 향상시키기 위하여 구성원 전체가 현장에서 보고 듣고 느낀 바를 상부에 바로 반영하는 방식이 등장하게 된다.

③ 작업집단과 팀의 차이점

작업집단에서는 기능별 분업을 강조하기에 집단의 성과는 구성원 개인 성과의 합과 같다.

$$\text{Group performance} = \sum(\text{Individual performance})$$

하지만 팀은 업무의 상호관련성과 상호의존성이 높으며, 개인노력의 합 그 이상의 성과를 낸다.

$$\text{Team performance} > \sum(\text{Individual performance})$$

④ 전통적 조직과 팀제 조직의 차이점[17]

비교기준	전통적 조직	팀제 조직
조직구조	계층적 위계구조를 강조하는 분업형 조직이다.	팀원들 간 수평적인 관계를 기본으로 하며, 공동 문제해결을 중시한다.
리더십	목표의 효율적 달성을 강조하므로 지시적 스타일의 리더십을 선호한다.	구성원의 견해가 반영될 수 있는 참여적 스타일의 리더십을 선호한다.
정보의 흐름과 의사결정	집단 내의 정보흐름이 하향적(top-down)이고, 고위층이 주요 정보를 독점하기에 지식 공유가 어렵다.	정보가 상향적(bottom-up)으로 흐르며, 구성원들에게 주요 정보가 개방되어 있다.
인사관리 시스템	연공과 조직에 대한 충성도(loyalty)에 기반한 개인평가(individual evaluation)를 강조한다.	능력과 공동성과 기여도에 기반하여 집단평가(group evaluation)를 사용한다.

2) 팀의 유형[18]

① 문제해결팀(problem-solving team)

품질, 능률, 작업환경 등의 개선 방안을 논의하는 팀으로서, 아이디어의 공유와 문제해결 방안 모색을 주된 미션으로 삼는다. [예 품질분임조(quality circle)]

② 자가관리팀(self-managed work team, 자율작업팀)

상호의존적인 직무를 수행하며 해당 직무에 대한 계획(plan) 및 통제(control) 기능까지를 담당하는 10~15명 내외의 인원으로 구성된 팀을 말한다. 전통적인 관리자의 역할이 대폭 축소되며 자율성이 극대화되므로 종업원의 동기부여에 효과적이지만, 갈등의 효과적 대처가 힘들다. [예 우리나라의 대부대과형 팀(대팀)]

③ 교차기능팀(cross-functional team, 기능횡단팀)

하나의 과업을 달성하기 위해 비슷한 직위의 서로 다른 분야의 직원들로 구성한 팀을 말한다. 프로젝트를 수행하거나 문제 해결을 위한 태스크포스(TFT, task force)팀을 구성하는 방식이며, 다양한 영역의 구성원들로부터 문제해결을 위한 아이디어를 폭넓게 공유하는 데 도움이 된다.

④ 가상팀(virtual team)

공동의 목표 달성을 위해 물리적으로 분산되어 있는 구성원을 정보통신기술(화상회의, 온라인 채팅 등)을 활용해 결속시켜 문제를 수행하는 팀을 말한다. 비대면적 상호작용을 통해 원하는 성과를 내기 위해서는 팀원 간의 신뢰가 필수적이며, 도덕적 해이 방지를 위해 '비가시적'인 팀의 성과가 '가시적'이 되도록 해야 한다.

3) 효과적인 팀 만들기[19]

① 강한 팀워크를 가지는 팀의 공통 특성

a. 구성원들이 자신이 속한 팀에 대해 호의적이고 긍정적인 태도를 갖고 있다.
b. 구성원들이 서로의 업무수행과정을 관찰하고 피드백해 준다.
c. 팀 구성원 간의 커뮤니케이션이 활발하다.
d. 원활한 업무수행을 위하여 팀원 상호 간에 충분한 지원(support)을 아끼지 않는다.
e. 팀 전체의 성과를 위해 각자의 이기적 행동을 제어할 수 있다.

② 팀워크를 증진하는 팀 설계 방법 : 팀 효과성 모형

이 모형에서는 팀의 효과성 증진에 영향을 미치는 선행변수를 세 갈래(조직구조와 조직맥락, 팀 구성과 팀 역할, 팀 과정변수)로 정리하고 있다.

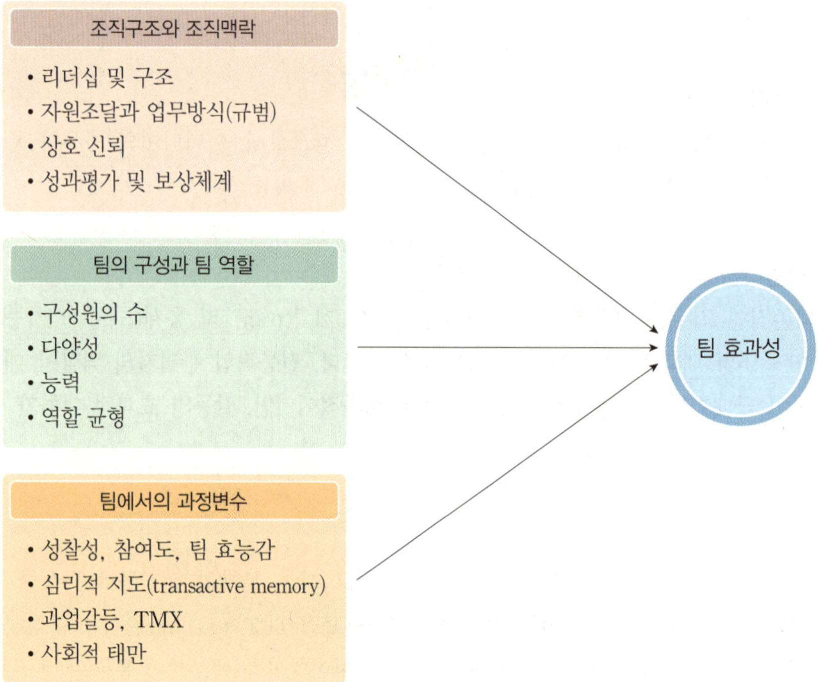

③ 조직구조와 조직맥락

a. 팀이 성과를 내기 위해서는 합리적인 조직구조와 적절한 리더십이 반드시 필요하다.

b. 원활한 팀 간 협업(inter-team cooperation)을 위해 자원조달과 업무방식(규범)에 대한 합의가 필요하다.

c. 팀 작업의 활성화를 위해서는 구성원 서로 간에 신뢰(trust)가 형성되어야 한다.

d. 구성원의 공헌도를 평가하는 적절한 성과평가 및 보상시스템이 구축되어야 한다.

④ 팀의 구성과 팀 역할

a. 구성원의 수

팀이 효과적이기 위해서는 5～9명 정도로 구성원의 수가 적정해야 한다.

b. 다양성(diversity)

다양한 인적자원으로 구성된 팀이 집단형성 초기에 사회 범주(인구통계)적 다양성으로 인해 야기되는 갈등을 잘 극복하는 동시에, 정보적 다양성을 활용하여 시너지를 고취할 수 있다면 팀 내의 다양성은 성과에 긍정적 영향을 줄 수 있을 것이다.

c. 능력

팀이 원활하게 운영되기 위해서는 i) 과업 수행에 필요한 기술적 전문 능력, ii) 피드백의 제공과 갈등 해결에 필요한 대인관계 능력, iii) 판단과 선택에 필요한 문제해결 및 의사결정 능력이 고루 갖춰져 있어야 한다.

d. 역할의 균형(team-role balance, TRB)

팀원들은 각자 팀 내에서 필요한 역할(예 창조자, 생산자, 연결자 등)을 적절히 나누어 맡음으로써 팀의 효과성을 제고할 수 있다.

⑤ 팀에서의 과정변수

팀워크가 잘 발휘되는 집단은 구성원들이 원래 성취할 수 있는 잠재수준 이상의 성과(synergy), 즉 과정 효과(process effect)를 이룩할 수 있다. 과정 효과는 과정 이익과 과정 손실로 구성된다.

잠재적 집단 효과성 + 과정 이익 − 과정 손실 = 실질적 집단 효과성

a. 과정 이익에의 관련 변수

i. 팀 계획과 실천에 대한 성찰성(reflexivity)이 높을수록 팀의 성과가 증가한다.
ii. 목표 설정 과정에의 참여도가 높을수록 팀의 성과가 증가한다.
iii. 팀 효능감이 적정한 수준을 유지한다면 팀 성과 증진에 도움이 된다.
iv. 과업 수행에 대한 지식과 신념의 체계(심리적 지도 또는 transactive memory)가 잘 구축되어 있다면 팀 성과에 도움이 된다. 이는 팀 내에서 누가 어떤 분야의 전문가인지를 서로가 잘 인지하고 있는 정도이다.
v. 적절한 수준의 과업갈등은 성과 증진에 도움이 된다.
vi. 팀-구성원 교환(TMX, team-member exchange), 즉 동료집단구성원과의 상호호혜적 관계의 크기 역시 팀 성과에 긍정적 역할을 한다.

b. 과정 손실에의 관련 변수

집단 과업에서 과정 손실을 발생시키는 대표적 변수는 사회적 태만(social loafing)이므로, 무임승차 방지를 위한 공동 책임 및 규정의 설정이 필요하다.

제2절 의사소통

ORGANIZATIONAL BEHAVIOR AND ORGANIZATION DESIGN

(2004년) 제13회 공인노무사시험
의사소통에 대한 장애요인과 활성화 방안을 약술하라. (25점)

(2011년) 제20회 공인노무사시험
조직 내 대인관계에 있어서 조하리 창(Johari window)의 개념과 활용 방안을 설명하라. (25점)

(2014년) 제23회 공인노무사시험
조직 내 커뮤니케이션 과정에서 나타날 수 있는 장애요인을 설명하고, 구성원 및 관리자 입장에서의 커뮤니케이션 활성화 방안을 각각 설명하시오. (25점)

(2015년) 제24회 공인노무사시험
기능별 조직의 공식적 조직도(organizational chart)상에 나타나는 커뮤니케이션 유형을 커뮤니케이션의 방향(흐름)에 따라 구분하여 설명하고, 이들 각 유형이 사용되는 상황의 예시와 각 유형의 문제점(단점)을 제시하시오. (25점)

|1| 의사소통의 의의와 중요성

1) 의사소통의 의미와 과정[20)]

① 의사소통(communication)의 의미

a. 개념

의사소통이란 2인 이상이 각기 특정한 의미를 담은 메시지(message)를 특정 경로를 통해 주고받는 과정이다. 버나드(Barnard)는 의사소통, 즉 커뮤니케이션이 조직관리의 핵심 요소 중 하나라는 사실을 지적한 바 있다.

b. 구성요소

의사소통은 S-M-C-R, 즉 송신자(Sender or speaker), 메시지(Message), 전달경로(Channel), 수신자(Receiver or listener) 등의 4가지 요소로 구성된다.

② 의사소통의 과정

의사소통의 과정은 크게 암호화, 경로를 통한 전달, 복호화, 피드백의 4단계로 구성된다. 이 모델은 미국의 전화국 기술자였던 셰넌(Shannon)이 처음 고안하였으며, 이후 위버(Weaver)에 의해 정보손실(소음, noise)의 개념이 추가되었다.[21]

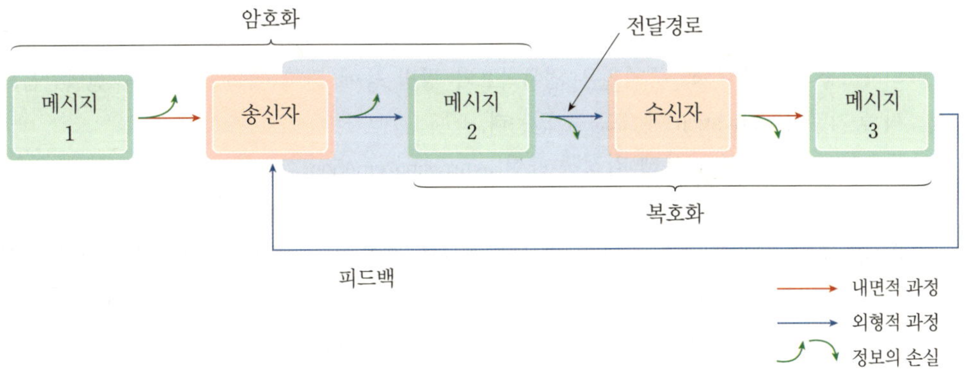

a. 암호화(encoding)

송신자(화자)가 머릿속에서 의도한 바(메시지 1)를 구체적인 언어적 및 비언어적 형태를 사용하여 표현하는 과정이다. 암호화 과정에서는 공감 능력과 커뮤니케이션 스킬의 부족으로 정보의 손실(information loss)이 발생한다.

b. 전달경로(channel)

i. 업무상의 공식적 경로와 사적인 비공식 경로가 활용된다. 일반적으로 의사소통 경로의 공식성이 증가할수록 한 경로 단위의 커뮤니케이션이 전달할 수 있는 정보의 양, 즉 경로풍부성(channel richness)은 감소한다.

ii. 전달경로상에서 정보의 손실을 유발하는 원인은 메시지의 명확성을 왜곡시키는 각종 커뮤니케이션상의 장애요인인 소음(noise)이며, 정보의 누락(omission, 일부 생략), 왜곡(distortion, 내용의 변조), 단락(short-circuiting, 건너뛰어 전달), 과오(error, 부정확한 정보처리) 등을 포함한다.

c. 복호화(decoding)

수신자(청자)가 화자에 의해 표현되고 전달된 바(메시지 2)를 인지 및 지각과정을 통해 이해·해석하는 과정이다. 복호화 과정에서도 인지오류와 편견 및 선택적 청취 등으로 정보의 손실(information loss)이 발생한다.

d. 피드백(feedback)

수신자가 해독한 내용을 다시 송신자에게 발송하는 과정으로서, 송신자는 피드백을 통해 자신의 메시지가 제대로 수신자에게 전달되었는지를 확인할 수 있다.

2) 의사소통의 역할과 중요성[22)]

① 종업원의 직무행동이나 지침의 수행 등은 집단 및 조직이 구성원의 행동을 통제(control)하는 데 의사소통을 사용하는 좋은 예이다.
② 의사소통 과정을 통해 종업원은 업무목표와 방법 등에 관한 명확한 지침을 전달받음으로써 동기부여(motivation)에 도움을 얻는다.
③ 동료와의 의사소통을 통해 감정을 표현(expressing emotion)함으로써 사회적 상호작용을 수행할 수 있다.
④ 의사소통을 통해 개인과 집단은 필요한 정보를 제공(informing)받음으로써 올바른 의사결정(decision making)을 수행할 수 있다.
⑤ 의사소통은 구성원들이 상황에 대한 의미구축(semsemaking)을 하는 데 도움을 준다.

|2| 의사소통의 유형

1) 의사소통의 방향에 따른 구분[23)]

<table>
<tr><td rowspan="5">대내적 커뮤니케이션</td><td rowspan="2">수직적 커뮤니케이션</td><td>하향적 커뮤니케이션</td><td>상사의 과업 지시나 공지 등이다.</td></tr>
<tr><td>상향적 커뮤니케이션</td><td>부하의 보고나 의견 개진 등이다.</td></tr>
<tr><td colspan="2">수평적 커뮤니케이션</td><td>동일 직급 구성원 간의 소통이다.</td></tr>
<tr><td colspan="2">대각적 커뮤니케이션</td><td>부서 · 계층이 다른 이들 간의 소통이다.</td></tr>
<tr><td colspan="3">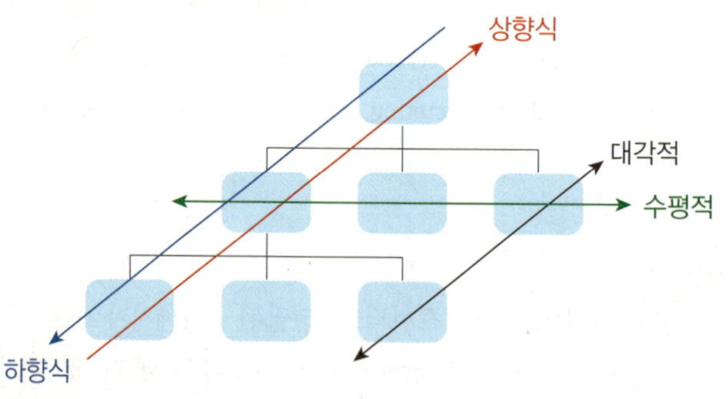
</td></tr>
<tr><td colspan="3">대외적 커뮤니케이션</td><td>조직 외부 이해관계자와의 소통이다.</td></tr>
<tr><td colspan="3">일방향 커뮤니케이션</td><td>소통과정이 수신자의 메시지 해석으로 끝나는 소통이다.</td></tr>
<tr><td colspan="3">양(쌍)방향 커뮤니케이션</td><td>피드백 과정이 추가되어 송신자와 수신자가 서로 대화를 주고받으며 서로의 역할이 바뀌기도 하는 소통이다.</td></tr>
</table>

2) 의사소통의 방법에 따른 구분[24)]

① 언어적(verbal) 커뮤니케이션

구두(oral) 커뮤니케이션	장점	경로풍부성이 매우 크므로 정보의 정확한 전달이 가능하고 즉각적 피드백을 기대할 수 있다.
	단점	메시지의 저장이 어렵고 상대방이 적극적 경청을 하지 않는 경우 그 효과성이 심각하게 떨어진다.
서면(written) 커뮤니케이션	장점	수신자의 기억력에 의존할 필요 없이 메시지가 저장되며 오해의 소지가 적다.
	단점	전달 속도가 느리고 피드백을 받기까지 시간이 걸린다.

② 비언어적(nonverbal) 커뮤니케이션

a. 표현 방식

비언어적 커뮤니케이션은 주로 제스처, 얼굴 표정, 눈 접촉(eye contact), 복장 및 파라랭귀지(paralanguage, 어조) 등으로 표현된다.

b. 기능

i. 비언어적 커뮤니케이션은 언어적 커뮤니케이션의 보완과 대체기능을 수행한다.
ii. 상대방의 말이나 행동을 규제하는 역할을 한다.
iii. 감정의 표출 기능을 수행한다.

③ 전자 커뮤니케이션(e-communication)

최근 이메일이나 인터넷 채팅 및 소셜네트워크서비스(SNS, social network service) 등이 커뮤니케이션에서 차지하는 중요도와 빈도가 점차 커지고 있다.

3) 의사소통의 수준에 따른 구분

① 개인 간 커뮤니케이션

개인과 개인 사이에 이루어지는 사적인 커뮤니케이션에 대한 것이다.

② 조직 커뮤니케이션

조직 차원의 커뮤니케이션에서는 공식적인 커뮤니케이션 통로인 네트워크와 비공식적 커뮤니케이션 통로인 그레이프바인이 각각 활용될 수 있다.

a. 네트워크(network)

개념	조직 내 개인과 개인 간의 사회적 연결망을 의미하는 개념이다.		
도식화	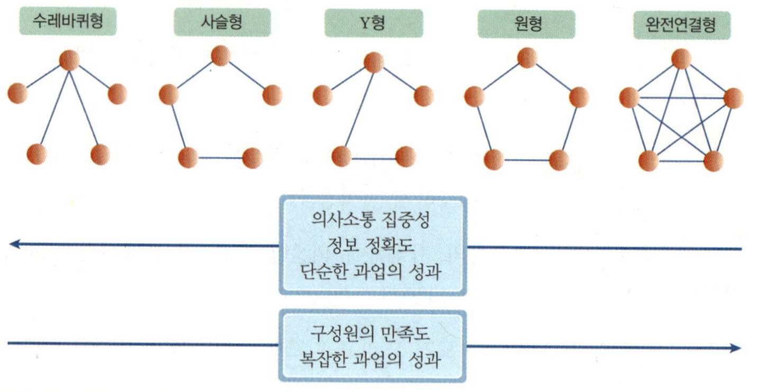		
수직적 소통	수레바퀴형 (Wheel or star type)	개념	집단 내의 특정한 리더에게 권한이 집중되는 방식이다.
		장점	상황 파악과 문제해결 속도가 빠르고 정보가 정확하게 전달된다.
		단점	리더의 역량을 뛰어넘는 문제 발생시 효과성이 떨어진다.
	사슬형 (chain type)	개념	공식적인 계통과 수직적(수평적)인 경로를 통해서 의사(정보) 전달이 이루어지는 형태이다.
		장점	외형적인 합의에 이르는 시간이 적게 걸린다.
		단점	특정인이 의도적으로 메시지를 왜곡할 가능성이 높고 피드백이 부재하여 구성원들의 불만이 누적될 수 있다.
	Y형 (Y type)	개념	라인-스태프의 혼합집단처럼 (특정한 리더가 정해져 있지는 않으나) 비교적 집단을 대표할 수 있는 인물이 존재하는 경우의 소통방식이다.
		장점	단순한 문제를 해결하는 데 있어 정확도는 비교적 높다.
		단점	구성원 간의 갈등 및 관할권의 다툼 등의 문제가 발생한다.
수평적 소통	원형 (circle type)	개념	특정 문제의 해결을 위한 위원회조직(TFT)과 같이 권력이 분산되어 있는 민주적 조직에서의 소통방식이다.
		장점	서로가 제대로 된 피드백을 공유하면 효율성이 증가한다.
		단점	상황 파악이나 문제해결 및 합의 속도가 비교적 느리다.
	완전연결형 (all channel type)	개념	구성원 전체가 서로의 의견이나 정보를 자유의지에 따라 교환하는 형태이다.
		장점	정보의 전달 속도가 상당히 빠르고, 구성원들의 만족도가 높으며, 창의적 대안의 도출이 용이하다.
		단점	루머(rumor)가 쉽게 확산될 수 있다.

b. 그레이프바인(grapevine)[25]

i. 개념과 발생원인

미국 남북전쟁 당시 통신장애의 원인이었던 전선의 얽힘에서 유래한 개념인 그레이프바인은 조직 내에 존재하는 비공식적인 의사소통 경로로서, 조직 내 커뮤니케이션에서 높은 비중(한 연구에서는 약 75%)을 차지한다. 중요한 이슈에 대하여 상황이 모호하거나 근심 · 걱정을 불러일으킬 만한 요소가 많을 때 활성화된다.

ii. 내용에 따른 구분

- 충고형 : 업무상 필요한 정보나 지식에 대해서 질문하고 답해 준다.
- 신뢰형 : 갈등 · 정치와 관련되는 비밀스럽고 미묘한 사안들에 대한 소문이 오간다.
- 정보자료형 : 공지사항 등의 일상적인 정보를 주고받는다.

iii. 정보유통 방식에 따른 구분

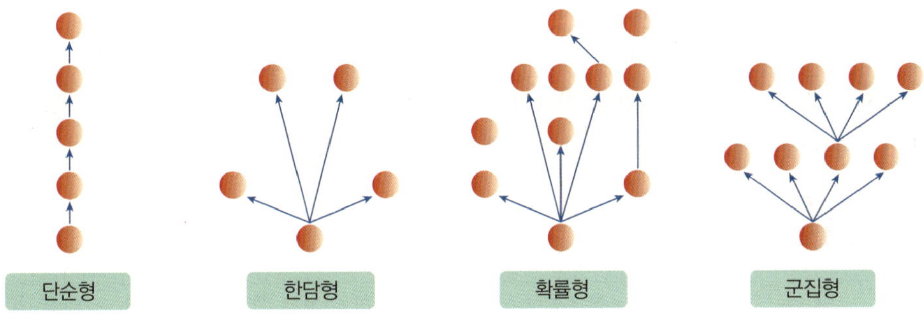

- 단순형 : 사슬형으로 정보가 유통되므로 메시지의 왜곡이 발생할 수 있다.
- 한담형 : 수레바퀴형처럼 한 명이 주로 여러 명에게 특정한 관심사를 전달하는 방식이다.
- 확률형 : 정보가 조직구성원들에게 전달되기도 하고 중간에 끊어지기도 하는 방식이다. 관심은 가지만 중요하지는 않은 정보의 전달 방식이다.
- 군집형 : 한 사람이 몇 명에게 정보를 전하면 각각이 다시 여러 사람에게 전파하는 방식으로서, 가장 일반적인 정보유통 흐름이다.

iv. 특징

- 장점 : 전달 속도가 빠르고, 공식적 경로를 통해 전달되기가 쉽지 않은 정보를 서로 나누기에 적합하다.
- 단점 : 특정인에 의한 왜곡과 루머(rumor) 생성으로 조직효과성을 저하할 수 있다.

v. 활용 방안

부정적인 정보의 흐름은 줄이고 긍정적 효과를 극대화하는 방향으로 그레이프바인을 잘 활용할 필요가 있다.

- 자발적 소통공간의 마련을 통한 조직효과성 증대 : 조직구성원들이 모여 이야기를 나눌 수 있는 자발적 소통의 공간을 확충함으로써 유대감과 창의적인 성과를 높일 수 있으며, 이를 정수기 효과(water cooler effect)라 한다.

- 유용한 정보획득의 수단 : 그라노베터(Granovetter)에 따르면 안정과 성장에는 강한 연결(strong tie)의 가치가 높지만, 오늘날 학습과 정보취득 및 프로티안(protean) 경력과 무경계(boundaryless) 경력의 개발에는 약한 연결(weak tie)이 보다 유용하다.
- 사회적 교환을 통한 경로풍부성의 확충 : 공식적 소통경로에서의 '가공되고' '마사지된' 정보와는 달리 그레이프바인과 같은 비공식적 의사소통 경로에서는 상호 간에 가감 없는 솔직한 정보교환이 가능하다. 이러한 사회적 교환(social exchange)을 통해 서로 간에 양적 · 질적인 경로풍부성을 확충할 수 있을 것이다.

| 3 | 의사소통의 장애요인과 그 개선 방안

1) 의사소통의 장애요인

정보의 전달 과정에서는 다양한 정보의 손실이 발생하며, 그 주된 원인을 소음(noise)이라 한다. 이는 메시지의 명확성을 왜곡시키는 각종 커뮤니케이션상의 장애요인을 일컫는다.

① 구조적 요인[26)]

계층제 (종적 측면)	위계서열구조 속에서 정보가 여러 단계를 거치게 됨(예 chain type)에 따라 정보의 왜곡과 단절이 심해진다.
전문화 (횡적 측면)	분업 하에서 각 부서들이 담당하는 업무 내용이 달라지며(예 silo effect) 이들 간의 경쟁의식 하에서 정보흐름에 지장이 생긴다.
집권화	소수의 전문가가 정보를 독점하는 과정에서 업무처리에 장애가 생긴다.

② 과정적 요인[27)]

필터링(여과, filtering)	송신자(sender)가 의도적으로 정보를 조작하는 현상이다.
선택적 지각	수신자(receiver)가 자신의 입맛에 맞는 것만 기억하는 현상이다.
과중한 정보	개인의 정보처리능력을 초과할 경우 일부 정보를 무시한다.
정서(PA, NA)	긍정적 · 부정적 정서는 종종 객관적인 사고과정을 압도할 수 있다.
약어나 속어	공식적으로 사용되는 용어 외의 언어사용으로 소통오류가 유발된다.
침묵	소수의견을 무시하는 억압적 분위기하에서 정보흐름이 저해된다.
거짓말	실수를 은폐하거나 인상관리를 위해 거짓 정보를 유통한다.

2) 의사소통의 개선 방안[28)]

① 구성원 차원

a. 동료 간 소통

자신의 직무에 대한 충분한 지식을 바탕으로 상호 활발한 피드백이 필요하며, 다양한 소통수단을 활용한 경로풍부성(channel richness) 확충 전략이 필요하다. 때로는 정보손실 방지를 위해 동일한 내용을 반복 전달할 필요도 있다.

b. 상급자와의 소통

상급자의 흥미와 관심을 끌 수 있도록 예외적이고 중요한 일을 먼저 선별하는 동시에, 정보 과부하 방지를 위해 우선순위(priority)를 정하여 순차적으로 정보를 전달한다.

② 관리자 차원

a. 수평적 커뮤니케이션의 활성화

구성원들이 상급자에게 신뢰(trust)를 가질 수 있도록 감정적 언사나 불공정 대우를 지양하고, 계급 · 계층을 고려하지 않는 격의 없는 소통 기회를 구성원들에게 부여한다.

b. 적극적 경청(active listening)

수동적으로 내용을 듣는 것이 아니라 대화 내용에 대한 예상도 하고 말하는 이에게 피드백(또는 리액션)도 하면서 상대방의 입장에서 공감하려는 듣기 방식이다.

c. 소통 수단의 공개화

불필요한 루머는 주로 비공식적 연결망으로 전파되므로, 상급자는 가급적이면 공개적이고 공식적인 소통경로를 통해 행동하고 지시할 필요가 있다.

3) 조하리의 창(Johari's window) : 상호이해증진의 도구[29)]

① 개념

루프트(Joseph Luft)와 잉그함(Harry Ingham)은 커뮤니케이션에서 전달되는 메시지의 내용과 범위가 자신과 상대방에게 드러나는 정도에 따라서 4개의 사분면으로 나누어 살펴볼 수 있다고 주장하였다. 그 4개의 사분면을 두 사람의 이름을 따서 조하리의 창(또는 요하리의 창)이라 명명하였다.

여기서 중요한 것은 각 영역의 면적이 확정된 것이 아니라 의사소통 당사자 간의 노력에 따라 달라질 수 있다는 것이다.

	자신이 알고 있는 부분 (Known to self)	자신이 모르고 있는 부분 (Unknown to self)
상대방에게 알려진 부분 (Known to others)	공개영역(Open area)	맹인영역(Blind area)
상대방이 모르고 있는 부분 (Unknown to others)	비밀영역(Hidden area)	미지영역(Unknown area)

② 내용

a. 공개영역(open area)은 나와 상대방 모두에게 알려진 부분이다. 상호신뢰가 형성되며, 갈등이 거의 유발되지 않는다.

b. 맹인영역(blind area)은 상대방이 알지만 내가 모르는 부분이다. 공통의 과제에 대한 나의 이해도가 상대방에 비해 작기에, 소통 장애와 부적절한 의사결정이 발생할 수 있다. 따라서 상대방으로부터 늘 적극적인 피드백을 받는 것이 중요하다.

c. 비밀영역(hidden area)은 나만 알고 상대방이 잘 모르는 부분이다. 상대가 내용을 알게 되는 것에 대한 두려움 때문에 숨기는 것이다. 이는 상대방의 입장에서 맹인영역이 되므로, 내가 먼저 상대방에게 피드백을 주도록 노력해야 한다.

d. 미지영역(unknown area)은 나와 상대방 모두에게 알려져 있지 않는 부분으로서, 실체적 진실이나 중요한 정보가 여기에 포함되어 있다면 갈등의 소지가 될 수 있다.

③ 활용 방안

a. 조직에서 상사와 부하, 부하와 부하 간 관계에서 넓은 공개영역을 확보하는 것은 조직효과성 증대에 매우 필수적이다.

b. 공개영역을 넓히기 위해서는 나 자신이 상대방에게 많은 정보를 드러내거나 타인이 나에게 속마음을 드러내는 것이 필요하다.

c. 의사소통의 과정에서 다른 한 사람의 말을 경청하는데 그치지 않고 그에 대한 피드백을 적극적으로 개진해야 비로소 서로 간의 오해가 풀리고 신뢰수준이 높아진다.

d. 자기노출과 타인으로부터의 피드백에 대한 설문도구를 활용하면 소통 장애를 극복하고 갈등의 원인을 제거하며 집단에의 신뢰수준을 높여 조직효과성을 증대할 수 있다.

제3절 의사결정

ORGANIZATIONAL BEHAVIOR AND ORGANIZATION DESIGN

(1997년) 제6회 공인노무사시험

조직 내의 집단사고(Group think)의 증상과 극복 방안을 제시하라. (25점)

(2004년) 제48회 행정고등고시

개인의사결정에 비해 집단의사결정은 다양한 의견과 경험을 반영할 수 있는 장점이 있다. 그러나 문제점 또한 있다. (총 40점)

1) 집단의사결정시 발생할 수 있는 문제점들을 자세히 설명하시오. (10점)
2) 그 문제점들을 극복하기 위한 효율적인 의사결정기법을 최소한 3가지 이상 제시하고 설명하시오. (20점)
3) 각 기법들 사이의 관계 및 차이점을 설명하시오. (10점)

(2005년) 제14회 공인노무사시험

의사결정의 제한적 합리성 모형을 약술하라. (25점)

(2007년) 제16회 공인노무사시험

집단의사결정의 장점과 단점을 약술하라. (25점)

(2018년) 제27회 공인노무사시험

집단의사결정의 의미를 설명하고, 집단의사결정 방법 중 명목집단법(nominal group technique), 브레인스토밍(brainstorming) 및 델파이기법(delphi technique)을 각각 기술하시오. (25점)

(2021년) 제30회 공인노무사시험

조직마다 의사결정 방식이 다르며, 동일한 조직 안에서도 사안이 무엇인지에 따라 결정 방식이 다양하다. 조직의 의사결정은 합리적이고 이상적으로만 이루어지는 것이 아니라 여러 가지 현실적 원리에 의해 전혀 뜻밖의 방식으로 결정되기도 한다. 그 이유는 조직의 의사결정에 영향을 미치는 요소는 매우 많기 때문이며, 또한 내부의 영향요인 이외에 외부 영향요인도 존재하기 때문이다. 1971년 올슨(J. Olson) 등은 합리적 의사결정모형이나 사이몬(H. Simon)의 바늘이론을 비판하면서 실제 조직의 의사결정은 그보다도 훨씬 비합리적으로 이루어진다고 주장하면서 소위 '쓰레기통 의사결정 모형(Garbage Can Model)'을 발표하였다. (25점)

물음 1) 쓰레기통 모형의 개념적 정의를 쓰시오. (6점)

물음 2) 쓰레기통 모형의 의사결정이 언제 자주 일어나는지 주요 상황 3가지를 쓰시오. (6점)

물음 3) 쓰레기통 모형의 의사결정 요소들 중에서 핵심적인 구성요소 4가지를 쓰시오. (7점)

물음 4) 쓰레기통 모형이 주는 시사점을 4가지만 쓰시오. (6점)

(2022년) 제31회 공인노무사시험
의사결정자가 최선의 의사결정을 내리는 데 필요한 모든 정보를 획득하고 처리하는 것이 불가능하다는 것을 고려해 볼 때, 최선의 대안을 선택하는 과정에서 범하는 오류는 의사결정의 질을 저해할 수 있다. 의사결정자가 흔히 범하는 아래의 오류들 각각에 대하여 개념적 정의와 조직 상황에서 발생할 수 있는 예시를 1가지씩 쓰시오. (25점)
(1) 가용성 편향(availability bias) (2) 고착 편향(anchoring bias)
(3) 확증 편향(confirmation bias) (4) 사후확신 편향(hindsight bias)
(5) 몰입의 심화(escalation of commitment)

|1| 의사결정의 일반이론

1) 의사결정의 의미와 과정[30)]

① 의미

의사결정(decision making)이란 목표 달성을 위한 복수의 대안들 중에서 최적의 것을 선택하는 과정이다.

② 과정

일반적으로 의사결정은 문제의 인식 · 정의 · 진단, 목표의 설정, 대안의 개발, 대안의 분석과 평가, 대안의 선택과 실행 등의 다섯 단계로 이루어진다.

2) 의사결정 상황의 유형

① 사이먼(Simon)의 분류 : 반복성 여부

a. 정형화(routinized)된 의사결정

자주 반복되어 늘 유사한 대안이 준비되어 있고 그에 따른 행동양식이 구성원들에게 어느 정도 체화되어 있는 상황을 의미한다. 이 경우의 의사결정을 프로그램 의사결정(programmed decision)이라 한다.

b. 비정형화(nonroutinized)된 의사결정

예외적이고 갑작스러운 상황에서는 기존에 생각하지 않았던 새로운 대안을 탐색하고 평가해야 하므로 풍부한 업무수행경험과 창의성이 필요하다. 이 경우의 의사결정을 비프로그램 의사결정(nonprogrammed decision)이라 한다.

② 의사결정주체에 따른 분류

의사결정이 일어나는 단위(즉, 의사결정권자)가 개인인지 집단인지에 따라 개인의사결정과 집단의사결정으로 나뉜다.

③ 권한의 위치에 따른 분류

과거에는 상사가 주도하는 하향식(top-down) 의사결정이 주를 이루었으나, 오늘날에는 구성원이 권한을 위임받아 수행하는 상향식(bottom-up) 의사결정을 시도하는 조직이 많다.

3) 의사결정에서의 오류와 극복 방안 : 트버츠키(Tversky)와 카네먼(Kahneman)의 논의를 중심으로[31]

① 과신 오류(overconfidence bias)

개념	의사결정자가 미래의 의사결정 결과에 대해 예측을 충분히 잘할 수 있다고 자신의 능력을 과신하여 의사결정 및 협상에 실패하는 것이다.
사례	응답자의 82%가 자신의 자동차 운전 실력이 매우 좋다고 생각하며, 하버드 대학생의 86%가 자기가 동료 학생들보다 외모가 더 잘 생겼다고 생각한다.
극복 방안	의사결정 時, 시간을 충분히 가지고 자신의 판단을 보다 현실에 근접하게 하도록 노력해야 한다.

② 유용성 오류(가용성 오류, availability heuristic)

개념	의사결정자가 과거 자신이 수집한 정보, 즉 기억되기 쉬운 정보(예 최근의 정보, 대형 사고, 사회적 논란 등)만을 가지고 의사결정을 하는 경향이다.
사례	평가자가 최근의 관찰 결과를 토대로 피평가자를 판단하는 시간적 오류(최근효과, recency effect)가 전형적 사례이다.
극복 방안	증거기반경영(EBM, evidence-based management)의 관점에서, 정보수집의 범위를 확대하여 의사결정 상황에 걸맞은 판단 근거를 마련해야 한다.

③ 대표성 오류(representativeness heuristic)

개념	과거의 어떤 사건이 현재의 다른 상황에서도 같은(유사한) 효과를 낼 것이라고 생각하고 의사결정을 수행하는 것이다.
사례	식품 회사에서 최근 생산한 과자가 국내에서 호응을 얻는 경우, 이것이 외국에서도 잘 팔릴 것이라고 생각하는 경우가 있다.
극복 방안	각 상황에 적합한 정보를 수집하기 위해 노력을 기울여야 한다.

④ 고착과 조정 오류(닻 내림 효과, anchoring and adjustment heuristic)

개념	의사결정을 위해 정보를 수집할 때 처음 수집된 정보가 의사결정의 기준이 되어 다른 의사결정에 영향을 미치는 것이다.
사례	근거 없이 책정된 예산이라 하더라도 한 번 예산서 상에 남아있게 되면 지속적으로 유지, 증액된다는 문제가 발생한다.
극복 방안	영기준 사고(zero-based thinking), 즉 새로운 의사결정에 임할 경우 무엇을 근거로 삼아 의사결정을 할 것인지를 새롭게 정해야 한다.

⑤ 인지 오류(틀 짜기 효과, framing bias)

개념	정보를 인지적으로 처리하는 과정에서 특정 사건 내지 문제가 제시되는 형태에 따라 의사결정이 달라지는 것이다.
사례	부정적 문장이 제시된 경우 위험회피적(risk aversion)인 의사결정을 하고, 긍정적인 문장으로 제시될 때에는 위험추구적(risk taking)인 의사결정을 한다.
극복 방안	정보가 제공될 때의 여러 상황(정보형태, 정보전달의 수단(channel), 정보의 양, 정보제공의 시점 등)들을 종합적으로 검토할 필요가 있다.

⑥ 몰입의 심화 오류(몰입의 상승, escalation of commitment)

개념	경영자가 어떤 의사결정이 잘못되었음을 인지한 후에도 시간, 노력, 자원을 계속 투입하여 결국에 가서는 조직에 큰 해를 입히는 경우를 말한다.
단계	i) 의사결정자는 부정적 결과를 가져다주는 의사결정을 한다. ii) 의사결정이 잘못되었음을 알고도 자원을 더 투입한다. iii) 결국에는 큰 손해가 발생한다.
사례	엠파이어스테이트빌딩이나 오페라하우스 건축과 같이 초기의 실패를 만회하려다 더 큰 예산 낭비를 저지르는 경우 등이 몰입의 심화에 해당한다.
원인	의사결정자의 자기 합리화, 도박에서처럼 승률에 대한 착각, 지각의 결함, 타인들에 대한 체면의식, 매몰비용(sunk cost)에 대한 집착 등을 들 수 있다.
극복 방안	• 의사결정을 한 번에 하지 말고 목표를 여러 작은 것들로 쪼갠다. • 의사결정 권한을 분산한다. (예 최초결정자와 수정판단자의 분리) • 비용을 단기적 측면보다는 장기적 관점에서 분석한다. • 실행과정 중간에 수시로 진행 상황에 대한 피드백을 제공한다. • 실패에 대한 처벌이나 비난을 자제한다.

4) 의사결정의 영향요인[32)] : 분석수준(level of analysis)을 중심으로

① 개인차원의 영향요인

a. 일반적 영향요인

성격	성실성이 높으면 몰입의 심화에, 자존감이 높으면 자기보호오류(self-serving bias)에 빠지기 쉽다.
가치관	보수-진보 등의 가치관은 대안의 선택과 그 적용과정에 영향을 미친다.
젠더(gender)	10대～20대의 여성들이 남성보다 심사숙고(rumination)하는 비율이 크다.
지적 능력	현명한 이들도 Anchoring이나 과신오류 및 몰입의 심화에 빠진다.
스키마(Schema)	경험에 의해 형성된 인지구조는 문제정의와 판단 · 선택에 영향을 준다.
창의력(creativity)	대안의 발견이나 기존 대안의 효과적 실행 방안 발견에 도움을 준다.
정보처리능력	정보의 중요성과 우선순위의 판단은 효과적 의사결정에 필수적이다.
휴리스틱스(heuristics)	개인이 행하는 단순한 주먹구구(rule of thumb)식의 판단원칙으로서, 빠른 의사결정에 도움이 되지만 판단오류의 원인이 되기도 한다.

b. 의사결정자의 스타일

로우(Rowe) 등은 사고방식(way of thinking)의 합리적/직관적 여부와 불확실성 감수능력(tolerance of ambiguity)의 대소(大小)에 따라 의사결정 스타일을 네 가지로 구분하였다.

		불확실성 감수능력(tolerance of ambiguity)	
		불확실성 인내 힘듦	불확실성 인내 가능
사고방식(way of thinking)	합리적	단순형(directive style)	분석형(analytic style)
	직관적	행동형(behavioral style)	개념형(conceptual style)

i. 단순형(directive style) : 합리적이지만 불확실성을 인내할 수 없기에, 적은 양의 정보라도 있는 것을 토대로 신속히 판단한다.

ii. 분석형(analytic style) : 합리적이며 불확실성을 참을 수 있기에, 가능한 한 더 많은 정보와 대안을 검토하여 신중하고 조심스럽게 판단한다.

iii. 행동형(behavioral style) : 직관적이며 불확실성을 인내할 수 없기에, 타인이 주는 정보나 생각을 그대로 받아들여 결정한다.

iv. 개념형(conceptual style) : 직관적이며 불확실성을 참을 수 있기에, 많은 대안을 장기적으로 검토하며 창조적이고 비상한 판단을 한다.

② 집단차원의 영향요인

a. 규범(norm)

집단의 규범이 성과 지향적인지 관계 지향적인지에 따라 의사결정의 최대 고려 조건이 달라질 것이다.

b. 과업의 특성

바람직한 과업특성은 구성원의 동기부여에 영향을 주게 되므로(직무특성모형), 의사결정과정에도 간접적으로 개입한다.

c. 의사결정 사안의 특성

특수하거나 복잡한 또는 새로운 문제일수록 정교한 분석 및 판단도구를 활용하여 의사결정을 수행하겠지만, 간단하거나 반복적인 사안일수록 분석 자체의 필요성이 줄어들어 루틴(routine)한 의사결정을 수행할 가능성이 크다.

③ 조직차원의 영향요인

a. 평가제도

조직 구성원들은 평가상의 핵심성과지표(KPI, key performance indicator)에 행동의 초점을 맞추려는 경향이 있으므로, 의사결정에도 평가제도의 영향이 미친다.

b. 보상제도

조직이 위험선호자(risk-taker)에게 처벌을 한다면 조직은 보수적인 의사결정을 한다.

c. 전례(precedents)

한편 조직의 의사결정은 과거에 해당 조직이 무엇을 어떻게 했었는지와 관련된 전례의 영향으로부터도 자유로울 수 없다.

5) 의사결정과 윤리[33)]

① 의의

비윤리적 의사결정으로 사회적 물의를 빚는 경영자들의 사례를 종종 볼 수 있듯이 의사결정의 과정과 결과는 모두 윤리적(ethical)이어야 한다.

② 비윤리적 의사결정의 발생 원인

a. 의사결정자들이 타인의 권리나 소비자의 만족을 무시하고 자신의 욕구만을 충족시키려 할 때 윤리문제가 발생한다.

b. 힘의 논리에 입각하여 독점기업이나 재벌 등이 공익을 침해하는 경우가 있다.
c. 불법이라도 걸리지만 않으면 된다는 옳지 못한 가치관 때문에 윤리문제가 발생한다.
d. 법의 허점을 이용하여 사익을 극대화하는 과정에서 사회윤리적 문제가 발생한다.

③ 내부자 고발행위(whistle-blowing)

조직에서 불법적 또는 비윤리적 사건이 발생할 때 이 사정을 잘 아는 내부의 구성원들이 이를 시정할 수 있는 사람이나 관계당국에 비리를 고발하는 것이다. 우리나라에서는 내부자 고발행위를 배신으로 보는 시각이 일부 있기에, 사회적 인식의 개선이 필요하다.

④ 의사결정에서의 윤리적 기준

통상 윤리학에서는 의사결정과 관련하여 세 가지 기준을 제시한다. 이하에서는 각 기준의 개념과 장단점을 살펴본다.

a. 공리적 접근법(utilitarian approach)

i. 의미

공리주의는 벤담(J. Bentham)과 밀(J. S. Mill)에 의해 주창되었으며, 가장 많은 사람들에게 유익을 줄 수 있는지(The greatest happiness of the greatest number)의 여부에 따라 특정한 의사결정을 정당화하는 관점이다.

ii. 장점

효율성과 생산성 및 이익 등의 논리로 각종 의사결정에 대한 판단이 이루어지게 된다. 경영의사결정의 대부분은 이 기준을 따른다.

iii. 한계점

이익 중심으로 접근을 하다 보니 조직을 구성하고 있는 소수자들의 권리를 무시하는 결과를 초래할 수 있다.

b. 공민권적 접근법(right approach)

i. 개념

공민권(권리) 접근은 개인의 각종 권리(사생활이 지켜질 권리, 휴식을 취할 권리 등)의 침해 여부를 의사결정의 기준으로 삼는 것이다. 여기서는 결과도 중요하지만 과정도 중요하게 취급된다.

ii. 장점

특정 정책으로 인한 잠재적 피해자의 발생을 미연에 방지할 수 있다.

iii. 한계

권리 기준을 지나치게 강조하면 과도한 법률과 규제로 인하여 생산성과 효율성의 실현을 방해할 수 있다.

c. 공정성 접근법(justice approach)

ⅰ. 개념

공정성(정의) 접근은 누구나 투입한 노력에 따라 정당한 대가를 누릴 수 있도록 의사결정하는 원칙이다. 공정성은 크게 분배적 공정성(DJ), 절차적 공정성(PJ), 상호작용적 공정성(IJ)으로 구분할 수 있다.

ⅱ. 장점

직급이 낮아 권력이 작은 사람, 혹은 조직정치 스킬이 부족한 조직 내 약자층도 노력한 만큼 이익을 누릴 수 있다.

ⅲ. 한계

절대적인 노력 투입이 힘든 약자층까지는 보호하기가 쉽지 않다.

|2| 주요 의사결정 모형

대프트(Daft)는 여러 의사결정 모형들을 어떤 상황하에서 적용하는 것이 타당한지에 대하여 두 가지 선택 기준을 제시한다. 하나는 집단·조직 구성원들 간에 해결해야 할 문제에 대한 합의성(problem consensus)이 존재하는지의 여부이고, 다른 하나는 해결 방안에 대한 기술적인 지식(technical knowledge about solution)의 유무이다. 이를 기준으로 상황에 어울리는 여러 의사결정 모형을 배치할 수 있다.

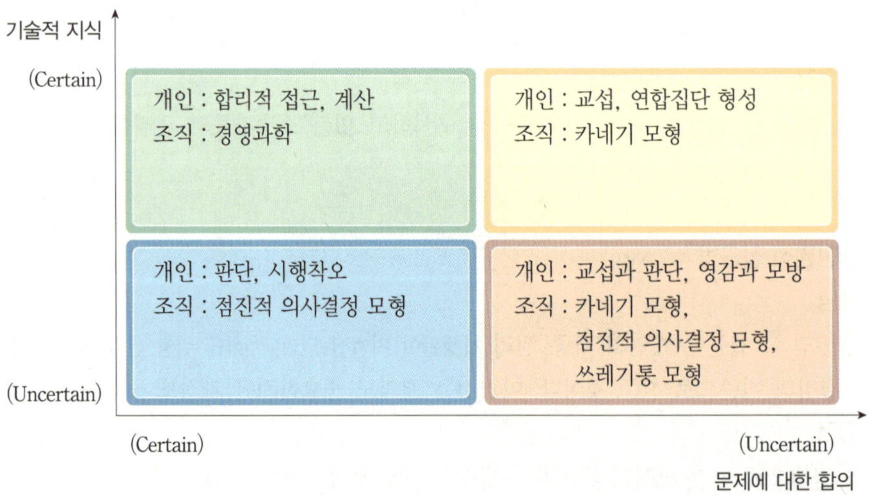

출처 : Daft(2010), 수정인용

1) 합리적 모델(rational model)

① 의의와 기본 가정

합리성의 의미	최소 비용으로 최대 효용을 달성한다는 경제적 의미로 사용된다.
기본 가정	의사결정자는 완벽한 정보(perfect information)를 가지고 있으며(全知의 가정), 이슈와 관련한 모든 대안을 검토할 수 있고, 선호체계의 일관성(consistency)이 있어 여러 대안 중 가장 효용이 높은 대안을 선택한다.
의사결정론에서의 의의	가정의 비현실성 때문에 합리모델은 의사결정에 대한 일종의 이념형(ideal type, 현실에서 존재하지는 않는 이상적 모형)으로 간주된다.

② 단계[34)]

문제의 인식 (정의·진단)	의사결정의 출발점은 문제(problem), 즉 해답을 요하는 질문을 명확화하는 것이며, 이 과정에서 조직구성원 및 전문가들의 경험과 지식을 활용하여 충분한 정보를 수집한 뒤, 객관적으로 문제를 정의해야 한다.
목표의 설정	현재의 상태(As-is)를 앞으로 어떤 바람직한 상태(To-be)로 변화시킬 것인지에 대한 구상이 필요하다. 여기서 목표는 실행 가능하고 구체적이며 측정할 수 있어야 한다.
대안의 개발	목표를 달성하기 위해 필요한 대안(alternative), 즉 문제해결과 목표달성 방안을 생각하고 개발한다. 일반적으로 조직은 복수의 대안을 마련한다.
대안의 분석과 평가	개발된 대안들의 상대적 가치와 장점 및 단점들을 모두 분석하고 평가한다. 이 과정에서 각종 계량적·비계량적 분석기법이 동원될 수 있다.
대안의 선택과 실행	상대적으로 목표에의 적합성이 높고 성과를 기대할 수 있는 대안을 선택한다. 선택한 대안은 구체적인 실행계획(action plan)에 따라 집행된다.

③ 경영과학(management science) 모형

제2차 세계대전 중에 수학과 통계 기법을 활용하여 적함 격침 및 물자 수송 등의 방안을 모색(optimization, 최적화)하는 과정에서 등장하였으며, 합리적 의사결정의 원리를 활용한 것이다. 생산운영관리 분야를 중심으로 폭넓게 확산되었으며, 최근에는 광고 캠페인 전략 수립, 신상품 출시 시점의 결정, 병원에서의 예약 시스템 구축 등 다방면에 활용되고 있다.

2) 제한된 합리성 모델(bounded rationality model)

① 의의

사이먼(Simon)에 따르면 인간의 인지능력에는 제한이 있어 최적의사결정을 위한 모든 정보의 이해와 활용이 사실상 불가능하다. 따라서 대부분의 의사결정은 최적화(optimization)보다는 인간이 만족(satisfy)하는 선에서 이루어진다. 이를 제한된 합리성 모델 또는 (합리모형에 대비하여) 만족모형이라고도 한다.

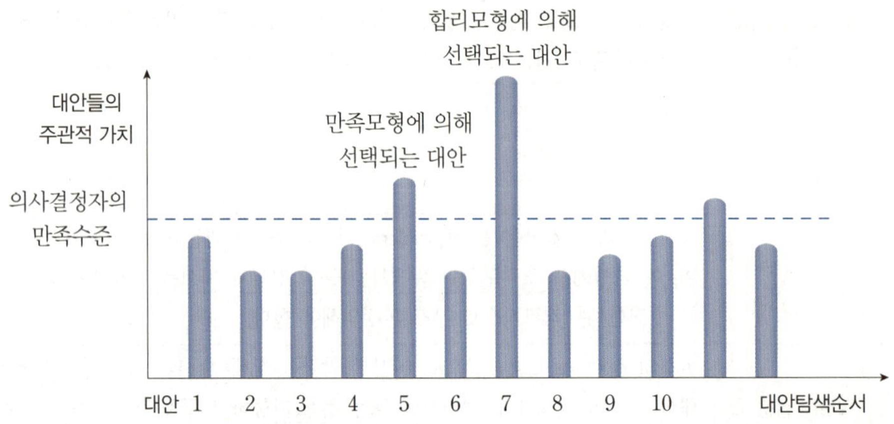

출처 : 임창희(2008)

② 의사결정의 제약조건

환경적 제약조건	• 문제가 복잡하거나 해결에 필요한 시간 · 자원 · 정보가 부족하다. • 조직 구성원 간에 공유된 시각이나 합의가 부족하다. • 권위적인 조직문화 및 지나치게 분업화(전문화)된 조직구조, 윤리적 가치관 등에 의해서 의사결정이 제약을 받는다.
인적 제약조건	• 명성과 성공에 대한 욕망이 크다. • 외부 압력(예 소속집단이나 준거집단)에 대한 순응 욕구가 있다. • 자신만의 이미지나 스타일을 고수하고자 하는 욕구가 존재한다.

③ 합리적 의사결정 모형과의 비교

비교기준	합리 모형	제한된 합리성 모형
의사결정자의 속성	의사결정자가 완전한 정보(perfect information) 내지는 경제적 합리성을 보유한다.	의사결정자가 사용가능한 정보의 (환경적 및 인적) 제약이 존재함을 인정한다.

정보의 가용성	의사결정자의 가용정보에 제한이 없으며, 선호체계의 일관성 하에서 판단의 논리적 정합성이 존재한다.	의사결정자가 완벽한 정보를 갖지 못하기에, 현재 보유한 정보의 범위 내에서 의사결정을 하게 된다.
대안선택의 방식	최적안(optimal solution), 즉 가장 최선의 안을 선택하게 된다.	주어진 조건 하에서 만족안(satisfactory solution)을 선택한다.
이론모형의 유형	실현 가능한 모형이라기보다는 이상적인 규범적 모형(normative model)이다.	실제 경영자들의 판단 과정을 현실감 있게 보여주는 현상기술적 모형(descriptive model)이다.

④ 제한된 합리성 모형의 한계[35)]

a. 만족할 만한 대안을 찾은 후에는 대안 탐색을 중단하므로, 미검토 대안 중에 훨씬 더 중요한 대안이 있음에도 이를 간과하게 된다.

b. 만족 여부는 매우 유동적인 의사결정자의 기대 수준에 달려 있으므로 만족 여부의 객관적 파악이 어렵다.

c. 사용범위가 제한적으로서, 실제로 중요한 문제에 관한 의사결정에서는 정교하고 분석적인 방법을 쓰는 것이 보다 현실적이다.

3) 카네기 모형(Carnegie model)

① 의의

회사모형(firm model)으로도 불리는 카네기 모형은 카네기 멜론 대학(CMU)의 사이어트(Cyert), 마치(March), 사이먼(Simon)의 연구에 기초한 의사결정 모형으로서, 제한된 합리성 개념을 발전시킨 것이다. 본 이론에서는 의사결정이 여러 참여자들 간의 연합(coalition)에 의해 이루어지는 것으로 보았다.

② 연합의 필요성과 의미

a. 개념과 필요성(등장 원인)

연합은 조직목표와 문제의 우선순위에 동의하는 관리자들 간에 형성되는 동맹이다. i) 조직의 목표가 불분명하고 활동 목표에도 일관성이 없거나(갈등 존재), ii) 경영자들의 인지한계와 다양한 제약조건 때문에 합리적 판단이 불가능한 경우(불확실성)에 연합이 필요하다.

b. 의미(시사점)

i. 제한된 합리성 모형의 계승으로서, 의사결정은 최적화가 아니라 (집단 구성원들에 대한) 만족화의 과정이다.

ii. 경영자들은 문제의 궁극적 해결보다는 단기적 해결 방안, 즉 당면과제검토(problemistic

search)에 관심이 많다.

iii. 의사결정을 위한 문제 확인 단계에서 연합집단의 토의와 교섭이 매우 중요하다.

iv. 문제해결 방식으로서의 표준운영절차(SOP, standard operating procedure)를 중시한다.

③ 의사결정 과정

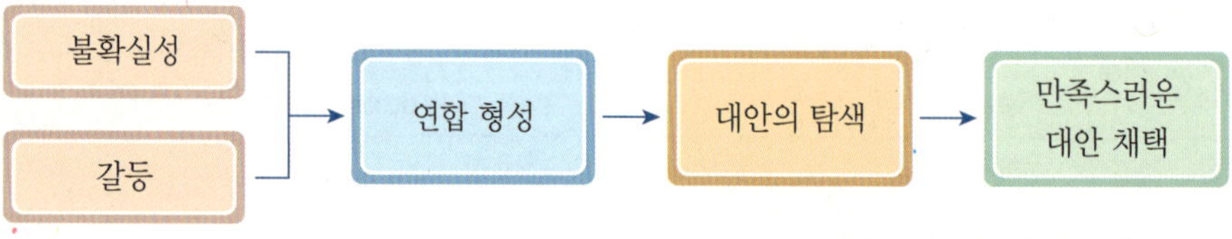

a. 갈등과 불확실성이 존재할 경우 카네기 모형에서의 의사결정이 시작되며, 조직목표와 문제의 우선순위에 동의하는 사람들 간에 형성되는 동맹, 즉 연합(coalition)이 형성된다.

b. 연합에서는 문제들의 우선순위를 결정하고 문제해결을 위한 사회적 자원을 획득하며 문제해결방식(SOP, standard operating procedure) 등을 확정한다.

c. 국지적 탐색이나 당면과제검토(problemistic search) 등을 통하여 문제해결의 실마리를 찾는다.

d. 최종적으로 연합에서 수용이 가능한(만족스러운) 대안을 선택한다.

④ 모형의 유용성

일반적으로 카네기 모형은 문제 확인 단계에서 유용한 것으로 알려져 있다. 중요한 의사결정을 내려야 할 때, 그 의사결정을 지지해 줄 수 있는 다른 관리자들의 동의를 얻는 것은 선택된 대안의 부드러운 실행(smooth implementation)을 위해서 필수적이기 때문이다.

⑤ 한계[36)]

a. 본 모형은 문제의 해결 방안이 존재하는 안정적 상황을 전제로 하므로, 상황이 급격하게 변동하는 경우에는 사용하기가 어렵다.

b. 본 모형은 구성원들의 자율성이 강한 분권화된 조직을 전제로 하므로, 권위주의적 조직의 의사결정에는 적용이 힘들다.

4) 점진적 의사결정과정 모형(incremental decision process model)

① 의의

민츠버그(Mintzberg)와 그의 동료들에 의하여 창안된 점진적 의사결정 모형은 문제 발견에서부터 해결안의 제시까지 수행된 활동들의 구조화된 행동 순서와 시행착오(trial and error)에 초점을 맞춘 것이다. 이 모형에서는 조직에서의 중요한 선택 과정이 결정을 내리기까지 일련의 작은 선택들의 연속적인 조합으로 구성된다고 본다.

② 의사결정의 과정[37]

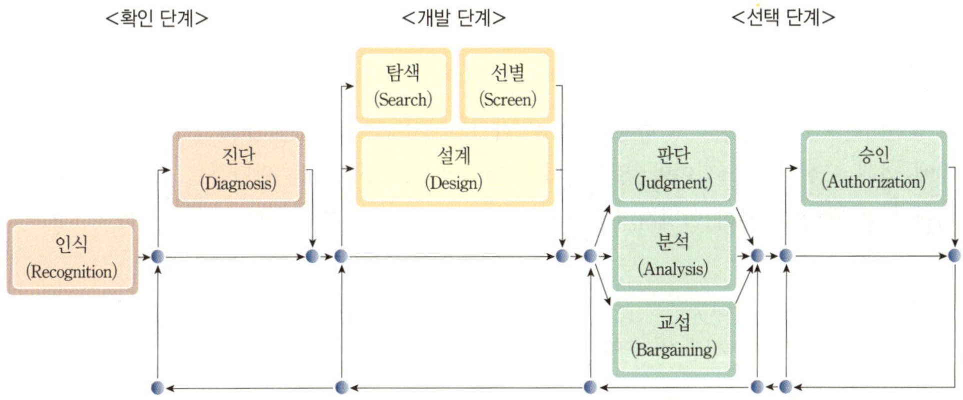

출처 : Mintzberg et al. (1976)

a. 확인 단계(identification phase)

i. 문제의 인식(recognition)은 외부 환경요소가 변화하거나 내부 성과가 목표 기준에 도달하지 못했을 때 이루어진다.

ii. 진단(diagnosis)은 정보의 수집과 분석을 통해 문제상황을 보다 분명하게 정의하는 과정이다.

b. 개발 단계(development phase) **: 해결 방안의 모색**

i. 탐색과 선별(search and screen)은 조직 내의 기존 방법들 중에서 해법을 찾는 것이다.

ii. 설계(design)는 문제가 전혀 새로운 것이어서 기존 경험의 가치가 거의 없을 때 문제에 대한 새로운 개별적 해결책을 만드는 것이다.

c. 선택 단계(section phase)

i. 판단(judgment)은 의사결정자가 선택권을 행사하는 것이다.

ii. 분석(analysis)은 경영과학 기법과 같은 보다 체계적인 근거에 의한 선택이다.

iii. 교섭(bargaining)은 의사결정자들의 집단적 협상에 의한 선택이다.

iv. 이상의 선택(판단, 분석, 교섭)들은 합법적 권한을 가진 상층 의사결정자들에 의해 최종 승인(authorization)된다.

③ 의사결정에 영향을 미치는 동태적 요인들

조직에서의 의사결정은 인식(recognition)에서부터 최종 승인(authorization)에 이르는 일련의 정형화된 일방적(one-way) 흐름이 아니라 다양한 요인(예 타이밍, 조직정치, 의견 불일치, 능력의 부재, 경영자의 이직 등)에 의하여 다시 이전 단계로 돌아갈 수 있는 가역적인 것이다.

5) 직관적 모델(intuitive model)[38]

① 의의

직관이란 (흔히 오감이라고 하는) 경험적 감각의 범위 밖에 있는 무의식적 영역에서의 사고과정에 의해 표현되는 느낌이며, 일상에서는 첫인상으로 상대방을 판단하는 것이 그 예가 된다. 직관적 의사결정은 흔히 이미지이론(image theory)으로 불리기도 한다.

② 상황조건

의사결정에 있어서 직관적 모델은 의사결정자가 조직에서 시간적 압박을 많이 받거나, 고려요인이 많고 변화 속도가 빨라 불확실성이 높을 때, 참고할 만한 전례 및 정보가 없을 때, 그리고 판단기준과 지식의 부족으로 과학적 예측이 불가능한 경우에 사용된다.

③ 직관의 형성 과정

기존에 보유하고 있는 지식과 정보의 파편들이 조합되어 직관을 형성한다. 구체적으로는 전문지식, 예감, 정서(느낌), 과거의 경험 등이 결합되어 직관을 이룬다.

④ 특징(장점과 단점)

[장점] 직관적 모델은 신속하고 빠른 의사결정에 도움을 준다.

[단점] 유용성 오류, 대표성 오류, 과신 오류 등이 발생할 가능성이 크므로 합리모델이나 제한된 합리성 모델과의 병행이 필요하다.

6) 쓰레기통 모델(garbage can model)[39]

① 의의

코헨(Cohen), 마치(March), 올슨(Olsen)이 제안한 쓰레기통 모형은 무정부적(anarchy) 의사결정론이라 불리기도 하는데, 그 이유는 의사결정의 네 가지 상황요건이 어지럽게 뒤엉켜 있다가 어느 순간 결합되어 순식간에 의사결정이 일어날 수 있다는 점을 지적했기 때문이다.

쓰레기통 모형은 조직의사결정의 과정을 현상기술적(descriptive, 있는 그대로 묘사함) 관점에서 설명함으로써 현실의 의사결정 과정을 이해하는 데 도움이 된다.

② 조직화된 무질서(organized anarchy)의 개념과 원인

매우 불확실하고 혼란스러운 의사결정 상황이 초래되는 이유는 세 가지이다.

a. 우선순위 자체가 애매하다(problematic preference). 이는 목표, 문제, 대안 및 해결 방안 등이 분명하지 않다는 것이다.

b. 문제해결에 대한 지식과 경험이 부족하다(unclear, poorly understood technology). 의사결정자들은 인과관계 분석과 의사결정에 활용할 구체적인 근거자료를 얻기 힘들다.

c. 의사결정자들이 계속 바뀐다(fluid participants). 정기적으로 진행되는 인사발령 때문에 담당자의 직무가 주기적으로 바뀌므로 책임자와 책임 범위도 변동된다.

③ 의사결정에 영향을 미치는 상황변수

쓰레기통 모형에서 의사결정과정은 문제확인과 해결책이 연결된 것이 아니라 이산적(discrete) 속성을 갖는다. 따라서 의사결정은 조직 내의 4가지 상황요소들이 제멋대로 흘러가다가 우연적으로 결합되어 나타나는 결과물이며, 계획적인 절차나 과정은 존재하지 않는다.

a. 문제들(problems)

조직에는 당면한 문제들도 많고, 해결되기를 기다리고 있는 문제들도 많다.

b. 대안들(solutions)

조직 구성원 누구나 제안할 수 있는 (문제해결과는 무관할 수도 있는) 문제해결의 대안들은 조직의 도처에 존재하고 있다.

c. 결정자들(participants)

결정자는 조직 내에 존재하거나 또는 존재하였던 사람들 모두를 포함한다. 결정자들은 항상 무엇인가를 결정하려는 준비를 하고 있다. 그래야만 일한 것처럼 보이기 때문이다.

d. 선택의 기회(choice opportunities)

선택기회는 조직에서 의사결정을 촉발하는 사건들을 의미한다.

④ 의사결정의 과정

조직에서의 의사결정 패턴은 무작위적인 특성을 가지므로 조직은 거대한 쓰레기통으로 묘사될 수 있다. 문제, 해결책, 그리고 참여자가 우연히 한 지점에서 연결될 때 특정한 선택이 이루어지고 문제가 해결된다. 따라서 우연한 연결이 발생하지 않는다면 문제가 발생해도 그 해결책이 없거나, 해결책은 존재하지만 그 효과가 없을 수도 있다.

⑤ 시사점

a. 문제가 존재하지 않는 경우에도 해결책이 제안될 수 있다.

b. 문제를 해결하지 못하는 방안이 채택되기도 한다.

c. 문제가 해결되지 않은 채로 지속될 수 있다.
d. 모든 문제가 해결되는 것은 아니다.

|3| 집단의사결정[40)]

1) 의의

집단의사결정(group decision making)이란 중요한 이슈나 쟁점에 대해 다수 구성원들의 역량과 견해를 반영하여 합의를 도출하기 위한 의사결정을 의미한다.

2) 장점

① 완벽에 가까운 정보와 지식의 결합으로 인해 실수의 가능성이 적다.
② 사고의 다양성 덕분에 미처 혼자서는 생각하지 못한 이슈에 대한 고찰이 가능하다.
③ 여러 사람들이 최종 결론을 내리는데 참여하기 때문에 결론의 수용성이 증가한다.

3) 단점

① 다수 인원이 합의에 이르기까지 시간이 많이 소요된다. (효율은 낮지만 효과성이 높다.)
② 의사결정의 책임소재를 가리기가 힘들다.
③ 소수 인원에 의한 지배 및 사회적 압력(social pressure)으로 인한 순응(동조, conformity)이 증가한다.
④ 사회적 압력과 순응의 결과로 집단사고와 집단양극화가 초래될 수 있다.

4) 집단의사결정의 부정적 측면 : 집단사고와 집단양극화

① 집단사고(groupthink)

a. 개념

재니스(Janis)에 의해 제시된 집단사고는 응집력이 높은 집단에서 동조압력(합의에 대한 규범)에 의해 대안적인 의견(예 소수의 입장, 비대중적인 의견)에 대하여 비판적이고 심도있는 평가를 행하지 못하는 현상을 의미한다.

b. 사례

미국 J. F. 케네디 행정부의 쿠파 피그(Pigs)만 침공 사건, 미항공우주국(NASA)의 컬럼비아호

폭발 참사 등이 집단사고로 인한 사건으로 평가받는다.

c. 원인

i. 집단의 도덕적 우월성과 강한 역량에 대한 근거 없는 믿음하에서 발생한다.

ii. 반대 의견(혹은 상대 집단)에 대한 부정적인 고정관념(stereotype)에 사로잡혀 있을 때 발생한다.

iii. 민주적인 리더십보다는 독단적인 리더십하에서 발생하기 쉽다.

iv. 충분한 토의가 부족하거나 구성원의 스트레스가 극심할 때 대안적 의견에 대한 검토에 실패하여 집단사고에 빠지기 쉽다.

d. 증상

i. 집단 구성원은 주류 의견에 대한 어떠한 저항도 합리화하는 경향이 있다.

ii. 주류 견해에 비판적인 사람들에게 직·간접적 압력을 행사한다.

iii. 주류와 다른 관점을 가진 구성원들은 의혹에 대해 침묵한다.

iv. 다수 구성원들은 소수자의 견해가 없다는, 즉 모두가 다수파의 견해에 동조한다는 만장일치환상에 빠진다.

② 집단양극화(group polarization)

a. 개념

대립이나 토론의 상황에 놓여 있는 양 집단이 서로 간의 상호작용을 거치면서 점차 극단적인 입장과 태도를 취하게 되는 현상을 지칭한다. 이는 집단이동(group shift), 즉 집단편입 이전에 가지고 있던 성향이 강화되는 경향의 극단적 양태이다.

b. 원인

i. 외적 경로 : 집단 구성원들이 상대 집단과의 상호작용을 통해 스스로의 소속감(정체성)을 재확인받는 과정이다.

ii. 내적 경로 : 집단 내부에서 발생하는 몰입의 심화 현상으로서, 서로의 주장을 강화해 주는 의견만을 선택적으로 청취하고 상대 집단에 대한 일방적인 매도나 비난이 이루어진다.

5) 집단의사결정의 부정적 측면을 줄일 수 있는 각종 기법

① 브레인스토밍(Brainstorming, 두뇌폭풍)

a. 개념과 특징

오스본(Osborn)에 의해 창안된 기법으로서, 다수 인원이 한 가지 문제를 두고 떠오르는 각종 생각을 자유롭게 무작위적으로 말한다. 이 과정에서 개진된 의견에 대해서는 비판을 가하지 않는 것을 원칙으로 한다.

b. 장점

브레인스토밍을 통해서 집단에 대한 동조압력을 극복할 수 있다.

c. 단점

현실성 없는 결론에 이를 수도 있으며 문제와 상관없는 대안이 도출될 가능성도 있다.

② **명목집단법**(Nominal group Technique)

a. 개념

명목집단법은 여러 사람들로부터 자유로운 아이디어를 문서로 받음으로써 논의의 익명성을 보장하고 반대논쟁을 최소화하는 의사결정 기법이다. 명목(nominal)의 의미는 구성원 간의 대인 커뮤니케이션이 제한된 임시집단이라는 것이다.

b. 절차[41)]

ⅰ. 개인 의견의 사전 숙고

의사결정 참여자들은 각자 주어진 문제에 대한 최적대안을 생각해 둔다.

ⅱ. 대안의 무기명 제출

참여자들이 함께 모여서 자신의 대안과 아이디어를 무기명으로 제출한다.

ⅲ. 제출된 대안의 공유

제출된 의견이나 대안을 참여자 모두가 함께 공유 · 회람한다.

ⅳ. 대안에 관한 논의

각 아이디어의 특징과 장단점 등을 살펴보며, 논의과정에서 집단사고나 동조현상이 일어나지 않도록 아이디어의 명확화에만 집중한다.

ⅴ. 최적대안의 확정

토론이 끝나면 다중투표법(Multi Voting, “$n/2-1$”로 투표)에 의해 최적대안을 확정한다.

c. 장점

의견이 무기명으로 제출되는 과정에서 커뮤니케이션이 제한되므로 계급이나 사회적 영향력에 따른 의견표명의 왜곡이 줄어들 수 있다.

d. 단점

의사결정의 질이 집단을 이끄는 리더의 자질에 좌우되며 한 번에 한 문제씩만 처리할 수밖에 없다.

③ 델파이법(Delphi technique)

a. 개념

델파이법은 1950년대 Rand Corporation에서 개발된 정성적 미래예측기법으로서, 전문가 집단 구성원에게 개별적으로 특정 주제에 관한 의견을 수집하고, 이를 익명으로 회람시킨 이후 서로의 견해에 대하여 서면상의 피드백을 주고받는 절차를 반복하면서 집단 전체의 합일된 견해를 도출하는 과정이다.

b. 절차

ⅰ. 의견의 서면(비대면) 제출

문제나 이슈에 대해 각 전문가들이 생각하는 바를 서면으로 제출한다.

ⅱ. 제출된 의견의 회람

토론의 진행자는 제출된 의견을 각 개인에게 회람시킨다.

ⅲ. 의견의 수정제출

각 전문가는 의견에 대한 자신의 견해를 코멘트하고 필요시 본인의 의견도 수정하여 진행자에게 보낸다.

ⅳ. 재회람 및 재제출

진행자는 이를 다시 그 아이디어를 원래 낸 사람에게 보내고, 해당 전문가는 자신의 생각을 수정하여 다시 진행자에게 제출한다.

ⅴ. 상기 과정의 반복

이 과정을 최적의 대안이 도출(= 의견이 합일)될 때까지 반복한다.

c. 장점

전문가들이 한 장소에 모일 필요가 없이 서면으로 소통한다는 점에서 의사결정 과정에서 타인의 영향력을 효과적으로 배제할 수 있으며, 합리적이며 최적화된 대안 도출이 가능하고, 그 실천방안 역시 발견해낼 수 있다. 또한 미래예측기법 중 하나로 사용될 만큼 그 효과성 역시 입증되었다.

d. 단점

실시에 시간이 오래 걸리고 응답자에 대한 통제가 어렵다는 단점이 있다.

[명목집단법과 델파이법의 비교]

	명목집단법	델파이법
공통점	• 질적 예측 기법 • 의사결정 과정에서 타인의 영향력을 배제함으로써 집단사고(groupthink)를 극복	

차이점	• 특정한 장소에 모임 • 의견공유 후 표결 • 부분적 대면토론 허용 • 비전문가도 참여 가능	• 비대면, 서면 의사결정 • 의견합일이 될 때까지 반복 • 대면토론의 과정이 없음 • 전문가만이 참여

④ 변증법적 토의(Dialectical inquiry model)

악마의 옹호자(devil's advocate)라고도 불리는 방법으로서, 집단 구성원을 명시적으로 (때로는 암묵적으로) 대립되는 두 개의 편으로 나누어 토론하게 하는 기법이다. 헤겔(Hegel)의 변증법에서 아이디어를 차용하였다.

⑤ 프리모텀 기법(premortem technique)[42)]

어떤 프로젝트가 실패했다고 미리 가정하고 그 원인을 집단구성원들과 함께 찾는 활동이다. 이를 통하여 규모가 큰 프로젝트의 의사결정 실패확률을 상당부분 낮출 수 있다.

⑥ 캔 미팅(can meeting)

회의 참가자 모두가 동일 직급의 서로 처음 보는 사람들이라고 가정하고 회의에서 밝힌 소신을 비밀에 부칠 것을 약속하여 실시하는 의사결정 방법이다. 자유로운 의견 개진을 유도하여 집단사고를 막는 것을 그 목적으로 한다.

제4절 권력과 정치

ORGANIZATIONAL BEHAVIOR AND ORGANIZATION DESIGN

(2005년) 제14회 공인노무사시험

조직과 개인의 권력(power)의 원천을 쓰고 권력의 획득 및 행사 방법에 대해서 논하라. (50점)

(2008년) 제17회 공인노무사시험

조직정치의 개념과 영향요인 및 순기능과 역기능을 약술하라. (25점)

(2019년) 제28회 공인노무사시험

거래적 리더십(transactional leadership)과 변혁적 리더십(transformational leadership)의 개념과 주요 구성요인을 설명하고, 각 리더십별로 권력원천(source of power)과의 상호관련성을 기술하시오. (25점)

(2024년) 제33회 공인노무사시험

권력(power)은 조직 내에 엄연히 존재한다. 하지만 권력행사자가 강력한 권력을 소유하고 있다고 하더라도 권력수용자가 받아들이지 않으면 영향력을 발휘할 수 없다. 또한 조직에서 권력의 독점이 아닌 공유를 통하여 조직유효성을 높이기 위한 개념으로 임파워먼트(empowerment)가 강조되고 있다. 다음 물음에 답하시오. (25점)

물음 1) 켈만(H. C. Kelman)의 권력수용 3가지 과정을 제시하고, 해당 과정별로 권력의 원천, 권력수용자의 영향력 수용 이유, 권력행사자의 적합한 상황요건과 행동대안을 설명하시오. (15점)

물음 2) 스프라이쩌 등(G. M. Spreitzer et al.)에 따른 심리적 임파워먼트(psychological empowerment)의 개념을 구성하는 4가지 하위차원의 개념 및 발생하는 상황을 설명하고, 직무성과 및 직무만족과 관계있는 하위차원을 각각 기술하시오. (10점)

|1| 권력의 의미와 기반

1) 영향력, 권력, 그리고 권한

① 세 개념의 의미

a. 사회적 영향력(social influence)

개인이나 집단의 행동에 영향을 미칠 수 있는 능력이다.

b. 권력(power)

개인이나 집단의 행동을 자신의 의지(will)대로 바꿀 수 있는 능력을 말한다.

c. 권한(authority)

정당성(legitimacy)에 기반한 권력으로서, 의사결정 및 업무수행에의 합법적인 권리이다.

② 세 개념 간의 관계

사회적 영향력이 가장 상위의 개념이고, 그 안에 권력이 포함되며, 권한은 다시 권력의 부분집합이라 할 수 있다.

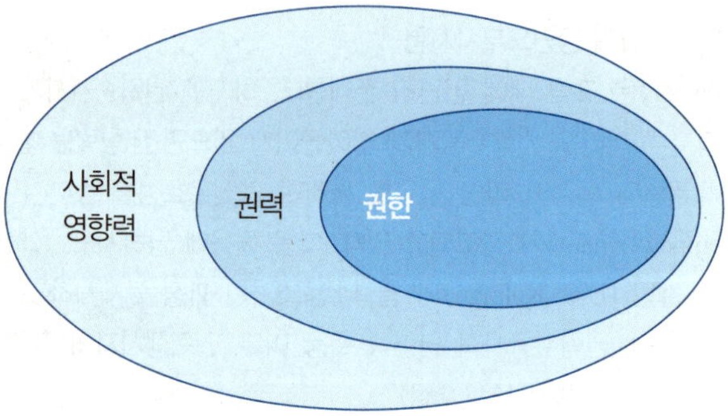

2) 권력의 속성

① 쌍방향성(two-way nature)

권력은 서로 주고받을 수 있다는 점에서 일방향성(상사 · 부하)을 가지는 리더십과 구별된다.

② 잠재력(potency)

실제로 행사되는 권력이 있는 반면 발휘되지 않고 휴면 중인 권력도 있다.

③ 상대성과 가변성(relativity and variability)

특정인의 권력은 상대방에 따라서 그 크기와 발휘 정도가 달라진다.

④ 의존성(dependency)

권력을 발생시키는 가장 근본적인 원인으로서, 자원의 중요성과 희소성 및 비대체성과 관련이 깊다.

3) 권력의 기반 : 권력원천

① 타인에 영향을 미치는 능력의 원천[43]

프렌치(French)와 레이븐(Raven)에 의하면 다른 사람에게 영향을 미칠 수 있는 권력의 원천(또는 유형)에는 크게 다섯 가지가 있으며, 이들은 다시 공식적 권력과 개인적 권력으로 구분된다.

a. 공식적 권력(official power) **: 사회적으로 점유하는 지위로부터 발생**

ⅰ. 강압적 권력(coercive power)

공포에 기반한 권력으로서, 행사자가 처벌의 힘(무력 등)을 가지는 경우 발생한다. (예 인사평가상의 불이익 제공)

ii. **보상적 권력**(reward power)

권력 행사자가 상대방의 물질적 · 정신적 보상을 통제할 수 있는 힘이다.

iii. **합법적 권력**(legitimate power)

조직이 개인에게 부여한 공식적인 권한(authority)을 말하며 조직 내에서의 직위(position) · 규정 · 법규 등으로부터 발생된다.

b. **개인적 권력**(personal power) **: 개인특성으로부터 발생**

i. **전문적 권력**(expert power)

권력 행사자가 전문지식, 특수기술, 그리고 업무 수행상의 노하우(know-how)를 가지고 있을 때 형성된다.

ii. **준거적 권력**(referent power)

개인이 바람직한 특질(예 매력, 존경할만한 특성)을 가졌을 때 유발되는 것으로서 권력을 수용하는 사람과 일체감이 조성될 때 발생한다.

② 집단과 조직 수준에서 권력의 원천[44)]

특정 집단과 조직이 다른 집단과 조직에 대해 갖는 권력의 원천, 즉 전략적 상황요인(strategic contingency)은 다음 네 가지로 나누어 설명할 수 있다.

a. **불확실한 상황의 통제 능력**

어떤 부서가 환경의 불확실한 상황을 감소시켜 줄 수 있을 때 다른 부서에 대해 권력을 가진다.

b. **기능의 비대체성**(irreplaceability)

한 부서의 기능이 다른 부서에 의해 대체될 수 없다면 권력을 갖는다. 협업하는 두 부서 모두가 서로의 기능을 대체할 수 없다면 대체비용이 더 큰 쪽이 권력을 가진다.

c. **업무의 중심성**(centrality)

부서의 권력은 해당 부서가 업무수행 과정에서 얼마나 중심적인 위치를 점하고 있는지와도 관련이 있다(예 Burt의 structural hole). 중심성을 획득하기 위하여 다른 세력집단이 연합을 형성하지 못하도록 분할지배(divide and rule)를 시도하기도 한다.

d. **자원의 조달 및 통제 능력**

특정 부서가 다른 부서가 필요로 하는 자원에 대해 조달이나 통제 능력을 많이 가지고 있을수록 해당 부서에 대하여 권력을 가진다.

| 2 | 권력의 기술과 행사과정

1) 권력의 기술[45)]

주체(개인 · 집단 · 조직)가 보유한 권력의 원천을 상대방의 행동 변화에 활용하는 과정에서 사용하는 각종 기술들을 권력기술(power tactics)이라 한다.

① 효과가 좋은 전술의 사례

a. 합리적 설득(rational persuasion) : 요구사항을 논리적 · 사실적 근거에 입각하여 이성적으로 설득하는 과정이다.

b. 영감어린 호소(inspirational appeals) : 상대의 감정적 몰입 유도를 위해 가치, 욕구, 희망, 열망 등에 호소하여 비전과 가치를 설명하는 것이다.

c. 협의(consultation) : 변화 추구 과정에 다른 사람들을 참여시킴으로써 동기를 유발하고 필요한 각종 지원(support)을 얻는 방법이다.

d. 협력(collaboration) : 과업수행을 돕고 장애물을 제거하거나 필요한 자원을 제공한다.

② 효과가 보통인 전술의 사례

a. 아첨(ingratiation) : 상대방이 영향력 행사자에게 좋은 감정을 갖도록 호의나 칭찬 또는 친절한 행동을 베푸는 것이다.

b. 개인적 호소(personal appeals): 친분이나 정(情)을 바탕으로 부탁하는 것이다.

c. 교환(exchange) : 상대방이 자신의 요청을 들어주면, 원하는 혜택이나 호의를 제공할 것을 약속한다.

d. 통지(apprising) : 상대방이 자신의 요구를 들어주면, 상대방의 필요와 상관없는 혜택까지도 약속한다.

③ 효과가 적으며 상대방의 저항을 유발할 수 있는 전술의 사례

a. 압력(pressure) : 위협이나 협박을 통하여 반강제적인 동의를 구하는 방법이다.

b. 연합(coalitions) : 상대방의 협조를 얻기 위해 제3자의 도움을 요청하는 것이다.

2) 권력행사의 과정[46)]

① 권력행사의 조절변수

권력원천은 다양한 기술(전술, tactics)을 통해 하급자(피권력자)에게 행사되며, 하급자(피권력자)의 특성과 각종 상황조건에 따라 그 효과가 달라질 수 있다.

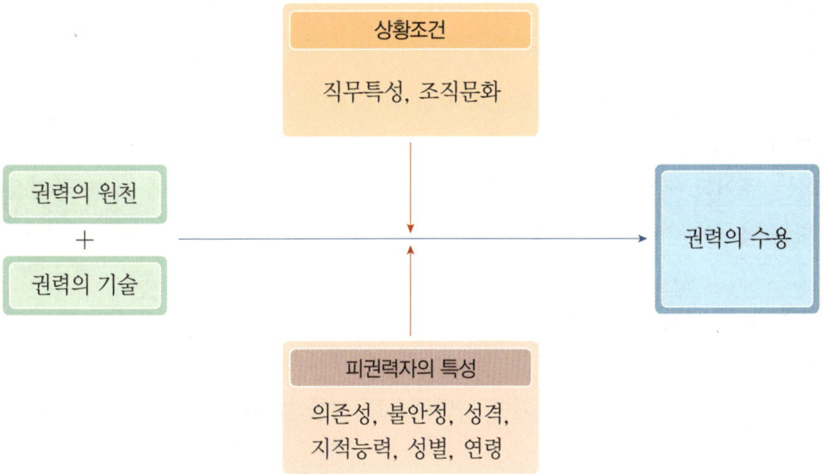

a. 하급자(피권력자)의 특성

의존성이 크거나 불안정한 심리상태를 가진 사람, 그리고 불확실성 회피성향이 크거나 Type-A인 경우 상대로부터 더 많은 영향을 받는 것으로 알려져 있으며, 반대로 지적 능력이 높은 사람은 타인으로부터의 영향에 대한 저항이 강하다.

b. 상황조건에 따른 권력행사의 효과

표준화된 직무수행 절차하에서는 전문적 권력의 발휘가 힘들고, 자율과 창의성이 중요한 연구개발(R&D) 등의 직무에는 강압적 권력의 사용이 어렵다. 개인주의적 문화에서는 집단주의적 문화에서보다 권력의 영향이 적다.

② 권력의 수용방식[47)]

권력의 행사는 상대방의 수용(acceptance)으로 비로소 마무리된다. 켈만(Kelman)에 따르면 권력에 대한 상대방의 수용은 크게 세 가지 태도(복종, 동일화, 내면화)로 나타나며, 에치오니(Etzioni)는 추가로 '분열화'를 제시하였다.

a. 복종(compliance)

ⅰ. 의미

주어진 명령을 따르고 지시에 순응하는 것이다.

ⅱ. 권력의 원천과 수용 이유

복종은 보상적 권력과 강압적 권력에 대한 수용반응으로서, 피권력자는 두려움이나 손해를 보지 않으려는 심리에 의해 권력을 수용한다.

b. 동일화(identification)

i. 의미

권력자의 매력에 빠지거나 그를 존경하여 그의 생각이나 견해를 받아들이는 것이다.

ii. 권력의 원천과 수용 이유

동일화는 준거적 권력에 대한 수용반응으로서, 피권력자는 권력자에 대한 존경심이나 그와 닮고자 하는 욕구에 의해 권력을 수용한다.

c. 내면화(internalization)

i. 의미

권력자의 생각이나 주장에 감화되어 자발적으로 그를 따르는 것으로서, 가장 바람직한 권력 수용 태도이다.

ii. 권력의 원천과 수용 이유

내면화는 전문적 권력과 합법적 권력에 대한 수용반응으로서, 상급자의 요구와 하급자의 가치가 일치하는 경우에 나타난다.

d. 분열화(alienation)

강압적 권력에 대한 반발로 하급자들이 연합을 형성하여 상급자와 관계의 불화를 초래하는 것이다. 상급자들은 권력의 행사 시 분열화의 가능성을 염두에 두어야 한다.

e. 시사점

권력수용이 효과적으로 일어나기 위해서 관리자나 상급자는 보상적, 강압적 수단에 의존하기보다는 준거적, 전문적 수단을 확보하여 사용하는 것이 좋다.

③ 효과적인 권력행사를 위한 행동대안

a. 권력 유형별 행사 결과[48)]

프렌치와 레이븐의 5대 권력원천 중에서 조직차원의 제 변수에 긍정적 영향을 미치는 것은 개인적 권력(전문적 · 준거적 권력)으로서, 이들 권력은 직무만족, 몰입, 성과 모두에 긍정적 영향을 미친다. 강압적 권력은 그 반대 효과를 가진다.

b. 사회중심적 권력의 필요성

맥클랜드(McClelland)는 권력행사의 남용이란 개인중심적 권력(personalized power)에서 기인한다고 보고, 권력이 제대로 행사되고 수용되려면 사회중심적 권력(socialized power)을 사용해야 한다고 주장한다.

c. 임파워먼트의 필요성

일반적으로 권력을 제로섬(zero-sum)으로 생각하는 경우에는 상대의 권력 증가가 나의 권력 감소로 이어지게 된다. 하지만 현대의 조직에서는 구성원들이 무력한 존재가 아니라 조직에의 공헌능력이 있음을 확신시켜 주는 임파워먼트(empowerment)를 실시할 필요가 있다. 이는 권력이 분산되어 사라지는 것이 아니라 오히려 총 권력의 크기가 증가하는 포지티브섬(positive sum) 관점이다.

3) 임파워먼트[49]

① 의의

a. 용어의 의미

최근 널리 사용되는 임파워먼트(empowerment) 또는 심리적 임파워먼트(psychological empowerment)는 조직 구성원들에게 자신이 조직을 위해서 중요한 여러 가지 일들을 수행할 수 있는 권력이나 능력, 또는 힘을 가지고 있다는 확신을 심어주는 일련의 과정을 뜻한다.

b. 범위와 영역

일반적으로 임파워먼트는 '권한위임' 혹은 '힘실어주기'라 번역되지만, 실제로는 구성원들의 능력과 의지를 키우고, 의사결정에 참여할 수 있는 기회를 부여하는 일 등이 모두 포함된다.

c. 특징

구성원이 자율성(autonomy)을 가지고, 관리자와 실무자가 서로 업무의 방향성(direction)에 대해 동의하며, 관리자가 적극적으로 후원(support)할 때 임파워먼트의 강도가 커진다.

d. 수준

i. 자기 임파워먼트는 종업원이 스스로에 대한 자긍심을 고취하여 자아실현의 계기를 마련하는 과정이다.

ii. 집단 임파워먼트는 효과적인 리더십의 발휘와 팀 성과 극대화를 의미한다.

iii. 조직 임파워먼트는 조직혁신과 변화를 추진하고, 조직학습력을 증진하여, 궁극적으로 조직 효과성을 제고하는 과정이다.

② 구성요소 : 임파워먼트의 심리적 요건

업무 담당자들의 무력감을 해소하는 심리적 임파워먼트는 4가지의 심리적 요건으로 구성된다.

a. **의미성**(meaning, 보람있는 일)

ⅰ. **개념**

일 자체로부터 느끼는 가치를 뜻한다.

ⅱ. **발생상황**

조직성과 창출에 중요한 일이거나 본인 스스로의 직업관 · 가치관과 부합되는 일이라면 그 일에 대한 의미 부여를 통해 보람도 느낄 수 있다.

b. **역량감**(competency, 자기효능감)

ⅰ. **의미**

본인의 업무 수행 능력에 대한 믿음으로서 자기효능감(self-efficacy)과 관련이 있다.

ⅱ. **발생상황**

자기 임파워먼트의 정도가 높거나 지식 · 기술의 보유수준이 높은 사람은 역량감이 높다.

c. **자기결정감**(self-determination, 주인의식)

ⅰ. **의미**

일의 방법과 시기를 결정할 수 있는 주인의식 내지는 통제감을 뜻한다.

ⅱ. **발생상황**

내가 원해서 하는 일이 아니더라도 자기결정감이 높다면 업무에 대한 흥미가 유발된다.

d. **영향력**(impact, 기여도)

ⅰ. **의미**

최종성과에 대한 기여도를 의미한다.

ⅱ. **발생상황**

자신이 수행하는 일이 어떤 결과로 이어지는지 잘 알 수 있을 때 그 일에 대한 흥미가 향상된다.

③ 실천전략

조직구성원들을 임파워시키기 위해서는 정보의 공개, 조직 내 활동에의 참가, 혁신을 통해 새로운 시도를 할 수 있도록 독려, 권한에 걸맞은 책임감의 부여 등이 필요하다.

④ 효용

a. **일반적 효과**

임파워먼트는 관료제의 병폐를 해소하며, 상사와 부하직원 사이의 신뢰수준을 높이고, 직무스트레스의 감소에도 기여하며, 조직차원의 조정 · 통제 비용을 절감시켜준다.

b. 실증연구 결과[50)]

스프라이쩌 등(G. M. Spreitzer et al.)이 수행한 연구에 따르면 심리적 임파워먼트를 구성하는 4가지 하위요소는 성과와 만족에 영향을 미치는 정도가 각각 다르다.

ⅰ. 직무성과(work effectiveness)에의 영향

직무성과에 도움을 주는 심리적 임파워먼트의 하위변수는 역량감(competency, $\beta = .20$, $p < 0.1$)과 영향력(impact, $\beta = .17$, $p < 0.5$)이다.

ⅱ. 직무만족(work satisfaction)에의 영향

직무만족에 도움을 주는 심리적 임파워먼트의 하위변수는 의미성(meaning, $\beta = .29$, $p < 0.01$)과 자기결정감(self-determination, $\beta = .14$, $p < 0.5$)이다.

⑤ 한계

현실적으로 조직내에는 위계서열적 조직문화, 통제력 상실을 우려하는 상급자들의 부정적 인식, 정보 공유 시 기밀 유출에의 우려 등 임파워먼트를 제약하는 요인들이 많다.

|3| 정치 : 권력의 행동

1) 정치의 의의[51)]

조직 내의 개인 혹은 집단이 권력을 획득하거나 이를 증가시키기 위해 수행하는 각종 활동을 정치(politics), 또는 조직정치(organizational politics)라 한다.

2) 조직정치의 유발요인[52)]

① 개인적 원인

a. 성격 : 마키아벨리즘, 높은 자기관찰성향(self-monitoring), 내부적 통제성향(internal locus of control) 등이 조직정치행동의 증가와 관련이 있다.

b. 욕구 : 권력욕구(N-Pow)가 강할 때에도 정치적 행동을 하게 될 가능성이 높다.

c. 능력 : 조직에 공헌할 능력이 없는 사람들이 부족한 능력의 포장을 위해 정치적 행위를 한다는 관점과, 오히려 외부노동시장에서의 취업 기회가 많은 유능한 인재가 조직정치에 적극적으로 가담한다는 연구가 공존한다.

d. 근속기간 : 장기근속자는 잃을 것이 많기 때문에 조직정치에의 개입을 망설이지만 신규진입자들은 투자 기간이 짧기에 부당한 정치행동을 적극적으로 할 수 있다.

② 집단 및 조직적 원인

a. 자원의 부족 : 기회 및 자원(승진직급, 인적 · 물적 · 재무적 자원)의 부족, 불경기 등으로 인한 감원 시에는 부족한 조직의 자원을 서로 차지하기 위한 정치행동이 증가한다.

b. 인사제도 : 객관적인 업적평가 기준이 없거나 전통이나 관례가 없을 때, 조직 내 불신 풍조가 팽배할 때는 불확실성이 커지므로 정치적 행동이 증가한다.

c. 환경 : 조직개편이나 조직탄생 초기와 같이 외부환경의 변화가 큰 경우에 정치행동이 증가한다.

d. 조직특성 : 창업자나 최고경영자 또는 핵심임원들의 사익추구행위가 빈번하거나, 독재적이고 상명하달식의 전통적 관료 조직에서는 정치행동이 증가한다.

3) 조직정치의 결과 : 순기능과 역기능

① 조직정치의 순기능

조직정치는 정체된 조직분위기를 생동감 있게 바꾸어 주고, 무사안일한 구성원들에게 긴장감을 불어넣어주며, 소집단 내의 응집성을 높여준다.

② 조직정치의 역기능

조직정치지각이 높을 때 구성원들의 직무만족이 하락하고 불안과 스트레스가 증가하며, 이는 이직률의 증가와 장기적인 조직성과 저하로 이어진다.

4) 정치에 대한 반응

조직정치현상이 발견되었을 때 구성원들의 반응유형은 조직정치현상을 일종의 기회(opportunity)로 받아들이는 경우와, 조직정치현상을 일종의 위협(threat)으로 받아들이는 경우로 나뉜다.

① 인상관리(impression management)[53] : 조직정치를 기회로 삼아 활용하는 경우

a. 개념

인상관리는 다른 사람들이 자신에 대해 가지는 이미지를 조정하려고 시도하는 과정이다.

b. 원인

자기관찰성향(self-monitoring)이나 자기고양동기(self-enhancement motive)가 높은 사람들이 강한 인상관리 성향을 가진다.

c. 결과

인상관리가 (상사에 의해 평가되는) 실제 성과를 향상시킬 수 있는지의 여부는 개인의 정치적 스킬(political skills)에 의해 조절(moderating)된다. 즉, 높은 정치적 능력을 갖춘 사람은 인상관리를 통해 성과를 향상시킬 수 있다.

d. 인상관리의 기법

ⅰ. 부정적 인상의 회피 전략

납득 가능한 적절한 구실(변명, excuse)을 대거나, 그것이 여의치 않다면 자신의 행동을 사과(apology)하고 다시는 그런 일이 없을 것임을 다짐하는 것이 좋다. 또한 부정적 결과와 자신은 관계가 없음을 적절히 설명(justification)하는 것도 좋은 방법이다.

ⅱ. 긍정적 인상의 제고 전략

좋은 결과가 나타난 일에 대해서 자신도 기여하였음을 홍보(self-promotion)하거나 성과를 부풀리는 방법(bluffing)이 있다. 또한 장애물과 어려움(obstacles)을 극복했음을 강조하거나 자신의 인맥(social network)을 강조하는 경우도 많다.

e. 결론

조직정치는 일반적으로 흔히 사용되는 전략이기는 하지만 정치적인 사람이라는 인상을 형성하여 오히려 부정적 결과를 가져올 수도 있다. 자아 이미지(self-image)를 확고히 하여 필요한 행동이 자연스럽게 우러나오게끔 하는 것이 필요하다.

② 자기방어(self-protection)[54] : 조직정치를 위협으로 보고 방어하는 경우

a. 개념

자기방어는 정보와 자원을 지킴으로써 변화 과정에서 자신의 이익을 보호하는 행동이다.

b. 방어행동의 내용

ⅰ. 활동의 회피 : 평소에 규정대로 해 왔음을 강조하는 과잉순응(overconforming), 의사결정을 타인에게 미루는 책임전가(buck passing), 무능하게 보이기(playing dumb), 바쁘게 보이고자 하는 업무 늘리기(stretching), 시간을 질질 끄는 지연행동(stalling) 등이다.

ⅱ. 책임의 회피 : 모든 행동을 문서화해 안전을 도모하는 충격완화(buffing), 상급자의 승인을 기다리는 안전하게 가기(playing safe), 죄를 전가하는 희생양(scapegoating)을 만들기, 사실의 왜곡(misrepresenting) 등이다.

ⅲ. 변화의 회피 : 위협적 상황이 발생하지 않도록 미리 노력하는 방지(prevention), 정보나 자원을 지키는 자기방어(self-protection) 등이다.

5) 조직정치의 관리방안[55)]

① 조직정치행동의 부정적 측면을 감소시키는 방안

업무요구(work demand)에 부합하는 자원공급(resource supply)의 보장, 평가 · 보상 · 승진제도의 연계를 통한 조직 내 불확실성의 감소, 갈등해소를 위한 상위목표(super goal)의 도입, 조직 내에 형성된 파벌의 해체(인사이동이나 교환배치 등) 등이 필요하다.

② 조직정치행동의 평가와 검토를 위한 윤리적 지침(ethical guideline)

a. 공리주의(utilitarianism)적 원칙 : 관리자들은 조직정치행동이 조직 내외의 많은 사람들에게 만족을 주는지 검토해야 한다.

b. 권리보호(right)의 원칙 : 조직정치행동이 타인의 프라이버시 및 의사표현의 자유를 침해하지 않도록 주의를 기울여야 한다.

c. 공정성(정의, justice)의 원칙 : 조직정치행동이 제한된 자원의 합리적 배분에 장애가 되지 않는지를 검토해야 한다.

제5절 갈등과 협상

ORGANIZATIONAL BEHAVIOR AND ORGANIZATION DESIGN

(1997년) 제6회 공인노무사시험
갈등해결의 기본방식을 열거하고 설명하라. (25점)

(2002년) 제11회 공인노무사시험
갈등의 원인을 기술하고, 그 순기능과 역기능을 설명하라. (25점)

(2010년) 제19회 공인노무사시험
조직의 갈등관리에 있어 협상의 의미와 중요성, 협상전략, 그리고 협상 과정에 관해 설명하라. (25점)

(2013년) 제22회 공인노무사시험
조직 갈등의 해결 방안으로써 협상이 갖는 의미와 중요성을 기술하고, 분배적(distributive) 협상전략과 통합적(integrative) 협상전략을 비교 설명하시오. (25점)

(2020년) 제29회 공인노무사시험
[사례형] '통합형 협상'의 개념을 설명하고, 통합형 협상의 태도, 행동, 정보 각각의 관점을 통해 사업부 간 갈등의 해결 방안을 설명하시오. (20점)

(2022년) 제31회 공인노무사시험

다음 내용을 참고하여 물음에 답하시오. (50점, 사례형)

물음 1) 갈등의 개념적 정의를 제시하고, 개인 간 갈등의 발생 원인을 개인차원, 업무차원, 조직차원으로 구분할 때 각 차원별로 그 원인 3가지를 설명하시오. (10점)

물음 2) 개인 간 갈등관리의 유형을 라힘(M. A. Rahim)의 구분 기준에 의하여 제시하고 각 유형의 개념과 장단점을 설명하시오. (25점)

물음 3) 집단 간 역기능적 갈등 해결 방안과 조직성과를 높이기 위한 순기능적 갈등 조성 방안을 각각 5가지 설명하시오. (15점)

|1| 갈등의 개념 · 원인 · 결과

1) 갈등의 의미

갈등(conflict)이란 각종 사회적 주체(개인 · 집단 · 조직)들 간에 이해관계가 충돌하여 대립하는 현상이다.

2) 갈등에 대한 접근법 : 집단역학(group dynamics)의 관점

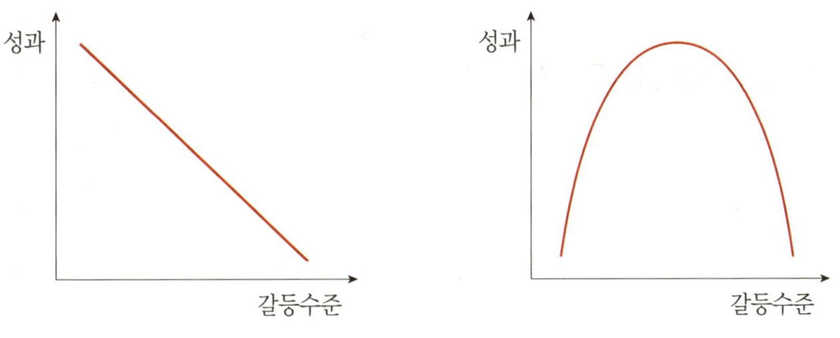

전통적 견해　　상호작용적 견해

① 전통적인 견해(traditional view)에 따르면 갈등은 업무 수행에 장애가 되므로 그 정도가 작을수록 좋다고 본다.

② 인간관계적 견해(huma-relations view)에 따르면 갈등은 모든 집단에서 자연적으로 발생하므로 있는 그대로 받아들여야 하는 불가피한 존재이다.

③ 상호작용적 견해(interactionist view)에 따르면 결속을 해칠 만큼의 지나친 갈등도 바람직하지 않지만 혁신이 사라지는 극도의 안정상태도 조직에 도움이 되지 않으며, 조직의 생동감을 유지하는 수준의 갈등은 오히려 장려될 필요가 있다. 따라서 상호작용적 관점에서는 기

능적 갈등(functional conflict)과 역기능적 갈등(dysfunctional conflict)을 구별한다.

3) 갈등의 유형[56)]

① 심리적 갈등의 유형 구분

a. 접근－접근 갈등(approach-approach conflict)은 두 가지의 좋은 대안 사이의 갈등이다.

b. 회피－회피 갈등(avoidance-avoidance conflict)은 원치 않는 두 가지의 대안 사이의 갈등이다.

c. 접근－회피 갈등(approach-avoidance conflict)은 긍정적인 것과 부정적인 것 중 하나를 선택해야 할 때 발생하는 갈등이다.

② 유발요인에 의한 유형 구분

갈등은 그 유발요인에 따라 업무갈등(task conflict), 관계갈등(relational conflict), 과정갈등(process conflict), 권력갈등(power conflict) 등으로 나뉜다. 연구 결과에 따르면 관계갈등은 주로 역기능적 결과를 낳으며, 나머지 갈등은 순기능과 역기능을 모두 가진다.

③ 갈등 수준에 의한 유형 구분

갈등은 그 발생 수준에 따라 개인의 내면적 갈등, 개인 간 갈등, 집단(조직) 간 갈등 등으로 구분할 수 있다.

4) 갈등의 원인과 결과[57)]

① 갈등의 원인

a. 개인적 원인

- 본능 : 프로이드(Freud)에 따르면 인간에게는 동물적 공격성을 억제하는 메커니즘이 있는데, 이것이 균형을 잃으면 타인에게 공격적이며 이성을 잃는다.
- 욕구의 좌절 : 욕구의 누적된 좌절은 공격성을 증가시킨다.
- 방어 메커니즘 : 불안과 긴장(anxiety)을 극복하기 위한 방어 메커니즘(defense mechanism)의 작동과정에서 갈등이 발생한다.
- 성격과 가치관의 차이 : 환경적응 방식 및 판단 기준의 차이가 갈등을 유발한다.
- 학습 : 폭력과 마찬가지로 갈등도 자주 노출되면 학습된다.

b. 업무적 원인

- 목표의 차이 : 개인 목표와 조직의 업무목표가 상이한 경우 갈등상황에 놓인다.

• 계층과 직급 간 차이 : 상 · 하급자 간의 지위와 역할 및 업무를 바라보는 시각의 차이가 갈등을 유빌한다.
• 과업상호의존성 : 팀원 간의 과업상호의존성(task interdependence)이 크다면 갈등의 소지가 발생한다.

c. 조직적 원인
• 지위와 역할 : 각자 역할이 충돌하거나 지위와 역할이 불일치할 경우에는 갈등이 유발된다.
• 자원의 부족 : 부서 간에 더 많은 인적 · 물적 · 금전적 자원을 차지하기 위한 경쟁의 과정에서 갈등이 유발된다.
• 제도와 규정의 불확실성 : 조직구성원 간에 불명확한 제도 및 규정을 아전인수(我田引水)격으로 해석하는 과정에서 갈등이 초래된다.
• 평가 및 보상제도 : 성과주의로 인한 경쟁 격화 및 평가 · 보상의 공정성에 대한 불만이 갈등을 유발한다.
• 집단 간 특성의 차이 : 집단(또는 조직) 간에 전통이나 행동관습 등이 다르다면 갈등이 일어난다.

② 갈등의 결과
a. 순기능
• 문제의 발견 : 갈등은 평화 상태에서는 인지하지 못했던 문제점의 발견 계기가 된다.
• 의사결정의 질 향상 : 집단사고가 해소됨으로써 창의적 문제해결이 가능하다.
• 활동력 증가 : 구성원 간의 상호작용 증가로 조직이 더욱 활성화된다.
• 응집성 강화로 인한 충성심과 애사심 증가 : 조직몰입의 상승으로 애사심이 강화된다.
• 혁신풍토의 조성 : 문제를 자각하여 변화와 혁신을 추구하는 분위기가 형성된다.
• 도전적 분위기 상승 : '한번 해 보자'는 의식이 구성원들 간에 확산된다.

b. 역기능
• 커뮤니케이션 감소 : 갈등 중에 있는 타 부서나 조직과 소통이 단절된다.
• 독재자의 출현 : 갈등 상황을 활용하여 권력을 독점하는 독재자가 출현한다.
• 편견의 증가 : 갈등 상대에 대한 근거 없는 편견으로 문제해결에 악영향을 미친다.
• 파벌의식 고조 : 집단사고와 그로 인한 파벌형성으로 조직 내 자원배분의 공정성을 저해한다.
• 경계의식 고조 : 갈등 중에 있는 타 집단과의 차이점을 과장하여 지각한다.

| 2 | 갈등 과정과 관리 방안

1) 갈등의 전개 과정[58)]

① 갈등의 선행변수

갈등유발의 잠재력이 있는 변수로서, 의사소통 과정의 오해 및 소음(noise), 조직구조 및 직무구조(상호의존성이나 영역모호성 등), 서로 간의 적합성(fit)과 관련한 성격, 감정, 가치관 등의 개인변수 등이 이에 포함된다.

② 갈등의 인지

잠재갈등(latent conflict)은 갈등인지를 통해 비로소 표출갈등(manifest conflict)으로 촉발(priming)된다. 이 과정에서 부정적 감정은 상황에 대한 부정적 인식을 유도하는 반면, 긍정적 감정은 혁신적인 해결책을 개발하는 데 도움을 준다.

③ 갈등의 처리 의도 : 갈등관리의 유형(conflict handling mode)[59)]

갈등관리의 유형은 라힘(Rahim), 토마스(Thomas), 킬만(Kilmann), 루블(Ruble) 등의 학자들에 의해 연구되었으며, 그 핵심은 갈등처리에의 의도(intention)이다. 갈등은 자신의 주장을 관철시키려는 의도와 상대방의 관심사를 충족시켜 주려는 의도에 따라 다섯 가지 유형으로 나뉜다.

a. 갈등 처리 유형의 구분 기준

ⅰ. 상대방의 관심사를 충족시키려는 의도를 '협력성(cooperation, concern for others)'이라고 한다.

ⅱ. 자신의 주장을 관철시키려는 의도를 '자기주장성(공격성, assertiveness, concern for self)'이라고 한다.

b. 갈등 처리 유형별 특징

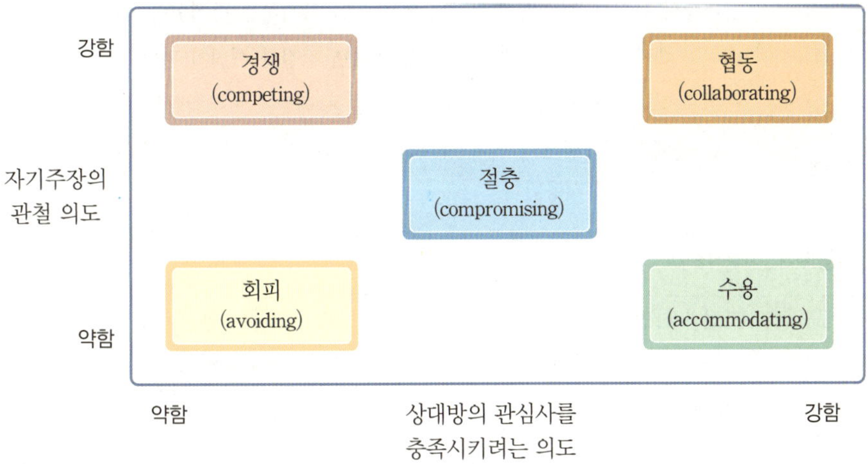

ⅰ. 경쟁(지배, competing)

개념	상대방의 의도에 관계없이 자신의 이익을 충족하려는 경우이다.
장점	신속한 의사결정에 도움이 된다.
단점	윈-루즈(win-lose)의 경우로서, 상대방의 분노나 원망을 초래한다.
상황조건	신속하고 확고한 의사결정이 필요한 비상 상황이나, 옳은 일이지만 다수가 싫어하는 조치(예 구조조정 등)를 취할 때 사용한다.

ⅱ. 협동(종합, collaborating)

개념	자신과 상대방의 공통된 이해관계를 정확히 파악하여 통합적 대안을 도출하는 경우이다.
장점	장기적으로 효력이 발생하는 갈등해결 방안의 도출이 가능하다.
단점	의사결정에 매우 오랜 시간이 소요된다.
상황조건	서로에게 타협의 대상이 아닌 매우 중요한 문제를 해결할 때, 협력을 통한 학습에 목적을 두고 있을 때 사용한다.

ⅲ. 회피(avoiding)

개념	서로에게 직면한 문제를 피하고자 하는 방식이다.
장점	문제가 사소하거나 피하는 것이 오히려 이익이라면 사용 가능하다.
단점	회피가 습관적으로 반복되다 보면 필요한 문제마저 회피하게 된다.
상황조건	모두의 관심사를 충족시키는 대안이 없거나, 문제해결에 너무나 오랜 시간이 걸려 그 이익보다 손실이 더 클 때 사용한다.

ⅳ. 수용(배려, accommodating)

개념	상대방의 관심사 충족을 위해 자신의 이익을 포기하는 방식이다.
장점	배려의 대가로 무언가를 보상받을 수 있다면 적절한 해법이 된다.
단점	매우 복잡하거나, 감정이 악화된 오래된 갈등 해결에는 부적합하다.
상황조건	이슈 자체가 상대방에게 더욱 중요하거나, 나중의 이슈를 위해 사회적으로 신임(신용)을 얻고자 할 때 사용한다.

ⅴ. 절충(타협, compromising)

개념	자신과 타인의 공통관심사를 서로 부분적으로 주고받는 방법이다.
장점	민주적인 방법이며, 서로 비슷한 세력을 보유할 때 효과적이다.
단점	나눠먹기에 집착하여 창조적 문제해결에 방해가 될 수 있다.
상황조건	양측의 대치로 인한 손실을 막을 필요가 있거나, 잠정적인 타협이 필요하거나, 시간이 부족할 때 임시방편으로 활용 가능하다.

④ 표면화된 갈등 행동

갈등은 일반적으로 도전(challenge), 공격적 언행, 협박, 물리적 공격(attack), 파괴행동 등의 갈등 행동을 수반한다.

⑤ 결과

갈등의 결과는 크게 성과 향상에 도움이 되는 기능적(function) 결과와 성과 저하로 이어지는 역기능적(dysfunctional) 결과가 있다.

2) 갈등관리의 방안[60)]

갈등에 대한 주류관점인 상호작용적 견해(interactionist view)에 따르면 갈등이 무조건 적거나 많기보다는 적정수준의 갈등을 유지하는 것이 필요하며, 이를 위해서는 갈등을 조장하거나 축소하는 전략이 필요하다.

① 갈등의 조장

갈등의 수준이 지나치게 낮아 집단 또는 조직 침체와 무사안일주의로 인한 역기능이 우려되는 상황에서는 갈등의 조장전략이 필요하다.

a. 위협적 메시지

적정 수준의 갈등을 유발하기 위한 대화 기법으로서, 상사가 갑자기 달성하기 어려운 목표를 제시하거나, 포상제도나 처벌제도를 시행하는 것 등이 그 예이다.

b. 외부인의 유입

내부인들의 긴장감 제고를 위하여 그들의 지위나 보상에 일정 부분 영향을 줄 수 있는 외부 인사를 영입하는 전략이다. 타사의 인재를 스카우트하는 것이 그 예이다.

c. 조직구조조정

구성원의 소속집단이나 조직을 변경하는 것으로서, 구성원들은 새로운 동료와 함께 근무하는 동시에 업무 범위도 변경되어 무사안일주의를 극복할 수 있다.

d. 악마의 옹호자

조직 내부에서 비판적 의견의 개진역할을 담당하는 사람을 두는 것이다. 이를 통해 구성원은 반박 논리를 극복하는 동시에 모범적 행동을 하기 위해 노력한다.

e. 과업상호의존성(task interdependence)의 증대

조직구성원들이 서로 수행하는 업무 간 의존도나 협력 필요성을 높이는 정책이다. 타인과의 협업 과정에서 무사안일적이던 업무수행 방식이 개선된다.

② 갈등의 축소

갈등의 부정적인 효과가 예상되는 상황에서는 갈등 수준을 낮출 필요가 있다.

a. 직접 대면

갈등 당사자들을 직접 만나게 하여 서로의 입장과 정보를 교환하게 하는 방식이다.

b. 초월적인 목표의 설정 및 공통관심사의 강조

갈등 당사자들이 공동으로 협력하여 대응하지 않을 수 없는 보다 상위의 목표를 설정하거나 협력을 유도하는 공통의 이해관계를 찾아내어 갈등을 풀어가는 방식이다.

c. 자원의 확충

활용 가능한 자원의 규모를 확대함으로써 분쟁과 다툼을 예방하는 전략이다.

d. 협상

상이한 이해 당사자들이 재화나 용역의 교환 비율에 합의하는 과정이다.

|3| 협상

1) 협상의 의의와 중요성

① 의의

협상(negotiation)이란 상이한 이해관계가 있는 사람들이 상호 교류를 통하여 서로의 이해를 충족시켜 나가는 (교환 비율에의) 합의 과정으로서, 교섭(bargaining)이라고도 한다.

② 중요성

협상은 서로 원하는 것을 충족시켜 가는 과정인 동시에 긴장(tension)의 해소 수단으로서 당사자 간의 이해(understand)의 정도를 높임으로, 향후 발생 가능한 잠재갈등(latent conflict)을 억제하여 원만한 인간관계를 맺어가는 기초가 된다.

2) 협상의 유형과 전략

① 협상의 유형 : 분배적 협상 vs. 통합적 협상

a. 개념

i . 분배적 협상(distributive bargaining) : Win-Lose 관점

제한된 자원을 두고 누가 더 많은 부분을 차지할 것인가를 결정하는 협상이다. 목표수준(최종 희망수준)과 저항수준(양보의 한계수준) 사이의 ZOPA(zone of possible agreement)에서 타결이 이루어진다.

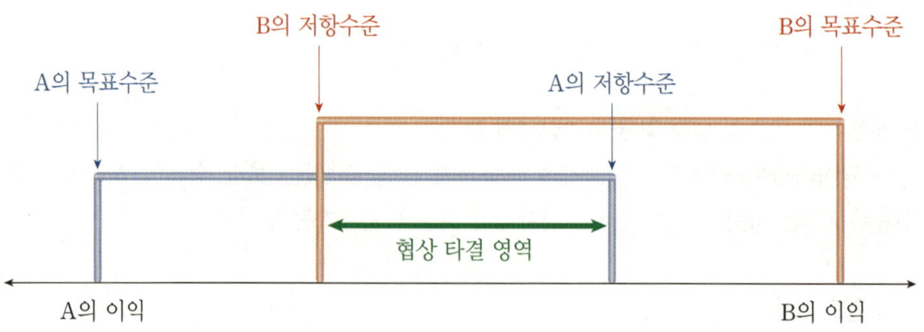

ii. 통합적 협상(integrative bargaining) : Win-Win 관점

피셔와 유리(Fisher & Ury)에 따르면 서로가 모두 만족할 수 있는 선에서 상호 승리(win-win)를 추구하는 협상이 필요하다. 각자의 이해관계에 대한 파악과 정보공유를 통해 서로의 니즈(needs)를 모두 충족시키는 협상안을 추구한다.

b. 두 협상 방식의 비교

비교기준	분배적 협상	통합적 협상
목표	제한된 파이(pie)의 더 많은 영역(몫)을 갖는다.	서로 모두 만족할 만큼 파이를 가져간다.
동기	상대를 꺾고 이겨야 한다.	나와 상대방 모두가 이길 수 있다.
관심사의 방향	서로 반대 방향이다.	서로 조화 가능하다.
정보공유	정보공유는 상대방을 이롭게 할 뿐이므로 최소화한다.	정보공유는 상호승리의 필수 조건이므로 최대화한다.
협상의 초점	각자의 입장(position)에 집중한다.	서로의 이해관계(interest)에 집중한다.
관계의 초점	단기적 경쟁관계를 상정한다.	장기적 협력관계를 상정한다.

② 협상의 기술과 전략[61)]

a. 언어적 전술 : 약속, 경고, 보상(처벌), 규범적 호소, 적극적 경청 등이 있다.

b. 비언어적 전술 : 침묵, 안면의 직시, 신체적 접촉 등이 있다.

c. 비신사적 술수 : 속임수, 심리전, 상황적 압력 등이 포함된다.

d. 협상시에는 개인의 성격적 특성이나 감정 및 성별이나 지위 등의 다양한 변수가 협상과정 및 결과에 영향을 줄 수 있다. (예 분노의 감정은 분배적 협상에서 유리)

3) 협상의 단계와 절차

① 사전준비단계

갈등의 본질과 역사적 배경 및 협상의 목적에 대한 숙고가 필요하며, 상대방 입장에서 협상 결과에 대한 최고 대안(BATNA, best alternative to a negotiated agreement)이 무엇인지 면밀히 살펴야 한다. 누구나 BATNA 이상의 제안에 대해서만 협상에 응할 것이기 때문이다.

② 기본적 절차와 규칙의 설정 단계

협상주제, 협상자와 협상시간 및 협상장소 등에 대한 세부적 내용이 마련된다.

③ 조건의 제시와 설명 단계

각자의 초기 입장을 교환하고 그에 대한 상대의 견해를 경청하며, 기존 주장을 확대, 해명, 보강, 정당화한다.

④ 교섭과 문제해결 절차

토론과 양보가 이루어지는 단계이며, 교착상태에 빠질 경우에는 막후교섭을 시도하기도 한다.

⑤ 공식적 합의와 실행

최종적인 협상안에 합의하고, 협약문을 작성하며, 협상 내용을 실천에 옮긴다.

4) 협상에 영향을 미치는 요인들[62)]

① 지각(perception)

자신이 상대방보다 힘이 강하다고 지각할 때 더 많은 요구를 하는 (즉 분배적 협상을 하는) 경향이 크다. 반대로 상대와 나의 역량이 대등하다고 여길 때는 통합적 협상을 한다.

② 감정과 정서(affect and emotion)

분노는 단기적·분배적 협상에서 유리할 수 있으나, 중장기적 관계에서는 그렇지 못하다. 부정적 감정은 협상전망을 어둡게 보게 하고, 긍정적 감정은 (통합적 협상을 유도한다는 장점에도 불구하고) 과신 오류를 범할 가능성을 높인다.

③ 젠더(gender)

남자와 여자의 협상 스타일(분배 vs. 통합)에서는 큰 차이가 없으나, 협상의 결과 측면에서는 관계지향적 여성보다 성과 중심의 남성이 유의미하게 더 낫다는 메타분석이 존재한다.

5) 대안적 분쟁해결 방법(ADR)[64)]

최근에 주목받고 있는 제3자에 의한 대안적 갈등해결방식(Alternative Dispute Resolution : ADR, 이하에서는 'ADR'이라 함)에는 협상, 조정, 중재, 알선이 있다.

① 조정(mediation)

갈등해결에 있어 제3자인 조정자가 참여를 하지만, 조정자는 갈등해결에 조언자 또는 자문의 역할을 수행하며, 최종적인 결론은 갈등 당사자들의 합의로 결정이 난다.

② 중재(arbitration)

갈등당사자들의 직접적인 갈등해결이 아닌 중립적인 제3자(중재인)가 갈등당사자들의 동의를 얻어 협상에 개입하여 분쟁당사자들이 해결점에 도달하도록 도와주는 갈등해결방법이다.

③ 알선(conciliation)

협상 당사자 간 비공식적 의사소통 연결역할을 하는 알선자를 통하여 문제해결을 돕는 것이다.

심화학습

표면적 다양성(surface-level diversity)과 관련한 다음 글을 읽고, 각 변수들이 조직관리에 주는 시사점을 생각해 보자.

1. 나이와 근속연수[65)]

1) 나이와 그 효과

나이(age) 또는 생물학적 연령은 일반적으로 조직관리에 있어 가장 중요한 변수 중의 하나로 꼽힌다.

일반적으로 조직구성원의 연령 증가는 조직에 부정적 영향과 긍정적 영향을 동시에 미친다. 부정적 측면은 유동지능(fluid intelligence)의 감소로 인한 사고의 유연성 저하와 관련이 있고, 긍정적 측면은 직무태도의 개선(만족증진) 및 결정지능(crystalized intelligence)의 발달에 기인한 판단능력의 개선 등이다.

2) 근속연수와 그 효과

근속연수(work experience) 또는 연공(tenure)은 해당 조직에서의 재직기간을 뜻한다.

① 근태에 미치는 영향

연구에 의하면 근속연수가 긴 종업원은 그렇지 않은 종업원에 비해 낮은 이직률과 결근율을 보인다.

② 생산성에 미치는 영향[66)]

근속연수와 생산성 간에는 긍정적 효과와 부정적 효과가 상존한다. 고연공은 경험과 지식의 축적과 관련이 있어 생산성에 긍정적 영향을 주는 대신, 사고와 행동의 고착화(entrenchment)가 나타나서 유연성이 떨어지고 창의력이나 학습능력이 저하되어 생산성에 부정적 영향을 주는 측면이 존재한다.

③ 직무만족에 미치는 영향

근속연수와 직무만족 간에는 (나이와 만족 간의 관계보다 더욱 강한) 정(+)적인 상관관계가 유지된다.

3) 소결

결론적으로 나이 및 근속연수와 조직성과 간의 관계는 양면성을 띤다고 볼 수 있다.

2. 젠더(gender)

1) 직무성과에 미치는 영향

전통적으로 남녀 간의 차이에 기인한 차별이 조직 내에서 공공연하게 이루어져 왔으나 오늘날에는 이러한 성차(gender difference)가 사회화의 산물임이 밝혀졌으며, 성차가 직무성과에 미치는 영향은 거의 없다는 것이 학계의 일반적 견해이다.

2) 소결

성차로 인한 차별을 줄이고 능력에 걸맞게 대우받을 수 있는 제도적 장치의 마련이 필요하다.

3. 외모[67)]

좋은 외모를 가진 사람은 높은 자아존중감(자존감)을 가질 가능성이 크며, 후광효과(halo effect)로 인하여 대인관계나 업무처리에서 유리한 고지를 차지할 수 있어서 직무만족에도 긍정적 영향을 미친다.[68)] 따라서 관리자들은 실력 외의 외모요인이 조직행동의 여러 변수에 영향을 미칠 수 있음을 이해하고, 평가와 보상의 공정성이 저해되지 않도록 유의해야 한다.

1) 임창희(2013), 『조직행동』(제5판), 서울 : 비앤엠북스, p.266.

2) 박경규(2014), 『조직행동』, 서울 : 홍문사, pp.283~285. ; 임창희(2017), 『조직행동』(제6판), 서울 : 비앤엠북스, pp.274~277.

3) 오석홍(2018), 『조직이론』(제9판), 서울 : 박영사, pp.212~214. ; 임창희, 전게서, pp.272~275.
Robbins, S. P., & Judge, T. A. (2015). *Organizational behavior* (16th ed.). Upper Saddle River, NJ : Prentice Hall.
Colquitt, J. A., LePine, J. A., & Wesson, M. J. (2014). *Organizational behavior : Improving performance and commitment in the workplace* (4th ed.). McGraw-Hill.

4) Robbins & Judge, *Op Cit.* ; 박경규, 전게서, p.286. ; Tuckman, B. W. (1965). Development sequence in small groups, *Psychological Bulletin*, 62, 383~399. ; Colquitt et al., *Op Cit.*

5) Gladstein, D. L. (1984). Groups in context : A model of task group effectiveness. *Administrative Science Quarterly*, 29(4), pp.499~517.

6) 백기복(2014), 『조직행동연구』(제6판), 서울 : 창민사
Jehn, K. A., Northcraft, G. B., & Neale, M. A. (1999). Why differences make a difference : A field study of diversity, conflict, and performance in workgroups. *Administrative Science Quarterly*, 44, 741~763.
Harrison, D. A., & Klein, K. J. (2007). What's the difference? Diversity constructs as separation, variety, or disparity in organization. *Academy of Management Review*, 32, 1199~1228.
Moorhead, G., & Griffin, R. (2004). *Organizational behavior*. Boston, MA : Houghton Mifflin Company.

7) 유이정·노현탁(2016), "집단 내 개인의 비유사성이 직무성과에 미치는 영향 : 비유사성 유형에 따른 차별적 효과와 과업특성의 조절효과에 관한 메타분석 연구", 『인사조직연구』, 24(4), 69~100.

8) 박경규, 전게서, pp.300~302.

9) 박경규, 전게서, pp.297~300. ; 임창희, 전게서.
이창원 · 최창현 · 최천근(2012), 『새 조직론』(전정3판), 서울 : 대영문화사, p.226.
Robbins & Judge, *Op Cit.*,

10) 박경규, 전게서, pp.293~297. ; 백기복, 전게서, pp.191~194.

11) 임창희, 전게서 ; 박경규, 전게서 ; 백기복, 전게서 ; Robbins & Judge, *Op Cit.*

12) 이학종(1997), 『조직행동론』(제4판), 서울 : 세경사, pp.249~250.

13) 백기복, 전게서 ; 박경규, 전게서 ; 이창원 등, 전게서.

14) Robbins & Judge, *Op Cit*

15) Katzenbach, J. R., & Smith, D. K. (1993). *The wisdom of teams*. New York, NY : McGRaw-Hill.

16) 박원우(2007), "한국 내 팀제의 도입현황, 성과 및 개선방안", 『경영논집』, 제4권 종합호, pp.59~97.

17) 백기복, 전게서 ; 임창희(1995), 『한국형 팀제』, 서울 : 삼성경제연구소

18) Robbins & Judge, *Op cit.*
김인수(2007), 『거시조직이론』(제4판), 서울 : 무역경영사, p.234.

19) 백기복, 전게서 ; Robbins & Judge, *Op Cit.*

20) 오석홍, 전게서 ; 임창희, 전게서 ; Robbins & Judge, *Op Cit.*

21) Shannon, C., & Weaver, W. (1953). *The mathematical theory or communication*. Urbana : University of Illinois Press.

22) Robbins & Judge, *Op Cit.* ; 박경규, 전게서 ; Weick, K. (1995). *Sensemaking in organizations.* Thousand Oaks, CA : Sage.

23) 백기복, 전게서 ; 임창희, 전게서 ; Robbins & Judge, *Op Cit.*

24) 박경규, 전게서.

25) 백기복, 전게서 ; 임창희, 전게서 ; 라즐로 복(Laszlo Bock, 2015), 『구글의 아침은 자유가 시작된다』, 알에이치코리아 ; 조성준(2019), "인사조직론 관점에서 제시하는 블라인드 활용법", 「동아비즈니스리뷰(DBR)」, 275호.

26) 조석준(1996), 『조직학개론』(제2증보판), 서울 : 박영사, pp.167~171.

27) 임창희, 전게서.

28) 임창희, 전게서.

29) 박연호 · 이종호 · 임영제(2013), 『현대인간관계론』(제8판), 서울 : 박영사, pp.126~131.

30) Robbins & Judge, *Op Cit.* ; 이창원 등, 전게서.

31) 박경규, 전게서 ; Tversky, A., & Kahneman, D. (1974). Judgment under uncertainty : Heuristics and bias, *Science*, 11, 1123~1131.

32) 임창희, 전게서.

33) 백기복, 전게서 ; Robbins & Judge, *Op Cit.*

34) 윤재풍(2014), 『조직론』, 서울 : 대영문화사, pp.203~205.

35) 정정길(1991), 『정책학원론』, 서울 : 대명출판사, pp.399~400.

36) 이창원 등, 전게서.

37) Mintzberg, H., Raisinghani, D., & Theoret, A. (1976). The structure of "unstructured" decision processes. *Administrative science quarterly*, 246~275.

38) 임창희, 전게서.

39) Daft, *Op Cit.*

40) Robbins & Judge, *Op Cit.* ; 임창희, 전게서

41) 박경규(2014), 『조직행동』, 서울 : 홍문사 ; 백기복(2014), 『조직행동연구』(제6판), 서울 : 창민사 ; 임창희(2017), 『조직행동』(제6판), 서울 : 비앤엠북스

42) 박경규, 전게서.

43) French, J. B., & Raven, B. (1960). The bases of social power, in : Cartwright, D., & Zander, A., (eds.), *Group dynamics : Research and theory*, 2nd, New York, 607~612. ; Moorhead & Griffin, *Op Cit.*

44) 박경규, 전게서 ; 임창희, 전게서.

45) 백기복, 전게서 ; Colquitt et al., *Op Cit.*
DuBrin, A. J. (1990). *Winning office politics.* Englewood Cliffs, NJ : Prentice-Hall.
Kipnis, D., Schmidt, S. M., & Wilkinson, J. (1980). Intraorganizational influence tactics : Explorations in getting one's way. *Journal of Applied Psychology*, 65, 440~452.
Pfeffer, J. (2010). *Power : Why some people have it and others don't.* New York, NY : HarperCollins.

46) 백기복, 전게서 ; 임창희, 전게서.

47) Kelman, H. C. (1958). Compliance, Identification, and Internalization : Three process of attitude change, *Journal of Conflict Resolution*, 2, 51~60.
Etzioni, A. (1961). *A comparative analysis of complex organization*. New York : Free Press.

48) Robbins & Judge, *Op cit.* ; 박경규, 전게서.

49) 박원우(1998), 『임파워먼트 실천매뉴얼』, 서울 : 시그마인사이트 ; 백기복, 전게서 ; 오홍석, 전게서.

50) Spreitzer, G. M., Kizilos, M. A., & Nason, S. W. (1997). A dimensional analysis of the relationship between psychological empowerment and effectiveness, satisfaction, and strain. *Journal of Management*, 23(5), 679~704.

51) 김현성·박세영(2012), 조직정치지각이 조직시민행동에 미치는 영향, 한국심리학회지 : 산업 및 조직, 25(2), pp.397~420.

52) 임창희(2013), 『조직행동』(제5판), 서울 : 비앤엠북스

53) 백기복, 전게서 ; Robbins & Judge, *Op Cit.*

54) Robbins & Judge, *Op Cit.*

55) Robbins & Judge, *Op Cit.*

56) Robbins & Judge, *Op Cit.* ; 이창원 등, 전게서, pp.277~279.

57) 임창희, 전게서 ; 백기복, 전게서.

58) Robbins & Judge, *Op Cit.* ; 백기복, 전게서 ; 이창원 등, 전게서.

59) Rahim, M. A. (1985). A strategy for managing conflict in complex organizations. *Human Relations*, 38, 81~89.
Thomas, K., (1976). Conflict and conflict management, in Dunnette, M. D. (ed.), *Handbook of Industrial and Organizational Psychology*, Chicago, 889~935.

60) Robbins & Judge, *Op Cit.*

61) 백기복, 전게서.

62) Colquitt et al., *Op Cit.* ; Robbins & Judge, *Op Cit.*

63) Stuhlmacher, A. F., & Walters, A. E. (1999). Gender differences in negotiation outcome : A meta-analysis. *Personnel Psychology*, 52(3), 653~677.

64) 한국행정학회 온라인 용어사전(http://www.kapa21.or.kr/epadic/epadic×view.php?num=834) ; Davis, B. D., & Netzley. M. (2001). Alternative Dispute Resolution : A Business and Communication Strategy. *Business Communication Quarterly*. 64(4) : 83~89. ; Robbins & Judge, *Op Cit.*

65) Robbins & Judge, *Op Cit.* ; 백기복, 전게서.

66) Dane, E(2010). Reconsidering the trade-off between expertise and flexibility : A cognitive extrenchment perspective. *Academy of Management Review*, 35, pp.581~582.

67) 임창희, 전게서, pp.65~69.

68) Watkins, L. M., & Johnston, L. (2000). Screening job applicants : The impact of physical attractiveness and application quality. *International Journal of Selection and Assessment*, 8(2), 76~84.
임창희(2007), "직장여성의 외모가 승진에 미치는 영향 : 자아존중감과 대인관계수준의 매개역할을 중심으로", 『경영학연구』, 36(3), pp.597~621.

PART Ⅳ 조직

PART Ⅳ 조직

CHAPTER 7
조직구조와 설계

단원개요

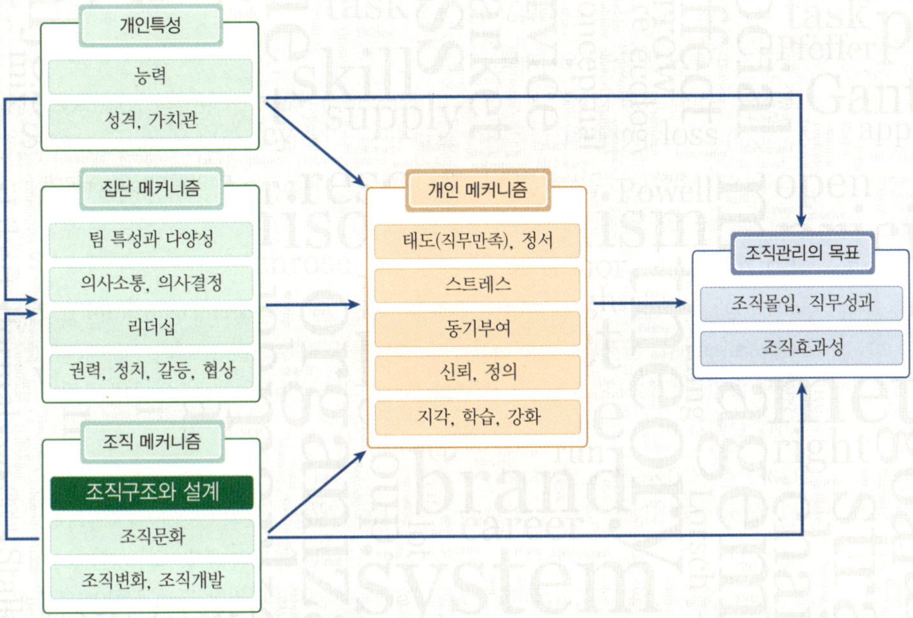

개인특성
능력
성격, 가치관
집단 메커니즘
팀 특성과 다양성
의사소통, 의사결정
리더십
권력, 정치, 갈등, 협상
조직 메커니즘
조직구조와 설계
조직문화
조직변화, 조직개발
개인 메커니즘
태도(직무만족), 정서
스트레스
동기부여
신뢰, 정의
지각, 학습, 강화
조직관리의 목표
조직몰입, 직무성과
조직효과성

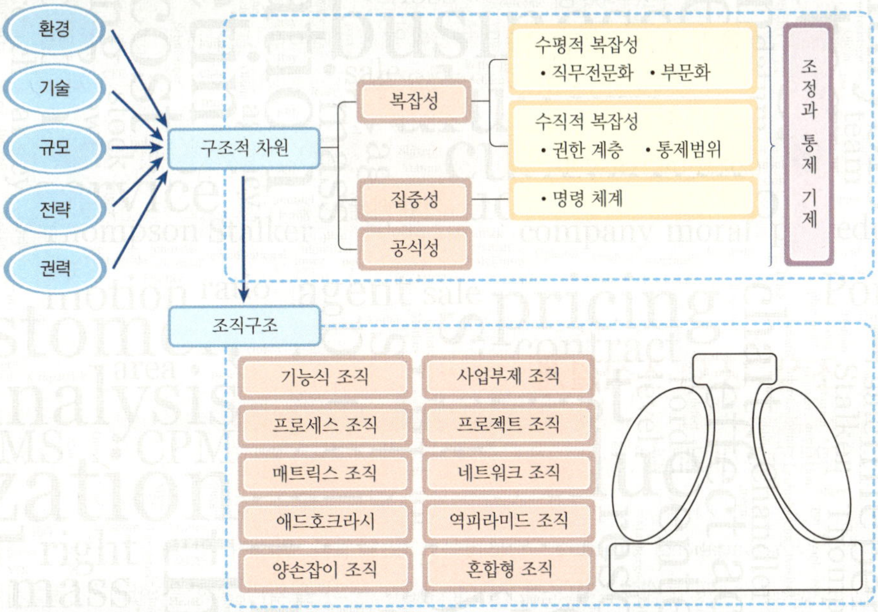

환경
기술
규모
전략
권력
구조적 차원
복잡성
집중성
공식성
수평적 복잡성
• 직무전문화 • 부문화
수직적 복잡성
• 권한 계층 • 통제범위
• 명령 체계
조정과 통제 기제
조직구조
기능식 조직
사업부제 조직
프로세스 조직
프로젝트 조직
매트릭스 조직
네트워크 조직
애드호크라시
역피라미드 조직
양손잡이 조직
혼합형 조직

제1절 조직구조의 의미와 형성과정

ORGANIZATIONAL BEHAVIOR AND ORGANIZATION DESIGN

(1998년) 제7회 공인노무사시험

조직구조의 구성요소들을 설명하라. (25점)

(2017년) 제26회 공인노무사시험

조직의 구성원 통제 방식을 계층적 통제(hierarchical control)와 분권적 통제(decentralized control)로 나누어 설명하고, 구성원 통제 방식이 IT(information technology)의 영향으로 어떻게 변화할 것인지를 행동통제(behavioral control)와 결과통제(outcome control) 측면에서 논하시오. (25점)

(2017년) 제26회 공인노무사시험

[사례형] 조직설계의 핵심적인 구조적 차원 중 공식화(formalization), 전문화(specialization), 집권화(centralization)의 개념을 각각 설명하고, 아래 지문에 나타난 상황적 요인을 고려하여 A조직과 B조직 간에 공식화, 전문화, 집권화의 정도가 어떠한 차이를 보일지 비교·설명하시오. (25점)

(2021년) 제30회 공인노무사시험

[사례형] 다음 사례를 참고하여 물음에 답하시오. (50점)

물음 1) 오우치 교수가 제시한 구성원에 대한 관료적 통제의 주요 요구사항(특징)을 기술하고, A 조직이 직면한 코로나19 상황에서는 이러한 통제 전략이 왜 한계를 나타내는지 그 이유를 설명하시오. (20점)

물음 2) A 조직에서는 새로운 구성원 통제 전략으로 시장 통제, 문화 통제를 고려하고 있다. 이들 2가지 통제의 주요 요구사항(특징)을 오우치 교수가 제시한 바를 기준으로 각각 설명하시오. (15점)

(2024년) 제33회 공인노무사시험

조직 구조를 설계할 때 고려하는 3가지 핵심요소를 설명하시오. (10점)

|1| 조직구조와 조직설계

1) 조직구조의 개념 [1]

조직구조(organizational structure)란 조직목표의 달성을 위하여 업무(직무, task)와 보고라인(감독, supervision) 및 문제해결자(조정, coordination) 등의 위치와 역할을 합리적으로 배열한 틀(framework)이다. 조직구조는 조직성과뿐만 아니라 구성원들의 행동방식이나 상호작용에도 영향을 미친다.

2) 조직설계의 개념과 절차[2)]

① 개념과 유형

조직설계(organization design)는 조직의 구조를 형성하는 일련의 체계적 의사결정 과정이다. 조직구조의 설계는 조직구성원 각각에게 과업을 나누는 기본과업구조(sub-structure)의 설계와, 과업들의 연결장치 및 보고 · 지휘 · 관리체계에 관한 상위조직구조(super-structure)의 설계로 구분된다.

② 절차 : 상황론적 관점

일반적으로 조직의 구조를 설계하는 방법론적 관점은 크게 보편론적 접근법과 상황론적 접근법으로 구분되며, 환경과의 상호작용을 강조한 최근의 조직이론에서는 상황론적 관점을 취하는 경우가 대부분이다.

상황론적 조직설계의 절차는 i) 거시적 차원에서 환경, 기술, 규모, 전략, 권력, 문화 등과 같은 상황 요인(contingent factor)의 영향 정도를 파악하고 ii) 미시적 차원에서 기능, 가치사슬(value chain), 절차 등을 파악하여 iii) 조직에 맞는 조직구조 설계의 원칙(복잡성, 집중성, 공식성)을 도출하는 순서이다.

3) 조직설계의 차원[3)]

조직설계의 차원(dimensions of organization design)이란 조직구조의 특징을 구체화(묘사)하는 여러 변수들의 집합을 의미한다. 여기에는 크게 구조적 차원과 상황적 차원들이 있다.

① 조직의 구조적 차원 : 조직의 내부적 특성

조직의 구조적 차원을 설명하는 변수에는 분화(differentiation)의 정도를 뜻하는 복잡성(complexity), 권한의 집중 정도를 뜻하는 집중성(centralization), 각종 규정이나 절차가 문서화된 정도인 공식성(formalization) 등이 있다.

② 조직의 상황적 차원 : 구조에 영향을 미치는 조직외적 변수

조직의 상황적 차원이란 구조적 차원에 영향을 미치는 환경, 조직수명주기, 세계화, 정보화, 기술, 조직규모, 전략, 권력, 조직문화 등의 변수를 의미한다. 상황적 차원은 다시 인간 의지(human will)가 개입되는 주관적 상황변수(전략 · 권력)과 그렇지 않은 객관적 상황변수로 구분된다.

③ **조직설계의 두 차원의 중요성**

a. 구조적 차원과 상황적 차원은 상호의존적으로서, 서로 영향을 주고받는다.

b. 구조적 차원과 상황적 차원은 서로 다른 조직을 비교하는 기준이 된다.

c. 구조적 차원과 상황적 차원의 적합성(fit) 여부는 조직의 효과성을 결정한다.

|2| 조직의 구조적 차원(structural dimension)

1) 기본 개념 : 분화와 통합[4)]

① **분화**(차별화, differentiation)

조직의 규모가 점차 커짐에 따라 서로 다른 역할을 수행하는 각기 상이한 영역들로 나누어지는 현상이다.

② **통합**(integration)

분화된 조직이 목표하는 바를 원활히 달성할 수 있도록 부문 간의 연계가 강화되는 현상을 뜻하며, 조정기제와 관련이 깊다.

③ **통제**(control)

조직 각 부문의 여러 활동에 대한 의사결정권한을 배분하고 그 결과에 대한 책임소재를 명확히 설정하는 현상이다.

2) 구조적 차원의 변수 : 복잡성, 집중성, 공식성[5)]

① **복잡성**(Complexity) **: 분업의 정도**

a. 의의와 종류

조직 내 분화(differentiation)의 정도, 즉 구성원들이 과업과 이에 대한 책임을 어떻게 나누는가와 관련된 개념이다.

ⅰ. 수평적 복잡성

- 의미 : 과업의 양과 질 등에 따른 조직의 분화 정도로서, 조직에서 몇 가지의 서로 다른 일들이 수행되는지를 의미한다.
- 관련 개념(1) : 직무전문화(work specialization)

의미	조직구성원 개개인이 업무의 일부를 나누어 전문적으로 수행하는 것이다.
장점	종업원의 기능이 숙달되고, 업무처리 속도가 빨라지며, 인력충원과 교육훈련이 용이하므로 효율성과 생산성 향상에 도움이 된다.

단점	지나친 전문화는 비인간화(반복 업무로 인한 싫증 유발)와 스트레스를 유발하여 생산성과 종업원 만족도를 저해한다.
도식화	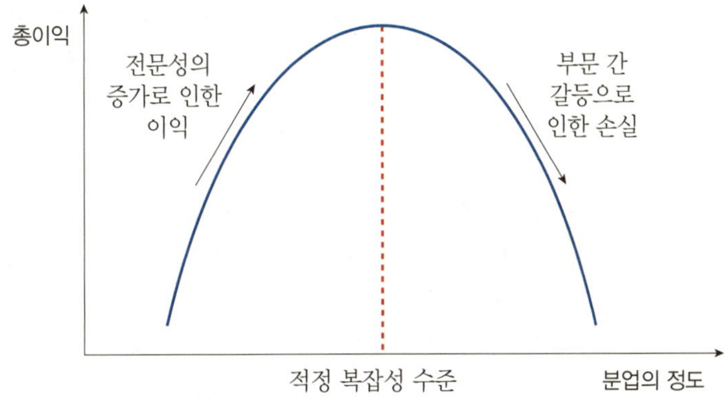

• 관련 개념(2) : 부문화(부서화, departmentalization)

의미	시너지를 위하여 전문화된 업무들을 서로 묶는 데 사용되는 기본 원칙이다.
세부 기준	귤릭과 어윅(Gulick & Urwick)에 따르면 부문화의 가장 대표적인 방식은 기능별 부문화(by function)와 목적별 부문화(dby purpose)이며[6], 그 세부 내용은 기능(function), 제품(product), 지역(region), 프로세스(process), 고객(customer) 등의 다양한 기준으로 구분된다.
최근의 경향	다초점 부문화(복수의 구조화 방법을 동시에 고려하는 부문화 방식으로서 매트릭스 조직으로 구체화됨)와 네트워크 부문화(여러 부서·조직들이 공동목표의 달성을 위해 정보통신기술을 통해 연결되는 부문화 방식으로서 네트워크 조직으로 구체화됨) 등의 방식들도 중요하게 부각되고 있다.[7]

ii. 수직적 복잡성

• 개념 : 조직 내 계층구조의 깊이를 의미한다. 과업의 수가 증가하고 조직규모가 증가할수록 계층이 추가되는 경우가 많다.

• 관련 개념(1) : 위계(hierarchy, 계층)[8]

의미	조직구성원 간에 정보와 지식, 권한과 책임, 보상과 혜택 등의 측면에서 서로 차별화된 상태이다.
특징	권한과 책임의 차별화로 직위의 분할이 이루어지고, 명령과 통제 및 보고(report)의 주요 경로가 된다.
필요성	계획과 전략, 실행과 검토의 과정을 한 집단에서 모두 맡기에는 역부족이기에 위계구조가 필수적이며, 거래비용(transaction cost) 이론에 따르면 위계는 시장실패를 보완하는 기제로서의 역할도 수행한다. 또한 위계를 통해 구성원의 승진욕구를 충족할 수도 있다.

전통조직에서의 위계관리	명령통일(unity of command)의 원리에 입각하여 1인의 상사가 정해진 통제범위 하의 구성원을 관할하였다.
현대조직에서의 위계관리	계층구조를 통한 감독보다는 분권형 팀제를 통한 목표달성에 초점을 두고, 개방적 커뮤니케이션과 비전(vision) 중심으로 구성원을 관리한다.

• 관련 개념(2) : 통제범위(관리의 폭, span of control)

의미	관리자가 직접적으로 지휘·통솔하는 종업원의 수를 뜻한다. 두 조직의 종업원 수가 같다 하더라도 수직분화도가 큰 조직의 경우에는 상대적으로 조직구조가 높고(tall) 통제범위가 좁으며, 수직분화도가 작은 조직의 경우에는 조직구조가 평평하고(flat) 통제범위가 넓다.
효과	– 넓은 통제범위에서는 관리자 수가 적으므로 원가 측면에서 더 효율적이지만, 관리자가 리더십과 지원을 제공할 시간이 부족하여 성과에 부정적 영향을 미친다. – 반면 좁은 통제범위에서는 종업원에 대한 조직적 차원의 지원이 강화되지만 관리비용의 증가와 계층의 확대로 인한 종업원 자율성 저하 등의 단점이 있다.
적정 통제범위에 관한 연구[9]	어윅(Urwick)은 5명에서 6명 정도의 부하를 관리할 수 있다는 결론을 내렸고, 그라이쿠너스(Graicunas)는 통제범위에 관한 수리적 공식을 제시하고 그 수는 6명이 가장 적정범위라고 하였다.
통제범위 축소가 필요한 상황조건	구성원 간의 긴밀한 연결이 필요하거나, 예외적인 새로운 문제가 빈번히 발생하는 경우, 업무수행 장소의 물리적 분산, 구성원들의 능력치가 낮아 상사로부터의 지원이 필요하거나, 대면(face to face) 의사소통과 감독이 필요한 경우 등이다.
통제범위 확대가 필요한 상황조건	관리계층이 감소하거나 조직 내 업무수행에 대한 임파워먼트(empowerment)가 증가하는 경우, 팀제가 정착되는 경우 등이다.

ⅲ. 공간적(지리적) 복잡성

조직의 작업장이나 사무실, 구성원 등이 흩어져 있는 정도를 의미하는 지역적 분산(spatial dispersion)의 개념도 복잡성의 한 구성요소로 취급된다.

b. 조직에서의 복잡성 사례[10]

ⅰ. 수평적 복잡성(전문화 정도)과 수직적 복잡성(계층 분화)이 모두 높은 조직구성원의 예로는 일반(단순)근로자를 들 수 있다.

ⅱ. 수평적 복잡성(전문화 정도)은 크지만 수직적 복잡성(계층 분화)의 정도는 낮아 재량권이 큰 조직구성원을 전문가(expert)라 한다.

ⅲ. 수평적 복잡성(전문화 정도)는 낮지만 수직적 복잡성(계층 분화)의 정도는 큰 조직구성원의 예로는 일선감독자(중간관리자)를 들 수 있다.

ⅳ. 수평적 복잡성(전문화 정도)도 낮고 수직적 복잡성(계층 분화)도 낮은 상태의 조직구성원은 바로 경영자(CEO)이다.

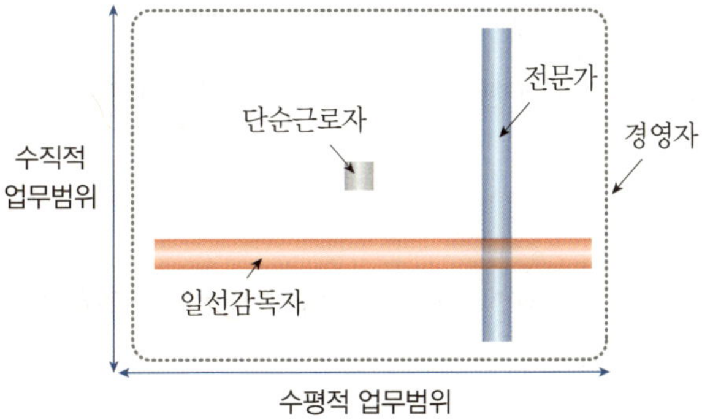

출처 : 김인수(2007), p.95, 수정인용

c. 복잡성의 측정

ⅰ. 수평적 복잡성은 부서의 수, 직무의 수, 구성원에 대한 교육훈련 및 숙련의 정도, 전문적 활동의 수, 학위의 수 등으로 측정한다.

ⅱ. 수직적 복잡성은 조직계층의 수 하나로 비교적 간단히 파악할 수 있다.

ⅲ. 공간적 복잡성은 지점(지사)의 수, 지점 간의 거리, 인적자원의 분산 정도로 측정한다.

d. 복잡성의 역설

역설적으로 복잡성과 분화의 정도가 클수록 조직에서의 조정과 통합 니즈(needs)가 커지게 된다(Lawrence & Lorsch, 1967).[11] 전문성의 증가와 조직규모의 증가로 인해 분업화가 증가하면 의사소통의 문제가 대두됨에 따라 조직은 조정기제를 마련하게 된다. 따라서 효과적인 조직은 분화와 통합의 이슈를 잘 다루는 조직이라 할 수 있다.

② **집중성**(Centralization)[12]

a. 의의

집중성이란 조직의 어느 단일점에 의사결정권이 집중되는 정도로서, 집권성(집권화)이라고 부르기도 한다. 집중성이 높으면 어느 한 사람(직위)에 의하여 조직 전반에 관한 의사결정이 이루어질 가능성이 크다. 반대로 집중성이 낮으면 의사결정권한의 분산도가 크다.

b. 상황요인

집권화와 분권화의 정도는 상급자의 가치관, 기술의 복잡성 여부(복잡할수록 분권화), 환경변화의 속도(빠를수록 분권화), 실무자의 능력(뛰어날수록 분권화), 조직의 규모(커질수록 분권화), 조직의 역사(길수록 분권화) 등에 따라 달라진다.

c. 명령 체계(chain of command)

명령 체계는 조직의 가장 높은 지위로부터 가장 낮은 위치까지를 연결하는 개념적 선으로, 누가 누구에게 보고하고 누가 누구에 대하여 책임을 지는지를 명시한다. 과거에는 '1인 1상사'라는 명령통일의 원칙(unity of command)이 강하게 지켜졌지만 최근에는 임파워먼트(empowerment)와 매트릭스 조직(matrix organization)의 등장 등으로 인하여 이 원칙의 중요성이 점차 약화되고 있다.

d. 집중성의 장점과 단점

[장점] 권력이 상층부로 집중되면 의사결정 속도가 빨라지고 관리활동의 통일성이 증가한다. 따라서 위기대응 능력이 향상된다.

[단점] 집중성은 조직의 관료주의적 성향을 높이고, 구성원들의 창의성을 억제할 수 있으며, 현장 및 고객의 니즈를 경영전략에 반영하기 어렵다.

e. 집중성의 측정

집중성은 주로 구성원들의 의사결정 참여 정도에 따라 측정된다. 특정 관리자의 의사결정 참여도가 높다면 집중성이 큰 것이다.

③ 공식성(Formalization)[13]

a. 의의

공식성이란 조직 내에서 특정 과업을 누가, 언제, 어떻게 수행할 것인지를 공식적 문서로 규정해 놓은 정도이다.

b. 표준화(standardization)

표준화는 업무방식과 생산과정 및 투입물이나 산출물이 통일된 정도를 뜻한다. 일반적으로 공식성이 크면 표준화도 커질 수 있겠지만 반드시 꼭 그런 것만은 아니다. i) 공식성은 높지만 표준화 정도가 낮다면 이는 사문화(死文化)된 규정을 의미하며, ii) 공식성은 낮아도 표준화 정도가 높다면 이는 제도화된 관습으로 정착된 경우가 된다.

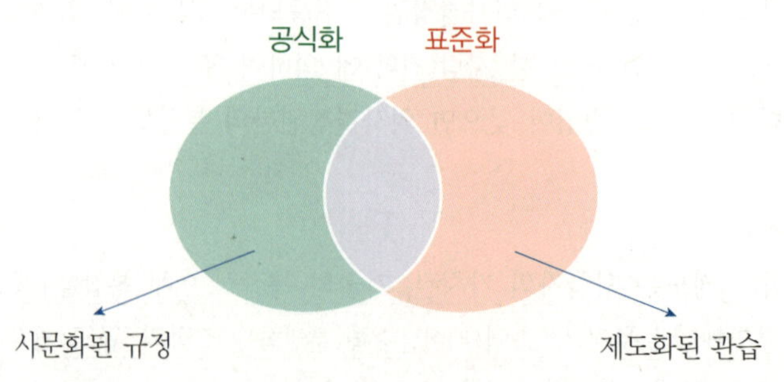

c. 공식성의 장점 및 단점

[장점] 공식성을 통해 조직은 구성원 행동의 예측가능성을 높임으로써 쉽게 통제할 수 있으며, 문서화된 절차 덕분에 조직 내 혼란이 줄어들어 효율성이 증가한다.

[단점] 공식화가 지나칠 경우 구성원의 자율성을 무시하는 X론적 관리방식이 만연하게 되며, 관료제의 단점인 인간소외나 목적전도현상 등이 나타난다.

d. 공식성의 측정

공식화는 일반적으로 직무기술서와 규정의 존재여부 및 세분화된 정도, 규정에의 준수강요 정도 등으로 측정한다.

3) 구조적 차원과 조직설계[14)]

① 조직구조에 대한 정보처리 관점

로렌스와 로쉬(Lawrence & Lorsch)의 선구적 연구[15)]에 따르면 조직 내에 존재하는 여러 부서는 각기 고유의 목적에 따라 분화(differentiation)되는 동시에 조직 전체의 목표를 위해 하나로 통합(integration)될 필요가 있다. 이처럼 조직구조는 조직의 전체목표를 달성하는 데 필요한 수직적, 수평적 정보가 원활하게 흐를 수 있도록 설계되어야 한다.

② 조직에서의 조정과 통제 기제

a. 등장 배경

조직 내의 각 부서는 나름의 목표를 가지고 있기에 서로 갈등할 수 있지만 제대로 된 조직이라면 이러한 갈등의 해소를 위한 공식적 장치, 즉 합리적인 조정과 효과적인 통제기제를 두어야 한다.

b. 의의

i. 효율성을 목표로 하는 경우(수직화 지향)의 조직은 공식적인 보고라인을 구축하는 과정에서 수직적 복잡성이 증가하게 되며, 그 결과 통제(control)가 필요하게 된다.

ii. 유연성과 적응성을 목표로 하는 경우(수평화 지향)의 조직은 긴밀한 의사소통과 정보공유 등을 시도하는 과정에서 부서 간의 갈등을 완화하고 소통과 협력을 강화하는 절차인 조정(coordination)을 필요로 한다.

c. 통제와 조정이 실패할 경우 나타나는 구조적 결함[16)]

수직적 통제와 수평적 조정에 실패하여 정보흐름이 원활하지 못한 경우 조직에는 다음과 같은 구조적 결함증상(symptoms of structural deficiency)이 나타난다.

- 부서 간 협력의 실패 : 부서 간의 목표가 다르거나 부서 이기주의가 팽배한 경우에는 조직 효과성이 저해된다.
- 의사결정의 실패 : 통제장치가 제대로 돌아가지 않으면 권한위임의 애로로 의사결정의 집권화가 발생하고, 이는 의사결정자의 과부하를 유발하여 의사결정의 질(quality)을 저해하며 적절한 판단시점(timing)도 놓치게 한다.
- 환경대응의 실패 : 각 부서에서 파악한 정보 간의 교류와 조정이 제대로 이루어지지 않을 경우 적합한 환경 대응방식을 결정하지 못한다.
- 목표관리의 실패 : 부서 간 정보흐름의 관리에 실패한다면 통제와 피드백의 애로로 목표관리가 힘들어질 뿐만 아니라 조직의 성과도 저해된다.

d. 통제의 개념과 수단[17)]

ⅰ. 개념

통제(control)는 조직의 각 부문에서 일어나는 여러 활동에 대한 의사결정권한을 지위에 따라 배분하고 그 결과에 대한 책임소재를 명확히 설정하는 현상이다.

ⅱ. 일반적 통제 수단

- 계층상의 상사 : 일반적인 명령체계로서 조직도(organization chart)상의 상사를 뜻한다.
- 규칙과 계획 : 반복적인(routine) 문제나 의사결정의 경우 상사와의 소통 없이 처리하도록 한 장치로서, 예산통제 등이 그 예이다.
- 수직적 정보시스템 : 수직적인 정보의 흐름을 증가시키는 정기보고서, 컴퓨터를 통한 의사소통 등의 장치를 지칭한다.

ⅲ. 오우치의 통제 수단 : 경영진이 택할 수 있는 조직통제전략

관료적 통제 (bureaucratic control)	개념	규정, 정책, 계층적 권한, 문서를 통한 표준화, 기타 관료제적 메커니즘을 동원하는 통제 기법이다.
	유래	베버(Weber)의 합리적 · 법적 권한 및 관료제(bureaucracy) 연구에서 유래한다.
	비유	"시장 통제는 송어와 같고, 문화 통제는 연어와 같다. 이들은 생존을 위한 독특한 환경을 필요로 한다. 하지만 관료주의 통제방법은 까다롭고 볼품없는 메기로서, 어떠한 환경에서도 살아남을 수 있다."
시장 통제 (market control)	개념	수요와 공급의 법칙으로 결정되는 가격기제에 의한 통제 기법으로서, 경쟁시장에서 기업을 통제하는 가장 효율적인 수단이다.
	유래	윌리암슨(Williamson)의 거래비용 이론에서 유래한 것으로서, 비용절감을 위한 조직 내 거래를 강조한다.
	비유	– '보이지 않는 손(invisible hand)'인 가격(price)을 통해 자원을 배분한다. – 효율성(efficiency)이 주된 판단기준이 된다.

		– 경쟁(competition)을 통해 효율성을 증폭시킨다. – 경제 주체의 이기심 때문에, 신뢰(trust)에 입각한 규범이나 법(law)에 의한 질서유지가 필요하다.
문화 통제 (culture control)	개념	기업문화, 공유된 가치와 헌신, 전통, 신뢰와 같은 사회적 특성을 활용하는 통제 기법이다.
	유래	환경 불확실성과 모호성이 큰 상황에서 조직성장을 위해 강한 조직문화가 필요함을 역설한 1980년대 일본문화 연구와 관련이 있다.
	비유	– 조직문화는 구성원에게 안정감을 제공한다. – 내부적인 단합과 결속을 유도한다. – 변화에 대응할 수 있는 환경적응력을 제공한다. – 경쟁자들이 모방하기 힘든 조직 고유의 역량이 된다.

iv. 계층적 통제와 분권적 통제

- 계층적 통제(hierarchical control)는 각종 규정, 정책, 권한, 문서를 통한 표준화, 기타 관료제적 메커니즘을 동원하는 통제 기법이다.
- 분권적 통제(decentralized control)는 구성원들의 각자의 자율과 전문성에 입각하여 업무를 진행하고, 그 결과에 대한 책임을 지는 현대의 애드호크라시적 조직운영방식이다.

v. 행동통제와 결과통제

- 행동통제(behavioral control)는 과정(process)에 대한 통제라 할 수 있으며, 그 사례로는 구성원의 업무과정이 우수한 행동양식에 얼마나 부합하는지 살펴보는 행동 중심의 인사평가 방법(BARS) 등을 들 수 있다.
- 결과통제(outcome control)는 성과(performance)에 대한 통제라 할 수 있으며, 그 사례로는 업무목표에 대한 구성원의 달성도를 판단하는 목표관리법(management by objective) 등을 들 수 있다.

e. 조정의 개념과 수단[18)]

i. 개념

조정(coordination)은 여러 사람과 부서들이 하나의 공동 목표를 달성하기 위해 서로 정보를 교류하고 협력하며 갈등을 해소해 나가는 현상을 뜻한다.

ii. 수단

조정수단들은 부서 간 분리의 정도(상호의존성의 차이)와 조정의 요구강도(조정필요성)에 따라 분류할 수 있다.

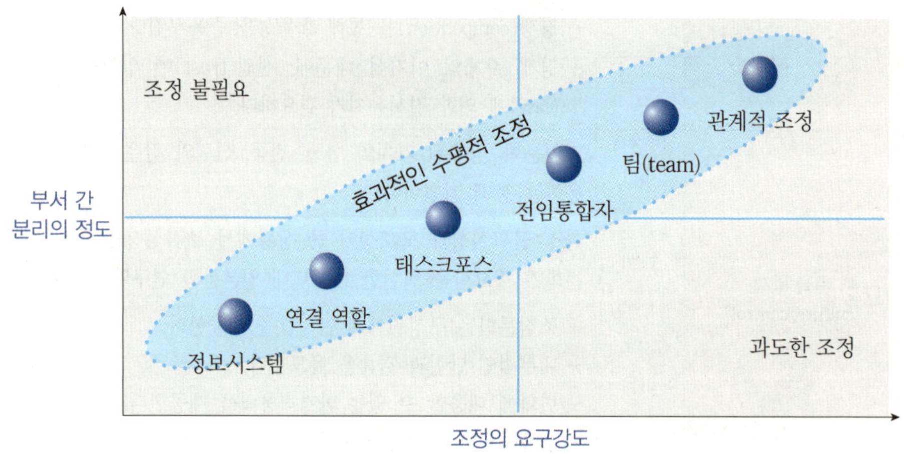

출처 : Daft(2015)

• 정보시스템을 통한 조정 : 정보시스템(예 사내 인트라넷)은 조직구성원들이 문제해결과 의사결정에 대한 정보를 교환할 수 있도록 해준다.

• 연결역할을 통한 직접조정(direct contact) : 이해당사자들 간에 이루어지는 직접적 접촉으로서, 연결역할(liaison role, 특정 부서에 속해 있으면서 다른 부서와의 의사소통과 협력을 담당)을 통하는 경우가 많다.

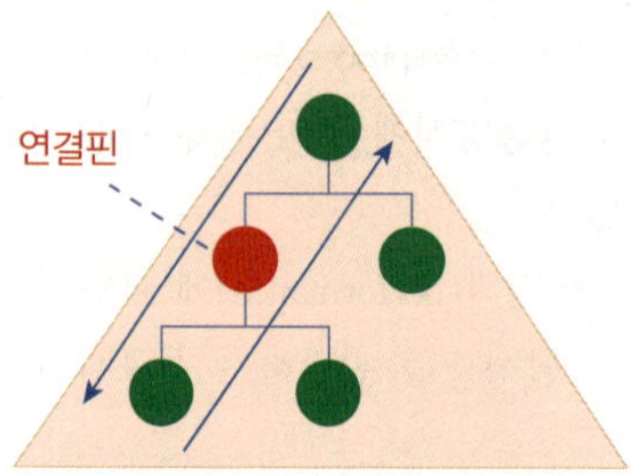

• 태스크포스(taskforce team, TFT)를 통한 조정 : 복수의 부서를 서로 연결시킬 필요가 있을 때 일시적 위원회 조직인 TFT를 활용한다.

• 전임통합자(integrator)를 통한 조정 : 프로젝트 관리자 등의 직함과 권한을 가진 전임통합자가 부서 간 조정역할을 담당한다.

• 팀(team)을 통한 조정 : (TFT보다) 비교적 오랜 기간 동안 강력한 조정이 요청될 때 교차기능팀(cross-functional team)의 형태를 운영될 수 있다.

• 관계적 조정(relational coordination) : 구성원들이 부서의 경계를 넘어 자유롭게 정보를 교환하고 지식을 공유하며 문제해결에 임하는 조정 방식이다. 사우스웨스트항공(Southwest Airlines)에서는 항공기 지연시 책임자를 처벌하기보다 공유목표를 팀 단위로 할당하는 팀 지체(team delay) 개념을 활용하는데, 이것이 바로 관계적 조정의 대표적 사례이다.

제2절 다양한 조직구조

ORGANIZATIONAL BEHAVIOR AND ORGANIZATION DESIGN

(1989년) 제2회 공인노무사시험
매트릭스(Matrix) 조직의 본질, 의의 및 한계를 약술하라. (25점)

(1995년) 제5회 공인노무사시험
사업부제 조직의 개념 및 장·단점을 약술하라. (25점)

(2001년) 제10회 공인노무사시험
업무프로세스 중심의 수평적 조직구조의 의의·등장 배경 및 특성을 설명하라. (25점)

(2002년) 제11회 공인노무사시험
애드호크라시(Adhocracy)의 특징과 그것이 적합한 상황을 설명하라. (25점)

(2006년) 제15회 공인노무사시험
최근의 경영환경변화의 주요 내용을 기술하고, 이와 관련하여 요청되는 새로운 조직유형으로 조직 내부에서 두 가지, 조직 간에서 두 가지를 설명하라. (50점)

(2009년) 제18회 공인노무사시험
네트워크 조직의 의의와 장·단점에 대해 기술하라. (25점)

(2012년) 제21회 공인노무사시험
현대 조직구조에 관한 통찰을 제시한 학자로 민츠버그(Mintzberg)를 들 수 있다. 민츠버그가 주장하는 조직의 5가지 기본부문을 설명하시오. (25점)

(2020년) 제29회 공인노무사시험
[사례형] 다음 사례를 참고하여 물음에 답하시오. (50점)
물음 1) '탐험과 활용'의 개념을 설명하고, 이를 통해 2개 사업부 각각에 적합한 전략을 설명하시오. (15점)
물음 2) '양면형 조직'의 개념을 설명하고, 이를 통해 2개 사업부에 적합한 조직구조를 설명하시오. (15점)

| 1 | 민츠버그의 조직구조 유형분류[19)]

1) 의의

민츠버그(Mintzberg)는 다섯 가지 기본적 조직구조 모형("Structures in Five")을 제시하였다. 그는 조직이 고유의 역할을 가진 5개의 기본 부문으로 구성되어 있으며, 각 부문별 역할이 강조되는 특정한 조직구조 유형이 존재한다고 보았다.

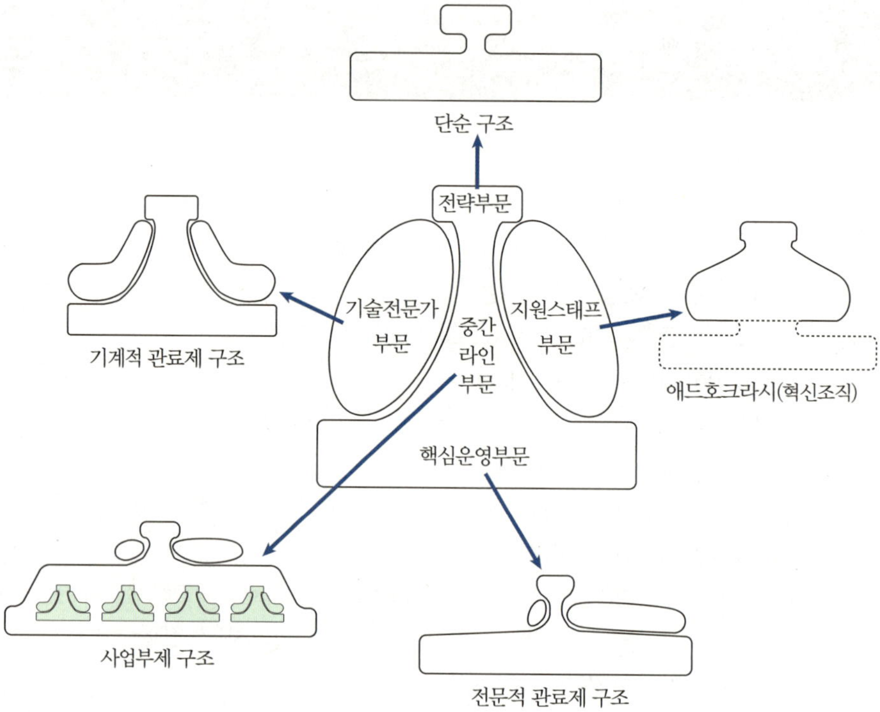

2) 조직구조의 5대 기본 부문과 조정의 형태[20]

민츠버그는 조직을 구성하는 다섯 가지 기본 부문과 여기서 발생하는 조직구조 형성에의 힘(또는 조직구조를 형성하는 부문 간 조정의 형태)을 정의하였다.

부문의 명칭	주된 역할	강조점	조정기제	관련 조직구조
전략부문 (strategic apex)	의사결정 (예 CEO)	집권화	직접적인 감독	단순구조 (simple structure)
핵심운영부문 (operating core)	제품과 서비스의 생산 (예 교수, 의사)	전문화	직무기술의 표준화	전문적 관료제 (professional bureaucracy)
중간라인부문 (middle line)	전략부문과 핵심운영부문을 연결	분권화	산출물의 표준화	사업부제 조직 (divisional structure)
기술전문가부문 (technostructure)	조직의 시스템 설계 담당 (예 IT, 엔지니어)	표준화	작업(과정)의 표준화	기계적 관료제 (machine bureaucracy)
지원스태프부문 (supporting step)	각종 스태프부문 (예 인사, 홍보, 법무 등)	유기적 협력	상호 조정 (mutual adjustment)	애드호크라시 (adhocracy)

① **전략부문**(strategic apex)

a. 개념

조직의 최고경영진이 전략을 수립하고 의사결정을 하는 곳이다.

b. 조정압력 : 집권화와 직접적 감독

여기서는 집권화를 향한 힘이 발휘되며, 직접적인 감독(direct supervision)에 의한 조정이 강조된다. 따라서 단순 구조에서 이러한 힘이 강하게 작용한다.

② **핵심운영부문**(operating core)

a. 개념

조직의 제품이나 서비스를 생산해내는 가장 기본적이면서도 중요한 영역이다(생산현장에서의 조립공, 대학에서의 교수, 병원의 의사 등).

b. 조정압력 : 전문화와 지식 · 기술의 표준화

분야별 전문가들은 자신들의 전문적 지식과 역량에 기반하여 조직을 운영하고자 한다. 이 부문이 강화되는 조직을 전문적 관료제라 한다.

③ **중간라인부문**(middle line)

a. 개념

전략부문과 핵심운영부문을 직접적으로 연결하는 라인에 위치한 모든 중간관리자들로 구성된 부분이다.

b. 조정압력 : 분권화와 산출물의 표준화

중간라인의 등장은 곧 기업이 단일구조에서 각 사업단위로 분할됨을 의미하며, 이 과정에서 분권화된 사업단위들은 자신들이 생산하는 산출물의 표준화를 강조한다. 이러한 경우의 조직구조를 사업부제 구조라 한다.

④ **기술전문가부문**(technostructure)

a. 개념

제품 및 서비스의 생산에 관련되는 각종 시스템을 설계 · 자문하는 전문 분석가(프로세스 관리자, 엔지니어, 연구인력, IT전문가 등) 집단을 뜻한다.

b. 조정압력 : 과업 과정의 표준화

실무부서를 통제하려는 취지에서 과업의 내용과 그 수행 방식 및 작업기술 등을 표준화하고 규정을 제정하여 실무진들로 하여금 이것을 지키도록 독려하며, 이 부문이 강화된 조직구조의 예로는 기계적 관료제 구조가 있다.

⑤ **지원스태프부문**(support staff)

a. 개념

기본적인 과업 흐름(line)의 원활한 진행을 돕는 전문적 스태프(staff)에 해당하는 인사, 법무, 홍보, 재무 등으로 구성되어 있다.

b. 조정압력 : 협력과 상호조정

협조 및 문제해결과 혁신을 위하여 상호조정(mutual adjustment) 또는 관계적 조정의 힘이 강하게 작용하며, 라인 분야를 외주화(outsourcing)하고 스태프 위주로 돌아가는 조직구조의 예로는 애드호크라시(또는 혁신 구조)가 있다.

3) 조직구조의 5대 순수원형(이념형, ideal type)

① **단순 구조**(simple structure)

개념	고도로 집권화된 유기적 구조로서 그 권한이 전략 부문의 최고경영자에게 집중되어 있다. (집중성은 높지만 공식화의 정도는 낮은 편이다.)
환경속성	환경의 복잡성(complexity)은 낮고 변동성(volatility)은 큰 패션, 패스트푸드 업계에 해당한다.
장점	동태적 환경에 적응하기가 쉽다.
단점	경영자의 판단이나 성향에 많이 의존한다.

② **기계적 관료제 구조**(machine bureaucracy)

개념	베버(Weber)의 관료제로서, 과업의 분업화와 반복성이 높고, 조직의(특히 핵심운영부문의) 공식성이 매우 강하며, 기술전문가부문이 조직운영의 핵심이다.
환경속성	환경의 복잡성(complexity)과 변동성(volatility)이 모두 낮은 제철업계에 해당한다.
장점	효율성과 신뢰성 및 정확성이 높다.
단점	생산과정에서의 비인간화와 인간소외를 유발한다.

③ **전문적 관료제 구조**(professional bureaucracy)

개념	복잡한 과업 해결을 위해 상당한 지식과 기술력을 가진 전문가(핵심운영부문)들이 스스로의 업무에 대하여 상당한 통제력과 재량권을 행사한다.

환경속성	환경의 복잡성(complexity)은 높고 변동성(volatility)은 낮은 대학이나 병원에 해당한다.
장점	전문가에게 재량적 권한이 위임되므로 집중성이 낮아진다.
단점	조정 과정이 복잡해지고 갈등이 증가할 수 있다.

④ **사업부제 구조**(divisional structure)

개념	조직이 제품이나 고객 또는 지역별로 분화해야 할 때, 권한을 부여받고 각 부문의 이익을 책임지는 자율적인 사업부들로 구성되는 분권형 조직구조이다.
환경속성	성숙기에 달한 대규모의 조직으로서 대기업의 조직구조에 해당한다.
장점	위험을 분산하고 자원의 효율적 배분을 가능하게 한다.
단점	조직혁신이 어렵고 부문최적화에만 치중하다가 전체최적화에 실패할 수 있다.

⑤ **애드호크라시**(adhocracy)

개념	효과적인 혁신을 위해서 조직 내·외의 전문가와 관련 조직들을 유기적으로 연결시키는 구조이다.
환경속성	환경의 복잡성(complexity)과 변동성(volatility)이 모두 높은 정보통신기술(ICT)이나 항공업에 해당한다.
장점	전문성에 기반한 수평적 직무전문화가 이루어지며 변화 및 혁신에 유리하다.
단점	전문부서 간의 갈등이 발생하며, 혁신과정의 비효율이 나타날 수 있다.

4) 혼합구조의 형성 근거[21)]

대부분의 조직은 일관된 순수 유형의 조직구조보다는 복수의 조직구조 특성을 동시에 나타내는 혼합형 조직구조를 지니고 있다.

① 복수의 구조형성 압력에 부응하기 위한 혼합형 구조

조직의 특성상 둘 이상의 압력에 반응해야 할 필요가 있기 때문에 혼합형 구조를 취하는 것이 논리적으로 타당할 때가 있다. (예 지휘자 중심의 단순구조와 연주가들 중심의 전문적 관료제가 혼재된 심포니 오케스트라)

② 하위 부문에서의 혼합형 구조

한 조직 내에서도 조직 내부의 여러 부문에서 서로 다른 구조가 혼재되어 있는 혼합형 구조를 가질 수 있다. (예 편집부서는 혁신구조로 설계되고 인쇄부서는 기계적 관료제로 운영되는 신문사)

5) 조직의 다양한 성장경로[22)]

① 단순한 환경에서 탄생한 조직은 ⅰ) 단순 구조의 조직이 점차 ⅱ) 기계적 관료제로 변모하고, 이 조직이 수직적 통합을 통하여 ⅲ) 사업부제로, 그리고 다시 ⅳ) 기계적 관료제로 회귀하거나 혁신을 지향하는 애드호크라시로 진화할 수 있다.

② 복잡한 환경하에서 탄생한 조직은 ⅰ) 애드호크라시로 출발한 조직이 연령의 증가와 함께 보수화되어 ⅱ) 기계적 또는 전문적 관료제로 진화할 수 있다.

6) 이론의 시사점

민츠버그의 조직구조이론은 조직구조의 이념형(이상적 형태, ideal type)을 소개하였으며, 조직구조의 다원적(多元的) 성장경로를 보여주었다는 점에서 그 의의가 있다.

|2| 기본적 조직구조 : 종적 조직

1) 기능식 조직[23)]

① 개념

기능(직능)식 조직(functional organization)은 내용이 유사하고 업무관련성이 높은 조직의 라인(line) 및 스태프(staff) 부문들을 가치사슬(value chain)상의 전문기능(예 인사, 재무, 생산, 마케팅 등)들을 중심으로 결합하여 설계한 조직 형태이다.

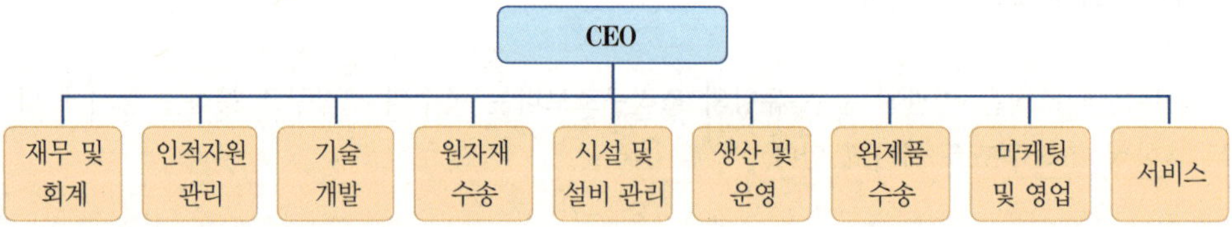

② 특징

a. 효율성 도모

기능식 조직에서는 각 가치사슬별 업무활동의 분화(전문화)가 일어나므로 기능부문 내에서 업무효율성이 극대화된다. 사이먼(Simon)은 인간의 제한된 합리성 때문에 분업화가 조직에 이점을 가져다준다고 한 바 있다.

b. 조정기제의 필요성

부문별 최적화가 곧 전체 최적화로 이어지는 것은 아니므로 공식적, 비공식적인 조정기제를 활용하여 갈등과 비효율의 가능성을 제거해야 한다.

③ 상황요인

a. 환경이 비교적 안정적이고 각 부서 간의 상호의존성이 낮은 일상적인 기술을 사용할 때, 그리고 조직의 규모가 크지 않을 때 적합하다.

b. 거래비용 측면에서는 기능 내 조정(intra-functional coordination)의 필요성이 기능 간 조정(inter-functional coordination)의 필요성보다 클 경우에 기능식 조직이 형성된다.

④ 장점과 단점

a. 장점

i. 유사 업무를 묶어 부문을 편성하게 되므로 협업과 규모의 경제(인력의 효율적 활용)의 이점을 동시에 누리므로, 자원과 노력의 낭비를 줄일 수 있다.

ii. 동일 기능단위로 함께 일하므로 기술개발이 용이하고, 지식공유가 가능해진다.

b. 단점

i. 부문 최적화에 치중하다 보니 서로 다른 부문 간에는 상호조정이 어렵고, 전체 최적화를 달성하지 못할 가능성이 있다.

ii. 고객중심의 사고를 하기에 부적합하며, 환경에 대한 능동적 대응 및 혁신이 어렵다.

iii. 최종성과에 대한 각 기능영역의 기여도 및 책임소재를 파악하기가 힘들다.

iv. 최고경영자의 양성에 필요한 전반적 관리기술을 학습시키기가 쉽지 않다.

2) 사업부제 조직[24]

① 개념

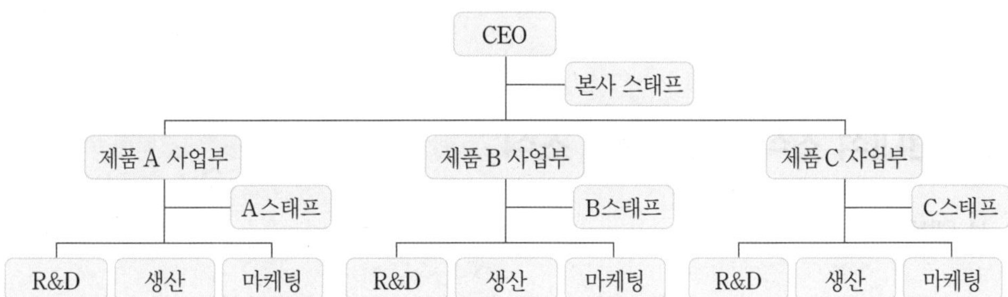

사업부제 조직구조(부문별 구조, divisional structure)는 최종생산물 또는 시장이나 고객을 기준으로 하여 분할된 준독립적(quasi-independent)이며 자기충족적(self-contained, 독자적인 생산과정과 이익 책임 주체)인 경영 단위인 사업부(division)로 구성되는 조직의 형태이다.

② 상황조건과 특징

a. 경영전략의 측면 : 기업전략의 다각화

기업이 신상품의 개발에 착수하거나(product development), 새로운 시장영역을 찾아 진출하는 경우에는(market development) 전반적인 기업 기능 영역에서 새로운 관리방식이 필요하게 된다.

b. 거래비용의 측면 : 조직규모의 증가

i. 조직의 규모가 증가하면 계층이 증가하여 상하간 관계의 단절 가능성이 있다. 이로 인한 조정의 애로를 해결하기 위하여 조직을 적절한 크기로 나누는 과정이 필요하게 되며, 그 결과가 사업부제 조직이다.

ii. 거래비용 측면에서는 기능 간 조정(inter-functional coordination)의 필요성이 기능 내 조정(intra-functional coordination)의 필요성보다 클 경우에 사업부제 조직이 기능식 조직보다 비용 측면에서 유리한 조직구조이다.

③ 장점

a. 불안정한 환경에서 고객이나 시장 측면의 신속한 변화에 적합하므로, 다수의 제품을 취급하는 대규모 기업에서 활용된다.

b. 제품에 대한 책임이 명확한 분권화된 의사결정으로 고객만족도 제고에 적합하다.

c. 기능부서 간 원활한 조정이 가능하다.

④ 단점

a. 기능 인력들이 사업부 단위마다 중복되어 규모의 경제 효과(인력효율성)가 감소한다.

b. 다양한 제품의 생산으로 제품라인 간 조정 및 통합과 표준화가 어려울 수 있다.

c. (기능식 조직과는 반대로) 특정 분야에 대한 지식과 능력의 전문화가 어렵다.

| 3 | 현대적 조직구조 : 횡적 조직

1) 매트릭스 조직[25]

① 개념

매트릭스 조직(matrix organization)은 사업부제 조직의 장점(제품 · 시장별 환경대응능력)을 취하는 한편 단점(기능 영역의 중복으로 인한 비용 발생 문제)을 해결하기 위해 시도된 것으로서 서로 다른 두 종류의 조직구조를 종횡(縱橫)으로 결합한 형태의 조직구조이다. 매트릭스 조직은 전통적 명령일원화의 원칙에서 벗어나는 예외적 형태의 조직으로서, 한 사람이 복수상사(two or more boss)의 통제를 받는다.

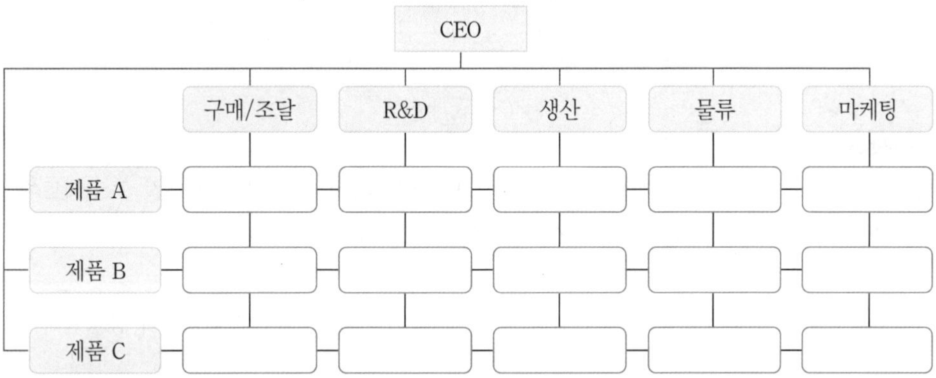

② 상황조건

a. 여러 제품라인들 간에 희소한 자원을 공유해야 하는 경우

제품마다 전문 엔지니어를 배치할 만큼 조직이 크지는 않을 경우 각 엔지니어들이 여러 제품이나 프로젝트에 파트타임으로 참여할 수 있다.

b. 두 가지 이상의 목표가 존재하는 경우

기술개발과 제품개발이라는 이중적 요구를 동시에 균형있게 충족시켜야 하는 경우에는 이중 권한체계를 특징으로 하는 매트릭스 조직의 효용이 커진다.

c. 환경의 복잡성과 변동성이 큰 경우

고려해야 할 요인이 다양하고 외부환경이 빈번하게 변화한다면, 대량의 정보처리와 부서 간 조정을 위해 매트릭스 조직을 사용할 수 있다.

③ 구조상의 특징

매트릭스 조직은 기능식 조직과 제품(시장)별 조직의 속성이 혼재된 중간 형태로서, 중간관리자를 통한 조율, 태스크포스와 같은 임시조정장치 등의 다양한 조정기제가 필요하다.

④ **장점**

a. 지식공유와 구성원의 다기능화(多技能化)가 자연스럽게 진행되므로 특정 프로젝트에서 얻은 지식과 경험을 다른 프로젝트에 활용하기가 용이하다.

b. 시장과 고객의 요구에 적극적인 대응을 할 수 있다.

c. 구성원이 복수상사로부터 통제(관리)를 받기에 인적자원 관리의 융통성이 증가한다.

⑤ **단점**

a. 기능부문과 프로젝트/제품 영역 간의 갈등이나 주도권 다툼이 발생할 수 있다.

b. 조직구성원의 조직에 대한 몰입도나 충성심이 저하될 수 있다.

c. 관리차원(management dimension)의 증가로 인한 관리 비용이 증가한다.

2) 애드호크라시 조직[26] (예 TFT, project team, Matrix, network org.)

① **개념**

조직의 유연성을 강조하는 애드호크라시(adhocracy)는 제2차 세계대전 중에 특수임무를 맡았던 임시특수부대인 애드호크팀(Ad Hoc Team)에서 유래한 개념으로서, 특정한 임무(mission)나 문제 해결(problem-solving)을 위해 뭉쳤다가 그 달성 이후에는 해산하는 특징을 가지는 일시적 전문가 집단이다. 따라서 탈관료제(debureaucratization)적 성격을 지니는 민주적 수평조직의 일종이 된다. 피터스(T. Peters)는 그의 저서 『Re-imagine』에서 21세기는 애드호크라시의 시대라고 언급한 바 있다.[27]

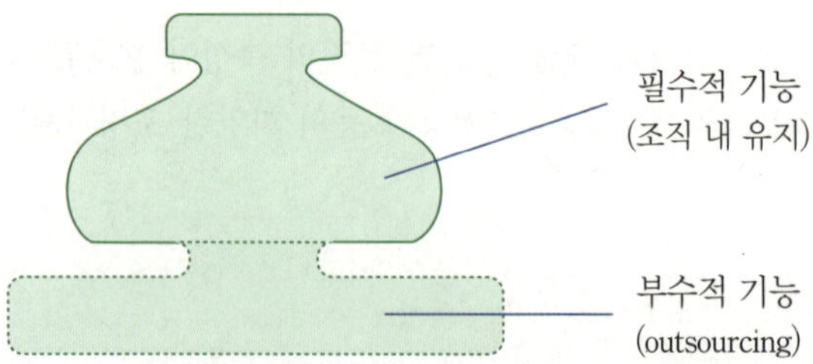

② 조직의 특성

a. 애드호크라시는 문제(issue)의 특성에 맞게 여러 전문가(specialist)들을 결합시킨 구조이므로 고정적인 계층이나 작업단위가 없어 낮은 수준의 복잡성을 가진다.

b. 신속 · 유연하고 전문적인 조직운영을 위하여 의사결정권이 분권화된다.

c. 임시조직으로서 규정(규칙)보다는 구성원의 합의가 우선하므로 공식성이 낮다.

d. 전문가들의 견해를 조정 · 조율할 연결장치(liaison device)가 필요하다.

③ 상황조건

a. 애드호크라시는 동태적(변화속도가 빠름)이고 복잡한(고려요인이 많은) 환경에 적합하다.

b. 기술복잡성이 크거나, 부서 간 상호의존성이 매우 높은 경우에 활용된다.

c. 혁신형 조직이나 차별화(differentiation) 전략을 활용하는 경우에 그 효용이 크다.

④ 유형

a. 운영애드호크라시(operating adhocracy)

고객의 문제 해결을 위해 존재하는 애드호크라시로서, 중간관리자와 핵심운영부문(operating core) 간의 구분이 없어지고 창의적이고 혁신적인 대안의 도출을 위해 노력한다.

b. 관리애드호크라시(administrative adhocracy)

조직 자체의 문제 해결을 위해 존재하는 애드호크라시로서, 관리요소(administrative component)와 핵심운영부문(operating core)을 분리하여, 관리부문을 조직문제 해결을 위한 전위대로 운영한다.

⑤ 장점

애드호크라시는 경직된 조직운영절차를 간소화하여 유연성(flexibility)이 높고, 전문가들이 상황에 즉시 대응할 수 있는 환경적응력(environmental adaptability)과 신속성(promptness)을 가진다. 또한 구성원들이 문제해결에 집중하므로 조직혁신(organization innovation)에도 이점을 가진다.

⑥ 한계

애드호크라시에서는 권한과 책임이 명확히 구분되지 않는 역할모호성(role ambiguity)이 발생한다. 또한 다수의 전문가가 문제해결을 시도하는 과정에서 갈등(conflict)이 발생할 수 있으며, 혁신의 과정에서 비용이 많이 들어 비효율(inefficiency)을 야기할 수 있다.

3) 프로세스 조직(≒ 수평조직)[28)]

① 개념

프로세스(process)는 투입을 산출로 변환하는 과업과 각종 활동의 집합체이며, 프로세스 조직은 리엔지니어링(business process reengineering, BPR)을 통해 기존의 업무처리 절차를 재설계하여 고객의 기대를 반영하고 획기적인 경영 성과를 도모하도록 설계된 조직이다.

② 특징

a. 프로세스 조직의 기본 업무수행단위는 자기완결성이 있는 팀이며, 이는 서로 다른 기술과 기능을 보유한 종업원들로 구성되어 있다.

b. 팀원들은 프로세스 결과물의 가치에 따라 집단적으로 책임을 지며, 고객의 요구에 신속히 대응한다.

③ 사례 : 손해보험회사

사고접수, 보험액수 산정, 의료대응, 법률대응 등이 모두 별도 부서에서 진행되는 전통적 방식과는 달리, 사고 발생부터 보상액 지급까지의 전체 과정(process)을 하나의 부서 내지는 팀에서 전담하는 오늘날의 방식이 바로 프로세스 구조 또는 수평형 구조로의 변화이다.

④ 프로세스 조직 설계의 전제조건

a. 개별 기능차원이 아니라 조직 전체 시스템의 차원에서 접근한다.

b. 식별 가능한 프로세스를 토대로 업무의 흐름을 파악하여, 문제점을 분석하고 해결책을 모색한다.

c. 정보통신기술(ICT) 등을 활용하여, 보다 유연하고 민첩한 조직을 만들 수 있다.

⑤ 상황조건 : 프로세스의 혁신이 필요한 대기업이나 관료형 조직

a. 프로세스 조직은 기술적 환경의 불확실성이 상대적으로 낮을 때 적합하다.

b. 고객이 강한 교섭력을 가지는 환경에 처한 기업에 보다 적합하다.

c. 규모가 크고 역사가 오래되어 조직의 분화(silo effect)와 관료화가 심한 성숙기의 대기업에 효과적이다.

d. 의사결정이 지연되거나 종업원들의 사기나 성과가 저하될 경우 도입이 필요하다.

⑥ 장점

고객에 대한 유연하고 신속한 대응이 가능해지며, 종업원의 관심사를 고객가치창출과 그 제공에 집중시킬 수 있다. 따라서 종업원들로 하여금 조직전체의 목표달성이라는 폭넓은 시각을 갖게 하며, 부문 간 협력과 팀워크의 증진을 도모할 수 있다.

⑦ 단점

핵심 프로세스의 규명이 어렵고 시간도 오래 걸린다. 또한 협력과 자율에 입각한 업무방식을 구축하는 과정에서 종업원들의 적응에 상당한 시간이 소요되고, 조직구조의 제 측면(문화, 직무, 보상 등)에 대한 개선이 필요하며, 자율적 조직의 등장으로 인하여 관리자는 권력과 권한이 줄어든다는 생각에 좌절감을 느낄 수도 있다.

4) 프로젝트 조직[29)]

① 개념

프로젝트 조직(project organization)은 특정한 과업의 계획과 집행을 위해 비교적 소수의 구성원으로 편성된 기동성(mobility)이 있는 조직이다. 기존의 조직구성원 가운데 프로젝트의 수행에 필요한 사람들로 프로젝트팀을 구성하며 임무가 수행되면 해당 팀은 해산된다.

② 등장 배경

환경이 복잡해지고 변화의 폭이 커짐에 따라 직능식 분화에 근거한 기능 구조의 한계(예 소통의 제약, 전체 최적화의 어려움 등)가 대두되었고, 이를 극복하기 위해 도입되었다.

③ 특성

a. 다양한 배경을 가진 팀원들이 과업 달성에 매진할 수 있도록 팀워크를 형성할 필요가 있다.
b. 프로젝트가 완료될 때 까지만 잠정적으로 존재하는 임시 조직이다.
c. 조직활동의 초점이 권한이나 명령구조보다는 직능상의 횡적(수평적) 상호관계에 있다.
d. 프로젝트 관리자(PM, project manager)가 과업 수행에 적합한 능력과 지식을 갖추어야 한다.
e. PM은 전문성뿐만 아니라 대인적 영향력(인간적 매력)을 활용하여 프로젝트를 수행한다.

④ 장점

프로젝트 조직에서는 인력구성상의 유연성을 꾀할 수 있으며, 팀원들의 관심을 과제 달성에 집중시킬 수 있으므로 구성원들의 참가 의욕을 높일 수 있다. 또한 조직의 제도나 절차상의 제약을 적게 받기 때문에 조직의 기동성과 환경 적응력을 높일 수 있다.

⑤ 단점

프로젝트의 성과가 PM의 개인적 역량에 의존하며, 팀 구성원들이 원소속 부서의 업무와 팀 업무를 병행해야 할 경우 양 업무의 효율성이 모두 떨어질 수 있다. 또한 프로젝트가 최고경영진의 관심을 받을 경우 팀원의 우월감으로 인해 조직에 위화감을 조성할 수 있다.

⑥ 참고 : 홀라크라시팀 조직구조(holacracy team structure)[30]

준자율적 작업집단(semi-autonomous work group)의 이념을 조직구조설계에 반영한 것으로서, 임파워먼트, 수평적 조직설계, 의사결정의 분산, 관료제적 형식주의(red tape)의 제거 등을 뛰어넘는 완전한 자율경영형 조직을 뜻한다. 홀라크라시 조직에서는 의사결정 권한을 보유하는 서클(circle)을 기본 업무 단위로 삼으며, 각 서클 내에서는 위계가 아니라 전문성에 기반하여 업무가 처리된다.

5) 네트워크 조직(≒ 가상 조직)[31]

① 의의

a. 개념

i . 네트워크 조직(network organization)은 급변하는 환경에 대응하여 지식과 정보를 원활하게 공유하는 동시에 원가절감을 달성하기 위해 여러 조직 간 유기적인 연계를 극대화한 조직으로서, 주로 IT 기술에 기반하여 여러 조직들이 (甲乙관계나 권력관계가 아니라) 서로 수평적으로 연결되어 각자 자신의 핵심역량에 해당하는 업무를 수행한다.

ii . 기업은 자신의 고유역량 외의 기능들을 외주(outsourcing)할 수 있기에, 조직과 조직 간의 전통적인 경계(boundary)가 없어지는 개방적 운영이 가능하다.

iii. 네트워크 조직은 가상조직(virtual organization), 모듈형 조직(modular organization), 무경계 조직(boundaryless organization) 등으로 불린다.

b. 조직 간 협력관계와 네트워크 조직

각 조직 간 자본적 연결의 정도와 업무적 연결의 정도에 따라 조직 간 협력의 유형을 네 가지로 구분할 수 있다. 그중 네트워크 조직은 업무적 상호의존성이 매우 큼에도 불구하고 자본적으로는 서로 독립성을 유지하는 조직들이 상대방의 자원을 마치 자신의 자원인 것처럼 활용하는 신뢰관계로 연결된 조직 간의 상태이다.

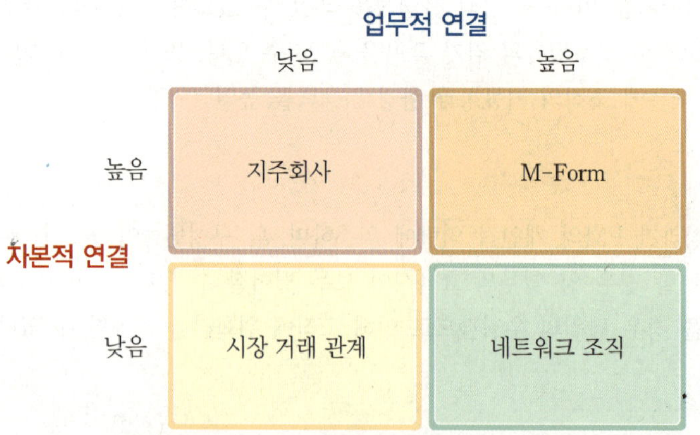

② 조직 간 협력 네트워크 관점이 등장하게 된 조직이론적 배경

윌리암슨(Williamson)의 거래비용이론에 따르면 시장(market)에서 거래관계에 있는 여러 기업 간에는 상이한 이해관계가 존재하기에 위계구조(hierarchical structure)를 도입해야만 시장실패(market failure)를 방지하는 동시에 거래비용을 감소시킬 수 있다.

그러나 오늘날에는 여러 요인(예 네트워크 기술의 발전과 평판관리의 중요성 증가 등)으로 인하여 조직화 비용을 굳이 지불하지 않아도 배신과 계약 파기의 위험이 점진적으로 줄어들게 되었다.

a. 일회성 관계에서 지속적 관계로의 변화[32)]

악셀로드(R. Axelroad)의 명저 "The Evolution of Cooperation"(한국어 제목 : 협력의 진화)에서 그는 '죄수의 딜레마(prisoner's dilemma)' 게임에서의 <최고 수익 조건>을 다음과 같이 제시한 바 있다.

i) 먼저 서로 협력하되,

ii) 이후에는 Tit-for-tat('눈에는 눈, 이에는 이') 전략을 사용하기

기업 간 거래관계가 1회성이거나, 거래 빈도가 낮은 경우에는 배신의 가능성이 크기에, 이를 방지하기 위한 내부화(internalization)가 필요하였으나, 오늘날의 자본주의 경제체제에서는 기업 간 거래의 빈도와 거래의 밀도가 폭발적으로 증가하기에 서로 '먼저 협력'하는 것이 '먼저 의심'하는 것보다 더 이익이 된다는 것이 진화적 결론이다.

b. 신뢰의 중요성 증가[33)]

신뢰(trust)는 위험(risk) 하에서도 공동체 구성원의 태도나 행동에 대한 긍정적 기대(expectation)에 근거하여 그들을 믿고자 하는 태도이다. 신뢰는 두 가지 요인에 의해 형성된다.

i) 사회문화적 배경이 기회주의적 행동을 제어하고 있는 경우로서, 오늘날 기업 간의 관계에서 tit-for-tat의 원리가 확산되고 있기에 배신의 가능성이 낮아지고 있다.

ii) 상대 기업이 시장에서 보였던 과거 행동과 다른 조직과의 관계에서 나타난 평판(reputation) 등이 신뢰를 형성한다. 배신은 평판에 부정적 영향을 주므로 기업들은 배신보다는 신뢰를 선택할 가능성이 높다.

③ 발달 배경

a. 전략적 공생의 필요성

제품수명주기가 짧아짐에 따라 연구개발비용의 감가상각 기간이 단축되면서 투자 부담이 가중되고 있다. 따라서 기업들은 연구개발에 수반되는 비용과 위험을 경쟁자와 공유함으로써 자사의 부담을 줄이려는 공생전략을 시도한다.

b. 조직혁신의 필요성

관료화의 문제점(조직비대화와 변화적응력 감소)을 해결하기 위해 최근 분사제도, 사내벤처, 아

웃소싱 등이 시도되고 있는데, 이들 제도는 내부부서를 외부화하여 조직실패 현상을 개선하려는 네트워크 조직의 사례가 된다.

c. 정보통신기술의 발전

네트워크 조직이 효율적으로 운영되기 위해서는 여러 측면에서 긴밀한 조정이 이루어져야 한다. 정보통신기술의 발전은 이러한 조정 과정을 용이하게 하므로 네트워크 조직의 형성을 가속화 시킨다.

d. 세계화의 진전

기업의 세계화(globalization)가 진전되고 정보통신기술의 발전에 힘입어 가치사슬(value chain)상 전방과 후방의 협력자들을 국내에 국한하지 않고 전 세계적으로 확보할 수 있게 되었다.

④ 네트워크 조직의 특성[34)]

a. 조직의 구조적 측면

핵심역량을 제외한 나머지 기능을 아웃소싱하므로 규모와 계층이 줄어들고 상사의 통제범위(span of control)가 넓어지며 권한위임(empowerment)이 이루어진다.

b. 의사결정 방식의 측면

기존의 관료적 · 계층적 권한구조가 네트워크 조직에서는 공유적 권한구조와 공동의사결정으로 대체된다.

c. 생산 · 운영 과정의 측면

시장과 고객의 니즈에 실시간으로 대응하는 시간 동기화된(time-synchronized) 운영이 이루어지며, 혁신에 기반한 효율적이고 유연한 생산이 진행된다.

⑤ 유형

네트워크 조직의 유형은 형성범위(조직 내 · 외부)와 방향(value chain상의 수직 · 수평)을 기준으로 분류할 수 있다.

a. 내부적 네트워크

개념	조직 내에 소규모의 자율적 사업단위(SBU)를 구축하고 사업운영에 대한 권한을 철저하게 위양하여 이들 간에 경쟁과 협력을 동시에 추구함으로써 전략적 시너지를 창출하려는 조직 형태이다.
특징	단위조직 간의 거래가 인위적 이전가격(transfer price)이 아닌 경쟁적 시장가격으로 이루어지도록 함으로써 능률 향상과 혁신을 통한 조직경쟁력 제고를 도모한다.

유형	수직적 내부 네트워크	가치사슬상의 연구개발, 생산, 판매 등의 기능 중 일부를 자산은 본사가 소유하지만 경영을 독립시키는 네트워크 조직이다.
	수평적 내부 네트워크[35]	기업이 사내벤처나 분사의 형태로 사내 독립조직을 설립하여 관리하는 네트워크 조직이다.

b. 외부적 네트워크

개념	기업이 모든 활동을 내부적으로 수행하는데 한계에 봉착할 때, 외부공급자와의 전략적 제휴나 네트워크 구성을 꾀하는 조직 형태이다.	
특징	거래비용(transaction cost)과 조직화 비용을 동시에 감소시킬 수 있다.	
유형	수직적 외부 네트워크	가치사슬상의 기능인 생산 또는 판매를 위하여 중심기업 산하에 수직적으로 연결된 여러 기업 간 네트워크로서, 모듈기업(module corporation)으로도 불린다.
	수평적 외부 네트워크	조직 간의 전략적 제휴를 의미하며, 제휴 목적에 따른 구체적 유형에는 전략적 기술 제휴(경쟁기업들이 공동으로 기술개발, 예 개방적 혁신)와 전략적 사업 제휴(동종기업들이 시장지배력을 높이기 위한 제휴, 예 항공동맹체) 등이 있다.

c. 지역적 네트워크

특정 지역 내에 있는 기업들이 지식 공유, 부품 공급 및 하청 관계 등을 통하여 연결되어 외부효과(externality)를 누리는 네트워크를 뜻한다. (예 미국의 실리콘밸리)

⑥ 장점

a. 정보통신기술을 활용하여 전 세계로부터 필요한 인력과 자원을 획득할 수 있다.
b. 막대한 설비 투자가 없이도 사업의 운영이 가능하다.
c. 협력업체 교체를 통해 시장과 고객의 변화하는 요구에 유연하고 신속하게 대응할 수 있다.
d. 네트워크화를 통해 각종 관리간접비용(특히 인건비)의 절감이 가능하다.

⑦ 단점

a. 분권화의 정도가 크기 때문에 구성원들에 대한 관리자들의 직접 통제가 어렵다.
b. 협력업체와의 관계를 유지하고 갈등을 해결하는데 많은 시간과 비용이 소요된다.
c. 협력업체와 갈등이 발생할 경우 조직 전체가 위기에 빠질 수 있다.
d. 협력업체가 교체될 수 있기에 네트워크 구성원들의 충성심과 기업문화가 약화된다.

⑧ 네트워크 조직의 성공적 관리방안 : 중심조직의 관점에서

a. 네트워크화는 장기적 관계설정을 뜻하므로 상대조직을 신중하게 선택한다.

b. 네트워크 형성과 관계의 진행 과정에서도 신뢰를 유지 · 발전시키는 것이 중요하다.

c. 정보통신기술의 발달에 따른 하드웨어와 소프트웨어의 유지 · 보수가 필수적이다.

d. 필요한 전문능력과 권력 및 신뢰와 유대감 등은 개인특유적(individual-specific)이므로 인적자원관리에 신경써야 한다.

e. 형식지와 암묵지를 포함한 지식공유의 장(場)을 지속적으로 마련할 필요가 있다.

6) 역피라미드 조직[36]

① 의의

역피라미드형 조직(upside-down organization)은 소비자 주도형 조직이라고도 하며, 경영자에 의한 명령보다 고객의 요구에 따라 설계되고 운영되는 조직이다.

② 등장 배경

기업 간 경쟁의 격화와 제품의 수명주기의 단축으로 적극적인 소비자 피드백의 반영이 기업의 핵심성공요인(CSF)으로 대두되고 있다.

③ 특징과 사례[37]

역피라미드형 조직에서는 기존에 조직의 외부자로 인식되었던 고객을 기업의 내부자로 파악하여 전통적인 위계형 피라미드식 조직도를 거꾸로 본다.

미국 최대의 재활치료 시술업체인 노바케어(NovaCare)는 치료사들의 업무를 기준 · 중심으로 하여 타 직무와 조직구조를 재편성하였다. 노드스트롬(Nordstrom) 백화점은 고객으로부터 출발하여 경영자로 내려가는 역피라미드식 조직도를 편성한다.

[역피라미드 조직의 사례 : Nordstrom의 조직도]

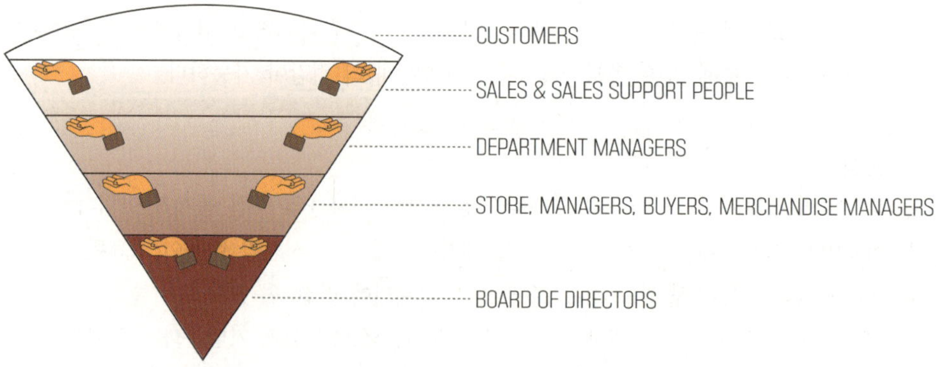

④ 관리 방안

a. 조직행동적 측면

소비자 정보의 적극적 수집 및 반영을 위하여 참여지향적이고 민주적인 리더십, 커뮤니케이션 체제의 개선, 효과적 의사결정 시스템이 필요하다.

b. **조직구조적 측면**

고객 요구를 신속하게 반영 · 집행할 수 있는 조직부서와 과업의 체계 정비, 실무자 중심의 조직운영, 고객중심의 규정을 마련할 필요가 있다.

7) 양손잡이형 조직

① **개념**

양손잡이형 조직(양면적 조직, ambidextrous organization)은 혁신에 적합한 조직유형이다. 효율성(efficiency, 기존의 성공 방 = 활용, exploit)을 추구하는 '오른손잡이 조직'과 혁신(innovation, 신성장 동력 = 탐색, explore)을 추구하는 '왼손잡이 조직'의 운영 원리를 적절하게 혼합하여 활용할 수 있는 조직이다.

② **탐색과 활용의 개념**[38)]

a. 용어의 유래

'탐색(탐험)과 활용'은 1991년 마치(March)가 *Organization Science*에 기고한 논문에서 유래하였으며, 조직의 성공에 반드시 필요한 두 가지의 요소를 뜻한다.

b. 의미

탐색(exploration)은 새로운 고객 니즈(needs)나 사업의 기회를 모색하는 활동이고, 활용(exploitation)은 현재의 사업 분야에서 최상의 성과를 내기 위해 노력하는 활동을 뜻한다.

③ **탐색과 활용의 동시 달성이 필요한 상황조건**

a. 고객에게 어필하는 제품 · 서비스를 생산하거나, 매너리즘의 극복을 위해서 양손잡이 조직이 필요하다.

b. 혁신적 아이디어 창출과 그의 적극적 실행을 도모할 수 있는 조직이 필요할 때 양손잡이 조직의 활용 가능성이 커진다.

c. 하나의 대기업 내에서 서로 다른 전략(예 원가우위 vs. 차별화)이나 업무속성을 가진 사업부가 존재할 경우 양손잡이 조직이 필요하다.

④ **설계 방안**

a. '활용'은 기존 제품의 품질 향상 · 원가 절감에 초점을 맞추는 기계식 스타일로, '탐색'은 창의적이고 도전적인 문화를 가지는 유기적 스타일로 설계한다.

b. 혁신 과정에서 조직 안팎의 자산을 광범위하게 활용한다(open innovation).

c. 팀 조직이나 매트릭스와 같은 다차원경영(multi-dimensional management)을 활용한다.

8) 혼합형 조직[39]

① **개념**

혼합형 조직(hybrid organization)이란 기능식 구조, 사업부 구조, 지역별 구조, 수평적 구조, 네트워크 구조 등의 특징을 혼합적으로 사용하여 설계한 조직 형태이며, 다양한 조직구조의 강점을 취하고 약점을 피하는 것을 그 목적으로 한다.

② **상황조건**

a. **환경**

불확실성이 크거나 소비자 니즈가 급변하는 경우, 또는 혁신이 필요한 경우에 혼합형 조직의 효과성이 크다.

b. **기술**

기술 · 기능 부문과 제품 부문 간의 상호의존성이 클 때 혼합형 조직의 효과성이 크다.

c. **규모**

여러 제품사업부 간 자원의 중복(예 스태프부문의 중복)이 존재하는 대규모의 조직에서 혼합형 조직을 도입할 경우 효율성을 증진할 수 있다.

③ **유형 : 기능식 구조와 사업부 구조 간의 결합**(예 정유회사)

a. 제품이나 시장(정유회사의 경우에는 유류제품의 종류인 연료, 윤활유, 석유화학)의 관리에 필요한 기능분야(예 물류관리, 생산운영관리, 마케팅관리 등)은 사업부 조직으로 분권화한다.

b. 제품이나 시장의 속성에 영향을 덜 받는 기능 분야(예 인사관리, 기초연구, 재무 · 회계 등)은 규모의 경제(인력효율성)가 요구되며 전문성이 필요한 본부에 기능식 조직으로 집권화한다.

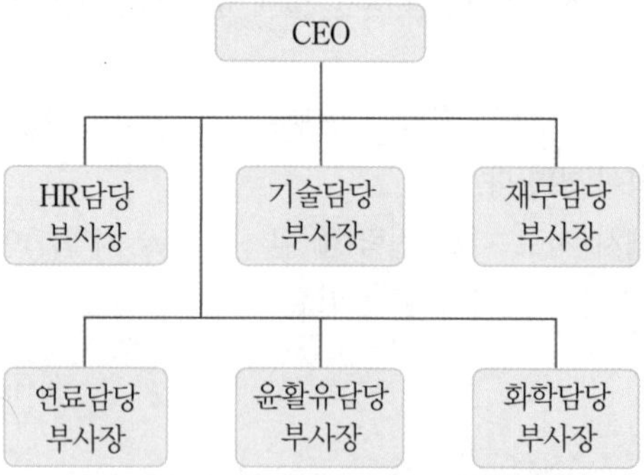

④ 운영 체계

a. 목표

성과(performance)를 위한 제품(또는 시장)별 목표와 자원관리 및 지원(support)을 위한 기능 부문에 대한 강조를 병행한다.

b. 예산과 통제

사업부 단위는 수익(또는 매출)을 기준으로, 기능 단위는 비용(또는 원가)을 기준으로 통제한다.

c. 권한

일반적인 사업영역에 대한 의사결정 권한은 제품(또는 시장)별 관리자가 보유하며, 기능별 관리자는 해당 지원영역이나 자원에 국한된 권한을 보유한다.

⑤ 특징

a. 장점

기능부서의 규모의 경제나 전문화에 따른 이점을 그대로 누리면서, 제품(시장)별 사업부를 통한 환경 적응과 효율성을 추구할 수 있다. 또한 기능식 부문이 본사 조직에서 조정역할을 담당할 수 있다는 장점도 있다.

b. 단점

혼합형 조직에서는 제품사업부를 담당하기 위한 관리스태프의 수가 과도하게 증가하여 비용 지출의 증가, 의사결정 속도의 저하, 본사조직과 사업단위 간의 갈등 발생, 효과적인 전략의 수립의 애로 등의 단점이 있다.

제3절 조직의 상황적 차원

ORGANIZATIONAL BEHAVIOR AND ORGANIZATION DESIGN

(1993년) 제4회 공인노무사시험

기계적 조직구조와 유기적 조직구조가 가장 적합한 상황을 각각 약술하라. (25점)

(2000년) 제9회 공인노무사시험

기업정보화가 초래하는 경영조직의 변화를 약술하라. (25점)

(2001년) 제10회 공인노무사시험

조직적 구조설계에 있어서 분화·통합의 의의 및 방법을 논하라. (50점)

(2003년) 제12회 공인노무사시험

조직구조에 영향을 주는 상황요인으로서 환경과 기술에 대하여 논술하라. (50점)

(2004년) 제13회 공인노무사시험

조직기술과 조직구조와의 관계를 우드워드, 톰슨, 페로우 이론을 중심으로 논하라. (50점)

(2008년) 제17회 공인노무사시험

조직의 성장과 발전에 따른 조직수명주기를 단계별로 구분하고 각 단계별로 직면한 위기와 그 대응방안을 설명하라. 또한 각 단계별 조직의 특성(예 구조, 통제시스템)을 요약 설명하라. (50점)

(2011년) 제20회 공인노무사시험

챈들러(Chandler), 포터(Porter) 및 마일즈와 스노우(Miles and Snow)의 전략이론을 설명하고, 각각의 전략이론 관점에서 전략과 조직구조의 관계를 논하라. (50점)

(2014년) 제23회 공인노무사시험

조직환경을 환경의 불확실성과 자원의존 측면에서 각각 설명하고, 조직의 환경 불확실성에 대한 대응방안과 자원통제를 위한 전략에 대해 각각 논하시오. (50점)

(2016년) 제25회 공인노무사시험

조직이 직면하는 환경의 불확실성을 복잡성과 동태성 측면에서 분석하고 각 상황에 적합한 산업의 예와 구체적인 조직설계방안에 대해 논하시오. (50점)

(2017년) 제26회 공인노무사시험

[사례형] 조직설계의 핵심적인 구조적 차원 중 공식화(formalization), 전문화(specialization), 집권화(centralization)의 개념을 각각 설명하고, 아래 지문에 나타난 상황적 요인을 고려하여 A조직과 B조직 간에 공식화, 전문화, 집권화의 정도가 어떠한 차이를 보일지 비교·설명하시오. (25점)

(2019년) 제28회 공인노무사시험

[사례형] 다음 사례를 참고하여 '조직수명주기', '팀제 설계에서 고려해야 할 상황' 두 측면에서 A기업, B기업을 각각 분석하시오. (15점)

(2020년) 제29회 공인노무사시험

조직의 다양한 부서들은 과업을 수행하기 위해 자원, 부품, 정보 등의 교환을 통해 상호 의존하게 된다. 기술이 조직구조 설계에 영향을 미치는 연구 중 톰슨(James Thompson)의 상호의존성(interdependence)의 3가지 유형을 설명하고, 조직구조 설계에 주는 시사점을 제시하시오. (25점)

(2022년) 제31회 공인노무사시험

조직의 각 부서는 다른 부서와 구별되는 고유한 기술(투입물을 산출물로 변환하는 데 필요한 업무 프로세스, 기법, 기계 및 행동)을 가지고 업무 활동을 전개한다. 이로 인해 각 부서의 구조적 특징도 달라지게 된다. 이러한 부서 수준의 기술을 분석하고 이해하기 위하여 페로우(C. Perrow)는 개념적 모형을 개발하였다. 다음 물음에 답하시오. (25점)

물음 1) 페로우(C. Perrow)가 개발한 모형에서 기술을 분류하는 2가지 기준을 설명하고, 해당 기준에 의해 도출되는 4가지 기술 유형을 쓰시오. (10점)

물음 2) 페로우(C. Perrow)가 개발한 모형에서 일상적(routine) 기술과 비일상적(nonroutine) 기술에 따라 조직구조의 특성이 어떻게 달라지는지를 공식화, 작업자 숙련도 및 통제 범위(span of control)의 3가지 차원에서 설명하시오. (15점)

(2023년) 제32회 공인노무사시험

[사례형] 다음 사례를 참고하여 물음에 답하시오. (50점)

물음 1) 바네(J. Byrne)의 대규모 조직과 중소규모 조직의 차이점을 설명하시오. (10점)

물음 2) 국제적 경쟁우위와 조직구조 간의 적합성 모형(Model to Fit Organization Structure to International Advantage)의 4가지 유형을 도식화하여 제시하고, 2개 사업부에 적합한 유형을 각각 설명하시오. (20점)

물음 3) 밀러(D. Miller)의 조직쇠퇴 4가지 유형을 설명하고, 한국엔터가 처한 조직쇠퇴 유형 및 극복방안을 설명하시오. (20점)

(2024년) 제33회 공인노무사시험

경영환경의 변화는 의사결정에 있어서 불확실성을 증대시킨다. 조직은 이에 대한 효과적 대응방안의 하나로써 구조적 설계 대안을 마련해야 한다. 다음 물음에 답하시오. (50점)

물음 2) 조직 환경의 불확실성을 정의하고, 불확실성을 분류하기 위한 던컨(R. Duncan)의 2가지 구성요소를 설명하시오. 그리고 이에 따른 4가지 수준의 조직 환경의 불확실성과 각 불확실성 수준에서 활동하는 조직의 구조적 특성을 함께 설명하시오. (25점)

물음 3) 환경 불확실성에 대처하기 위한 조직의 대응방안 중 완충 역할(buffering role 또는 buffer)과 경계 역할(boundary spanning role)을 설명하시오. (15점)

|1| 환경

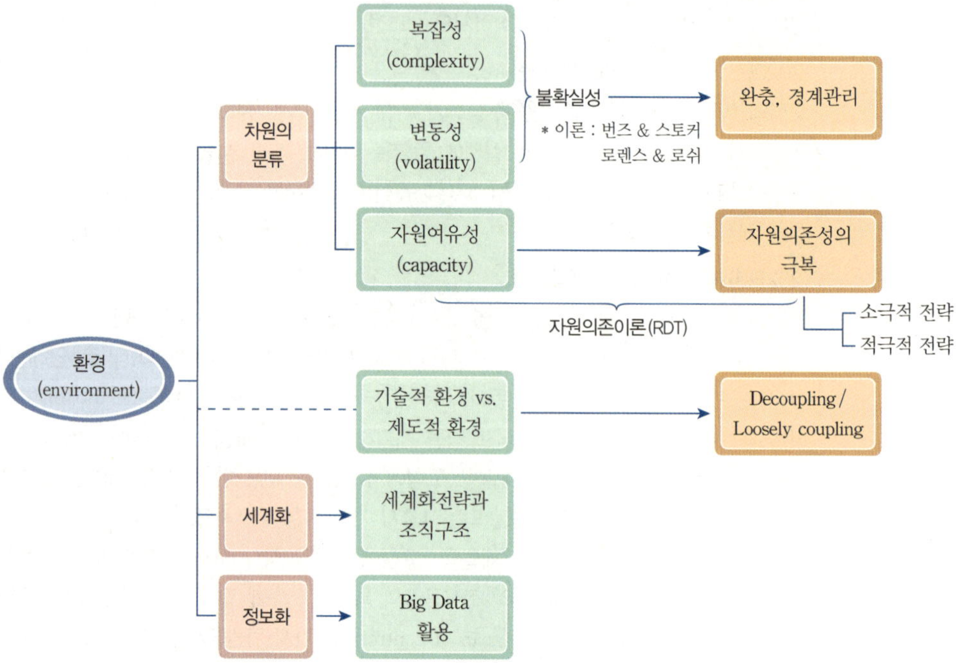

1) 조직구조의 상황변수로서의 환경[40)]

환경(environment)은 개방시스템(open system)으로서의 조직이 상호작용을 하는 주된 대상으로서, 조직의 과업 수행에 영향을 주며 조직이 생존을 위해 대응해야 하는 모든 요인이다.

환경은 크게 과업 수행과의 관련성에 따라 정치 · 경제 · 사회문화 · 기술적 측면의 일반 환경(간접 환경, general environment)과 경쟁자 · 공급자 · 고객 등의 과업 환경(직접 환경, task environment)으로 구분한다.

2) 환경의 분류[41)]

① 2차원적 분류 : 복잡성과 동태성

조직구조 설계와 구체적으로 관련된 환경유형 구분방식은 확실성−불확실성으로의 구분이다. 톰슨(Thompson)과 던컨(Duncan) 등의 학자들은 환경의 불확실성(uncertainty)을 환경분석 시 고려하는 요소의 수(數)인 복잡성(complexity)과 환경변화의 크기나 정도인 변화성(동태성, volatility)으로 구분하였다. 환경은 복잡성의 고저(高低)와 동태성의 높고 낮음에 따라 총 4개의 유형으로 구분된다.

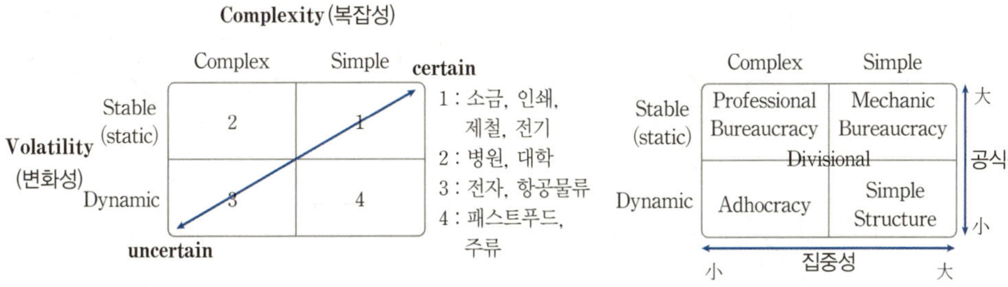

a. 제1상한(단순, 안정)

관료제 스타일의 조직구조를 가지는 소금 산업이나 제철업이 이에 해당한다. 안정적 환경하의 산업들이므로 한번 환경에 제대로 적응을 하여 성공을 거두면 이 경쟁력이 상대적으로 지속되는 기간이 길다.

b. 제2상한(복잡, 안정)

고려요인의 수는 많으나 이들이 잘 변하지 않는다. 구체적 예로 대학과 병원을 들 수 있다. 대학교는 입시부터 외국인 학생까지 고려요인이 많아서 복잡하지만 사회적 학구열과 대학의 위상에 큰 변동은 없다. 병원도 진료과목은 많지만, 의료행위의 세부 내용은 큰 변화가 없다.

c. 제3상한(복잡, 동태)

매우 불확실한 환경으로서, 고려요인의 수도 많고 이들의 변화 속도도 빠르다. 예를 들어 전자산업과 항공물류업 등은 소비자 수요와 경쟁전략이 수시로 변화하며, 세계적 경기변동의 영향을 받는다.

d. 제4상한(단순, 동태)

고려요인의 수는 적지만 이들이 쉽게 변화하는 산업의 예로 패스트푸드, 패션산업 등을 들 수 있다. 패션산업은 타겟 고객층(예 10~20대 여성)의 기호변화와 디자인 트렌드만 고려하면 되므로 고려요인의 수는 적지만 이들 요소들의 변화폭은 매년 무척이나 크다.

② 3차원적 분류 : 복잡성, 동태성, 자원여유성

데스와 비어드(Dess & Beard)[42]는 이상의 2차원적 분류(복잡성, 동태성)에 문제해결에 필요한 여유자원의 용량인 여유성(abundant)이라는 기준을 추가하여 총 8가지 환경유형으로 나누는 3차원적 분류를 시도하였다. 복잡성 · 동태성 · 여유성의 세 기준은 오늘날 경영조직론에서 환경을 분류하는 가장 기본적인 기준으로 평가받고 있다.

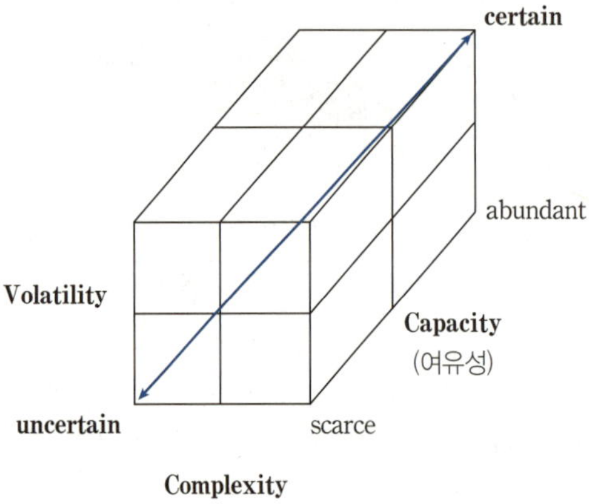

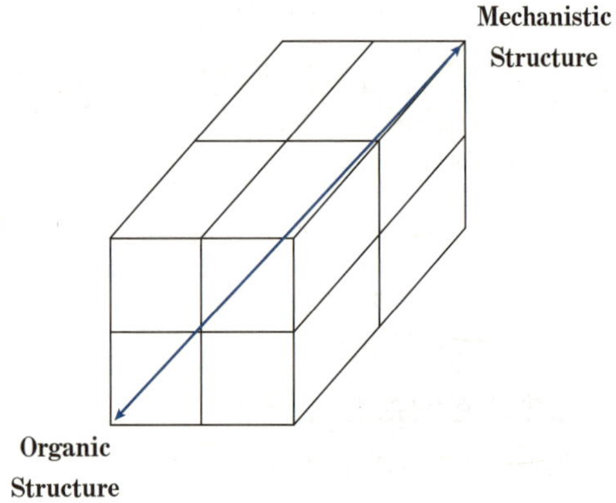

3) 환경과 조직구조의 관계에 대한 연구

① 번즈와 스토커(Burns & Stalker)의 연구[43)]

a. 연구의 내용

i. 의의

그들은 20개 기업의 조직구조와 그들이 처해 있는 시장환경을 분석한 결과 기계식 조직(mechanistic structure)과 유기적 조직(organic structure)으로 조직구조를 구분하였다.

ii. 환경에 따른 조직구조의 특성

- 환경요인이 비교적 단순하고 상대적으로 안정적이며 자원의 여유가 많은 환경에 직면한 조직의 경우에는 기계식 조직구조가 형성되는데, 그 특징은 분업화된 과업과 수직적 의사소통, 높은 공식성과 권한의 집중화 등이다.
- 환경요인이 복잡하고 변동성이 크며 상대적으로 자원의 여유가 적은 환경에 직면한 조직의 경우에는 유기적 조직구조가 형성되는데, 그 특징은 유연한 과업과 수평적인 의사소통, 낮은 공식성과 권한의 분권화 등이다.

b. 기계식 조직과 유기적 조직의 비교

차원	기계식 조직	유기적 조직
도식화	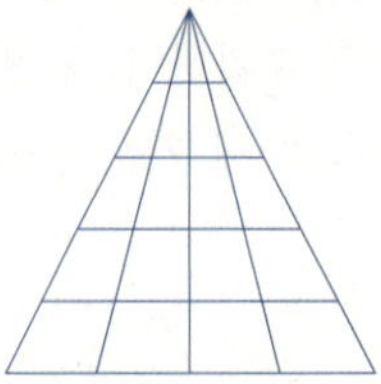	
환경	안정적 환경	불안정적 환경

복잡성 (분업화)	높다 (업무 간의 경계가 뚜렷함)	낮다 (업무 간의 경계가 뚜렷하지 않음)
집중성 (권한의 위치)	높다 (조직의 최고층에 집중)	낮다 (지식과 능력이 있는 곳에 분포)
공식성	높다 (업무처리 방법이 상세히 규정됨)	낮다 (개인이 스스로에게 적합한 방법을 결정함)
갈등의 해소	상사의 조정이나 의사결정에 의함	개인 간 토론 등의 상호작용
정보의 흐름과 상호작용	제한적, 수직적, 하향적	개방적, 수평적, 상향적
커뮤니케이션의 내용	지시와 명령	조언과 정보제공

- 복잡성(분업화) : 기계식 조직에서는 효율성을 추구하므로 업무 간의 경계가 뚜렷하지만, 유기적 조직은 (환경 불확실성에 대응하기 위해 경계를 느슨하게 조직화하여) 복잡성이 낮다.
- 집중성 : 기계식 조직에서는 의사결정권이 조직의 최고위층에 집중되어 있으나, 유기적 조직에서는 문제해결에 필요한 지식과 능력을 갖춘 사람 누구에게나 권력이 존재할 수 있다.
- 공식성 : 기계식 조직에서는 업무처리 방법이 상세히 규정되어 있으나, 유기적 조직에서는 구성원 각자가 자신의 전문성과 지식에 입각하여 업무를 처리할 수 있다.
- 커뮤니케이션과 갈등관리 : 기계식 조직에서는 지시와 명령과 같은 수직적 (하향식) 소통방식을 주로 사용하고, 갈등도 상사의 조정이나 판단으로 해소한다. 반면 유기적 조직에서는 조언과 정보제공 등의 수평적(상향식) 소통방식을 주로 사용하며, 갈등은 개인 간의 상호토론으로 해소한다.
- 명령체계와 통제범위 : 기계식 조직에서는 분명하고 명확한 명령 전달시스템을 가지고 있으며, 분업화와 부서화가 발달되어 있어 통제범위를 좁게 운영한다. 반면 유기적 조직에서는 정보가 상하 간에 자유롭게 흐르며, 교차기능팀이나 자율작업팀 스타일로 업무를 처리하기 때문에 통제범위도 넓게 운영한다.

② 로렌스와 로쉬(Lawrence & Lorsch)의 연구[44]

a. 연구의 기본가정 요약

이들은 환경 불확실성이 커지고 복잡성이 증가할수록 분화(differentiation)에의 압력이 증가하는 동시에 부문 간 조정을 통한 통합(integration)의 필요성 역시 증가한다고 보고, 성공적인 조직이란 이 둘 사이의 딜레마를 효과적으로 해결하는 조직이라 주장하였다.

b. 연구의 내용

ⅰ. 연구 개요

그들은 플라스틱 산업, 식료품 산업, 컨테이너 산업에 있는 10개 기업을 대상으로 환경 차이에 따른 조직구조 효과성에 대한 연구를 수행하였다.

ⅱ. 산업의 특성

플라스틱 산업은 경쟁이 치열하고 신기술과 공정혁신이 빈번한 불확실한 환경, 컨테이너 산업은 과거 20여년간 특기할 만한 신제품 개발이 없었던 안정적 환경, 그리고 식료품 산업은 앞의 두 산업의 중간 정도에 해당하는 불확실성을 가지고 있었다.

ⅲ. 실증연구 결과

	플라스틱 산업	식료품 산업	컨테이너 산업
환경의 불확실성	높음	중간	낮음
분화(전문성)의 정도	높음	중간	낮음
관리자의 통합역할비중	22%	17%	0%

출처 : 김인수(2008), p.147, 수정인용

- 불확실성이 큰 플라스틱 산업에서는 각 부서 간 구성원의 목표 성향 및 조직구조의 특징이 달랐으며(높은 분화) 이들을 조정하고 통제하는 통합기제(TFT, 위원회, 전임통합자)도 발달되어 있었다.
- 안정적 환경하에 있는 컨테이너 산업에서는 각 부서 간 큰 차이가 없었으며(낮은 분화) 이들 간의 통합기제도 형식적 수준(성문화된 규율, 방침 등)에 그쳤다.

ⅳ. 결론

불확실성이 높은 환경에서는 분화와 통합 정도가 큰 조직이 적합한 반면, 안정적인 환경에서는 분화와 통합 정도가 낮은 조직이 적합하다는 점을 확인하였다.

4) 환경관리의 방안[45]

① 과업환경의 관리 : 완충과 경계관리

a. 완충(buffer)

의미		조직을 환경의 충격으로부터 차단하여 조직의 내부운영방식을 미리 계획한 대로 관리하는 전략이다.
내용	규격화(coding)	외부에서 조직으로 공급되는 자원의 표준과 규격을 조직에 맞게 사전에 정하여 안정적으로 자원을 조달받는 것이다.
	비축(stock piling)	자원을 평소에 다량 확보하여 원가의 갑작스러운 상승이나 공급담합 등의 변수에 대응하는 전략이다.

	평준화 (leveling)	적극적 완충 전략으로서, 투입과 산출이 항상 평균상태를 유지할 수 있도록 시장의 수요나 조직의 공급을 조절하는 방식이다. (예 비수기에 가격 인하)
	예측 (forecasting)	미래의 환경변화를 다양한 지표를 근거로 추정하고 그에 대비하는 방법이다.

b. 경계관리(boundary spanning)

의미			외부환경의 핵심 요소들과 조직의 각 부분을 연결하고 조정하는 전략으로서, 주로 환경과 정보를 주고받는 역할로 정의한다.
내용	경계 관리자	의미	경계관리 역할을 수행하는 사람은 경영자, 판매원, 고객상담원, 일선감독자, 중역간부 등으로 다양하다.
		역할	• 환경에 필요한 정보를 탐색하고 이를 조직 안으로 들여오는 정보입수(detect and bring) 역할을 수행한다. (예 소비자분석) • 조직 안의 정보를 조직에 필요한 정도로 조직에게 유리하게 환경에 내보내는 정보전달(send) 역할을 수행한다. (예 홍보)
	경계의 조정	확장	경계확장(boundary expansion)은 극심한 환경 변화로 조직에 위기가 발생할 때 모든 구성원을 경계선으로 동원하여 대응하는 것이다.
		수축	경계축소(boundary constriction)는 조직의 정보가 새어나가지 않도록 경계관리자를 최소한으로 두는 것이다.

② 자원확보를 위한 환경대응전략

자원의존이론의 관점에서 볼 때, 조직은 생존을 위한 자원의 원활한 공급을 위해 환경에 대한 소극적 내지 적극적 대응책을 사용한다.

a. 환경과 우호관계 유지(소극적 대응)

이는 자원을 안정적으로 공급받아 불확실성의 여지를 줄이기 위한 전략이다.

i. 소유와 합병

협력업체의 가격 인상이나 공급 중단 등의 불확실성을 해소하는 가장 좋은 수단은 그 업체를 인수하는 것이다. 인수 및 합병 방식에는 두 가지가 있다.

- 수직적 합병 : 가치사슬상의 인접 주체들을 합병하는 방법이다.
- 수평적 합병 : 자사 제품이나 서비스의 수요 변동에 대비하여 그 대체재를 생산하는 업체(예 경쟁사)를 합병하는 방법이다.

ii. 법적 제휴(합작투자 등)

상대 조직을 인수·합병하는 것이 무리라면 제휴관계(예 joint venture, strategic alliance)를 맺음으로써 서로 간의 유대관계를 굳건히 하는 것도 환경 불확실성을 극복하는 방안이다.

iii. 인적 접근

조직에 큰 영향을 미치는 외부의 중요 인적자원을 채용하거나 유대관계를 확실히 하는 방식이다. (예 임원겸임)

iv. 광고 및 홍보

소비자나 대중으로부터 관심을 끌고 사회적 정당성을 획득하는 수단으로 광고나 홍보 전략을 사용할 수 있다.

b. 환경을 직접 통제(적극적 대응)

이는 불확실성의 제거를 위해 적극적으로 환경을 조직의 구미에 맞게 변화시키는 전략이다.

i. 활동 범위의 변경

환경이 불확실하다면 사업 영역의 축소, 사업 철수, 시장 다각화 등 진로를 바꾸는 방법을 고려할 수 있다.

ii. 로비

로비는 법률이나 규제 등의 제약조건을 타개하기 위하여 조직이 추진하는 다양한 정치적 활동들이다.

iii. 연합 형성

조직이 환경통제력을 키우기 위해 유사한 타 조직과 연대하는 방법을 연합(coalition)의 형성이라 한다. (예 산업단체나 직능단체 등의 이익집단)

④ 환경 적합을 위한 대응 전략 : 기술적 환경과 제도적 환경의 이질적 요구에 대한 대응[46)]

모든 조직은 합리성의 논리가 적용되는 과업환경(기술적 환경)과 문화와 규범의 논리가 적용되는 제도적 환경의 이질적인 요구를 잘 조화시키고 통합시켜야 한다. 이 과정에서 조직은 제도적 환경의 압력으로 인한 마찰과 갈등을 감소시키기 위해 조직의 각 요소들을 느슨하게 결합시키는(loosely coupling) 전략을 구사한다. 이는 조직이 공식적으로는 제도적 압력과 일치한 모습을 따라가면서 동시에 실제 조직활동에는 근본적인 변화를 시도하지 않는 전략으로서, 분리(decoupling, 상징적 동조화)로 불리기도 한다.

|2| 세계화[47)]

1) 조직구조의 상황변수로서의 세계화
2) 세계화의 동인
3) 세계화의 단계
4) 세계화 전략의 유형
➡ 국제화, 다국적, 글로벌, 초국적 전략
5) 세계화 전략과 조직구조 간 관계
① 국제 사업부 구조
② 글로벌 지역사업부 구조
③ 글로벌 제품사업부 구조
④ 글로벌 매트릭스 구조
➡ 각각의 특징, 조직도, 장점과 단점 숙지
6) 글로벌 조정기제(필요성 및 내용)

1) 조직구조의 상황변수로서의 세계화

세계화(globalization)는 국제 사회에서 상호 의존성이 증가함에 따라 세계 각국이 하나의 단일한 체계로 편입되고 있는 현상이다.

2) 세계화의 동인[48)]

규모의 경제 (economy of scale)	시장 규모를 확대하여 대량생산이 가능해지면 각 기업은 원료구입비용과 생산원가 등의 비용을 절감할 수 있다.
범위의 경제 (economy of scope)	세계화를 통해 기업이 취급하는 제품 및 서비스의 종류가 많아진다면 이들 간의 시너지를 창출하는 것이 가능하다.
자원조달의 최적화	저렴한 자본비용, 약한 정부 규제, 저렴한 인건비, 고급 기술력 등을 다양한 국가로부터 동시에 추구할 수 있다.
시장개방의 트렌드	개방경제 시대를 맞이하여 전 세계 시장의 동질화 현상이 나타나면서 기업의 해외진출이 활발해지고 있다.
기회 활용과 위험 분산	한 나라에서의 수요 감소나 원료 공급 중단 등의 위험에 대비하여 복수의 대체안을 가질 수 있다.

3) 세계화의 단계[49)]

① 국내기업 단계(domestic stage)에는 국내에서만 사업을 영위한다.

② 국제기업 단계(international stage)로 성장하면 해외 수출이 늘어나면서 국내사업부문과 별도의 국제사업부를 따로 운영한다.

③ 다국적기업 단계(multinational stage)에는 생산, 마케팅, 연구개발 활동 등이 해외의 여러 국가에서 수행되며, 국내 매출보다 해외 매출이 증가하게 된다.

④ 글로벌기업 단계(global stage)에는 소위 무국적상태 기업(stateless corporation)이 되어 기업 지배권, 경영진, 재무구조 등이 전 세계의 국가들로 분산된다.

4) 세계화 전략의 유형

조직이 세계화에 대응하는 과정에서는 i) 세계적 통합 추세에 부응하기 위한 가치창조활동의 조정압력(글로벌 통합)과 ii) 현지의 상황에의 적응압력(국가별 대응) 모두를 고려해야 한다.

[세계화 전략과 조직구조 간의 적합성]

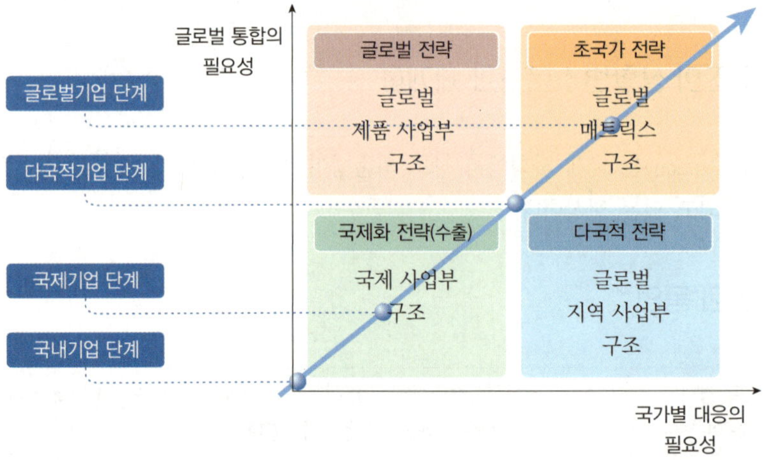

① 두 압력 모두가 작으면 국제화 전략(international strategy)을 활용하며, 여기서는 사실상 국내 사업을 위주로 운영하되, 국제사업부를 중심으로 한 수출 중심의 해외 진출을 시작한다.
② 글로벌 통합 압력은 높은데 현지화 압력은 작은 경우에는 글로벌 전략(global strategy)을 통해 모든 국가에 표준화된 제품을 제공함으로써 원가절감을 이룩한다.
③ 글로벌 통합 압력은 낮은데 현지화 압력은 높은 경우에는 다국적 전략(multi-domestic strategy)을 통한 현지 차별화(customizing)가 필요하다.
④ 두 압력 모두가 높은 경우에는 초국가 전략(transnational strategy)을 활용하며, 여기서는 원가절감과 차별화를 동시에 추구하여 전 세계에 걸친 가치창조활동을 수행한다.

5) 세계화 전략과 조직구조 간 관계

① 국제 사업부 구조(international division)

개념	국제화 전략에 부합하는 조직구조로서, 해외시장의 진출을 위해 본사에서 해외부문을 담당하는 부서를 따로 형성한다.

조직도	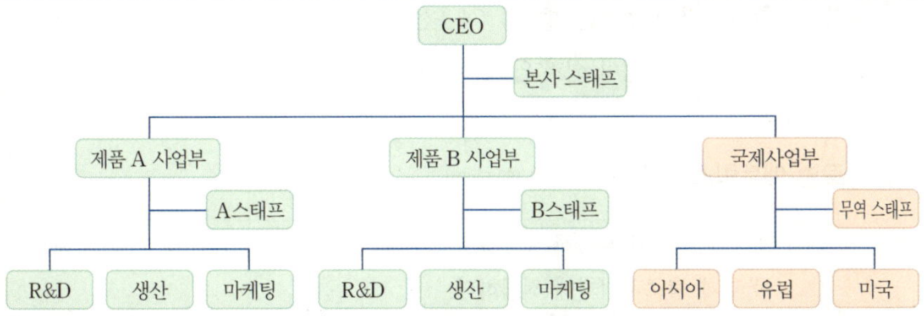
장점	해외사업역량이 한 부서에 집중되며, 수출부서의 업무통일성과 응집성이 향상된다.
단점	본사 차원에서 국제활동과 국내활동의 갈등이 발생할 수 있다.

② 글로벌 지역사업부 구조(global region-group structure)

개념	다국적(현지화) 전략에 적합한 조직구조로서, 특정 국가에 적합한 방식으로 재화나 용역을 생산 · 판매 · 유통하기에 적합하다.
조직도	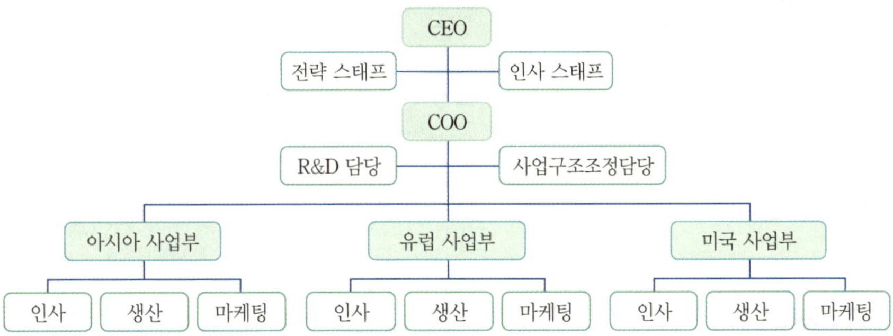
장점	현지 시장에 맞는 제품과 서비스를 제공할 수 있다.
단점	지역 간 협력이 곤란하며, 기능부문의 중복으로 자원의 낭비가 발생할 수 있다.

③ 글로벌 제품사업부 구조(global product-group structure)

개념	글로벌 전략에 부합하는 조직구조로서, 특정 제품을 전 세계에 걸쳐 단일한 관리방식으로 생산 · 판매 · 유통하기에 적합하다.
조직도	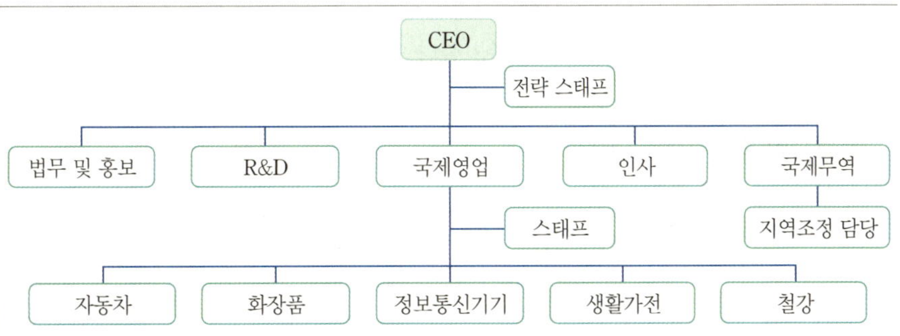

장점	고객 니즈가 변화할 때마다 (제품신설을 통해) 시장기회에 유연하게 대처할 수 있다.
단점	기능 간의 조정이 쉽지 않고, 제품라인 간 조정에 애로가 있다.

④ 글로벌 매트릭스 구조(global matrix structure)

<table>
<tr><td>개념</td><td>초국가 전략에 부합하는 조직구조로서, 글로벌 통합 니즈와 지역별 대응 및 차별화 니즈를 함께 충족시키기에 적합하다.</td></tr>
<tr><td>조직도</td><td>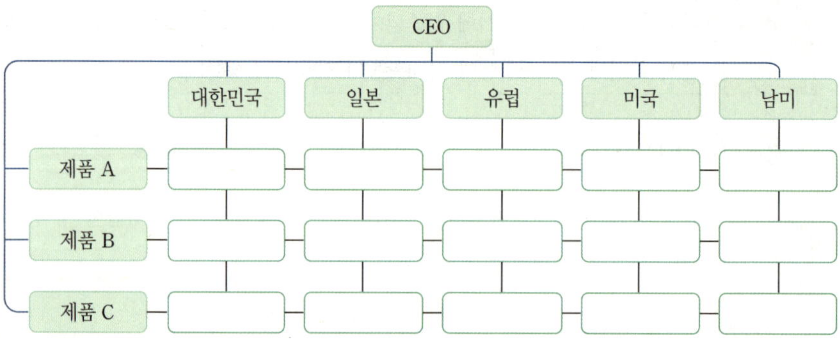
</td></tr>
<tr><td>장점</td><td>환경 대응이 용이하고, 글로벌화와 현지화의 동시 추구를 통해 기술혁신의 신속한 전파가 가능하다.</td></tr>
<tr><td>단점</td><td>능력과 기능의 중복이 발생하며, 조정과 통합에 많은 비용이 소모된다.</td></tr>
</table>

6) 글로벌 조정기제

① 세계화 과정에서 조정기제(coordination mechanism)의 필요성

a. 글로벌화가 진행될수록 환경대응을 위해 조직구조가 복잡해진다.

b. 개발도상국에서 선진국으로 역(逆)전파되는 트리클업(trickle-up) 혁신과 같은 글로벌 정보교류 과정에서 지식의 이전 및 공유비용이 증가한다.[50] 이는 NIH(not-invented here) 현상, 즉 경영자들이 외부 지역에서 만들어진 지식과 정보의 활용을 꺼리는 현상과 관련이 있다.

c. 일관성 있는 조직관리를 위해 글로벌 사업부문 간 통합에의 압력이 높아지면서 조정 필요성과 이에 따르는 조직비용이 증가한다.

② 글로벌 조정기제의 내용[51]

a. 정보시스템을 통한 조정

조직 내에 구축된 정보시스템을 통해 문제해결과 의사결정에 대한 정보를 교환한다.

b. 비공식·자발적 대면 조정(direct contact)

이해당사자들 간에 이루어지는 직접적 접촉으로서, 공통의 문제 발생시 담당자들 간에 서로 만나서 대화를 통해 문제를 해결하는 것이다.

c. 본사의 계획과 통제

본사가 적극적 역할을 수행하여 흩어져 있는 지역 조직들 간 정렬을 돕는 것이다.

d. 조정자(liaison role, 연락자)

조직구조의 측면에서 강력한 조정과 협력을 담당하는 조정역할(직위)의 설정을 통하여 글로벌 기업의 각 부문들을 통합하는 것이다.

e. 글로벌 팀(global team)

의의	초국적 팀(transnational team)이라고도 불리며, 다양한 지식과 기술을 가진 다국적의 구성원들로 구성된다.
유형	면대면 접촉을 하는 이문화 팀(intercultural team)과 네트워크를 활용하는 가상글로벌 팀(virtual global team)으로 구분된다.
특징	현지 상황에 적합한 대응을 돕고, 글로벌 자원의 효과적 활용에 기여하며, 지식창출과 이전을 통한 지속적 학습조직화를 촉진한다.

③ 초국적 조직

a. 개념

초국적 조직(transnational organization)은 가장 진보된 거대 다국적기업의 조직구조로서 기술혁신, 글로벌 학습 및 지식공유, 글로벌 통합, 현지 적응 등의 이점을 동시에 추구한다.

b. 특징

i. 초국적 조직을 구성하는 각 사업단위들은 각 조직 간 상호의존성에 따라 다양한 관계를 맺는다. (예 집합적, 순차적, 교호적 상호의존관계)

ii. 전 세계에 분산된 전문사업단위를 통해 소비자들의 니즈를 효과적으로 수집한다.

iii. 초국적 조직은 필요에 따라 기능의 집중과 분산을 활용하는 '유연한 집중화'의 원리에 따라 운영된다.

iv. 현지 대응을 위해 자회사로부터의 상향식(bottom-up) 전략 형성을 중시한다.

v. 공식적인 구조와 시스템보다는 주로 기업문화나 공유된 비전과 같은 상호 간의 이해를 통한 조정을 활용한다.

| 3 | 정보화[52)]

1) 조직구조의 상황변수로서의 정보화

① 정보화(情報化)의 의의

정보화는 정보의 수집과 활용이 부가가치 창출의 원천이 되는 사회 변화를 뜻한다.

② 정보의 개념

정보(information)란 여러 상황하에서 의사결정을 하거나 조직의 구성원이 자신의 업무를 수행하는 데 도움이 되는 모든 것이다. 일반적으로 자료(data)는 가공되지 않은 있는 그대로의 사실이며, 자료가 의미 있게 집적되면 정보가 되고, 정보를 정제하여 지식(knowledge)을 생성한다. (Data ➠ Information ➠ Knowledge)

③ 정보통신기술(ICT, information & communication technology)의 정의

정보를 빠른 속도로 검색, 처리, 전송, 저장하는데 사용되는 각종 하드웨어와 소프트웨어이다.

④ 정보의 속성과 조직에의 시사점

a. 정보의 속성 : 양과 질

정보의 양(quantity)은 조직구성원들이 과업수행과정에서 수집 · 처리하여야 할 정보의 크기이고, 정보의 질(quality)은 상대방을 이해시키기 위하여 정보교환과정에서 얼마만큼 풍부한 단서를 제공하는지의 여부이다. 일반적으로 정보의 가공 정도가 커질수록, 그리고 규격화(공식화)된 시스템을 통해 전달할수록 정보의 질은 낮아진다.

b. ICT의 발전이 조직설계에 주는 시사점

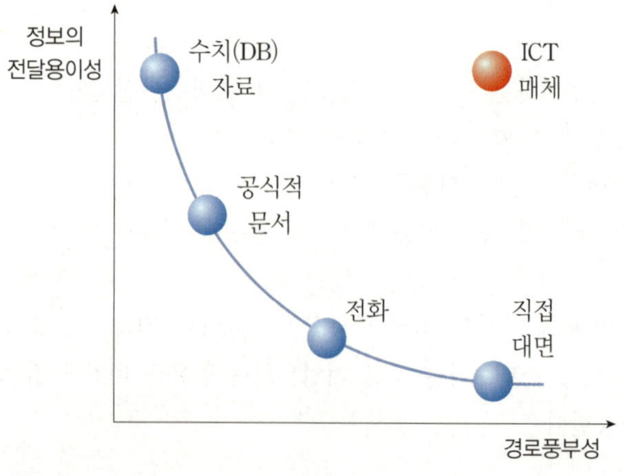

ⅰ. 과거에는 경로풍부성(channel richness)과 정보전달의 용이성이 상반(trade-off) 관계에 있었기 때문에 정보전달의 속도와 편리함을 위해서는 정보의 질적 저하를 감수할 수밖에 없었다.

ⅱ. 그러나 20세기 후반부터 본격화된 ICT의 발전 덕분에 경로풍부성과 전달용이성의 두 마리 토끼를 동시에 잡을 수 있게 되었다.

ⅲ. 따라서 구성원 간 소통이 보다 편리해졌을 뿐만 아니라 조직 내부의 조정(coordination) 업무를 이전보다 수월하게 해결할 수 있게 되었다.

c. ICT의 발전이 조직효율성에 미치는 영향

ⅰ. 별도의 매개체 없이 고객과의 직접 소통이 가능해진다.

ⅱ. 소비자층이 전 세계로 확대되어 수익증대를 기대할 수 있다.

ⅲ 기업의 수요예측, 고객관리, 제조/생산공정의 관리, 인적자원의 관리 등에 효율성이 제고된다.

2) 정보통신기술과 조직구조[53)]

① 정보통신기술과 조직의 권한관계 : 집분권화

a. ICT의 영향에 대한 상반된 관점

ⅰ. 정보기술의 발전이 조직을 구성하는 각 부문 간의 긴밀한 연계와 협조 및 최고경영층으로의 정보 집중을 용이하게 하여 집권화를 촉진한다는 관점이 있다.

ⅱ. 조직 구성원들의 정보처리 역량에 큰 변화가 없는 상태에서 정보화로 인한 폭발적 정보증가가 오히려 분권화를 촉진한다고 보는 견해도 있다.

b. 집분권화의 개념과 상황요인

ⅰ. 집분권화의 개념

정보화로 인한 수평적 분화로 권력구조의 분권화가 촉진되는 한편, 과업통제의 용이함으로 의사결정의 집권화가 동시에 나타나는 현상을 집분권화(centrally decentralized)라 한다.

ⅱ. 집권화와 분권화를 유발하는 상황요인

- 부서 간의 정보전달 비용(communication cost)이 높다면, 상부까지 보고하지 않고 부서 단위에서 분권화된 의사결정을 한다.
- 지식의 종류 중 암묵지(tacit knowledge)가 주로 의사결정에 활용된다면 분권화가 촉진된다.
- 구성원과 부서 간에 강한 신뢰(trust)가 구축되어 있다면 각 부서에 업무를 일임하는 분권화가 촉진된다.
- 구성원들이 업무 수행에 있어 강한 내재적 동기(intrinsic motivation)를 갖고 있다면 상사의 통제가 불필요하므로 분권화된다.

iii. 현재까지의 경향

일부 소수의 최고경영진에게만 공개되었던 정보에 대한 접근성이 향상되었고, 온라인상에서 집단 간에 자율적인 의사소통과 협력이 가능해졌기 때문에 ICT의 발전은 집권화보다 분권화에 더 많은 기여를 하는 것으로 알려져 있다.

② 정보통신기술과 조직 내 정보의 흐름

a. 커뮤니케이션의 측면

정보화는 조직 내의 장벽(silo effect)을 제거한다. 예를 들어 e-mail이나 사내 전산망을 통하여 수평적 부서 간의 장벽뿐만 아니라 수직적 계층 간의 장벽도 제거된다. 또한 ICT를 활용하여 물리적 제약에도 불구하고 회사 내 수평적 조정과 의사소통을 향상시킬 수 있다.

b. 정보화와 통제방식

i. 행동(과정)통제의 측면

정보통신기술의 발전은 정보의 편재성(ubiquity, 보편적으로 존재하는 성질)을 높여주어 조직구성원 다수에게 정보에 대한 접근성을 향상시킴으로써 행동통제(behavior control)을 용이하게 한다.

ii. 결과(성과)통제의 측면

과거의 조직에서는 재무지표 외의 결과지표를 측정하는 것이 어려웠지만, ICT의 발전은 마케팅, 생산운영, 인사조직 등의 다양한 기능부문에서도 목표치를 정하고 이를 종합적으로 파악할 수 있게 함으로써 결과통제(outcome control)를 용이하게 한다.

③ 정보기술과 조직형태의 변화

정보기술의 발전은 리엔지니어링을 통한 프로세스 조직의 실현과 가상조직(virtual organization)을 통한 조직 간 협업을 가능케 한다.

④ 정보기술과 업무수행 방식의 변화

정보기술로 인하여 조직 상하층 간의 커뮤니케이션이 활성화되고 지식공유가 가능해진다.

⑤ 조직규모의 축소

스마트워크(smart work)가 활성화되면서 관리업무의 자동화 및 사무직원의 감축으로 인해 조직규모가 줄어들고 있다.

3) 빅데이터의 활용을 위한 조직구조

① 빅데이터의 개념과 특징

a. 개념

빅데이터(big data)는 대량(volume), 빠른 변화속도(velocity), 다양성(variety)으로 대표되는 3V의 요건을 갖춘 정보집합을 의미한다. 최근에는 3V에 가치(value)와 검증가능성(veracity)을 추가한 5V를 빅데이터의 요건으로 정의하기도 한다.

b. 특징

i. 빅데이터를 분석함으로써 의미 있는 사업 기회를 포착할 수 있다.

ii. 빅데이터를 의사결정에 활용하는 경우, 직관과 경험에 입각하는 전통적 경영방식에 비해 놀라운 성과를 낼 수 있다. (예 Oakland Athletics 야구팀의 전설적 단장 Billy Beane의 일화를 다룬 영화 “Money Ball”)

② 빅데이터의 활용을 위한 조직구조

a. 외주(아웃소싱)

구분	내용
의의	빅데이터의 분석활동 기능을 외주업체에 맡기는 것이다. 분석팀을 운영할 지식이나 경험이 없는 조직에 유용하다.
도식화	
장점	고정비(인건비)를 변동비(외주비용)화 하여 조직의 유연성을 증가시킨다.
단점	데이터 소유권의 문제가 있고, 우리 조직 특유의 데이터 분석이 쉽지 않다.

b. 집권화

구분	내용
의의	빅데이터를 분석하는 전문가들을 특정 부서에 모아 배치하는 방식이다. 다양한 통계적 모델과 예측 기법들을 활용하여 최적의 예측 기술을 개발하는데 유용하다.
도식화	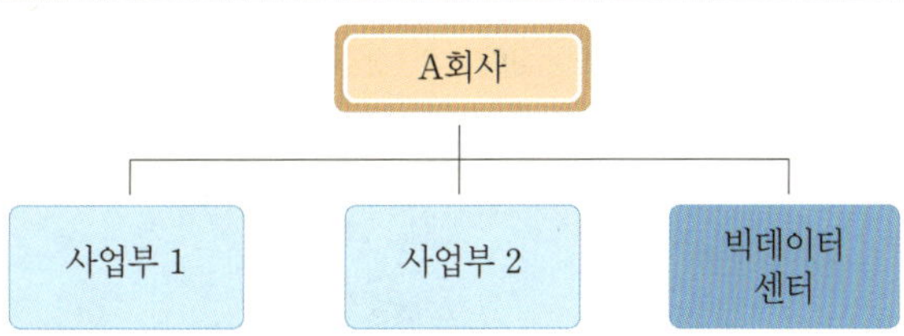

장점	데이터 해석학(data analytics) 분야에서 역량을 축적할 수 있다. (예 P&G)
단점	개별 사업부에서 필요한 현안 이슈에는 빅데이터 전문가들의 관심이 미치지 못한다.

c. 분권화

의의	데이터를 해석하는 역할을 각 사업부 소속으로 완전히 분산시키는 방식이다.
도식화	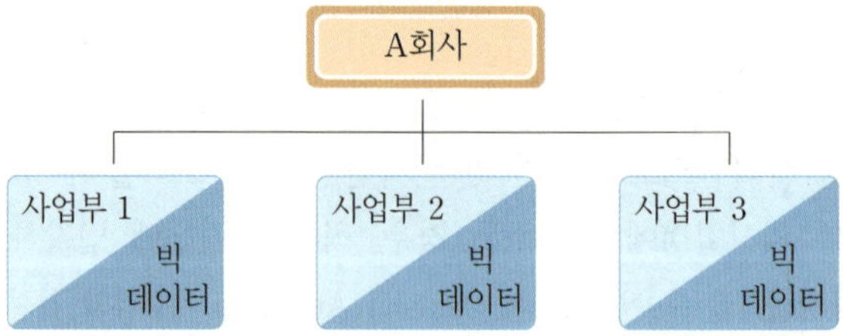
장점	데이터 분석가들이 현업부서의 인력들과 교류하면서 사업부의 현안에 집중할 수 있다
단점	사업부의 경계를 넘어서는 혁신적 솔루션의 개발이나 조직 전반의 혁신에는 부족하다.

d. 균형적 설계

의의	데이터 담당 임원(CDO : chief data officer) 휘하에 소수의 빅데이터 분석가를 두고, 다른 전문가들은 현업 부서에 분산 근무하는 Hub-and-spoke 방식이다.
도식화	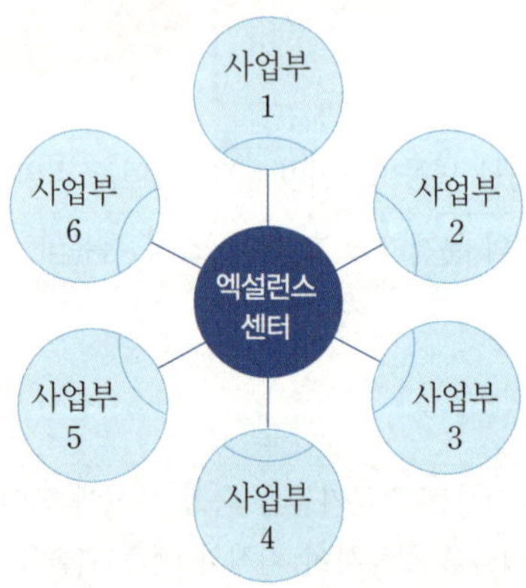
특징	집권화 방식과 분권화 방식에서의 장점과 단점이 동시에 나타난다.

| 4 | 기술

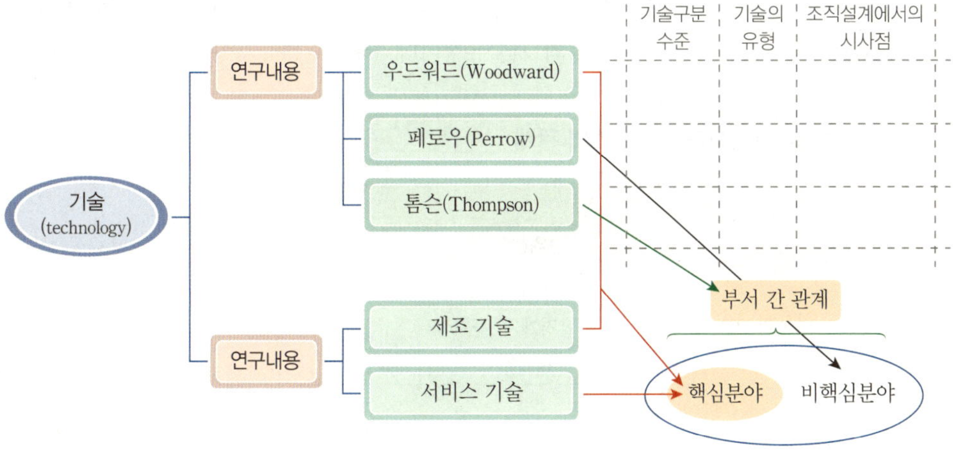

1) 조직구조의 상황변수로서의 기술

기술(technology)은 생산 및 서비스기술(협의의 기술)뿐만이 아니라 대상(주로 투입되는 '자원'을 의미함)을 변화시키는 각종 활동을 포괄적으로 지칭한다. 조직이 사용하는 기술의 유형은 조직 구성원들의 과업수행 방식뿐만 아니라 조직의 구조에도 영향을 미치는 상황변수이다.

2) 기술의 종류와 조직구조 간 관계에 대한 연구[54)]

기술과 조직구조 간의 관계에 대해서는 구체적인 생산기술에 주로 초점을 둔 우드워드의 연구와 일반적 의미에서의 조직기술에 초점을 둔 페로우 및 톰슨의 연구가 있다.

① 우드워드의 연구[55)]

a. 의의

우드워드(Woodward)는 100개의 제조기업을 조사하여 제조과정의 '기술적 복잡성(제조과정의 기계화 및 예측가능한 정도)'에 따라 기업을 유형화하였다.

그의 연구는 소위 기술결정론(technological imperative)의 시초로서, 그 의미는 i) 기술이 조직구조에 영향을 미치며, ii) 기술과 구조의 적합도가 높을수록 조직성과가 향상된다는 것이다.

b. 기술복잡성에 의한 기술 분류

i. 단위생산기술(unit production)을 사용하는 기업은 고객으로부터 소량의 주문을 받아 생산하고 조립하는 공작소 중심으로 운영된다. (예 Hermes의 핸드백 제작)

ii. 대량생산기술(mass production)은 표준화된 제품을 대량으로 생산하는 제조과정으로서, 일반적인 공업제품의 생산에 사용된다. (예 자동차용 조립라인)

iii. 연속공정생산기술(장치생산기술, process production)은 별도의 시작과 종료지점이 없는 흐름(flow)을 생산하는 기계화된 과정의 기술유형이다. (예 석유화학 공장, 원자력발전소 등)

c. 시사점 : 기술복잡성과 조직구조의 관계

조직구조의 특성	기술의 유형		
	단위생산	대량생산	연속공정생산
전문화	낮음 (역할경계가 높지 않음)	높음 (고도의분업화)	낮음 (장치에 의한 공정의 수직적 통합 때문)
통제범위(span of control)	23	48	15
직원의 기술 수준	높음	낮음	높음
공식화된 절차	적음	많음	적음
집권화	낮음	높음	낮음
전반적 구조	유기적	기계적	유기적

ⅰ. 우드워드는 구조-기술 관계를 상업적 성공 여부로 비교하였으며, 그 결과 성공한 단위생산 · 연속공정 생산 기업은 유기적 구조를 가지고 있고, 성공한 대량생산기업은 기계적 구조를 지니고 있었다.

ⅱ. 우드워드의 실증 데이터 검증 결과에 따르면, 유기적 조직구조에 해당하는 단위생산과 연속생산에서는 지식과 기술을 전문가가 도제식으로 전수하기에 통제범위가 좁은 반면, 기계식 조직구조에 해당하는 대량생산의 경우 매뉴얼대로 작업이 진행되기에 통제범위가 상대적으로 더 넓었다.

② 페로우의 연구[56)]

a. 의의

부서수준(department level)의 기술에 주목한 페로우(Perrow)는 과업의 다양성과 문제의 분석가능성이라는 양 차원으로 기술을 구분하여 각 기술유형과 조직구조 간의 관계를 설명하였다.

b. 기술유형 구분의 기준

ⅰ. 과업다양성(task variability)은 작업에서 예외의 수를 의미하는 것으로 변환과정에서 나타나는 예상치 못한 새로운 일들의 빈도를 의미한다.

ⅱ. 분석가능성(problem analyzability)이란 작업이 잘 구조화되어 있어 문제를 해결하는 절차가 객관적이고 추론이 가능한지의 여부이다. 분석가능성이 높으면 프로그램화된 의사결정을

할 수 있지만, 분석가능성이 낮다면 문제해결의 과정에서 경험이나 직관에 의존해야 한다.

c. 네 가지 기술유형

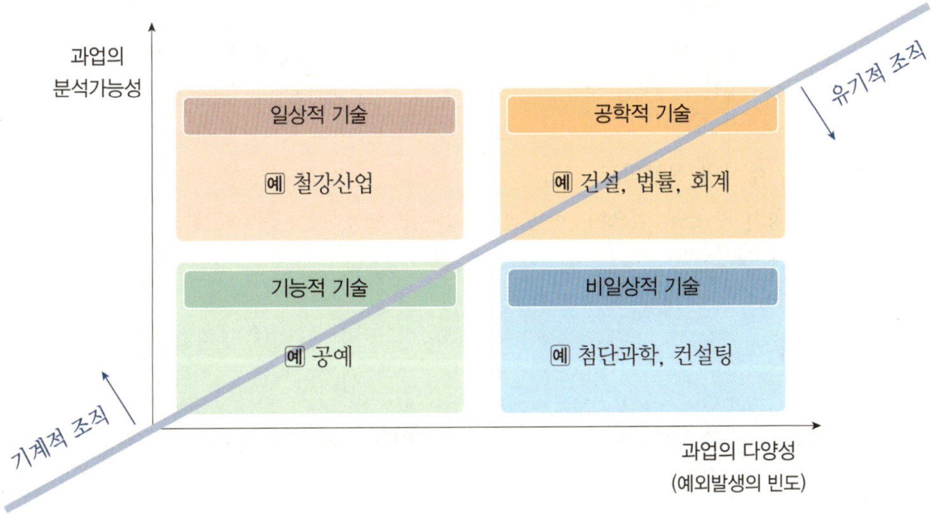

i. 일상적 기술(routine)은 예외가 드물며 분석가능성이 높은 경우의 부서기술로서, 철강산업이나 은행업이 그 사례이다.

ii. 공학적 기술(engineering)은 다수의 예외가 존재하지만 잘 정의되어 분석가능성이 높은 부서기술로서, 건설 · 법률 · 회계 분야가 그 사례이다.

iii. 기능적 기술(장인기술, craft)은 예외가 드물지만 잘 정의되지 않아 분석이 어려운 부서기술로서, 공예나 예술분야가 그 사례이다.

iv. 비일상적 기술(nonroutine)은 다수의 예외가 존재하며 분석도 어려운 부서기술로서, 첨단과학이나 컨설팅 분야가 그 사례이다.

d. 시사점 : 부서의 설계원리와 조직목표

i. 기술결정론적 관점에서는 부서기술과 구조 간의 적합성(fit)이 부서의 성과에 결정적인 영향을 미친다. 일상적 기술에서는 기계적 구조 및 엄격한 관리프로세스가 적합한 반면, 비일상적 기술에서는 유기적 구조가 적합하다.

	일상적 기술	비일상적 기술
공식성	공식적 규칙과 절차에 의해 통제된다.	공식성과 표준화 정도가 낮다.
분권화	의사결정권한의 상당수가 경영진에게 집중되어 있다.	대부분의 의사결정이 업무를 담당자에 의해 위임되어 있다.

작업자의 숙련도	반복작업 위주이므로 높은 수준의 교육이나 경력이 불필요하다.	상당한 수준의 교육과 경험이 요구된다.
통제범위	매뉴얼 위주로 업무처리가 가능하므로 통제범위가 넓다.	상사와 부하 간의 긴밀한 소통이 필요하므로 통제범위가 좁다.
의사소통	수직적인 경우가 많고, 통계적이며 서면 형태의 매체를 활용한다.	수평적 방식이 사용되며, 경로풍부성이 큰 매체가 활용된다.

ⅱ. 기술유형은 부서의 목표와도 밀접한 관련이 있다. 일상적 기술을 사용하는 부서의 목표는 이윤의 안정적 추구에 있으며, 비일상적 기술을 사용하는 부서의 목표는 혁신과 경쟁우위 확보에 있다.

③ 톰슨의 연구[57)]

a. 의의

톰슨(Thompson)은 기술유형이 조직구조를 결정한다는 기술결정론적 관점에 서지는 않았으며, 단위작업들 간의 상호의존성(interdependence, 관련성) 정도에 따라 사용하는 기술 유형과 조직구조의 특성이 달라진다고 보았다.

b. 상호의존성과 기술유형 및 조정형태

ⅰ. 중개형 기술(mediating technology)

- 작업활동들 간에 큰 관련이 없는 집합적 상호의존성(pooled interdependence) 하에서 각 부서를 단순히 연결하는 방식으로 조직을 운영하는 기술이다. (예 은행)
- 부서 상호 간의 조정활동이 필요하지 않으며, 부서 간 업무의 표준화와 규정 · 절차가 중시된다.

ⅱ. 연속형 기술(long-linked technology)

- 과업 간의 순서에 따른 연결이 중시되는 순차적 상호의존성(sequential interdependence) 하의 조직운영 기술이다. (예 조립라인, 미식축구)
- 여기서는 각 활동들의 순서를 조정할 필요가 있으므로 각종 계획, 일정관리(scheduling), 피드백 등을 필요로 한다.

ⅲ. 집중(집약)형 기술(intensive technology)

- 모든 작업활동들이 동시에 서로 영향을 주고받으며 업무가 완성되는 교호적 상호의존성(reciprocal interdependence) 하의 조직운영 기술이다. (예 병원, 농구)
- 각 부분 간 긴밀한 연계와 조정이 필요하므로 높은 수준의 의사소통과 팀워크를 필요로 하게 된다.

c. 시사점(1) : 상호의존성과 부서화(departmentalization)

조정 필요성이 가장 큰 순서대로 부서화를 진행한다. 즉 상호관계가 밀접한 교호적 부서들을 먼저 하나의 범주로 편성하고, 이들 범주 간의 과업 진행 순서를 고려하여 다시 부서화를 진행하며, 마지막으로 집합적 의존성을 반영하여 부서화를 마무리한다.

d. 시사점(2) : 상호의존성과 불확실성(uncertainty)

- 중개형 기술을 사용하는 조직에서는 부서 업무의 합이 곧 조직 전체의 업무량이 된다. 따라서 조직이 서비스하는 대상(예 고객)을 늘림으로써 불확실성을 줄인다.
- 연속형 기술을 사용하는 조직에서는 가치사슬(value chain)상의 투입과 산출을 담당하는 업체들과의 관계가 중요하므로 수직적 통합을 통해 불확실성을 줄인다.
- 집중형 기술을 사용하는 조직에서는 유능한 인재가 성과를 결정하므로 전문가를 영입하거나 구성원에 대한 교육훈련을 강화함으로써 불확실성을 줄인다.

④ 기술과 조직구조 : 종합 정리

	기계적 조직구조		유기적 조직구조	
우드워드	대량생산기술		단위생산기술 연속공정생산기술	
페로우 (←→)	일상적 기술	공학적 기술	기능(장인)기술	비일상적 기술
톰슨 (←→)	중개형 기술		연속형 기술	집중형 기술

⑤ 서비스기술을 사용하는 조직의 설계[58]

a. 서비스기술과 조직구조

조직의 기술에서 나타나고 있는 가장 큰 변화 중 하나는 바로 서비스 분야의 급성장이다. 2021년 기준으로 미국에서 서비스업의 GDP 비중은 약 79%, 고용비중은 약 77%에 육박한다.[59] 따라서 우리는 서비스기술과 제조기술의 차이 및 상이한 조직구조 설계 특성을 이해할 필요가 있다.

b. 서비스기술과 제조기술의 차이

	제조기술	서비스기술
기술의 가시성(visibility)	유형의 산출물을 생산한다.	무형의 산출물을 만든다.
생산과 소비의 시점	생산시점과 소비시점 간의 차이가 발생한다. (재고 보관 가능)	생산과 동시에 소비된다는 특성이 있다. (비분리성)

산출물의 품질속성	일정한 품질의 제품이 생산되며, 품질의 측정이 용이하다.	이질적인 서비스가 산출되며, 품질의 측정이 어렵다.
산출물의 보관가능성	생산품은 일정 기간 재고로 보관할 수 있다.	사용되지 않는 서비스는 즉시 소멸된다.
생산요소의 투입	물적 자원의 투입이 절대적이다.	노동과 지식이 집약적으로 투입된다.
고객과의 상호작용	고객과의 직접적 상호작용 필요성이 크지 않다.	고객과의 상호작용 빈도가 높다.
물리적 위치	규모의 경제를 달성할 수 있는 위치에 입지한다.	지리적으로도 고객과 가까운 곳에 위치하게 된다.

c. 서비스조직의 설계 방안

ⅰ. 경계관리(boundary spanning)

서비스조직에서는 경계관리가 중요하지만 별도의 경계부서를 두지는 않는다. 제조업에서는 경계부서가 기술핵심(technical core)에 미치는 혼란을 줄여주지만, 서비스업에서는 서비스 제공자(service provider)가 고객과 직접 소통한다.

ⅱ. 복잡성 : 지리적 분산

서비스기업은 정보와 무형의 산출물을 고객들 가까이 위치해 있는 분산된 시설 단위에서 다루기 때문에 공간적 복잡성이 큰 편이다. 반면 제조업은 규모의 경제 효과를 노리므로 원료와 시설을 지리적으로 집중시킨다.

ⅲ. 집중성과 공식성

서비스기술에서의 종업원은 충분한 지식을 바탕으로 고객의 문제를 다루어야 한다. 따라서 서비스기업에서의 의사결정은 분권화되고 공식성은 낮아진다. 업무의 매뉴얼화가 어렵기에 종업원들이 관련 업무에 보다 큰 폭의 자율과 재량권을 가지게 된다.

ⅳ. 인적자원의 특성

서비스기업의 종업원은 고객의 문제를 해결하는데 충분한 기능적 전문성(expertise)과 인간관계 기술(human skill)을 함께 보유하여야 한다.

| 5 | 조직규모

1) 조직구조의 상황변수로서의 조직규모[60)]

조직규모(organization size)는 관련 연구의 대부분(80% 이상)에서 조직구성원의 수로 정의되며, 조직의 자산규모, 매출, 고객의 수 등의 조직효과성 관련 변수들과 유의미한 상관성을 가진다.

2) 조직규모가 조직설계에 영향을 미치는 이유[61)]

① 조직구성원의 수가 증가하면 업무량의 조정과 더불어 새로운 과업이 추가된다.
② 조직구성원의 수가 늘어나면 부서당 인원수도 증가하므로 부서 내부적으로도 권한위임과 그에 따른 각종 후속 조치가 뒤따르게 된다.
③ 조직구성원의 수가 늘어나서 부서의 수가 증가하면 부문 간 조정의 필요성이 증가한다.

3) 조직규모와 조직구조 간 관계에 대한 연구[62)]

영국의 연구기관인 애스톤 그룹(Aston Group)을 비롯하여 블라우(Blau), 메이어(Meyer), 바네(Byrne) 등 다양한 학자들이 조직규모와 구조 간의 관계를 다방면으로 연구하였다.

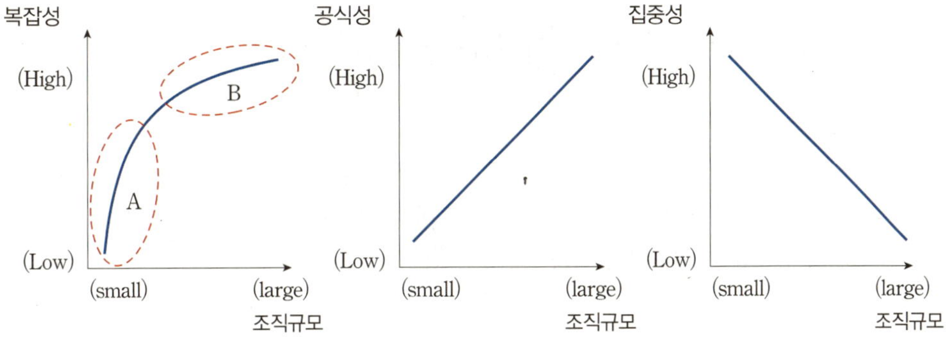

A : 규모 증가 ➠ 직위과업의 이질성 증가 ➠ 조정 필요성 증가
B : 규모 증가 ➠ 직위과업의 동질성 증가 ➠ 조정 필요성 감소

① 규모와 복잡성 간의 관계

일반적으로 조직의 규모가 커지면 분업이 발생하여 조직구조가 복잡해진다. 대규모 기업에서는 과업의 이질성이 증가하는 동시에 조정의 필요성도 커지므로 중소규모 기업에 비해 부서의 수가 증가한다.

하지만 조직규모가 일정 수준 이상으로 커지게 되면 조직은 사업부로의 분화나 분사를 시도하는 경우가 많아서 신설 과업 간의 동질성이 도리어 이질성을 압도하므로 조직구조의 복잡성 증가 속도가 둔화된다.

② 규모와 공식성 간의 관계

일반적으로 조직규모가 커짐에 따라 공식성은 증가한다고 알려져 있다. 대규모 조직의 공식성이 중소규모 기업에 비해 커지는 원인은 다음과 같다.

첫째, 규모가 커질수록 관리자들은 구성원에게 매번 지시하기보다 (감독비용의 감소를 위해) 그들이 예측가능한 행동을 할 수 있도록 매뉴얼을 제공하게 된다.

둘째, 조직규모가 증가함에 따라 분쟁의 발생 빈도가 늘어나므로, 이의 원만한 해결과 지속적 관리를 위해서도 규칙 및 절차 등이 강화된다.

③ 규모와 집중성 간의 관계

일반적으로 조직의 규모가 증가할수록 공식화된 절차와 규정에 의해 관리를 수행하게 되므로 권한의 위임이 발생하게 된다. 대규모 기업의 집중성이 중소규모 기업에 비해 낮아지는 원인은 다음과 같다.

첫째, 사업규모의 확대와 종업원 수의 증가는 단일형 조직구조에서 복합형 조직구조(예 사업부제)로의 변화를 요구하므로 규정과 절차에 따른 권한위임이 발생한다.

둘째, 대규모 조직에서는 인지능력의 한계로 인해 상층부에서 업무전반에 걸친 의사결정을 모두 수행하기가 어렵다. 따라서 각각의 조직구성원들이 재량적으로 판단하게끔 분권화한다.

4) 규모의 딜레마와 그 해결 : 적정규모는 무엇인가?[63)]

① 대규모 조직의 장점[64)]

기업이 글로벌 환경에서 경쟁하기 위해서는 막대한 자원과 규모의 경제가 요청된다. 대기업은 소규모 기업이 파산할 수도 있는 경기불황에서도 능히 살아남을 수 있고, 설령 어려움을 겪더라도 신속하게 회복될 가능성이 크다.

② 소규모 조직의 장점[65)]

변화하는 시장에 기민하게 대응하려면 조직의 규모 축소와 슬림화 및 유연화가 필요하다. 소규모 조직에서는 구성원의 조직몰입도와 공동체 의식이 대규모 조직에 비해 더 높으며, 분업화가 강한 대기업에 비해 다양한 과업들의 수행 과정에서 업무에 대한 흥미나 만족도가 향상된다. 자유로운 중소기업의 경영스타일은 기업가정신과 혁신을 촉진하기도 한다.

③ 규모의 딜레마

작은 기업이 소기업의 장점을 활용하여 성공하고 나면 규모가 커지며 규정과 절차를 강조하는 대기업으로 바뀌면서 혁신에 어려움을 겪는 '규모의 딜레마'가 발생한다.

④ 대기업과 소기업의 혼합

규모의 딜레마에 대해 GE의 전 회장인 잭 웰치(Jack Welch)는 '대기업-소기업 혼합'이라는 방법을 그 해결책으로 제안하였다. 이는 '소기업의 창의성'과 '대기업의 시스템'을 겸비하는 양손잡이 접근법(ambidextrous approach)과 대기업 내 독립된 사업단위(예 사내벤처 조직)를 편성하여 소규모 기업에서의 장점을 유지하는 사업부제 조직 등으로 구체화된다.

|6| 조직의 성장과 쇠퇴[66)]

1) 조직구조의 상황변수로서의 조직수명주기

조직수명주기(organization life cycle)는 조직이 탄생하면서부터 변화되고 또 소멸되기까지의 일련의 과정들을 지칭하는 개념이며, 성장(growth)과 쇠퇴(decline)의 측면에서 조직설계에 영향을 미친다.

2) 조직의 성장과 조직구조

① 조직성장의 단계

생물학의 연구원리가 조직학에 도입되면서 마치 인간의 생로병사와 같이 조직도 마찬가지의 성장경로를 거친다는 연구결과들이 나오게 되었다. 일반적으로 성장의 단계는 4단계(창업－집단공동체－공식화－정교화)나 5단계(탄생－지시－위임－조정－협동)로 분류한다.

② 성장단계별 조직특성과 위기의 극복 : 퀸과 카메론(Quinn & Cameron)의 4단계 성장모형[67)]

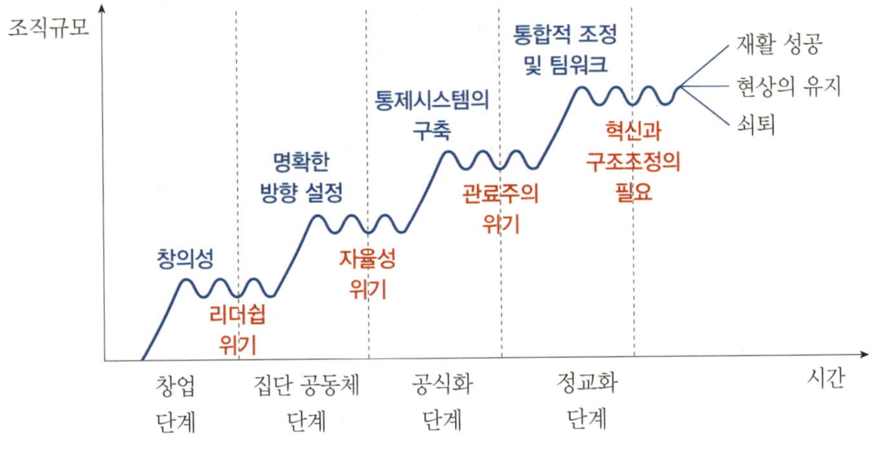

a. 창업단계(entrepreneurial stage)

의의	핵심상품에 대한 인지도 향상을 위해, 경영자가 자신의 재량에 의한 혁신성과 아이디어로 승부하는 단계이다.
조직구조	단순구조에 가까운 비공식적인 1인 체제(one-man show org.)로 조직이 운영된다.
위기	조직이 확대되고 안정화되면서 한 명의 리더(창업자)만으로 조직관리를 수행하기에는 어려움이 발생한다. 이를 리더십 위기라 한다.

극복	조직을 체계화하고 관리업무를 전문적으로 수행할 수 있는 역량 있는 경영자를 영입해야 한다.

b. 집단 공동체 단계(collective stage)

의의	리더십 위기의 극복 과정에서 조직목표(mission)와 방향이 설정되며, 관리의 초점도 비용 감소와 이익 극대화로 옮겨간다.
조직구조	창업 단계의 비공식적 구조로부터 점차 관료제의 비중이 늘어나면서 공식성과 복잡성이 증가한다.
위기	구성원은 자율성의 보장을 요구하고, 경영진은 관료적 통제의 권한을 놓지 않으려 하는 자율성 위기가 발생한다.
극복	권한위임(empowerment)의 필요성이 대두된다.

c. 공식화 단계(formalization stage)

의의	자율성 위기의 극복 과정에서 직접 통제의 한계를 느낀 최고경영자가 의사결정 권한을 하부로 위임하며, 공식적 규정과 절차 및 관리회계 등의 내부통제시스템을 도입한다.
조직구조	권한위임형 사업부제가 등장한다. 관료주의적 속성이 강화되면서 스태프가 늘어나고, 절차의 공식성이 증가하며, 위계에 따른 업무분담이 명확해진다.
위기	혁신이 일어나지 않고 효율과 규정(red tape)만을 중시하는 관료주의 위기가 등장한다.
극복	형식주의(번문욕례, 繁文縟禮)의 극복을 위한 새로운 조직형태가 요청된다.

d. 정교화 단계(elaboration stage)

의의	구조의 경직성에 빠진 조직이 활력을 되찾기 위하여 통합과 조정이 강조되는 구조로 조직을 재설계한다.
조직구조	획일적 조직구조보다는 복잡한 환경에 대처가능한 애드호크라시, 팀제, 사내벤처, 수평적 조정기제 등의 조직설계요소를 도입한다.
위기	성숙기에 도달한 이후에는 구조적 관성으로 일시적 쇠퇴기에 진입하게 된다.
극복	문제해결과 혁신을 강조하는 참여형 조직운영방식이 요청된다.

③ 조직수명주기와 경쟁가치모형[68)]

퀸과 카메론(Quinn & Cameron)의 연구에 따르면 조직수명주기의 4단계(창업, 집단공동체, 공식화, 정교화)는 각각의 특징에 어울리는 조직효과성의 평가방식(경쟁가치모형)이 있다.

창업 단계에는 유연성과 위기대응을 중시하는 개방체계모형이, 집단 공동체 단계에는 결속력과 응집력을 중시하는 인간관계모형이, 공식화 단계에는 안정 및 질서를 중시하는 내부과정모형과 생산성 및 효율성을 중시하는 합리적 목표모형이, 정교화 단계에서는 다시 유연성과 위기대응을 중시하는 개방체계모형이 각각 어울리는 조직효과성 평가방식이 된다.

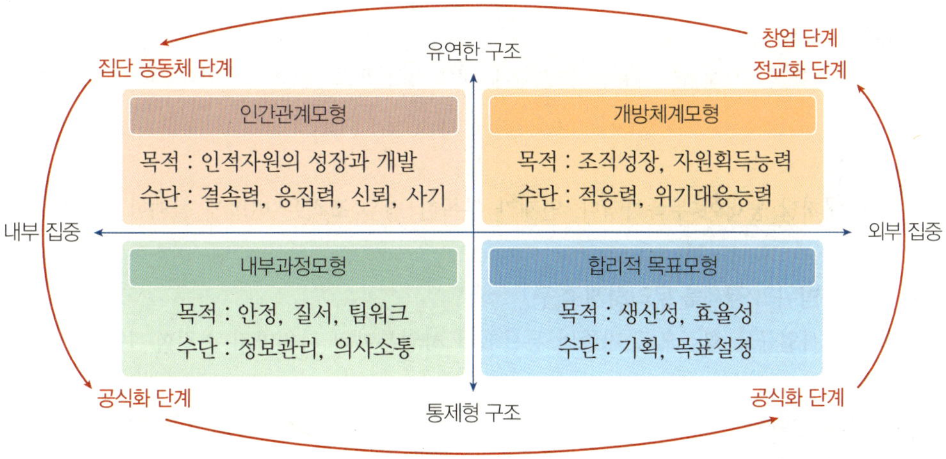

3) 조직쇠퇴[69]

① 의의
② 원인
③ 단계
  a. 무지
  b. 무대응
  c. 오류행동
  d. 위기
  e. 해체

④ 유형과 극복 방안
  a. 밀러 이론의 개관
  b. 조직쇠퇴의 유형
    i. 집중형 쇠퇴
    ii. 모험형 쇠퇴
    iii. 발명형 쇠퇴
    iv. 이완형 쇠퇴
  c. 조직수명주기와 조직쇠퇴유형의 관계

① 의의[70]

조직쇠퇴(organizational decline)는 조직의 인적 · 물적 · 재무적 자원이 감소하는 현상이다.

② 원인

a. 조직의 구조와 문화

잘못된 권력구조나 의사소통 방식은 의사결정에서의 실수를 유발한다. 또한 성공의 원인이었던 조직구조나 문화가 관성(타성, inertia)을 유발하여 쇠퇴로 이어질 수 있다.

b. 환경 부적응

환경의 변화에 조직이 적절히 대응하지 못하거나, 환경은 그대로인데 조직이 환경에 맞추지 못하면 시장으로부터 외면받을 수 있다.

c. 경쟁의 심화

조직이 쇠퇴하는 가장 큰 이유는 동종업계 내의 경쟁으로 인한 낙오이다.

d. 취약성(vulnerability)

변화에 대처할 능력이 부족하거나, 인재가 부족한 경우 조직은 변화에 실패한다.

e. 규모와 범위의 경제를 무리하게 추구

비정상적 사업규모 확장으로 기존의 튼튼했던 사업분야의 자원마저 소진할 수 있다.

f. 경영진과 CEO

CEO의 잘못된 상황인식이나 오판, 적시대응의 실패, 과거 성공방식의 고수 등은 조직에 치명타를 안긴다.

③ 단계[71]

와이첼과 존슨(Weitzel & Jonsson)에 따르면 조직의 쇠퇴단계는 크게 5단계로 나눌 수 있다.

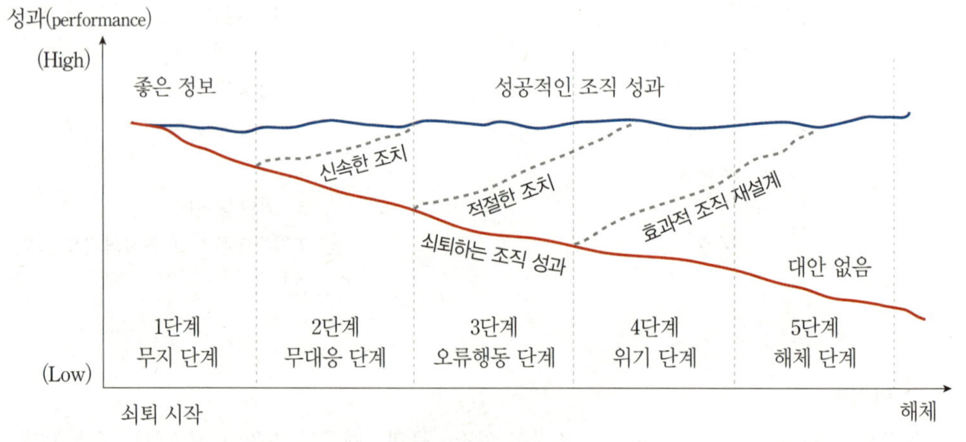

출처 : Daft(2010)

a. 무지 단계(blind stage)

개념	조직의 장기적 생존을 위협하는 내부적, 외부적 변화에 둔감하거나 무지한 상태이다.
특징	경영자가 대개 조직 내, 외부로부터 등장하는 쇠퇴신호를 무시하는 경향이 있다.
대응 방안	시기적절한 조기경보 및 상응조치를 취함으로써 문제가 가시화되기 전에 해결한다.

b. 무대응 단계(inaction stage)

개념	각종 성과 경고에도 불구하고 능력을 과신하며 필요한 조치를 취하지 않는 상태이다.
특징	경영자가 문제점을 감추기 위해 종업원을 설득하거나, 분식회계로 성과를 은폐한다.
대응 방안	조직의 쇠퇴 가능성을 인정하고 조직 재활성화를 위한 신속한 조치를 취해야 한다. 이 과정에서 참여적 리더십이 필요하다.

c. 오류행동 단계(faulty action stage)

개념	저조한 성과지표가 드러나면서 조직이 본격적 대응에 나서지만, 문제를 잘못 진단하고 엉뚱한 해결책을 내어놓거나, 또는 해법이 있어도 내 · 외부의 저항으로 실행에 옮기지 못할 경우 오류행동이라 부른다.
특징	조직의 변화와 관련한 정책(조직개편 등)을 실시하거나, 사원 감축을 포함한 긴축 정책을 추진한다.
대응 방안	조직의 목표를 명확히 하고, 구성원들이 불확실성을 극복할 수 있도록 정보를 제공한다.

d. 위기 단계(crisis stage)

개념	조직이 쇠퇴에 효과적으로 대처하지 못함으로써 공황 상태에 빠지는 상태이다.
특징	구성원 모두가 심각한 위기의식을 공유하므로 매우 강력한 위기극복노력이 병행되며, 조직의 변화와 더불어 구성원들이 극심한 심리적 스트레스를 경험한다.
대응 방안	전면적인 조직 재구조화(restructuring)나 CEO 교체와 같은 극약처방을 포함하여, 전략 혁신 및 구조조정 등을 실시한다.

e. 해체 단계(dissolution stage)

개념	고객과 직원 및 명성을 모두 잃고 해체 절차만 남는 시기이다.
특징	조직은 법적인 절차에 의해 완전히 해체(청산)되거나 다른 조직에 흡수된다.
대응 방안	조직구성원들이 받는 충격을 최소화할 수 있도록 질서정연한 방식으로 해체하고, 종업원들의 직장상실에 대한 대안(예 아웃플레이스먼트)을 마련한다.

④ 유형과 극복 방안[72)]

a. 밀러 이론의 개관

<table>
<tr><td>의의</td><td>밀러(Miller)는 탁월했던 기업이 쇠퇴하는 과정(riches-to-rags scenario)을 이카루스의 역설(The Icarus Paradox)이라 명명하고 그 쇠퇴의 유형별 원인과 극복 방안을 제시하였다.</td></tr>
<tr><td>특징</td><td>성공한 기업이 기존의 성공 방식에만 계속 집착하면서 경로의존적(path-dependent)인 쇠퇴가 발생한다.</td></tr>
<tr><td>도식화</td><td>세로축은 사업분야의 범위이고, 가로축은 경영방식의 변화(변동성)를 나타낸다.
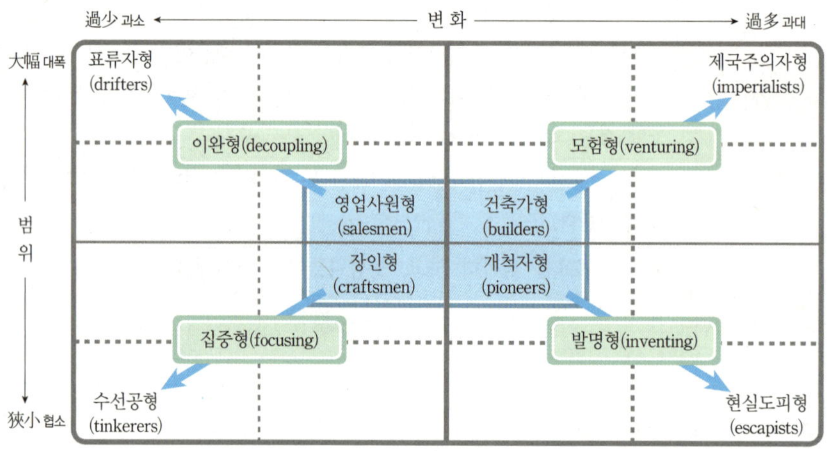
</td></tr>
</table>

b. 조직쇠퇴의 유형

ⅰ. 집중형(focusing) 쇠퇴

개념	원가절감 및 품질완벽주의가 지나쳐서 생산의 효율화와 완벽한 제조공정에 과도하게 집착하다가 기술적으로 너무 앞선 제품이 탄생되어 소비자로부터도 외면받는 기업의 쇠퇴 유형이다.
쇠퇴경로	장인형(craftsmen) 기업이 경쟁기업이나 고객니즈와는 무관한 고유한 기술적 기준에 사로잡혀 편협하게 집중한 결과, 수선공형(tinkerers) 기업으로 쇠퇴해가는 경로이다.
극복 방안	최고경영자가 주변의 사람들로부터 다양한 의견을 경청하고 구성원들에게 권한을 위임하여 열린 분위기 속에서 일할 수 있도록 배려할 필요가 있다.

ⅱ. 모험형(venturing) 쇠퇴

개념	유망분야를 발견하고 사업영역을 확장해 나가던 기업이 무분별한 다각화에 빠져 업무의 복잡성과 다양성을 통제하지 못하고 몰락해 가는 유형이다.

쇠퇴경로	인수와 합병을 통해 영역을 넓혀가는 건축가형(builders) 기업이 점차 무모한 사업다각화를 추구하는 제국주의형(imperialists) 기업으로 쇠퇴해가는 과정이다.
극복 방안	전망이 약한 사업을 정리하고 핵심 사업에만 전력질주하는 방식으로 전략을 전환한다.

iii. 발명형(inventing) 쇠퇴

개념	소비자가 바라던 혁신을 통해 시장 우위를 점하였던 기업이 점차 시장과 괴리되어 기술 그 자체만을 추구하는 상태가 되어 쇠퇴하는 유형이다.
쇠퇴경로	제품과 기술에서 최고를 추구하는 개척자형(pioneers) 기업이 소비자의 욕구와 경제적 한계를 무시하면서까지 새로운 과학과 기술을 추구하는 현실도피형(escapist) 상태로 바뀌는 과정이다.
극복 방안	세계 최고의 일등제품이나 기술우위 등의 슬로건에만 집착하지 말고 고객관계 및 시장 중시의 전략을 병행한다.

iv. 이완형(분리형, decoupling) 쇠퇴

개념	다양한 유통망과 탁월한 영업수완을 가진 기업이 무질서한 팽창으로 고객의 욕구를 충족시키는 데 실패하고 쇠퇴하는 유형이다.
쇠퇴경로	우수한 판매전략과 유통망으로 시장을 넓혀갔던 영업사원형(salesmen) 기업이 너무 많은 상품, 너무 많은 시장, 너무 많은 점포로 확장하는 과정에서 판매전략이 상충되고 핵심가치를 상실하여 표류자(drifters)형 기업이 되는 방식의 쇠퇴 경로이다.
극복 방안	제품이나 시장 확대보다는 기존에 형성된 유통경로 및 고객과의 상호연결망에서 정보교환과 공생전략을 실시하는 동시에 품질개선에 집중한다.

c. 조직수명주기와 조직쇠퇴유형의 관계[73)]

조직쇠퇴의 4가지 유형을 조직수명주기의 4단계와 결합할 수 있다. 창업 단계에서는 발명형 쇠퇴가 발생할 수 있으며, 집단공동체 단계에서는 집중형 쇠퇴, 공식화 단계에서는 모험형 쇠퇴, 정교화 단계에서는 이완형 쇠퇴가 각각 발생할 수 있다.

	집중형(Focusing)	모험형(Venturing)	발명형(Inventing)	이완(Decoupling)
출발점(starting point)	장인형 기업	건축가형 기업	개척자형 기업	영업사원형 기업
전략(strategies)	품질, 리더십	확장, 다각화, 인수	혁신을 통한 차별화	마케팅, 차별화
제품-시장의 범위(scope)	좁음(focused)	넓음(broad)	좁음(focused)	넓음(broad)
전략적 변화(change)	안정적(stable)	역동적(dynamic)	역동적(dynamic)	안정적(stable)
핵심 목표(key goals)	품질(quality)	성장(growth)	기술적 진보 (technical progress)	시장점유율 (market share)

주도부서(dominant depts)	생산운영, 공학	기획/통제, 재무	연구개발(R&D)	마케팅
조직구조(structure)	통제형 관료제	사업부제, 이익센터	유기적 조직구조	사업부형 관료제
최종목적지(destination)	수선공형 기업	제국주의형 기업	현실도피형 기업	표류자형 기업
수명주기(life cycle)	집단공동체 단계	공식화 단계	창업 단계	정교화 단계

|7| 전략

1) 조직구조의 상황변수로서의 전략

조직구조는 다양한 상황요인에 의해 영향을 받지만, 이들 상황변수들이 모두 동일한 정도의 중요성을 갖지는 않는다. 예를 들어 조직의 하부조직인 팀이나 부서의 경우에는 기술(technology)의 특징에 따라 구조화되는 것이 일반적인 반면 조직의 최상층 조직(이사회나 회장실 등)은 외부환경의 압력에 대응하려는 기업의 전략이 가장 중요하게 부각될 수 있다. 여기서 전략(strategy)이란 기업의 목적을 달성하기 위하여 경영환경의 제약 하에서 조직 전체와 그 구성부문들 모두를 하나의 방향으로 이끄는 목표, 계획, 방침이다.

2) 챈들러의 전략이론과 조직구조[74)]

① 연구 내용

하버드대 교수를 역임한 챈들러(Chandler)는 1909년부터 1959년까지 약 100여개 기업을 연구한 끝에 '구조는 전략을 따른다(Structure follows strategy)'는 일반명제를 내놓게 된다. 그의 연구는 전략-구조연구의 효시(嚆矢)로서, 차일드(Child)의 전략적 선택 이론(strategic choice theory)에 영향을 미쳤으며, 동일한 환경에서 서로 다른 조직구조가 존재하는 것에 대한 설명논리를 제공하였다.

② 전략과 조직구조의 관계

챈들러는 조직구조가 전략의 종속변수로서, 전략이 변경되면 조직구조는 이에 뒤따른다는 점을 사례연구를 통하여 확인했다. 기업은 성장주기에 따라 전략을 수립, 개정하며 이때마다 각 전략을 구현하기에 가장 적합한 형태의 조직구조를 갖게 됨을 논증하였다.

3) 포터의 전략이론과 조직구조[75)]

① 연구 내용

포터(Porter)는 한 산업 분야에서 특정 기업의 경쟁력은 다섯 가지 요소(five-forces : 매자의 교섭력, 공급자의 교섭력, 신규진입자의 위협, 대체재의 위협, 기존의 경쟁자)에 의해 상대적으로 결정된다고 보았으며, 이러한 산업 내 경쟁관계 속에서 특정 기업이 타 기업에 대해 우위를 점할 수 있는 본원적 경쟁전략(generic strategy)으로 원가우위 전략, 차별화 전략, 집중화 전략의 세 가지를 제시하였다.

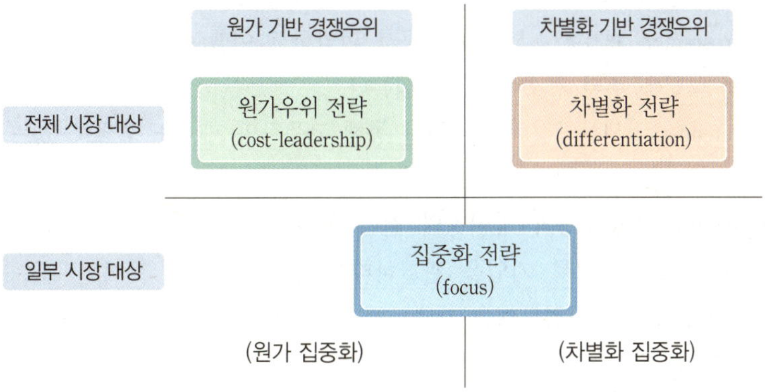

a. 원가우위(cost leadership) 전략은 경쟁기업들에 비해 상대적으로 저렴한 원가로 재화 및 용역을 공급하여 산업 평균 이상의 수익을 얻는다. (예 Walmart)

b. 차별화(differentiation) 전략은 구매자가 중요하다고 여기는 속성을 선택해서 그 요구에 맞추어 기업이 판매하는 제품 및 서비스를 경쟁기업과 구별되는 독특한 것으로 인식시키는데 경영 역량을 집중한다. (예 Apple)

c. 집중화(focus) 전략은 특정한 범위의 시장에서 가장 잘할 수 있는 측면에 경영역량을 쏟는 전략으로서, 산업 전체를 대상으로 하는 원가우위/차별화 전략과는 달리 시장의 일부 영역을 그 대상으로 한다.

② 전략과 조직구조의 관계

a. 원가우위 전략을 수립하는 기업에서는 집중성과 공식성이 높아진다. 높은 수율(yield, 洋品 생산의 비율) 달성, 효율성의 극대화 추구가 경영의 목표이며, 구성원의 재량권보다는 작업 절차의 표준화와 이에 대한 감독 및 관리가 강조되며, 중간관리층이 두터운 기계식 조직이 형성된다.

b. 차별화 전략을 수립하는 기업에서는 분권화와 유연성이 늘어난다. 독특하고 차별적인 제품을 만들기 위해 연구개발 인력이 늘어나고, 고객과의 접촉을 늘리는 과정에서 일선 종업원

들에게 폭넓은 재량권이 부여되며, 위험감수 및 창의적 사고를 촉진하는 유기적 조직이 형성된다.

4) 마일즈와 스노우의 전략이론과 조직구조[76)]

① 연구 내용

마일즈와 스노우(Miles & Snow)에 의하면 전략유형에 부합(align)되는 조직구조 및 관리특성을 갖추어야 성과를 낼 수 있으며, 성공적 경쟁전략의 유형에는 방어형, 공격형(혁신형), 분석형이 있다. 실패하는 임기응변적(ad-hoc) 전략유형은 반응형(reactor)이라 한다.

a. 공격형(prospector, 개척형) : 고객의 욕구를 파악하고 이를 신속하게 충족시키기 위해 제품과 기술의 혁신을 주된 경쟁수단으로 삼는다.

b. 방어형(defender) : 생산공정의 효율화를 통해 고품질의 제품을 경쟁력 있는 가격으로 제공한다.

c. 분석형(analyzer) : 공격형과 방어형의 결합 형태이다. 방어형처럼 품질 · 비용 측면의 경쟁력을 추구하고, 공격형 기업을 관찰하다가 성공가능성이 보이면 흡수능력(absorptive capacity)을 활용해 신사업모델을 재빠르게 모방하여 생산공정 · 마케팅 측면의 이점을 살려서 경쟁한다.

② 전략과 조직구조의 관계

a. 공격형 전략을 수립하는 기업에서는 유연성과 분권화가 높아진다. 창의적인 업무수행을 위해서 권한위임(empowerment)과 탄력적인 의사결정을 선호하는 유기적 조직이 형성된다.

b. 방어형 전략을 수립하는 경우에는 공식성과 집중성이 강해지는 조직구조를 갖게 된다. 현재의 시장점유율을 유지하기 위해 안정성과 효율성 달성이 경영의 우선목표가 되는 기계식 조직이 형성된다.

5) 결론

전략이 제대로 수립되지 않을 경우에는 구조가 환경의 요구에 부합되지 않을 뿐만 아니라 조직의 생존 자체가 위협받을 수 있다. 따라서 훌륭한 경영자라면 여러 상황변수를 깊이 통찰하여 적합한 전략을 도출하여야 한다.

| 8 | 권력[77)]

1) 조직구조의 상황변수로서의 권력

권력(power)이란 한 개인이나 집단의 행동을 자신의 의지(will)대로 바꿀 수 있는 능력이다. 조직구조의 객관적 상황변수는 전체 조직구조 변화의 60% 미만만을 설명하며, 나머지는 인간의 의지와 관련된 주관적 요소(전략, 권력)의 개입이다. 주관적 변수를 중시하는 관점은 객관적 상황변수를 중시하는 관점의 주요가정(합리성, 의견합치, 최고경영진의 중시 등)에 대한 비판에서 시작된다. 주관적 조직상황변수 중에서도 전략이 인간의 자유의지와 합리적 선택을 대변하는 변수인 반면, 권력은 인간의 욕구에 기반한 비합리적이고 정치적 선택을 대변하는 변수이다.

2) 권력에 입각한 조직이론의 핵심 전제

① 제한된 합리성 관점을 취한다. 여러 제약 때문에 완전무결한 의사결정은 사실상 불가능하다.

② 개인이 합리적이라 하더라도 조직은 그렇지 않을 수 있다. 따라서 조직구조가 형성되는 과정에는 여러 비합리적 힘이 작용할 수 있다.

③ 핵심의사결정층(dominant coalition)에는 비경영층도 포함 가능하다. 즉 최고경영진(top management team)만이 의사결정에 참여하는 유일한 주체는 아니다.

④ 조직의 목표에 대한 구성원들의 견해는 일치되기가 어렵다. 이는 카네기 모형의 기본 가정으로서, 의사결정의 본질은 핵심의제(agenda)가 무엇인지를 정하는 과정이다.

3) 권력과 조직구조 간 관계[78)]

① 조직구조의 형성 과정

조직구조는 내부 핵심의사결정층의 이해관계를 반영하여 선택된다. 객관적 상황변수인 환경과 기술 등은 전략적 선택 과정에서의 제약조건(constraint)으로 작용하며, 최종 판단은 가장 많은 권력을 보유한 의사결정집단(dominant coalition)에 의해 이루어진다.

② 제약조건에 대한 해석

a. 환경(environment) : 주관적 환경인식 및 관리

환경 자체보다도 의사결정자의 환경인식, 즉 창조된(의도된) 환경(enacted environment)이 보다 더 중요하다. 경영자들은 불확실성 감소를 위해 잠재적 위협요인이 될 수 있는 환경요인들과 긴밀한 상호작용(M&A, 인적접근, 광고)을 하거나 활동영역의 변경을 통해 환경을 유리하게 만들 수 있다.

b. 기술(technology) : 일상적인 기술

경영자들은 여러 기술형태 중 권력유지에 도움이 되는 기술을 선택할 수 있다. 일반적으로 과업의 다양성이 낮고 분석 가능성이 높은 일상적(routine) 기술을 선택할 때 경영자의 권력행사가 용이하다. 이러한 기술형태는 구성원의 대체를 용이하게 하고 권력의 중앙집권화를 도와준다.

③ 조직구조의 선택

권력을 보유한 핵심의사결정층은 환경을 유리하게 조정하는 동시에 일상적 기술을 선택하므로, 중앙집권적 통제에 유리한 기계식 조직구조를 선호함을 알 수 있다. 특히 오늘날의 정보통신기술 발전은 권력자로의 정보집중을 돕는 동시에 조직관리를 보다 용이하게 한다.

1) Daft, L. R. (2015). *Organization theory and design* (12th ed.). Mason, OH : South-Western Cengage Learning. 이창원 · 최창현 · 최천근(2012), 『새 조직론』(전정3판), 서울 : 대영문화사

2) 임창희(2015), 『조직론 이해』(제2판), 파주 : 학현사

3) Daft, *Op Cit.*

4) 임창희, 전게서.

5) Daft, *Op Cit.* ; 이창원 등, 전게서 ; 임창희, 전게서.

6) Gulick, L., & Urwick, L. (1937). (eds.). *Papers on the Science of Administration*, Institute of Public Administration, New York.

7) Daft, *Op Cit.*

8) 임창희(2010), 『조직론』, 서울 : 학현사, pp.157~159.

9) 이창원 등, 전게서, pp.432~433.

10) 김인수(2007), 『거시조직이론』(제4판), 서울 : 무역경영사

11) Lawrence, P., & Lorsch, J. (1967). Differentiation and integration in complex organizations, *Administrative Science Quarterly*, 12, 1~30.

12) 임창희, 전게서 ; 이창원 등, 전게서, pp.422~423.

13) 임창희, 전게서, 이창원 등, 전게서, pp.419~420.

14) Daft, *Op Cit.*

15) Lawrence & Lorsch, *Op Cit.*

16) Daft, *Op Cit.*

17) Daft, *Op Cit.* ; Williamson, O. E. (1975). *Markets and Hierarchies : Analysis and antitrust implications.* NY : Free Press.

18) Daft, *Op Cit.*

19) Mintzberg, H. (1980). Structures in 5's : A synthesis of the research on organization design, *Management Science*, 26(3), pp.322~341.

20) 김인수, 전게서 ; 임창희, 전게서.

21) 김인수, 전게서.

22) 김인수, 전게서.

23) 김인수, 전게서 ; 임창희, 전게서, Daft, *Op Cit.*

24) 김인수, 전게서 ; 임창희, 전게서, Daft, *Op Cit.*

25) 김인수, 전게서 ; 임창희, 전게서, Daft, *Op Cit.*

26) 이창원 등, 전게서 ; 임창희, 전게서 ; Daft, *Op Cit.* ; Mintzberg, H. (1979). The structuring of organizations. Englewood Cliffs NJ: Prentice Hall.

27) Peters, T. J. (2003). *Re-Imagine! : Business excellence in a disruptive age*, UK : Dorling Kindersley.

28) 임창희, 전게서 ; 허문구(2004), "프로세스 조직의 설계와 효과 : 상황적 접근", 『경영학연구』, 33(4), pp.1097~1134. ; Daft, *Op Cit.*

29) 최종태 · 백삼균(2006), 『조직설계론』, 서울 : 한국방송통신대학교출판부

30) Daft, *Op Cit.*

31) 김인수, 전게서.

32) Williamson, O. E. (1975). *Markets and Hierarchies : Analysis and antitrust implications.* NY : Free Press.
Axelrod, R., & Hamilton, W. D. (1981). The evolution of cooperation. *Science*, 211(4489), 1390~1396.
Axelrod, R. (1984). *The Evolution of Cooperation.* Basic Books, New York.

33) Fukuyama, F. (1995). *Trust.* New York : The Free Press.

34) 이종민(2007), "네트워크 조직설계에 대한 연구", 『산학경영연구』, 20(1), pp.19~31.

35) 신유근(2005), 『인간존중경영』(신판), 서울 : 다산출판사

36) 신유근, 전게서.

37) Daft, *Op cit.*

38) March, J. G. (1991). Exploration and exploitation in organizational learning. *Organization Science*, 2(1), 71~87.

39) Daft, *Op Cit.* ; 임창희, 전게서 ; 김인수, 전게서.

40) 임창희, 전게서.

41) Thompson, J. D. (1967). *Organizations in action.* New York, NY : McGraw-Hill.
Duncan, R. (1972). Characteristics of organizational environment and perceived environment uncertainty. *Administrative Science Quarterly*, 17, 313~327.
임창희, 전게서.

42) Dess, G., & Beard, D. (1984). Dimensions of organizational task environments. *Administrative Science Quarterly*, 29(1), 52~73. doi : 10.2307/2393080

43) Burns, T., & Stalker, G. (1961). *The management of innovation.* London : Tavistock Publication.

44) Lawrence, P. R., & Lorsch, J. W. (1967). *Organization and environment.* Boston, MA : Harvard University Press.

45) 임창희, 전게서 ; Daft, *Op Cit.* ; Thompson, J. D. (1967). *Organizations in action.* New York, NY : McGraw-Hill.

46) Meyer, J. W., & Rowan, B. (1977), Institutionalized Organizations : Formal Structure as Myth and Ceremony, *American Journal of Sociology*, 83(2) : 340~363.

47) Daft, *Op Cit.*

48) 임창희, 전게서.

49) Adler, N. J. (2002). *International dimensions of organizational behavior.* (4th ed.). Cincinnati, OH : South-Western.
Herbert, T. T. (1984). Strategy and multinational organization structure : An interorganizational relationships perspective. *Academy of Management Review*, 9, 259~271.

50) Daft, *Op cit.*

51) 장세진(2012), 『글로벌경영』(제6판), 서울 : 박영사, pp.317~320.

52) 임창희, 전게서, 제11장 ; 김인수, 전게서, 제7장.

53) 이창원 등 전게서 ; Daft, *Op Cit*.

54) 임창희, 전게서 ; 김인수, 전게서.

55) Woodward, J. (1965). *Industrial organization : Theory and practice*. London : Oxford University Press.

56) Perrow, C. (1967). A framework for the comparative analysis of organization. *American Sociological Review*, 32(2), 194~208.

57) Thompson, *Op Cit*.
이창원 등 전게서 ; 임창희, 전게서.

58) Daft, *Op Cit*.

59) US Bureau of Labor Statistics.

60) 이창원 등, 전게서 ; Kimberly, J. R. (1976). Organization size and the structuralist perspective : A review, critique, and proposal. *Administrative Science Quarterly*, 21, 577~597.

61) 임창희, 전게서.

62) 이창원 등, 전게서, pp.448~450.

63) Daft, *Op cit*.

64) Surowiecki, J. (2011, October), Big is beautiful, *The New Yorker*, 38.

65) Pil, F. K., & Holweg, M. (2003, Winter), Exploring scale : The advantages of thinking small, *MIT Sloan Management Review*, pp.33~39.

66) Daft, *Op Cit*. ; 김인수, 전게서 ; 이창원 등, 전게서 ; 임창희, 전게서.

67) Daft, *Op Cit*. ; 임창희, 전게서 ; 김인수, 전게서 ; 박계홍 · 박하진(2015), 『경영조직론』, 파주 : 학현사, pp.247~250.
Quinn, R., & Cameron, K. (1983). Organizational life cycles and shifting criteria of effectiveness : some preliminary evidence, *Management Science*, 29, 33~41.
Greiner, L. E. (1972). Evolution and revolution as organizations grow. *Harvard Business Review*, 50(4), pp.37~46.

68) Quinn & Cameron, *Op Cit*.

69) Daft, *Op Cit*. ; 임창희, 전게서 ; Weitzel, W., & Jonsson, E. (1989). Decline in organizations : A literature integration and extension. *Administrative Science Quarterly*, 34(1), 91~109.

70) Cameron, K. S., Kim, M. U., & Whetten, D. A. (1987). Organizational effects of decline and turbulence. *Administrative Science Quarterly*, 32, 222~240.

71) Weitzel, W., & Jonsson, E. (1989). Decline in organizations : A literature integration and extension. *Administrative Science Quarterly*, 34, 91~109.

72) Miller, D. (1992). The Icarus paradox : How exceptional companies bring about their own downfall. *Business Horizon*, 35, 24~35.

73) Miller, Ibid. ; 김인수, 전게서.

74) Chandler, A. (1962). *Strategy and structure*. Cambridge, MA : MIT Press.

75) Porter, M. E. (1988). *Competitive advantage : Creating and sustaining superior performance.* New York, NY : The Free Press.

76) Miles, R. E., & Snow, C. C. (1978). *Organizational strategy, structure, and process.* New York, NY : McGraw-Hill.

77) Robbins, S. P. (1990). *Organization theory : Structure, design, and application* (3rd ed.). Upper Saddle River, NJ : Prentice Hall.

78) 박계홍 · 박하진(2015), 『경영조직론』, 파주 : 학현사, p.182.

CHAPTER 8
조직차원의 제 변수

단원개요

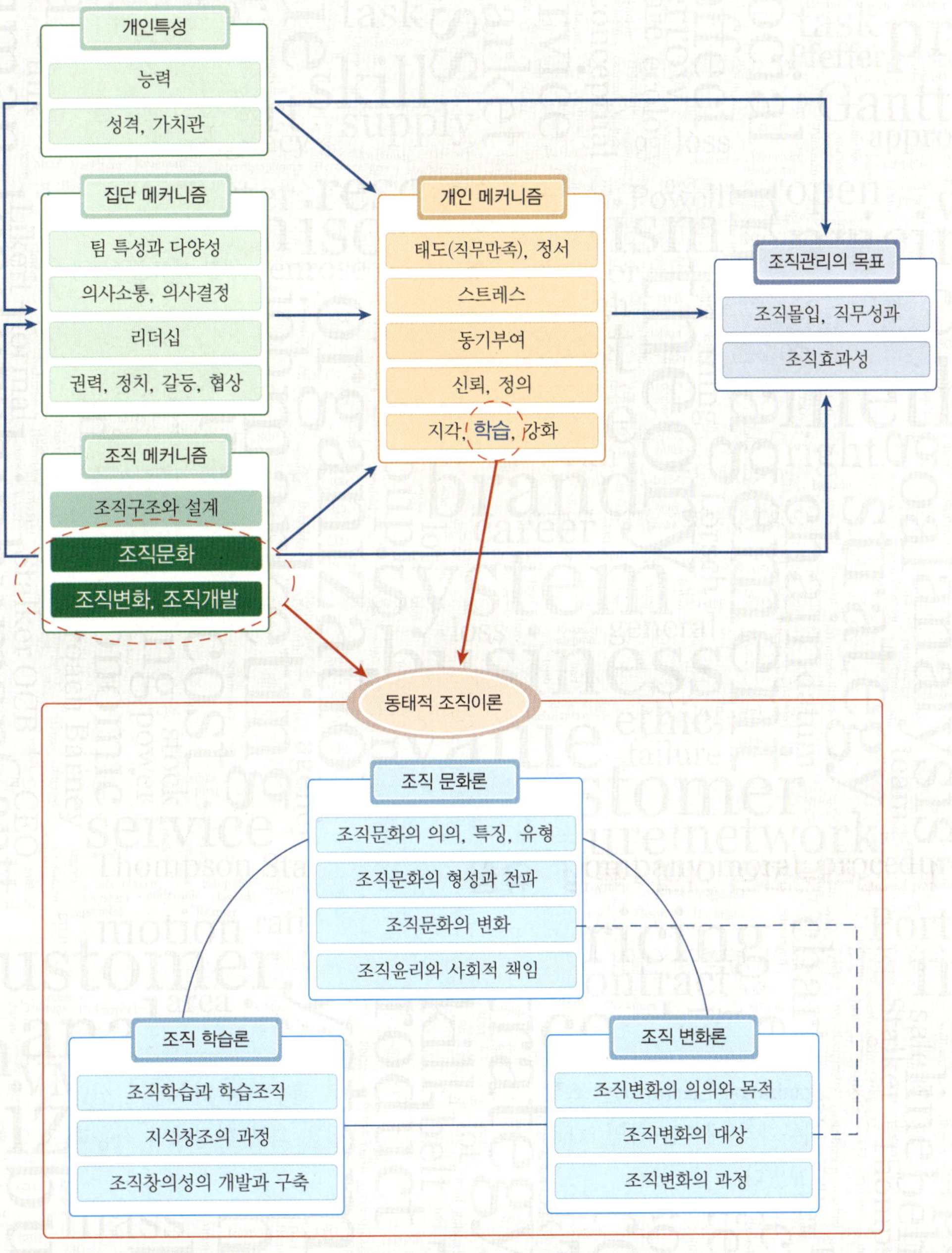

개인특성
능력
성격, 가치관
집단 메커니즘
팀 특성과 다양성
의사소통, 의사결정
리더십
권력, 정치, 갈등, 협상
조직 메커니즘
조직구조와 설계
조직문화
조직변화, 조직개발
개인 메커니즘
태도(직무만족), 정서
스트레스
동기부여
신뢰, 정의
지각, 학습, 강화
조직관리의 목표
조직몰입, 직무성과
조직효과성
동태적 조직이론
조직 문화론
조직문화의 의의, 특징, 유형
조직문화의 형성과 전파
조직문화의 변화
조직윤리와 사회적 책임
조직 학습론
조직학습과 학습조직
지식창조의 과정
조직창의성의 개발과 구축
조직 변화론
조직변화의 의의와 목적
조직변화의 대상
조직변화의 과정

제1절 조직문화론

ORGANIZATIONAL BEHAVIOR AND ORGANIZATION DESIGN

(1993년) 제4회 공인노무사시험
조직문화의 정의와 조직관련에의 영향을 약술하라. (25점)

(2004년) 제48회 행정고등고시
인터넷의 발달과 글로벌화의 진전, 생산자 중심에서 고객 중심으로의 전환 등 기업환경의 변화에 따라 기업의 조직문화도 과거에 비해 많이 달라지고 있다. (총 30점)
1) 조직문화의 의의와 중요성을 설명하시오. (5점)
2) 조직문화의 기능에 대해 설명하시오. (10점)
3) 현대 기업환경에 맞는 바람직한 조직문화와 그 형성을 위한 최고경영자의 역할을 설명하시오. (15점)

(2013년) 제22회 공인노무사시험
조직문화의 개념과 의미(중요성과 순기능/역기능 포함), 그리고 조직문화와 조직성과의 관계를 설명하시오. 또한 샤인(Schein)이 제시한 조직문화의 구성요소, 딜과 케네디(Deal & Kennedy) 그리고 퀸(Quinn)이 제시한 조직문화유형을 도식화하여 설명하시오. (50점)

(2023년) 제32회 공인노무사시험
조직구성원들의 조직적응은 업무에 대한 태도 형성과 성과에 영향을 미친다. 특히 신입사원 조직적응과 관련하여 조직사회화(organizational socialization)의 중요성이 강조되고 있다. 다음 물음에 답하시오. (25점)
물음 1) 조직사회화의 개념과 행위적 결과 및 정서적 결과를 설명하시오. (10점)
물음 2) 조직사회화의 3단계 모델을 설명하시오. (15점)

|1| 조직문화의 의의 · 특징 · 유형

1) 조직문화의 개념과 의미[1)]

① 의의

조직문화(organizational culture)는 조직구성원 간에 공유되고 전수되는 가치관과 신념 및 규범을 말한다. 조직문화의 대가인 샤인(Schein)은 조직문화의 본질을 외부 환경에의 적응과 조직 내부의 통합으로 보았다.

② 중요성

a. 조직문화는 기업의 전략 실행(strategy implementation)에 영향을 미친다. 전략과 문화 간에 적합성(strategy-culture fit)이 높으면 전략의 성공적 실행이 가능하다.

b. 조직문화는 기업의 인수 · 합병(M&A, merger and acquisition)에 영향을 미친다. 합병 후 통합(PMI, post-merger integration) 과정의 핵심은 바로 조직문화의 융합이다.

c. 조직문화는 집단 내의 갈등에 영향을 미친다. 조직 내 부서별 하위문화를 연결, 통합해주는 조직문화가 부재하다면 갈등이 심각하게 전개될 수 있다.

d. 조직문화는 의사소통에 영향을 미친다. 동일 조직 내에서 상이한 문화가 존재한다면 소통과정(암호화–전달–복호화)에서 장애가 발생할 수 있다.

e. 조직문화는 조직효과성에 영향을 미친다. 코터와 헤스켓(Kotte & Heskett)[2]에 따르면 문화가치를 잘 관리하는 기업은 그렇지 않은 기업보다 우수한 성과를 거둔다.

③ 강한 조직문화의 순기능과 역기능

a. 강한 문화

강한 문화(strong culture)는 조직구성원과 하위조직 전체가 가치관과 신념 및 규범의 측면에서 일관되고 정렬된 특성을 갖는 조직문화를 뜻한다.

b. 순기능과 역기능

순기능	역기능
• 한 조직을 다른 조직과 구별하는 정체성을 제공한다. • 구성원의 일체감 조성에 기여한다. • 조직구성원들에게 행동지침을 제공함으로써 불확실성을 감소시킨다.	• 환경변화에 대한 적응력을 저하시킨다. • 조직변화에의 저항력을 강화시킨다. • 창의성과 다양성이 존중되지 못하는 획일화의 문제가 발생한다. • 인수합병시 통합적 문화의 형성을 지체시킨다.

2) 조직문화의 조직성과와의 관계[3]

① 성과에 도움이 되는 조직문화

일반적으로 강한 문화(strong culture), 전략과 적합한 문화(7S 모형), 적응적 문화(adaptive culture)는 조직성과에 도움이 되는 것으로 알려져 있다.

② 조직문화가 성과향상에 도움을 주는 이유

a. 구성원들과 조직체와의 동질성을 강화하고 안정감을 제공한다.

b. 구성원들에게 공통의 의사결정 기준과 변화에 대응할 수 있는 역량을 제공한다.

c. 구성원들의 소속감을 고취시켜 조직몰입과 단합의 수준을 높인다.

d. 경쟁자들이 모방하기 힘든 조직 고유의 역량(distinct competence)으로서 지속적 경쟁우위의 원천이다.

3) 조직문화의 구성요소

① 샤인의 조직문화 구성요소[4)]

a. 의의

샤인(Schein)은 조직문화의 구성요소를 기본적 가정, 가치, 인공물로 보았다. 이들 구성요소는 상하관계와 인과관계를 가진다.

b. 3대 요소의 내용

i. 기본적 가정(underlying assumption)이란 사람들이 당연한 것으로 받아들이는 기본적 믿음으로서, 무의식적이며 관찰이 어렵다. 일반적으로 창업자의 철학이나 가치관이 여기에 개입하게 된다.

ii. 가치(value)는 기본적 가정이 표출되어 인식의 수준으로 나타나는 것으로서, 구성원들이 수행하는 각종 판단의 근거가 된다.

iii. 인공물(artifacts)은 가치관이 표출되어 형성되는 기술이나 예술 또는 어떤 특정한 행동양식들을 의미한다. (예 이야기, 신화, 상징, 조직구조, 통제시스템, 권력관계, 의례와 의식)

c. 3요소 간의 관계

기본적 가정이 가치와 인공물에 영향을 주기도 하지만 그 역방향도 가능하다. 이는 문화 변화에서 인공물을 통한 가치 및 근본가정의 변화 시도가 가능함을 시사한다.

[조직문화의 구성요소와 계층성]

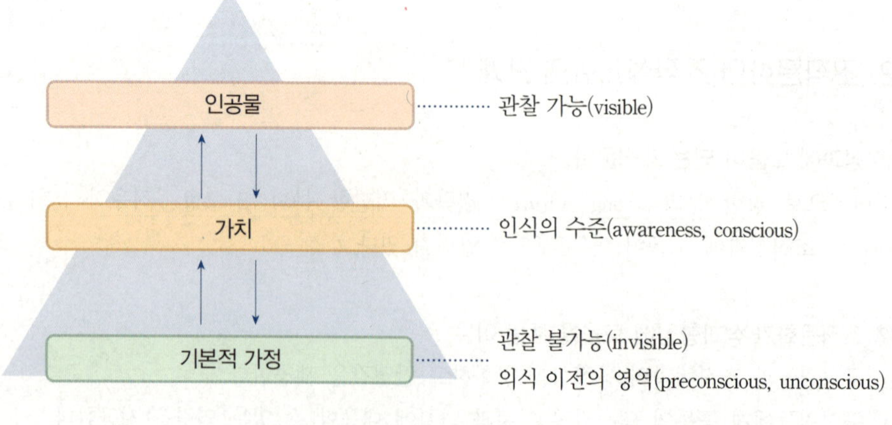

② 7S 모형[5)]

a. 의의

파스칼(Pascale)과 피터스(Peters)가 조직문화의 구성요소로서 고안하여 널리 알려진 7S는 공유가치(shared value : 문화를 강화하는 가치관과 이미지), 전략(strategy), 구조(structure : 조직의 architecture), 제도(system : 생산시스템, 평가시스템, 선발시스템, 품질시스템 등), 구성원(staff : 인적 자원의 선발과 개발), 기술(skill : 변화 프로세스를 실행해야만 하는 개인의 역량), 리더십 스타일(style : 최고경영자들의 태도)을 의미한다.

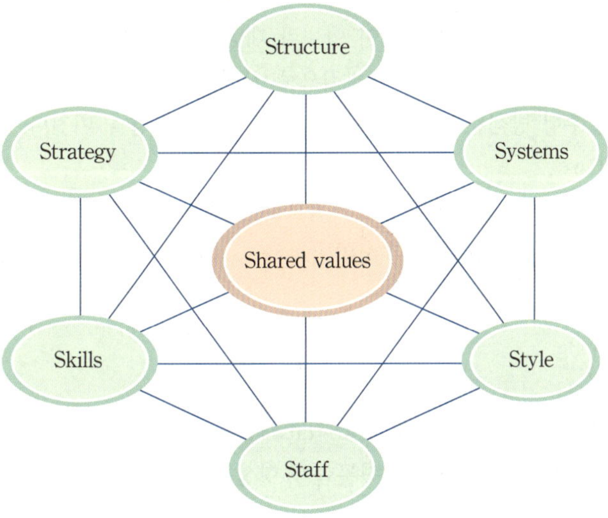

b. 7대 문화 구성요소의 내용

i. 공유가치(shared value)

구성원들 모두가 공동으로 소유하고 있는 가치관으로서, 조직 전반에 관한 믿음 내지는 신념이다. 공유가치는 다른 조직문화 구성요소에 지배적인 영향을 줌으로써 조직문화 형성에 가장 중요한 위치를 차지하고 있다.

ii. 전략(strategy)

기업의 목적을 달성하기 위하여 경영환경의 제약하에서 조직 전체와 그 구성부문들 모두를 하나의 방향으로 이끄는 목표, 계획, 방침이다. 전략은 공유가치의 달성방향을 제시함으로써 다른 문화 구성요소들에 영향을 준다.

iii. 구조(structure)

조직목표의 달성을 위하여 업무(직무, task)와 보고라인(감독, supervision) 및 문제해결자(조정, coordination) 등의 위치와 역할을 합리적으로 배열한 틀(framework)이다. 조직구조는 조직성과뿐만 아니라 구성원들의 행동 방식이나 상호작용에도 영향을 미친다.

iv. 제도(system)

경영상의 주요 의사결정과 일상운영의 틀이 되는 관리기법 및 절차 등을 포함하는 개념이다. 보상제도, 경영정보시스템, 성과관리 등을 포함한다.

v. 구성원(staff)

조직문화는 구성원들의 행동을 통하여 실제로 구현된다. 조직문화의 구성요소로서 staff의 의미는 구성원 각자의 능력과 전문성, 가치관과 신념, 욕구와 동기, 지각과 태도 그리고 그들의 행동패턴 등을 포함한다.

vi. 기술(skill)

생산 및 서비스기술(협의의 기술)뿐만이 아니라 대상(주로 투입되는 '자원'을 의미함)을 변화시키는 각종 활동(예 동기부여, 갈등관리)을 포괄적으로 지칭한다. 조직이 사용하는 기술의 유형은 조직 구성원들의 과업수행 방식뿐만 아니라 조직의 구조에도 영향을 미친다.

vii. 리더십 스타일(style)

조직목적의 성취를 위해 구성원에게 효과적으로 영향을 미칠 수 있는 리더의 능력이다. 리더십이 발휘과정에서는 리더(leader)와 구성원(follower, 추종자) 및 이들이 처한 상황(situation) 간의 상호작용이 매우 중요하다.

c. 시사점

7대 요소들의 정렬(alignment) 여부가 조직효과성에 영향을 미친다. 공유가치와 전략, 구조, 제도, 구성원, 기술, 리더십 스타일은 조직문화를 형성하며, 기업 전체의 성과에 영향을 준다.

4) 조직문화유형론

① 딜과 케네디의 조직문화 유형[6]

a. 기본가정

i. 조직문화의 구성요소

딜과 케네디(Deal & Kennedy)는 조직문화 형성에 작용하는 결정 요소를 환경(Environment), 기본가치(Value), 중심인물(Hero), 의례(Rites)와 의식(Rituals), 문화 네트워크(Culture Networks)의 5가지로 보았다.

ii. 조직문화의 유형구분 기준

조직문화는 조직이 위험을 감수해야 하는 정도인 위험성향(risk propensity)과 조직의 최종 산출물이 나오기까지 걸리는 시간의 길이인 결과에 대한 환류기간(result feedback)에 따라 총 네 가지의 유형으로 분류할 수 있다.

b. 조직문화의 세부 유형

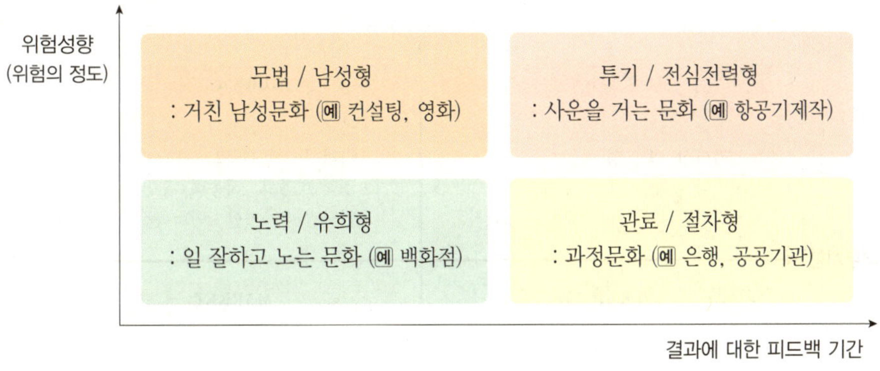

ⅰ. 무법/남성형(tough guy/macho culture) : 거친 남성문화

위험성향이 크고 결과에 대한 환류기간이 단기인 조직문화이다. 거칠고 협동이 드물며, 개인주의가 팽배하고 현재를 중시한다. 유행에 극도로 민감한 컨설팅업계나 영화산업 등이 이러한 문화를 가진다.

ⅱ. 노력/유희형(work hard/play hard culture) : 일 잘하고 노는 문화

위험성향이 낮고 결과에 대한 환류기간이 단기인 조직문화이다. 팀 단위의 협력이 잘 되며 현재를 중시한다. 소매업종인 백화점, 자동차 판매업 등이 이러한 문화를 가진다.

ⅲ. 투기/전심전력형(bet your company culture) : 사운을 거는 문화

위험성향이 크고 결과에 대한 환류기간도 장기인 조직문화이다. 아이디어 및 기술력을 중시하며, 신중한 의사결정이 필요하다. 초기 설비투자 비용이 많이 드는 항공, 정유, 화학 등의 대규모 장치산업이 이러한 문화를 가진다.

ⅳ. 관료/절차형(process culture) : 과정문화

위험성향도 작고 결과에 대한 환류기간도 장기인 조직문화이다. 일의 순서와 위계를 중시하며 방어적인 특성을 가진다. 은행이나 공공기관, 대학 등이 이러한 문화를 가진다.

② 퀸의 조직문화 유형[7]

a. 의의와 기본 가정

ⅰ. 의의

퀸(Quinn)은 조직효과성 평가에 활용되는 여러 지표(indicators)들을 종합하여 서로 경쟁(충돌 내지는 경합)하는 두 가치 차원에 대한 조직의 지향성을 기준으로 문화유형을 네 가지로 구분하였기에 경쟁가치모형(CVF, competing value framework)이라 부른다.

ⅱ. 문화구분의 기준

조직문화는 조직의 구조(structure)에 관한 유연성(flexibility, 혁신과 변화)－통제(control, 안정과 질서) 차원과 조직의 초점(focus)에 관한 내부(internal, 구성원 중심)－외부(external, 고객과 성과 중심) 차원에 따라 구분된다.

b. 조직문화의 세부 유형

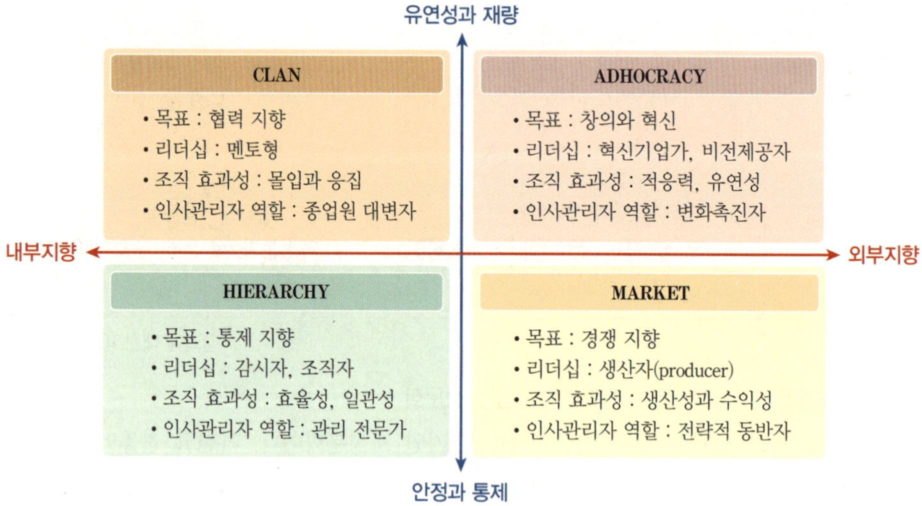

ⅰ. 위계문화(내부지향, 통제 ➡ 관료문화, bureaucratic culture)

의미	위계문화(hierarchy culture)는 베버(Weber)의 관료제 연구를 그 바탕으로 하고 있으며, 전략적 초점이 내부에 있고 안정된 환경에서 일관성을 지향하는 문화이다.
중심가치	안정성(stability), 예측력(predictability), 효율성(efficiency)을 중심으로 목표달성을 위한 협력, 전통, 관행 등을 강조한다.
특징	구성원의 몰입도는 다른 문화유형에 비해 낮은 편이지만 질서와 예측가능성이 높다.

ⅱ. 시장문화(외부지향, 통제 ➡ 사명문화, mission culture)

의미	시장문화(market culture)는 외부환경에 있는 특정 고객의 요구를 안정적으로 충족시키는 데 초점을 두는 문화유형이다.
중심가치	경쟁력(competitiveness)과 생산성(productivity)을 핵심가치로 한다.
특징	대부분의 제조업과 서비스업에서 발견할 수 있으며, 경쟁우위를 강조하므로 목표달성도에 따라 보상하는 성과주의를 운영기조로 삼는다.

ⅲ. 친족문화(내부지향, 유연성 ➡ 인간중심 문화)

의미	친족문화(clan culture)는 1970년대 후반 미국을 무섭게 추격했던 일본 기업에 내재된 가치를 발견하는 과정에서 개념화되었고, 구성원의 몰입과 참여를 통해 외부 환경에 유연하게 대응하는 것을 중시한다.
중심가치	팀워크(teamwork), 직원몰입(employee involvement), 종업원에 대한 기업의 헌신(corporate commitment to employees) 등이 강조된다.

특징	인간관계론과 관련된 많은 학자들에 의해서 많은 지지를 받았으며, 팀 보상, 준 자율적 작업집단(semi-autonomous work teams), 품질관리조(quality circles) 등으로 구현된다.

iv. 애드호크라시 문화(외부지향, 유연성 ➡ 적응문화, adaptability culture)

의미	애드호크라시 문화(adhocracy culture)는 21세기의 혼란스럽고 격변하는 상황에 가장 잘 반응하는 조직 형태로서, 환경이 주는 신호를 해석하여 고객의 요구를 충족시키는 것에 집중한다.
중심가치	기업가 정신(entrepreneurship), 창의성(creativity) 등이 강조된다.
특징	항공우주산업, 소프트웨어 개발, 컨설팅, 정보통신(IT)과 같은 산업에서 등장하며, 혁신적 제품과 서비스를 생산하는 동시에 새로운 기회에 빠르게 적응한다.

③ 적응적 문화와 비적응적 문화[8)]

코터와 헤스켓(Kotter & Heskett)은 저서 『기업문화와 성과(Corporate culture and performance)』에서 조직문화가 적응과 변화 및 학습을 장려하는 속성을 가지고 있다면 높은 성과를 낼 수 있음을 밝혔다. 이러한 문화속성을 적응적 문화라 하며, 그렇지 않은 문화를 비적응적 문화라 한다.

a. 적응적 문화(adaptive culture)

경영자는 고객, 이해관계자, 직원들의 니즈(needs)에 깊은 관심을 가지며, 변화 창출의 프로세스를 중시한다. 어떤 위험을 수반할지라도 정당한 이익을 확보하는 데 도움이 된다면 변화를 시도한다.

b. 비적응적 문화(nonadaptive culture)

경영자는 주로 현재의 작업집단 및 제품과 기술에 관심을 가지며, 질서를 유지하고 위험을 감소하는 데 집중한다. 따라서 사업 환경의 변화를 활용하거나 자신의 전략을 빠르게 변화시키지 못한다.

④ Z이론적 조직문화[9)]

오우치(Ouchi)는 전통적인 미국 기업의 문화(A 방식)에 문제가 있다고 보고 여기에 일본 기업의 조직문화(J 방식)를 접목시키려는 시도에서 Z이론(Theory Z)을 주장하였다.

a. 등장 배경

오우치는 사회나 조직의 통제(control) 방식을 관료적 통제, 시장 통제, 문화 통제로 구분하였다. 여기서 관료적 통제는 조직실패로, 시장 통제는 시장실패로 인해 불완전할 수 있기에, 오우치는 그 대안으로서의 문화 통제('씨족통치')를 제안한다.

b. Z이론적 조직문화의 특징

ⅰ. 평생고용제도를 통해 애사심 고취와 상호 협력을 통한 만족감 증진, 일탈행동의 감소 등을 기대할 수 있다.

ⅱ. 미국식의 단기 업적평가나 성과연계형 승진제도가 불필요한 경쟁을 유발하여 구성원 간 신뢰(trust) 확립에 실패하였다는 반성에서, 장기적 관점의 업적평가와 느린 승진제도를 제안하였다.

ⅲ. 그 밖에 일본 문화를 계승한 집단의사결정, 직장생활과 가정생활 모두에 대한 총체적 관심 등과 미국 문화를 계승한 개인적 책임 등이 Z 문화의 구성요소가 된다.

|2| 조직문화의 형성과 전파[10)]

1) 조직문화의 형성 과정

초기의 조직문화는 창업자의 철학에서 시작되며, 이후의 채용과 조직사회화 과정을 통해 바람직하거나 또는 바람직하지 않은 행동에 대한 일반적 관념을 형성한다. 이는 슈나이더(Schneider)의 유인－선택－이탈 이론(ASA theory : attraction-selection-attrition theory)을 통해서도 확인할 수 있다.

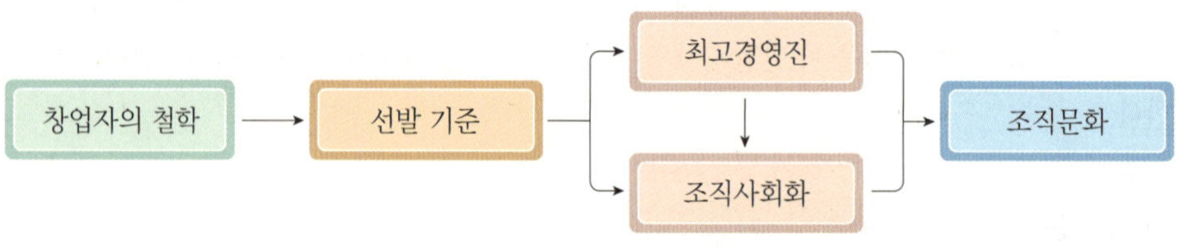

출처 : Robbins & Judge(2010)

2) 조직사회화[11)]

① 개념

조직사회화(organizational socialization)는 한 개인이 어느 조직에 소속되면서 그 조직생활에 필요한 제반 사항들을 습득하는 과정이다. 조직사회화를 통해 습득하는 내용은 크게 업무(과업) 관련 요소와 조직의 가치관 및 문화와 관련한 요소로 구분할 수 있다.[12)]

② 기능과 효과

조직사회화가 필수적인 이유는 궁극적으로 구성원의 만족과 몰입 증가, 잔류의도 증가(이직의도 감소), 업무생산성의 증진 등의 결과변수에 기여하기 때문이다. 이 과정에서 조직사회화가 수행하는 기능(역할)을 행위적 차원과 정서적 차원으로 나누어 설명하면 다음과 같다.

a. 행위적 차원의 기능

ⅰ. 조직사회화는 새로운 세계로 들어서는 신입사원의 진입충격(entry shock)을 완화시켜준다. [사회적 자아(social self)로의 변화 유도]

ⅱ. 조기이직의 감소로 인력충원비용을 절감할 수 있다.

b. 정서적 차원의 기능

ⅰ. 조직정체성(organizational identity)을 높여 적극적인 업무활동을 촉진시킨다.[13]

ⅱ. 개인과 조직의 심리적 계약(psychological contract, 공헌과 대가의 관계에 대한 믿음)의 공고화를 통하여 조직효과성을 향상시킨다.

③ 과정

펠드먼(D. Feldman)에 따르면 조직사회화는 선행사회화(예비단계), 조우(대면), 변화와 수용(체질화)의 3단계에 걸쳐 진행된다.

a. 선행사회화(anticipatory socialization, 예비단계)

신입사원이 조직에 입사하여 직무수행을 하기 전에 발생하는 모든 내용의 사회화 과정을 뜻한다. 이 과정에서는 조직과 직무에 관한 현실적 기대치가 형성되고, 개인－조직(직무) 적합성의 판단이 이루어진다.

b. 조우(encounter, 대면단계)

신입사원이 입사하여 직무를 배우고, 역할을 명확히 습득하며, 각종 대인관계를 형성하는 단계이다. 이 과정에서는 업무수행과 관련한 과업요구(task demand), 상사나 동료로부터의 역할요구(role demand), 조직정치나 리더십 등 제반 인간관계관리에 대한 대인관계요구(interpersonal demand)에 직면한다.

c. 변화와 수용(change and acquisition, 체질화)

여러 조직구성원들이 신입사원을 해당 조직의 내부인(insider)으로 인정하는 단계로서, 조직사회화가 이 과정에서 완성된다.

④ 관련된 교육훈련 기법들

조직사회화는 입사 전부터 현실적 직무소개, 인턴제도, OJT, 멘토링, 코칭, 팀워크 훈련 등을 통해 달성할 수 있다.

[조직사회화 기법의 활용시기]

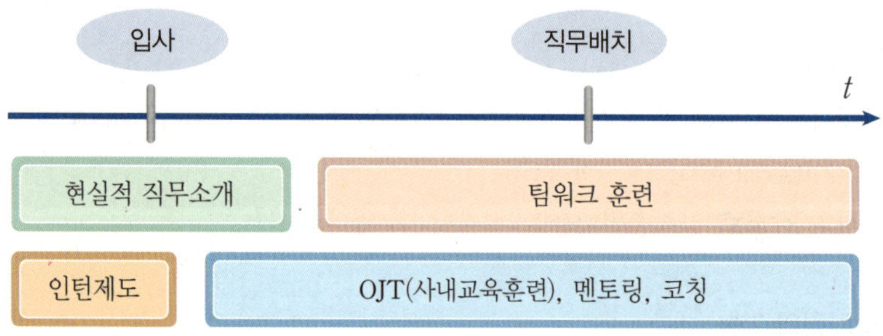

3) 조직문화에 대한 영향요인[14)]

하나의 독특한 조직문화가 형성되는 데에는 최고경영자의 경영철학, 기업의 규모와 업종, 조직구성원의 인적 특성 등과 같은 기업내부적 경영특성, 기업이 속한 사회·문화적 특성이나 산업·경제적 특성과 같은 거시적 환경특성 등의 여러 가지 요인이 영향을 미친다.

4) 조직문화의 전파수단[15)]

① 상징물(symbols) : 업무공간의 물리적 배치, 기업의 로고, 상징색, 구호 등이다.
② 의례와 의식(ceremony) : 사회적 상호작용 과정에서의 문화 표현으로서, 회사의 조회나 포상식, 각종 행사 등이다.
③ 스토리(story) : 실제 사건에 기초한 이야기로서, 조직의 영웅이나 조직문화요소를 강하게 실천했던 행동에 관한 에피소드이다.
④ 언어(language) : 조직의 중요한 문화특성이 구현되는 도구로서, 각종 제스처나 호칭, 약자 등을 포함한다.
⑤ 조직구조(organization structure) : 구조적 특징은 권력(power)의 소재와 의사결정의 위치를 알려줌으로써 구성원들의 조직적응을 돕는다.
⑥ 통제시스템(control system) : 재무통제방법, 보상시스템, 의사결정방법, 품질관리방법 등으로서, 이를 통해 구성원들은 조직문화의 강도나 규범위반시 처벌의 내용 등을 확인할 수 있다.

|3| 조직문화의 변화[16)]

조직문화의 변화과정을 조직변화에 대한 르윈(Lewin)의 세력장이론의 관점에서 세 단계로 나눌 수 있다.

1) 유도적 개입활동(해빙)

문화가 변화될 수 있도록 상황조건을 만들면서 변화에의 저항을 극복하는 과정으로서, 경영진단 및 자문의 진행, 기존의 문화에 대하여 재평가하는 작업 등을 포함한다.

2) 관리적 개입활동(변화)

새로운 가치관과 문화를 받아들일 수 있도록 도와주는 과정으로서, 변화에 적합한 역할모형(role model)의 제시, 직무재설계(job redesign), 관련 교육훈련의 제공 등을 포함한다.

3) 정착적 개입활동(재동결)

형성된 새 문화를 강화하고 과거로의 회귀를 막는 과정으로서, 경영자의 솔선수범, 보상체계의 확립, 각종 통제장치 및 의례 · 의식의 정비 등을 포함한다.

| 4 | 조직윤리와 사회적 책임[17)]

1) 조직윤리의 개념과 영향요인
   ① 개념
   ② 영향요인
      ➡ 개인윤리, 조직문화, 조직시스템, 외부이해관계자
2) 조직윤리의 형성과정
   ① 가치기반 리더십을 통한 조직윤리의 형성
   ② 공식구조와 시스템을 통한 조직윤리의 형성
   ③ 이중목적 조직설계를 통한 조직윤리의 형성
3) 조직윤리의 실천 : 기업의 사회적 책임
   ① 개념
   ② 찬반 논쟁
   ③ 윤리적 압력에 대한 기업의 대응전략
   ④ 이해관계자에 미치는 효과
   ⑤ CSR 성과의 측정기준과 구체적 내용

1) 조직윤리의 개념과 영향요인

① 개념

조직윤리(organization ethics)는 기업에서 옳고 그름을 결정할 수 있는 판단의 원칙으로서, 사회적 책임(corporate social responsibility)과도 깊은 관련이 있다.

② 영향요인

개인윤리	조직을 구성하는 개인이 가지고 있는 신념과 가치관은 기업윤리에 상당한 영향을 미친다. 슈나이더(Schneider)는 사람이 조직을 만든다(people make the place)는 점을 일찍이 지적한 바 있다.
조직문화	니부어(Niebuhr)가 그의 저서 『도덕적 인간과 비도덕적 사회』에서 지적한 대로 도덕적 인간의 집합체가 반드시 도덕적이지는 않다. 따라서 조직차원의 윤리 관련 문화적 규범이 필요하다.
조직시스템	조직의 보상시스템, 채용절차, 평가방식 등 시스템을 구성하는 각 요소들도 조직윤리 형성에 영향을 미친다.
외부 이해관계자	기업이 영향을 주고받는 정부, 지역사회, 소비자 등은 기업윤리나 사회적 책임의 중요한 영향요인이 된다.

2) 조직윤리의 형성 과정

① 가치기반 리더십을 통한 조직윤리의 형성

가치기반 리더십(value-based leadership)은 리더가 주장하고 실행하는 가치관을 부하직원이 공유하고 내면화할 수 있도록 도와주는 리더십 스타일이다. 가치기반 리더는 i) 정직과 겸손 및 성실 등의 윤리적 개인특성, ii) 조직구성원에 대한 배려, iii) 공정성에 기반한 지도력 발휘, iv) 비전을 제시하는 장기적 리더십 등의 네 가지 특성을 가진다.[18)]

② 공식구조와 시스템을 통한 조직윤리의 형성

Fortune 1,000대 기업의 98%는 윤리문제를 공식적인 회사의 정책으로 시행하는 것으로 알려져 있다.

a. 조직구조 : 기업의 윤리적 활동을 관리하고 조정하는 윤리부서가 필요하다.

b. 신고제도 : 비윤리적 활동을 신고할 수 있는 제도 및 내부고발자 보호장치 등을 마련한다.

c. 윤리 규약 : 존슨앤존슨(Johnson & Johnson)의 "Our Credo"와 같은 공식적 윤리규약을 제정하고 이를 구성원들이 숙지 및 준수하도록 한다.

d. 교육 프로그램 : 윤리적 딜레마와 그 해결 방안을 포함한 윤리교육을 실시한다.

③ 이중목적 조직설계를 통한 조직윤리의 형성[19)]

a. 이중목적 조직의 개념

이중목적 조직 또는 혼합형 조직(hybrid organization)은 이익추구와 사회적 사명의 두 가지를 함께 추구하는 조직이다. 사회적 기업의 경우 이익추구에 집중하다보면 사회적 사명을 소홀히 하는 사명표류(mission drift)에 직면할 수 있기 때문에 별도의 조직설계 방안이 필요하다.

[이중목적 조직이 직면하는 두 가지 상반되는 논리]

상업적 이익의 logic	사회적 복지의 logic
경제적 이익을 위한 제품과 서비스의 제공	이해관계자에 부응하는 제품과 서비스의 제공
사회적 사명은 목적이 아니라 수단	경제적 이익은 목적이 아니라 수단
위계적(수직적) 통제 중시	민주적(분권형) 통제 중시
주주들이 조직의 목적과 운영에 개입	지역 이해관계자들이 조직운영에 참여
정당성의 원천은 기술적·관리적 전문성	정당성의 원천은 사회적 사명에 대한 기여도

Daft(2020), 수정인용

b. 상업적 목표와 사회복지 목표의 동시달성을 위한 조직설계

i. 부서의 통합과 분리

- 기업의 업무가 사회적 책임이라는 단일목표를 추구한다면 전체 구성원들을 하나로 묶는 통합구조(integrated structure)를 택할 수 있다.
- 가치관 로직(value logic)이 상이한 두 목표를 동시에 추구하는 경우라면 효율성과 이익을 추구하는 부서와 사회적 책임을 다하는 부서로 분리하여 운영하는 것이 효과적이다.

ii. 균형적 사고방식을 가진 직원 고용하기

사회적 관점을 가진 직원에게 이익 마인드를 주입하거나 그 반대로 경제적 효율성 관점을 가진 조직구성원에게 사회적 책임 마인드를 교육시키는 것은 상당히 어려운 일이기에, 애초부터 사전에 배경지식이나 업무경험이 없는 사람들을 채용하는 방법을 고려할 수 있다.

iii. 명확한 목표설정과 효과성 측정

재무적 목표는 측정이 용이하지만, 사회적 목표의 경우에는 지표의 개발과 측정 등의 제반 관리가 까다로운 편이다. 따라서 두 목표를 동시에 추구하는 기업의 경우, 시간이 지날수록 점차 이익 등의 재무목표를 우선하는 상황에 직면할 수 있다. 이를 방지하려면 사회적 목표에 대한 측정 가능한 구체적 핵심성과지표(KPI, key performance indicators)를 개발할 필요가 있다.

iv. 생각이 비슷한 회사와 협력하기

조직들은 동일한 조직군(organizational population) 또는 가치사슬(value chain)에 속해 있는 주요 파트너들과 제도적 동질성(institutional similarity)을 갖는 경향이 있다. 따라서 사회적 가치와 환경적 의제를 중시하는 기업이라면 비슷한 생각을 가진 공급자 및 고객사와 거래하는 것이 기업의 핵심가치를 유지하는 좋은 방법이 된다.

v. 사회적 사명을 직원들 마음속에 일깨우기

서로 다른 가치관 로직을 가진 조직구성원들 간의 갈등을 최소화하는 방법 중 하나는 리더들이 사회적 사명을 구성원들에게 일깨우고 의미 있는 일(meaningful work)을 하고 있음을 적극적으로 표현하는 것이다.

3) 조직윤리의 실천 : 기업의 사회적 책임[20)]

① 개념

기업의 사회적 책임(CSR : corporate social responsibility)은 기업이 종업원, 고객, 주주, 지역사회와 같은 모든 이해관계자의 복지와 이익에 기여할 수 있도록 의사결정을 하고 행동을 해야 하는 의무를 뜻한다.

② 찬반 논쟁

a. 고전적 견해

전통적인 관점에서는 기업의 목적을 이윤추구로 보므로, 주주와 사원이 아닌 제3자에 대한 의무는 필수적인 것이 아니라고 본다.

b. 현대적 견해

기업도 하나의 법인격이므로, 인간과 마찬가지로 기업도 사회 속에서 도덕과 윤리를 지킬 때 비로소 그 이윤추구행위가 정당화될 수 있다고 본다. 제도화 관점의 논의와 흡사하다.

③ 윤리적 압력에 대한 기업의 대응전략

a. 방해전략

기업의 이윤에만 집착하고 사회적 책임 수행은 전혀 신경쓰지 않는 전략이다.

b. 방어전략

소극적으로 법이 요구하는 최소한의 규정만 지키는 전략이다. 불법행위를 하지는 않지만 윤리 실천에 대한 관심은 없다.

c. 적응전략

윤리경영의 압력이 클 때 도의적인 책임까지 인정하고 책임을 실천하는 전략이다.

d. 행동전략

사회봉사나 각종 기부활동 등에 기업이 앞장서는 경우처럼 자발적 · 예방적 · 선제적으로 사회적 책임을 적극적으로 이행하는 전략이다.

④ 이해관계자에 미치는 효과

a. 사회 구성원

기업이 사회적 책임을 이행할수록 사회 구성원들이 갖는 기업이미지가 개선되므로 성과에도 도움이 된다.

b. 종업원

자사의 사회적 지명도가 높아짐에 따라 자부심과 긍지를 가지고, 회사에 대해 애착과 호감도 높아져 만족한 상태에서 근무한다.

c. 고객

고객의 삶을 개선하는 제품과 서비스를 생산하여 공급하면 기업의 이미지가 제고된다.

d. 주주

투자수익률이 같다면 평판이 좋은 회사에 투자할 가능성이 크다. 실제 연구 결과도 기업의 사회적 책임 행동과 재무적 성과 간에는 긍정적인 관계를 나타낸다.

⑤ CSR 성과의 측정기준과 구체적 내용[21)]

a. ESG 기준

환경(environment, 물 사용이나 연료관리 등), 사회(social, 지역개발, 인력의 다양성관리), 기업지배구조(governance, 임원보상, 리더십 등)의 측면에서 기업의 성과를 측정한다.

b. 지속가능경영을 위한 TBL 기준

i. 지속가능경영의 의미

지속가능경영(sustainability management)이란 기업이 경영에 영향을 미치는 경제적, 환경적, 사회적 이슈를 종합적으로 균형 있게 고려하면서 기업의 지속가능성을 추구하는 경영 활동이다.

ii. TBL 기준

기업이 환경적 책임을 다하면서 부를 창출하는 능력을 지속가능성(sustainability)이라 하며, 이를 평가하는 세 가지 기준(TBL, triple bottom line)은 사람(people, 사회적 건전성), 지구(planet, 환경적 건전성), 이익(profit, 경제적 건전성)의 3P로 구성된다.

iii. 지속가능성 프로그램 실행을 위한 조직구조 설계상의 제안

- 모든 구성원들이 지속가능성 활동에 동참하도록 독려하여 참여도를 높인다.
- 주요 이해관계자들과의 정기적인 대화를 통하여 목표에 대한 공감대를 형성한다.
- 지속가능성 정책들이 사내에 정착되기 위하여 효과적인 성과측정지표를 개발하고 이를 평가하며 유·무형의 보상에 연계되게끔 한다.

c. 깨어 있는 자본주의(conscious capitalism)

포터(Porter)와 크레이머(Kramer)가 제안한 이 개념은 공유가치접근(shared value approach)으로도 불리며, 기업의 경제적 성공과 지역사회의 개선을 동시에 추구하는 조직정책과 관행이다.

제2절 조직학습론

ORGANIZATIONAL BEHAVIOR AND ORGANIZATION DESIGN

(2002년) 제46회 행정고등고시
조직의 생존과 관련하여 최근 '변화'가 중심 주제가 되고 있다. 이러한 변화에 적절한 조직과 리더십으로 학습조직(learning organization)과 변혁적 리더십(transformational leadership)에 대한 관심이 증가하고 있다. 이와 관련하여 (총 30점)

1) 학습조직의 의미와 필요성을 설명하시오. (5점)
2) 학습조직의 특성을 관료제 조직과의 비교를 통하여 설명하시오. (10점)
3) 변혁적 리더십이 학습조직 구축에 왜 중요한가를 변혁적 리더십의 행동유형과 특성을 중심으로 설명하시오. (15점)

(2007년) 제16회 공인노무사시험
학습조직의 특성을 약술하라. (25점)

(2008년) 제17회 공인노무사시험
조직 내 창의성을 위한 조직설계 방안에 대하여 약술하라. (25점)

(2013년) 제22회 공인노무사시험
암묵지(tacit knowledge)와 형식지(explicit knowledge)를 비교 설명하고, 이에 기초하여 노나카(Nonaka)가 제시한 조직의 지식창조과정을 도식화하여 설명하시오. (25점)

|1| 조직학습과 학습조직의 개념[22)]

1) 의의

개인학습의 산물이 공유 · 확산되어 조직차원의 문제 해결력이 증진되는 현상을 조직학습이라 하며, 조직학습의 과정이 반복 · 습관화된 결과 학습조직(Learning organization)이 형성된다.

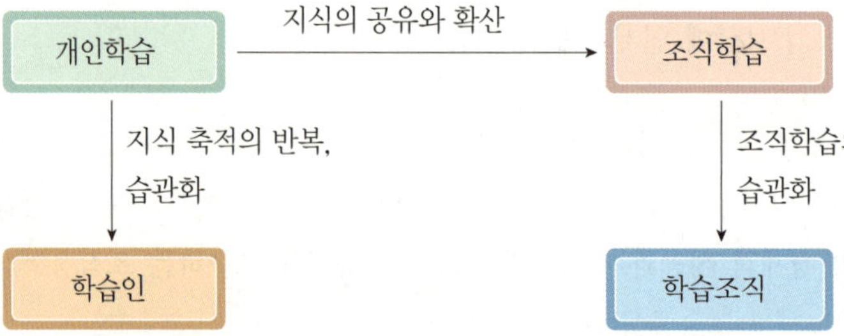

2) 학습조직의 전제

탐색능력(exploration)	환경 속에서 변화와 기회를 탐색하고 예견할 수 있는 능력이다.
회의습관(sceptism)	과거로부터의 전통과 습관, 규칙 등에 대한 회의(의문)를 가지면서 그 적절성 여부를 검토하고 도전하는 능력이다.
학습능력(learning ability)	구성원들이 새로운 것을 찾는 학습행동을 촉진 · 조장하는 문화이다.

| 2 | 학습조직의 구축 방법 : 학습공동체를 위한 지식창조과정

1) 학습공동체의 의의

학습공동체는 새로운 지식의 창출(knowledge creation)이 자유롭게 이루어질 뿐만 아니라, 지식 이전(knowledge transfer)을 통한 이차적 지식창출과 환류(feedback)가 활성화되는 기업이다.

2) 노나카의 지식창조과정[23)]

① 형식지와 암묵지[24)]

a. 개념

지식경영 분야를 집대성한 노나카(Nonaka)는 지식을 두 종류로 구분하여 정의했다.

i . 형식지(explicit knowledge)

언어나 숫자로 표현되어 그 공유가 비교적 쉬운 객관적 지식을 뜻한다.

ii . 암묵지(tacit knowledge)

학습이나 체험을 통해 개인이나 집단에 습득되어 겉으로 드러나지 않은 형태의 지식을 뜻한다.

b. 형식지와 암묵지의 비교

구분	형식지	암묵지
표현가능성	언어로 표현 가능한 객관적 지식을 뜻한다.	언어로 표현하기 어려운 주관적 지식을 뜻한다.
전수가능성	말과 글로 표현되어, 지식을 전수하기가 상대적으로 용이하다.	경험을 통해 몸에 배어 있는 지식으로서, 전수하기기가 상대적으로 어렵다.
지식의 속성	구체적(specific), 공식적(formalized), 체계적(systemized)인 특성을 가진다.	추상성(abstract), 개인적(personalized), 비체계적(un-systemized)인 특성을 가진다.
구체적 사례	사용 매뉴얼이나 각종 프로그램 등이 형식지의 사례이다.	영업 노하우나 프레젠테이션 테크닉 등이 암묵지의 사례이다.

② 지식창조과정

a. 의의

노나카에 의하면 모든 지식은 형식지와 암묵지의 두 형태로 되어 있으며 지식의 창조와 증대 역시 이 두 가지가 증가하는 것이다. 여기서 조직학습이 개인학습과 다른 점은 각자가 획득한 지식을 공유하고 확산하는 과정이 추가적으로 요청된다는 것이다.

b. 지식창조의 4단계

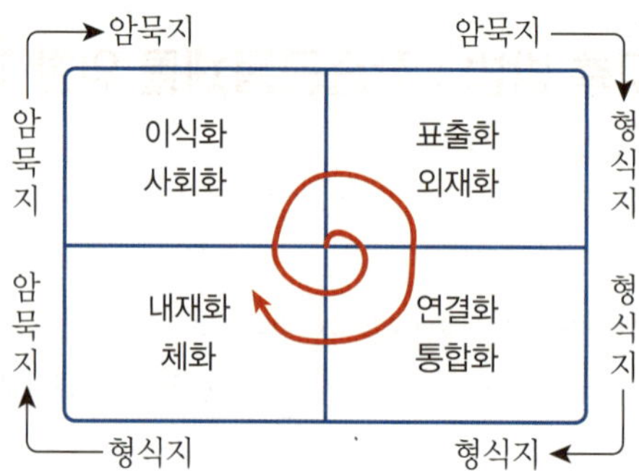

i. **이식화**(사회화, socialization)

한 사람의 지식이 다른 사람의 지식으로 확장되는 것이다. 도제 방식으로 기술과 지식을 전수받는 것이 그 예이다.

ii. **표출화**(외재화, externalization)

보유한 암묵지를 현실 속에서 표현하여 형식지화(化) 하는 과정을 뜻한다. 체득한 기술과 지식을 문서화하는 작업을 포함한다.

iii. **연결화**(통합화, combination)

형식지화 된 개별 지식과 정보들을 조합하고 재분류하면서 보다 가치있는 새로운 지식과 정보로 만들어 가는 과정이다.

iv. **내재화**(체화, internalization)

통합된 지식을 개인의 암묵지로 체화시키는 과정이다.

3) 학습공동체의 형성을 위한 학습 수준별 구체적 방안

개인 학습 차원	전문 능력(skills)과 창의성(creativity)이 요구된다.
집단(팀) 학습 차원	팀워크, 커뮤니케이션, 신뢰의 세 영역의 강화가 요구된다.
조직 학습 차원	임파워먼트(empowerment)와 전략적 사고가 필요하다.

4) 학습조직을 위한 5가지 수련[25)]

① 의의

셍게(Senge)는 베스트셀러인 『제5의 수련(The Fifth Discipline, 국내출판명 "학습하는 조직")』에서 학습 조직을 만들기 위하여 조직의 구성원들에 의해 반드시 수행되어야 하는 5가지 "방법(수련, Disciplines)"을 제안하였다.

② 학습조직을 위한 수련 내용

a. 시스템 사고(systems thinking)

부분이 아닌 전체 시스템의 관점에서 다양한 환경, 사건, 조직, 구성원 간의 관계를 전체적으로 조망할 수 있도록 하는 사고 프로세스이다.

b. 자아완성(전문적 소양, personal mastery)

'배움의 과정'이 얼마나 중요한지 인지하고, 자신의 학습목표와 비전을 수립하며 그 비전과 현실과의 차이를 확인해 격차를 줄여 가는 과정이다.

c. 지적모형(세계관, mental model)

우리가 세상을 이해하는 방식과 다양한 상황들에 대응하는 방식을 지속적으로 확인 · 검토하고 이를 개선해 나간다.

d. 비전의 공유(building shared vision)

리더의 역할하에, 조직의 추구방향과 그 중요성 및 필요성에 관해 모든 조직구성원들이 공감대를 형성하는 과정을 뜻한다.

e. 팀 학습(team learning)

구성원이 달성하고자 하는 결과(목표)를 팀 차원에서 만들어 내는 역량을 구축하고 개발하는 과정이다.

5) 학습조직의 설계 원리[26)]

전통적 조직과 학습조직은 그 속성이 상이하다는 점에서 이의 효과적 운영을 위한 새로운 관리방식이 요청된다.

① 미들업다운 관리(middle-up-down management)

최고경영진이 창출한 지식과 정보를 조직구성원이 단순히 처리하는 하향식(top-down) 관리와 기업가적 개인의 창의적 아이디어에 의해 다양한 지식과 정보가 창출되는 상향식(bottom-up) 관리를 조화시킨 것으로서, 중간관리자가 최고경영진과 구성원 사이를 흐르는 정보와 지식을 주도적으로 연결 · 관리하여 효과적인 지식창출을 도모하는 관리방식이다.

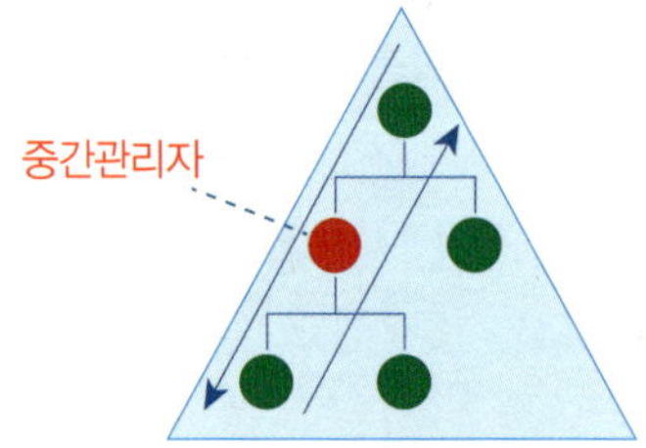

② **하이퍼텍스트 조직**(hypertext organization)

a. 의의

미들업다운 관리가 효과적으로 이루어질 수 있는 조직구조로서 조직은 모두 프로젝트팀층, 사업단위층, 지식기반층의 3개의 층으로 구성된다.

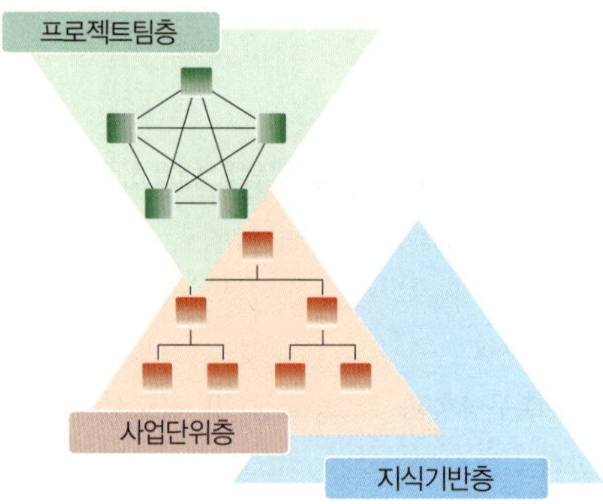

b. 3개 계층의 내용

i. 사업단위층에서는 일상적인 업무를 관료조직의 원리에 기반하여 처리한다. 명시적 지식의 내재화와 연결화를 통해서 지식을 활용하고 축적한다.

ii. 각 사업단위로부터 차출된 인력들로 구성된 프로젝트팀층에서는 신제품 개발과 같은 지식창출활동을 수행한다. 이식화와 표출화를 통해서 새로운 지식을 창출하는 데 효과적이다.

iii. 지식기반층은 나머지 두 층에서 창출된 지식이 재분류되고 정리되는 일종의 저장소 겸 교환소의 역할을 수행한다.

c. 시사점

하이퍼텍스트 조직은 관료제와 프로젝트팀 구조를 역동적으로 통합함으로써 두 가지의 장점을 동시에 활용하고 있다.

|3| 조직 창의성의 개발과 구축[27]

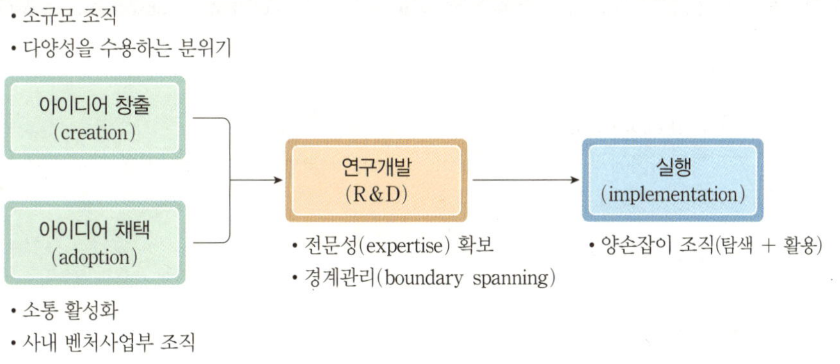

1) 아이디어의 창출을 위한 조직설계

① 창의적인 아이디어의 창출은 일반적으로 소규모의 조직에서 이루어진다. 이는 대규모 관료제가 변화에 소극적이며 경직성을 띠기 때문이다.

② 아이디어의 창출을 담당하는 조직에서는 다양성을 수용하는 개방적 분위기가 활성화되어야 한다.

2) 아이디어의 채택을 위한 조직설계

① 창의적인 아이디어가 조직의 새로운 전략이나 사업방향으로 채택되기 위해서는 아이디어가 경영진에게 바로 전달될 수 있도록 조직 내부의 의사소통제도를 개선할 필요가 있다.

② 탁월한 아이디어를 가진 사람을 중심으로 사내 벤처사업부 조직을 만들 수도 있다.

3) 연구개발을 위한 조직설계

연구개발(R&D, research and development) 연구부서의 역량과 더불어 과정에서는 고객 니즈의 반영이 필수적이므로, 핵심성공요인은 전문성 확보, 외부환경과의 경계관리(boundary spanning) 수행, 담당 부서 간의 수평적 조정 등이다.

4) 실천단계에서의 조직설계

창의적 아이디어를 내는(탐색 기능, exploration) 소규모 유기적 임시조직의 형태를 유지하는 동시에 규모의 경제효과를 통해 아이디어의 상용화를 실행(활용 기능, exploitation)하는 체계적인 조직의 형태를 동시에 갖추는 양손잡이형 조직(ambidextrous organization)이 필요하다.

제3절 조직변화론[28)]

ORGANIZATIONAL BEHAVIOR AND ORGANIZATION DESIGN

(1997년) 제6회 공인노무사시험

조직혁신과정에서 조직구성원들이 저항하는 원인들을 밝히고 이를 극복하는 방안들을 제시하라. (50점)

(1998년) 제7회 공인노무사시험

조직개발의 목적과 기법에 대해 논하라. (50점)

(2009년) 제18회 공인노무사시험

조직변화를 위한 하나의 기법으로서 해빙, 변화, 재동결에 대해 설명하라. (25점)

(2019년) 제28회 공인노무사시험

[사례형] 4가지 유형의 팀제 및 조직 혁신을 설명하고, (사례에 소개된) A기업, B기업에 적합한 팀제 및 조직 혁신 유형을 각각 논하시오. (35점)

(2021년) 제30회 공인노무사시험

[사례형] 다음 사례를 참고하여 물음에 답하시오. (50점)

물음 3) 만약 여러분이 A 조직의 조직개발전문가라고 가정하고, A 조직에 적합한 새로운 구성원 통제 전략으로 문화 통제를 권고하기로 결정했다고 하자. 문화 통제 전략을 선택한 이유를 설명하고, 그러한 전략을 구현하기 위한 변화실행 방안을 쓰시오. (15점)

|1| 조직변화의 의의와 목적

1) 조직변화와 조직개발의 의의

① 조직변화(또는 조직변혁, organizational transformation or change)는 새로운 조직구조 및 문화를 형성하기 위하여 추진되는 계획적이고도 의도적인 변화 과정이다.

② 조직변화의 핵심수단인 조직개발(organizational development)은 조직구성원들의 행동변화를 통해 환경변화에의 효과적 대응 역량을 증진시키는 과정이다.

2) 조직변화의 목적

조직구조 · 문화 및 분위기를 개선하고 종업원들의 행동을 개발함으로써 궁극적으로 조직성과를 높이고 경쟁력을 강화한다.

3) 성공적인 조직변화를 위하여 필요한 요소

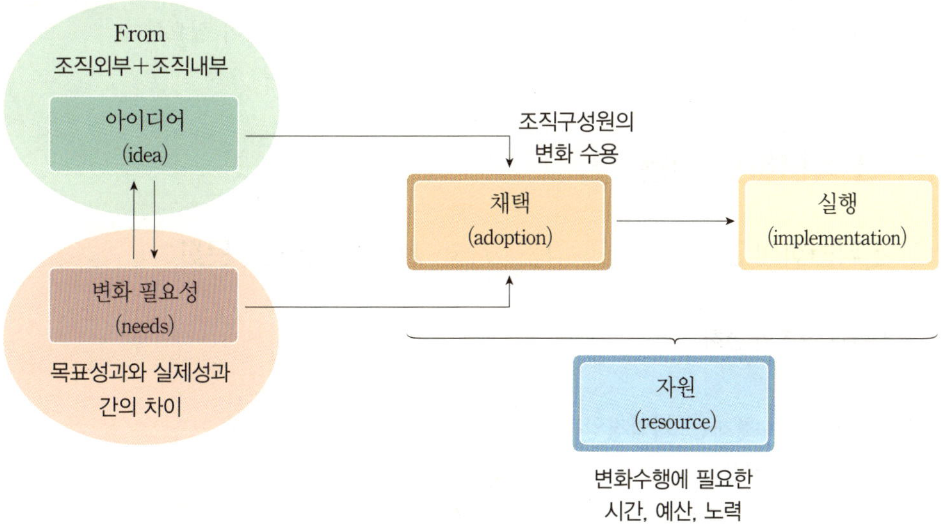

아이디어(idea)	조직 내부 구성원들의 창의력(creativity)에 의해 자체적으로 창출되거나, 조직 외부의 이해관계자들로부터 흡수된다(open innovation).
필요성(needs)	변화의 필요성을 인지하지 못하면, 아무리 좋은 아이디어가 있더라도 이것이 채택되지 않는다. 일반적으로 경영자들은 실제성과와 목표성과 간의 차이가 존재할 때 변화의 필요성을 깨닫는다.
채택(adoption)	의사결정권이 있는 사람이 제안된 아이디어들 가운데 실현가능성(feasibility)이 가장 큰 것을 선택하는 과정이다.
실행(implementation)	조직구성원들이 새로운 아이디어나 경영기법을 실제로 행동에 옮기는 것으로서, 변화저항을 성공적으로 극복할 필요가 있다.
자원(resource)	변화를 추진하는 과정에서 필요한 구성원들의 시간 및 노력의 투입과 예산 등이다.

4) 조직변화에의 압력

① 외부적 압력 : 환경변화

개방시스템으로서의 조직은 기술발전, 고령화와 저출생 추세, 세대별 가치관의 변화, 정치상황, 정보화와 세계화 등 다양한 환경변화에 대응하는 과정에서 혁신과 변화에의 필요성을 느낀다.

② **내부적 압력 : 엔트로피의 감소**

모든 조직에서는 무사안일주의, 직무불만족, 사기저하 현상, 내부적 갈등 등의 엔트로피(entropy)가 발생하며, 이를 줄이기 위해 지속적인 조직변화에의 노력이 필요하다.

|2| 조직변화의 내용

1) 조직변화의 대상 : 전략과 구조, 기술, 제품과 서비스, 문화

① **전략과 구조의 변화**

a. 의의

최고경영진이 수행하는 기업경영관리(경영전략, 조직구조, 보상시스템, 노사관계 등)의 측면에서 변화를 추진하는 것이다.

b. 조직변화의 이중모형

이중모형(dual-core approach)은 관리부문(staff)의 변화와 기술부문(line)의 변화가 각기 상이한 논리에 따라 진행된다는 의미이다. 구체적으로는 관리부문이 기계식 운영방식, 기술부문은 유기적 운영방식으로 변화를 추구한다.

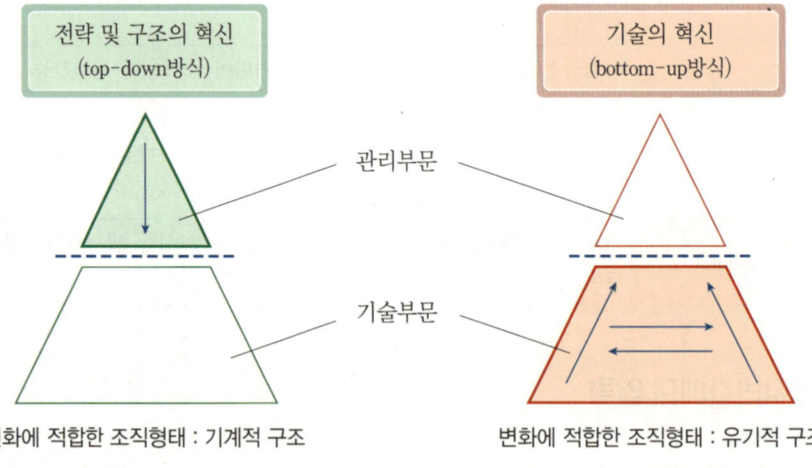

출처 : Daft(2010), 수정인용

c. **전략과 구조의 변화를 위한 방안**

i. 전략 및 구조를 포함하는 관리(administration or management) 부문의 변화에 관한 다수 연구에서는 기계적 조직구조가 관리변화에 적합하다는 결론이 실증적으로 도출되었다.[29]

ii. 관리변화의 주된 수단은 식스시그마(6-sigma), 비즈니스 프로세스 리엔지니어링(BPR), 균형성과표(BSC), 다운사이징 등의 혁신기법이며, 이들은 대개 경영진의 의지에 따라 하향적(top-down) 방식으로 진행된다.

② 기술의 변화

a. 의의

지식이나 기술 근간을 포함한 조직의 생산 과정을 변화시키는 것으로써, 이를 통해 기업은 차별화 우위를 달성할 수 있다.[30)]

b. 양면적 접근방법

유기적 조직은 아이디어의 창출에 적합하지만 그 아이디어의 실행을 위한 효율성을 갖기 어렵고, 기계식 조직은 효율성을 높일 수 있지만 자유로운 아이디어 생성 자체가 힘들어진다.

이러한 딜레마의 해결을 위하여 도입하는 기법이 바로 양면적 접근방법(ambidextrous approach)이다. 여기서는 조직구조를 두 부문으로 나누어 탐색(explore)적 혁신창출부서는 유기적 구조로, 활용(exploit)적 혁신실행부서는 기계식 구조로 설계한다. 이러한 양면적 접근법의 기술혁신 성과는 실제 연구에 의해 입증되었다.[31)]

c. 기술변화의 촉진수단(기법)

i . 구조전환(switching structure) : 임시 팀, 교차기능팀, 프로젝트팀 등의 아이디어 창출부서를 기존 조직 내에 별도로 두어 아이디어 창출의 인큐베이터 역할을 수행하게 한다.

ii . 기업가정신(entrepreneurship)의 고취 : 도전과 진취를 기반으로 하는 기업가정신이 조직 내에 널리 확산되면 혁신적 아이디어의 창출과 실행이 촉진된다.

iii. 협동 팀(collaborative team) : 여러 부서 간 협력을 통해 아이디어를 공유하고 그 성공적 실행을 위해 함께 노력한다.

③ 제품과 서비스의 변화

a. 의의

시장점유율을 확대하거나 신시장 개척을 위해 기존 제품(서비스)을 일부 변경하거나 또는 완전히 새로운 제품라인(서비스유형)을 도입하는 것이다.

b. 수평적 조정

혁신의 성공은 기술부문과 마케팅부문 간 협력과 조정의 정도가 좌우하며, 이는 최근의 제품개발 트렌드인 동시공학(concurrent engineering)의 논리와도 일치한다. 대표적 조정기제로는 팀, 태스크포스, 프로젝트 매니저(전임통합자) 등이 있다.

c. 개방적 혁신

성공적인 혁신기업들은 고객(crowdsourcing), 전략적 파트너, 공급자(supplier) 등 다양한 이해관계자들을 제품과 서비스 개발에 직접 참여시키는 소위 개방적 혁신(open innovation)을 실행한다. 다른 기업이나 고객과의 협력은 제품혁신의 원천인 동시에 강력한 내부 조정 역할도 수행한다.[32]

④ 조직문화의 변화

구성원들의 핵심가치관과 업무수행방식 및 규범을 변화시키는 것이다. 문화변화의 주된 실천방안은 조직개발(organizational development)이며 관련기법에는 감수성훈련, 팀 구축, 부서 간 교류 등이 있다.

2) 조직변화의 과정과 조직개발의 기법[33]

① 개관

일반적으로 조직변화는 르윈(Lewin)의 단계이론(세력장 이론, force field theory)을 따라 필요성 인식과 해빙, 변화, 재동결의 순서를 거친다.

조직에는 변화세력과 저항세력이 있으며, 이 두 세력의 크기가 균형을 이루고 있을 때는 관성(inertia) 하에서 어떤 변화도 일어나지 않는다. 따라서 조직변화를 위해서는 변화세력을 증대시키는 동시에 저항세력을 감소시켜야 한다.

② 해빙(unfreezing)

a. 개념

해빙 과정은 개방적이고 성취지향적인 방향으로의 변화를 가능하게 하는 모든 의식변화 과정이다. 조직차원에서의 변화 필요성과 방향성의 설정이 끝난 뒤에는 구성원들로 하여금 현 시스템의 문제를 인식시켜 변화에 대한 긍정적 시각을 갖게 할 필요가 있다.

b. 변화저항의 개념과 원인

변화저항(change resistance)이란 변화에 반대하는 태도, 의견, 행위의 집합이다.

ⅰ. 개인적 원인

지각(낯설어 싫음), 성격(독단적), 불확실성에 대한 공포, 현재 기득권자인 경우, 사회학적 이유(권력 감소에의 불안), 신기술습득에의 부담, 안정지향적 욕구, 자존감의 손상(예 혁신주체로부터 개혁 대상으로 비방을 받는 경우) 등이 개인차원에서 변화에 저항하는 원인이 된다.

ⅱ. 조직적 원인

혁신성과에 회의를 가지거나 혁신의 내용을 잘 모르는 경우(예 조직 내 의사소통의 장애), 또는 혁신에 대비할 능력과 자원이 부족한 경우, 조직문화가 안정지향적인 특성을 가지는 경우에는 변화전략이 침투되기가 어렵다.

c. 변화저항의 극복 방안

i. 교육과 커뮤니케이션

소통의 부재는 변화에 대한 더 큰 오해를 유발할 수 있으므로 변화의 필요성, 변화 방법, 예상되는 결과 등에 대한 교육과 설명이 있어야 한다. 최고경영자의 직접 설득, 표적집단면접(FGI), 상담센터의 운영, 인정(recognition) 프로그램 등이 활용된다.

ii. 참여

변화과정에 소외되면 불만을 가질 수 있으므로 의사결정과 변화실천 과정에서 당사자들을 참여시키면 사기증진과 더불어 변화에의 협조를 기대할 수 있다.

iii. 상부의 지원

리더가 변화를 적극적으로 추진한다면 저항세력의 힘은 약화된다. 각종 교육 프로그램이나 변화지원 수단이 리더의 강력한 뒷받침 하에서 제공되어야 한다.

iv. 협상과 타협

저항을 줄이기 위해서는 변화의 수혜자와 피해자 간에 양보와 피해보상 등에 관한 협상과 타협 내지 제3자의 중재가 필요하다.

v. 의도적 · 적극적 접근

저항의 원천적 차단이 어렵다면 '능동적 조작'이 필요하다. 예를 들면 저항이 가장 클 것으로 예상되는 부서의 리더들을 의사결정과정에 대표로 참석시키거나, 선제적 인사조치 등을 통해 저항세력의 힘을 약화시킬 필요도 있다.

③ 변화(change)[34]

a. 개념과 변화 과정

[변화곡선]

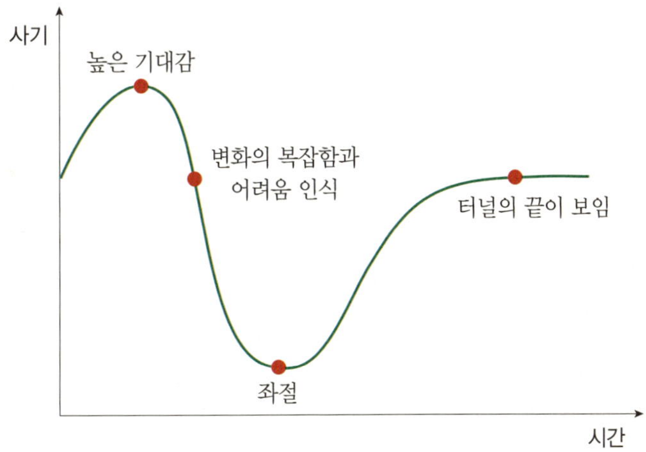

출처 : Daft(2015), 수정인용

새로운 관점과 태도를 형성하는 과정으로서, 일반적으로 변화곡선(change curve) 상의 각 단계를 거친다. i) 처음에는 변화에 대한 긍정적 기대감으로 시작하지만 ii) 점차 변화의 내용과 자신들의 태도 및 행동 간 충돌을 경험함에 따라 iii) 지치고 좌절한다. 그러나 iv) 훌륭한 리더들은 구성원들이 좌절을 극복하고 보다 나은 성과를 내도록 독려한다.

b. 변화의 내용

i. 시스템 변화 : 새로운 직무수행방식, 조직구조, 인적자원관리방식상의 변화를 뜻한다.

ii. 휴먼 변화 : 조직구성원들이 변화를 수용(복종, compliance)하고 마음으로도 동일화(identification)하며 더 나아가 내면화(internalization)함으로써 완성된다.

c. 변화의 실천을 위한 조직개발(organizational development) 기법

감수성 훈련[35] (sensitivity training)	• 의미 : 태도와 행동의 변화에 초점을 둔 대인관계 향상 교육이다. 소집단에서 허심탄회하게 자신의 느낌과 타인의 의견을 교류함으로써, 편견을 줄이고 개방적 태도를 형성한다. • 목적 : 타인의 감정과 가치관을 심층적으로 이해하고, 관계의 중요성을 이해하며, 조직발전을 위한 바람직한 심리 · 행태 · 능력을 터득한다. • 진행과정 : 훈련집단을 구성하고(아이디어 창출 목적이라면 stranger group, 문제해결 목적이면 cousin or family group), 외부접촉이 차단된 곳에서 비구조화된 방식의 훈련을 실시한다. 훈련전문가의 개입하에 토론이 이루어진다. • 장점 : 행동개선에 효과적이며, 바람직한 변화방향을 제시하고, 조직을 활성화할 수 있다. • 단점 : 개인의 감정이나 태도변화가 조직의 개선으로 이어지지 않을 수 있다.
행동모델법 (behavior modeling)	구성원들에게 어떤 상황에 대한 가장 이상적인 행동을 제시하고 교육참가자가 이를 그대로 모방하게 하는 방법으로서, 반두라(Bandura)의 사회적 학습이론(social learning theory)에 근거하고 있다.
팀 구축 (team building)	르윈(Lewin)이 가장 강조한 조직개발기법으로서, 구성원들 간 의사소통과 문제토의를 통하여 상호이해와 상호작용을 증진하는 동시에 과업집단의 효율성도 높일 수 있는 행동개발 기법이다.
목표관리 (MBO, Management By Objectives)	구체적이고 명확하고 측정 가능한 특정목표를 설정하고, 명시적 기간 내의 목표달성 여부를 피드백하여 구성원을 평가(control)하는 조직관리의 방법이다.
대면 (직면, confrontation)	갈등의 해소를 위하여, 여러 단계의 회합 및 상호피드백과 토의의 과정을 거쳐 상호이해와 문제해결을 유도한다.
관리그리드법 (managerial grid)	현재의 리더십 스타일과 이상적인 리더십 간의 차이를 좁혀 나가는 다양한 대안에 대해 토론하며 팀 성과를 높이는 조직개발 기법이다.

④ 재동결(refreezing)

a. 개념

변화과정에서 형성된 새로운 관점과 태도를 반복적으로 강화(reinforcement)함으로써 반영구적인 행동패턴으로 정착시키는 단계이다.

b. 변화담당자의 역할

재동결 과정에서는 변화계획을 짜고 주도적으로 변화를 이끄는 변화담당자(change agent)의 역할이 매우 중요하다.

c. 실행-관찰(action-research) 변화방식

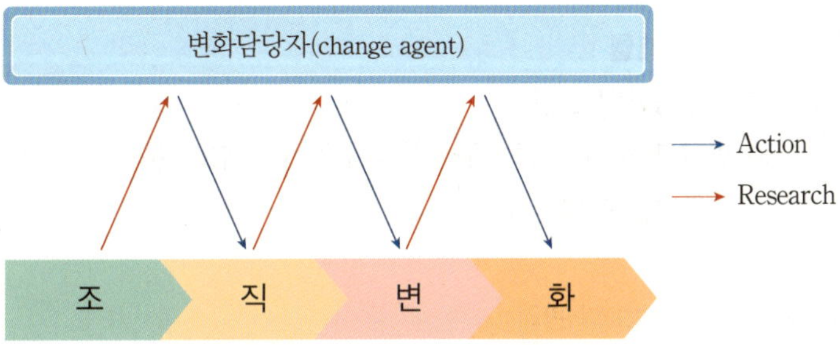

출처 : 임창희(2010), 수정인용

전면적 변화에 앞서 소규모의 변화를 수행하고 이에 대한 구성원의 반응을 피드백 받아 변화계획을 수정하여 다시 실행에 옮기는 과정을 반복하는 기법으로서, 변화의 연착륙(smooth landing)에 필수적인 과정이다.

⑤ 코터(Kotter)의 변화단계 모형

변화관리 전문가인 코터는 8단계의 조직변화 모형을 제시하였다. 그중 1~4단계는 르윈의 해빙, 5~7단계는 변화, 8단계는 재동결에 해당한다. 코터의 공헌은 경영자와 변화관리자를 위한 보다 더 구체적인 가이드라인을 제시하였다는 것이다.

위기감의 조성	변화가 필요하다는 사실을 인식할 수 있도록 위기감(a sense of urgency)을 조성한다.
변화주도 팀 구성	조직 내에서 변화의 과정을 이끌어갈 수 있는 능력과 영향력을 충분히 가지고 있는 인재를 모아 팀을 결성한다.
비전과 전략의 창출	호소력 있는 비전과 전략을 수립하고 이를 공식화하는 단계이다.
비전과 전략의 파급	구성원들이 새로운 대안에 대해 생각하고 탐구할 수 있는 여유를 제공함으로써 적극적 참여를 독려한다.

변화저항의 극복과 임파워먼트	변화에 대한 저항을 극복하려면 구성원의 적극적 참여가 필수적이므로, 임파워먼트와 창의적 문제해결을 독려한다.
단기적 성공의 실현	구성원들이 혁신의 가시적 성과를 비교적 빠른 시간 내에 확인할 수 있도록 하여 동기부여를 제공한다.
지속적 변화 노력의 경주	단기적 성과에 안주하여 목표달성에 실패하지 않도록 지속적 독려를 실시한다.
혁신의 제도화	변화관리의 전 과정이 조직의 체질에 반영되어 다음의 변화와 혁신에 대비가 가능토록 하는 단계이다.

3) 변화 이후의 안정화 방안[36)]

① 후유증 치유단계 : 3~6개월

a. 심리적 충격의 해소와 동요의 진정

최고경영자가 직접 변화의 불가피성을 구성원들에게 설득하고, 문제점의 개선방안을 도출하는 동시에 각종 상담프로그램을 운영한다.

b. 보유역량의 분석과 핵심정보의 관리

구성원들이 보유한 현재의 역량을 분석하고, 변화과정 중에 유출되기 쉬운 회사의 핵심지식 · 정보에 대한 정리시스템을 구축하며, 핵심인재에 대한 1 : 1 멘토링을 제도화한다.

② 안정화 단계 : 6개월~1년

a. 임파워먼트를 통한 참여경영 시스템 구축

구성원에게 권한을 위양하고, 성과와 보상 간의 연계성을 강화한다. 이 과정에서 이익배분계획(profit sharing)이나 스톡옵션(stock option) 등의 제도를 활용한다.

b. 인사 · 조직 시스템 재구축

업무를 재조정하고 책임을 명확히 하며, 구성원의 지식축적과 능력개발을 지원한다.

③ 재도약 단계 : 1~2년

a. 고성과조직(HPWS) 구축

사내벤처형 조직 등을 활용하여 책임경영과 자율경영을 정착시키고, 구성원의 조직몰입과 직무만족을 제고한다.

b. 지식경영체제의 구축

지식공유와 확산이 원활하게 일어날 수 있도록 학습조직을 구축한다.

4) 조직변화의 성공조건

① 조직 내외로부터 변화와 개혁을 요구하는 분위기의 압력이 필요하다.
② 최고경영층의 적극적 참여와 관심을 통하여 조직개발이 성과 향상을 위한 조치임을 인식시킨다.
③ 객관적인 조직진단을 위하여 외부 전문가를 적절히 활용한다.
④ 구성원들에 대한 교육훈련과 인사제도의 개선을 병행한다.

심화학습

조직문화유형론

1. 해리슨(Harrison), 핸디(Handy)의 모형[37)]

그들은 공통적으로 조직에서의 집중성(centralization)과 공식성(formalization)의 정도에 따라 조직문화를 아폴로 문화, 아테네 문화, 제우스 문화, 디오니소스 문화의 네 가지로 구분하였다.

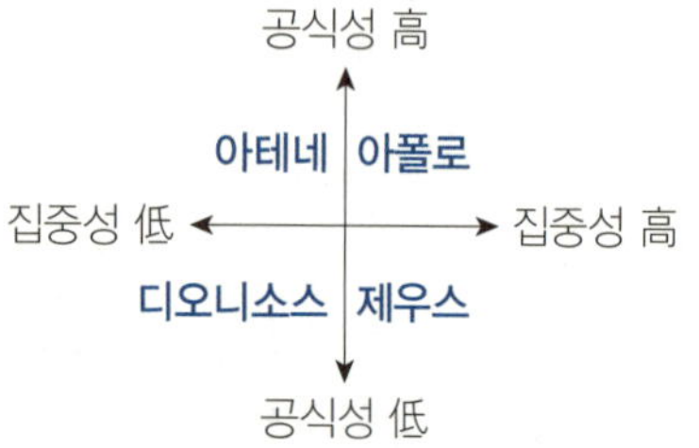

1) 아폴로 문화(Apollo culture) : 역할에 초점

집중성과 공식성이 모두 높은 조직문화로서 역할문화라고도 한다. 각자의 맡은 바 역할과 책임이 분명하고 질서와 규칙에 의해 통제되는 문화유형이다. (예 조립공장)

2) 아테네 문화(Athena culture) : 성취에 초점

집중성은 낮지만 공식성은 높은 조직문화로서 과업문화라고도 한다. 창의적 사고와 다양성을 조화시켜 팀 수준에서의 협업 효과성을 극대화하는 매트릭스식 문화이다. (예 광고업계)

3) 제우스 문화(Zeus culture) : 권력에 초점

집중성이 높지만 공식성은 낮은 조직문화로서 가부장문화라고도 한다. 비합리적이지만 카리스마적인 리더가 지배하는 문화유형이다. (예 중소기업)

4) 디오니소스 문화(Dionysus culture) : 지원에 초점

집중성과 공식성이 모두 낮은 조직문화로서 실존문화라고도 한다. 개인 정체성이 강조되고 느슨하고 유연한 인간관계가 특징이다. (예 연구소나 대학)

2. 고피(Goffee)와 존스(Jones)의 모형[38]

조직문화를 구성원들이 비슷하게 생각하고 행동하는 정도인 연대감(solidarity)과 구성원들이 서로 친밀한 정도인 사회성(sociability)에 따라 네 유형으로 구분하였다.

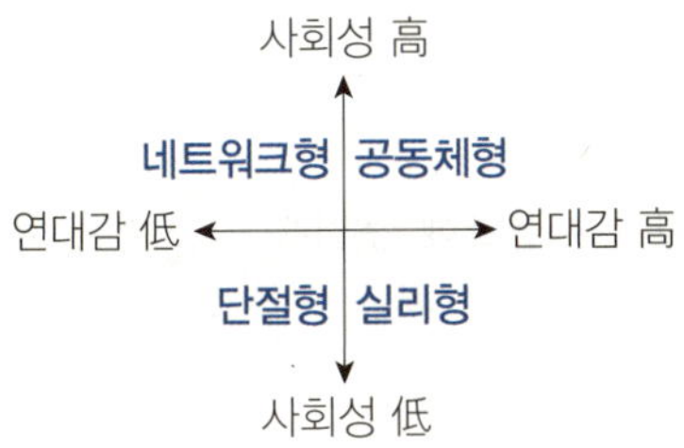

1) 단절형(fragmented)

연대감과 사회성 모두가 낮은 문화로서, 각자 자기 할 일만 열심히 하는 경우이다.

2) 실리형(mercenary)

연대감은 높으나 사회성이 낮은 문화로서, 구성원들 간에 서로 필요할 때만 협력한다.

3) 네트워크형(networked)

연대감은 낮으나 사회성이 높은 문화로서, 갈등은 적지만 협업의 빈도는 높지 않다.

4) 공동체형(communal)

연대감과 사회성 모두가 높은 문화로서, 소통도 빠르고 상호 신뢰도도 높아 조직몰입도도 높다.

3. 트롬피나르스(Trompenaars)의 모형[39)]

조직문화가 수평적인지 아니면 계급적인지의 한 축과 인간중심인지 아니면 과업중심인지의 한 축을 가지고 문화유형을 넷으로 나누었다.

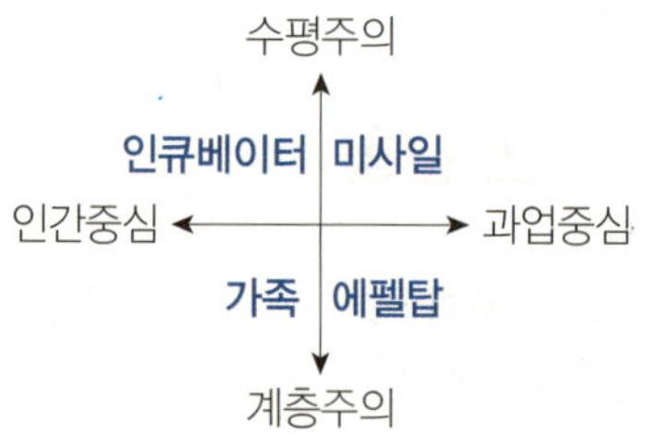

1) 인큐베이터형

수평주의를 지향하면서 개인욕구 충족에 초점을 두는 신생 벤처기업의 문화이다.

2) 미사일형

수평주의를 지향하면서 과업성취를 중시하는 전문가집단(예 NASA)의 문화이다.

3) 가족형

수직계층을 중시하면서 인간중심적인 조직문화로서, 가부장적 조직들의 문화이다.

4) 에펠탑형

수직계층과 과업성취에 초점을 두는 조직문화로서, 엄격한 질서와 명령, 지시, 복종 등을 중시한다.

4. 숄츠(Scholz), 데니슨(Denison)의 모형[40)]

숄츠는 조직문화의 세 가지 구성요소(기업과 외부환경과의 관계에 대한 환경적 차원, 문제해결의 태도와 관련한 내부적 차원, 기업의 성장단계와 관련이 깊은 진화적 차원)에 따라 문화유형을 3개 유형으로 구분하였으며, 데니슨이 여기에 한 유형(사명문화)을 추가하여 (경쟁가치모형과 유사한) 4가지 유형을 제시하였다.

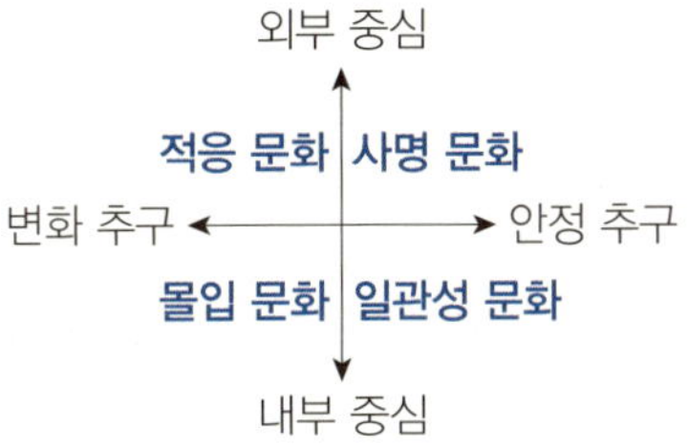

1) 제1유형의 조직문화는 일관성 중심의 관료제적 조직문화에 해당한다. 고도의 복잡성과 공식성 및 집중성을 보인다.
2) 제2유형의 조직문화는 몰입 중심의 가족주의적 조직문화에 해당한다. 기계적 조직구조보다는 덜 공식화 되어있고 덜 분권화 되어있다.
3) 제3유형의 조직문화는 적응성 중심의 애드호크라시적 조직문화에 해당한다. 분권화되어 있으며 복잡성과 공식성도 낮다.
4) 데니슨이 추가한 네 번째 유형은 사명(mission) 중심의 시장지향적 조직문화이다. 조직과 구성원이 나아가야 할 방향을 비교적 명확히 제시해 준다.

1) Robbins, S. P., & Judge, T. A. (2013). *Organizational behavior* (15th ed.). Upper Saddle River, NJ : Prentice Hall.

2) Kotter, J. P., & Heskett, J. L. (1992). *Corporate culture and performance*. New York, NY : The Free Press.

3) 박원우 · 성지영(2008), "조직문화와 성과와의 관계", 「노사관계연구」, 18, pp.83~145. ; 이창원 · 최창현 · 최천근(2012), 『새 조직론』(전정3판), 서울 : 대영문화사

4) Schein, E. H. (2010). *Organizational culture and leadership* (4th ed.). San Francisco, CA : Jossey-Bass Publishers.

5) 이창원 등, 전게서.

6) 임창희(2013), 『조직행동』(제5판), 서울 : 비앤엠북스

7) Cameron, K. S., & Quinn, R. E. (2006). *Diagnosing and changing corporate culture* (2nd ed.). San Francisco, CA : Jossey-Bass.
Daft, L. R. (2015). *Organization theory and design* (12th ed.). Mason, OH : South-Western Cengage Learning.
박원우(2009), 『조직문화 변화관리론』, 서울대학교 강의교재

8) Daft, *Op Cit.* ; Kotter & Heskett, *Op Cit.*

9) 임창희(2015), 『조직론 이해』(제2판), 파주 : 학현사

10) Robbins & Judge, *Op Cit.* ; Daft, *Op Cit.*

11) 이진규(2001), 『전략적 · 윤리적 인사관리』, 서울 : 박영사

12) Chang, J., Chang. W., & Jacobs, R. (2009). Relationship between participation in communities of practice and organizational socialization in the early careers of South Korean IT employees, *Human Resource Development International*, 12(4), 407~427

13) Chao, G. T., O'Leary-Kelly, A. M., Wolf, S., Klein, H. J., & Gardner, P. H. (1994). Organizational socialization. ; Its content and consequences. *Journal of Applied Psychology*, 79, 730~743.

14) 신유근 · 이춘우(2014), 『조직행위론』, 서울 : 한경사

15) Robbins & Judge, *Op Cit.* ; Daft, *Op Cit.*

16) 김인수(2007), 『거시조직이론』(제4판), 서울 : 무역경영사, pp.620~612.

17) Daft, L. R. (2020). *Organization theory and design* (13th ed.). Mason, OH : South-Western Cengage Learning.
임창희(2010), 『조직론』, 서울 : 학현사, 제10장

18) Weaver, G., Trevino, L. K., & Agle, B. (2005). Somebody I look up to : Ethical role models in organizations. *Organizational Dynamics*, 34, 313~330.

19) Daft, *Op Cit.*

20) 임창희, 전게서.

21) Daft, *Op Cit.*

22) 임창희, 전게서.

23) 임창희, 전게서.
Nonaka, I. (1994). A dynamic theory of organizational knowledge creation. *Organization Science*, 5(1), 14~37.
Nonaka, I., & Takeuchi, H. (1995). *The knowledge-creating company*. New York, NY : Oxford University Press.

24) 임창희, 전게서.

25) Senge, P. M. (1990). *The fifth discipline*. London : Century Business. ; 이창원 등, 전게서.

26) 김인수, 전게서, pp.576~579.

27) 김인수, 전게서, pp.427~441.

28) Daft, *Op Cit*. ; 이학종 · 양혁승(2004). 전략적 인적자원관리, 서울 : 박영사. 제15장

29) Damanpour, F. (1987). The adoption of technological administrative and ancillary innovation : Impact of organizational factors, *Journal of Management*, 13, 675~688.

30) Totty, M.(2008). *The Wall Street Journal* 2008 Technology Innovation Awards, *The Wall Street Journal*.

31) Lubatkin, M. H., Simsek, Z., Ling, Y., & Veiga, F. (2006). Ambidexterity and performance in small to medium-sized firms : The pivotal role of top management team behavioral integration, *Journal of Management*, 32, 646~672.

32) Bettina von Stamm, (2004). Collaboration with other firms and customers : Innovation's secret weapon, *Strategy & Leadership*, 32(3), 16~20.

33) Lewin, K. (1951). *Field theory in social science*. NY : Harper and Row. ; 임창희, 전게서.

34) 김인수, 전게서 ; Daft, *Op Cit*.

35) 윤재풍(2014), 『조직론』, 서울 : 대영문화사

36) 김인수, 전게서.

37) 김인수, 전게서.

38) Colquitt, J. A., LePine, J. A., & Wesson, M. J. (2014). *Organizational behavior : Improving performance and commitment in the workplace* (4th ed.). McGraw-Hill. ; 임창희, 전게서.

39) 백기복(2011), 『조직행동연구』(제5판), 서울 : 창민사

40) 김인수(2007), 거시조직이론, 서울 : 무역경영사, pp.608~614.

INDEX

인명 색인

사항 색인

ㅈ

MEMO

MEMO

MEMO